中國近代史

李雲漢 —— 著

三民書局

六版說明

　　李雲漢教授以中國近代史與民國政治史等領域見長，不僅治學嚴謹，研究成果亦十分豐碩。《中國近代史》為教授的心血結晶，內容自清末一直到今日的臺海兩岸關係，針對各個時代變遷皆有深入淺出的介紹與討論。

　　此次再版，為因應現代出版的潮流，本書除了調整內文間距及字體編排，更重新設計版式與封面，期許能夠帶給讀者更為輕鬆、舒適的閱讀體驗。我們期望讀者能藉由此書瞭解中國近代歷史的發展，將過去歷史與今日我們重新串接起來，以理解、應用於今日之世界。

編輯部謹識

增訂五版序言

　　本書第三次增訂係在民國九十五年一月，迄今已歷時四年。這段期間，臺海兩岸關係暨世界情勢都發生重大變化，自應再作第四次增訂以適應讀者的需要。

　　此次增訂，重點置於第十二章第二、四兩節及第十三章全部，而以兩岸關係為論述主軸。增訂文字，幾全部為依據最新史料新撰者，一秉著者之治史信念：力求簡明、正確、客觀、公正。

　　讀者諸君任何批評與指教，均竭誠歡迎。

李雲漢　識於臺北

中華民國一○一年二月十日

增訂四版序言

　　距本書上次增訂，已將近六年；這期間，臺海兩岸以及國際間的變化都很大。為使讀者能適時瞭解時代與環境變動的肇因與動向，著者不能不作第四度的增訂。

　　此次增訂的範圍，限於第十二、十三兩章。節次未變動，目次則增加了三題，另有二節三目的標題文字，作了調整。總以不過度增加篇幅，而能向讀者提供近代史實全貌為首要考慮。倘有舛誤，仍祈惠予指正，萬分感謝。

著者李雲漢　識於臺北

中華民國九十五年一月二十八日

增訂三版序言

　　本書增訂初版本出版後近三年，著者應三民書局之請再作增訂，是為增訂二版。歷史是不斷向前發展的；將近三年來發生的史事適度的納入書內以供應讀者的需要，是應當的，也是必需的。

　　此次增訂，著重於幾項重要的事件如西安事變、二二八事件，以及臺海兩岸政情變化、兩岸關係演進；並論述中國統一的條件與方向。應用新出現的史料，依原著層次作適當的增刪，以期內容更充實，更正確，也更與讀者的生活及時代連接。

　　著者一本初衷，歡迎讀者諸君的批評與指教。

李雲漢　識於臺北

中華民國八十八年三月十日

增訂二版序言

　　本書初版已十餘年，理應予以增訂，將近十年來臺海兩岸之重大史事納入，以適應時代變遷與讀者需要。

　　增訂後篇幅略為擴大，增列了第十三章。體例及文字，則依循原本規範，未有變動，期能為眾多讀者提供系統性正確而完整的認識。

　　敬請讀者諸君不吝指正，隨時賜教。

著者李雲漢　識於臺北

中華民國八十五年六月十四日

中國近代史

目次

◆第一章◆
大變局的開端

第一節　滿清帝國由盛而衰

一、清的建國與入關

　　清是滿人建立的朝代，故稱滿清。滿人屬於通古斯族 (Tungus)，乃東胡之支裔，古時叫肅慎，唐宋叫女真，於十二世紀時曾建國號曰金（1115～1234 年），成為宋代的強敵，後為蒙古人所滅。明代屬於建州衛，列為邊夷。明神宗萬曆四十四年（1616 年），首領努爾哈赤叛明自立，建立了後金汗國，是為滿人在中國東北建國之始，亦即清的起源。努爾哈赤後來被尊稱為清太祖。

　　努爾哈赤倣效明的衛所兵制建立了八旗兵制，有六萬人之多。明萬曆四十六年（1618 年），努爾哈赤大敗明兵，攻占了遼東。明熹宗天啟五年（1625 年），後金汗國遷都瀋陽，並改名為盛京，儼然是遼東的新興大國了。努爾哈赤正想進一步擴張，卻被明將袁崇煥所敗，受了傷，於天啟六年（1626 年）死亡。

　　努爾哈赤死後，其子皇太極繼其位，改元天聰。皇太極是個有勇有謀的人，他暫時避免與明廷正面衝突，先集中兵力征服了朝鮮和察哈爾蒙古各部，然後以反間計讓明思宗崇禎帝「自壞長城」，誤殺守邊名將袁崇煥，於是再無與皇太極對抗的人。皇太極乃於明崇禎九年（1636 年），改國號

為大清，改元為崇德元年，他就成為歷史上的清太宗。明崇禎十六年
（1643 年）皇太極死，由他的兒子福臨繼位，建年號為順治。順治帝年
幼，由他的叔父多爾袞來攝政。多爾袞也有入據中原的野心，碰巧崇禎十
七年即清順治元年（1644 年），流寇李自成攻陷了明的京師北京，崇禎帝
自縊身死，又逢到一個「衝冠一怒為紅顏」的山海關總兵吳三桂甘願降清，
於是多爾袞統率下的清兵大舉入關，於崇禎十七年五月（1644 年 6 月）占
領北京，宣稱代明朝而有天下，是為滿清統治中國本部的開端。

　　滿清入關，明廷的宗室和忠臣義士，陸續在江南登位拒清，輾轉奮戰
至十八年之久（1644～1662 年），形成北清與南明對抗之局。明的宗室和
後裔被擁立為王的，先後有五人：一是福王（由崧），以南京為京師，但次
年即被俘；一是魯王（以海），稱為監國，甫一年，即被迫逃往海上，後死
於金門；一為唐王（聿鍵），亦不及一年，便因鄭芝龍降清而被俘遇害；還
有一位是在廣州所立的紹武帝，亦係被俘而死；最後的一位也是支持南明
殘局長達十六年之久的桂王（由榔），亦即永曆帝。他有瞿式耜等謀士，何
騰蛟等戰將，一度擁有七省——廣東、廣西、雲南、貴州、江西、湖南、
四川，但亦難逃失敗的命運——於順治十五年（1658 年）走緬甸，旋由緬
人送回，於順治十八年（1661 年）被處死。以上五人，史稱「南明五王」，
福王、唐王、桂王勢力較大，又合稱為「明末三王」。

　　五王之外，尚有兩位忠肝義膽，矢志抗清的英雄。一位是據揚州抗清
而終以身殉的史可法，「揚州十日」的慘劇也就於此時發生。一位是大義滅
親，收復臺灣以為抗清基地，支持至二十三年之久（1661～1683 年）的鄭成
功。鄭本懷有雄圖壯舉之志，不幸早逝（死年僅三十九歲），令人扼腕嘆息。

二、清的盛世——康雍乾三朝的經營

　　清入關後的第一個皇帝，是世祖順治。他雖是「開國之君」，卻無功績
可言，因為六歲即位，十四歲才親政，二十四歲就死了。兒子玄燁繼位，

改元康熙。他在位六十一年（1662～1722 年），是中國歷史上在位最久的少數君主之一，死後諡號聖祖。繼康熙帝踐祚者，為世宗雍正，在位十三年（1723～1735 年）。接著是一位雄心勃勃的高宗乾隆，他在位六十年（1736～1795 年），文治武功，都燦然可觀。綜計康、雍、乾三帝共在位一百三十四年，恰巧是清代統治期限二百六十八年（1644～1911 年）的一半，歷史上稱之為清的盛世。

清廷於入關以前，即已採行漢化政策。入關以後，典章制度，大體沿襲明制。康熙帝即位後，更以崇儒為「最高的政治、文化指導方針」。故清初之建國規模，頗足稱述。然而，滿清為了維持其長久的統治，對內採取嚴厲的控制，以懷柔與高壓交互並用為手段，企圖消滅漢人的民族思想，卻引起漢人的反抗。

清的對內統治政策，主要者有五：其一，對反抗者採武力鎮壓與殘酷屠殺手段，如「揚州十日」、「嘉定三屠」等是。其二，強令薙髮結辮，改變漢人衣冠，即孔子後裔衍聖公亦不例外。其三，立制命官，滿人優先，蒙人次之，漢人雖亦有「定額保障」，如內閣大學士規定為「滿漢各二人」，但實權則在滿人，形成「漢人做事，滿人掌權」的怪現象。其四，禁書、焚書、興文字獄，以消滅漢人的民族思想。乾隆時，一次即焚毀對滿族或邊疆民族不利的書籍五三八種，一三、八六二部；至於文字獄，自順治九年（1652 年）至乾隆四十七年（1782 年）之一百三十年間，重要之文字獄凡三十一案，而以莊廷鑨案、戴名世案、呂留良案、查嗣庭案為尤酷，莊案一案被殺者即達二百二十一人之多。其五，則是開科考，編史書，以籠絡知識分子。碩儒如顧炎武、黃宗羲、李二曲等雖寧死不入彀，但萬季野（斯同）卻真的入了史館，金人瑞（聖嘆）則因不爽爽快快應召而見殺。關於清初諸帝處心積慮要消滅漢人民族思想一節，孫中山曾有極為沉痛的說明：

在康熙、雍正時候，明朝遺民排滿之風還是很盛，所以康熙、雍正時候便出了多少書，如《大義覺迷錄》等，說漢人不應該反對滿洲人來做皇帝。他所持的理由，是說：「舜是東夷之人，文王是西夷之人，滿洲人雖是夷狄之人，還可以來做中國的皇帝。」由此便可見康熙、雍正還自認為滿洲人，還忠厚一點。到了乾隆時代，連滿漢兩個字都不准人提起了，把史書都要改過，凡是當中關於宋、元歷史的關係和明清歷史的關係，都通通刪去。所有關於記載滿洲、匈奴、韃靼的書，一概定為禁書，通通把他消滅，不准人藏，不准人看。因為當時違禁的書，經過了好幾次文字獄之後，中國的民族思想，保存文字裡頭的，便完全消滅了。

清初諸帝的對外拓展，成績卻極為輝煌。清的武力係以八旗兵制為基礎，其人數在入關之後已達二十多萬。入關後又增加了綠營——即地方各省的武力，至康熙二十八年（1689 年）時，已近六十萬人。康雍乾三帝即以此項強大武力為憑藉，大肆致力於領土的拓展與經營，卒能建成一個版圖僅次於元代，號稱「已跨越四瀛之界，廣遠綿邈」的大清帝國。

史家每以乾隆時期（1736～1795 年）為清代的鼎盛時代，乾隆亦以「十全武功」自豪，實則就對外禦敵開疆的成就而言，康熙帝的貢獻實較乾隆帝為大。康熙帝的一大貢獻，是決心致力於邊事。他的第一目標，是解決歷時已達四十年之久的羅剎入侵問題——亦即東北邊境的俄患問題。經過七年（1683～1689 年）的策劃和行動，終於迫使俄人簽訂了中俄關係史上的第一個條約——《尼布楚條約》(Treaty of Nerchinsk)，使俄人自 1579 年（明神宗萬曆七年）越過烏拉山長驅東進以來，第一次受到武力的阻遏。

《尼布楚條約》簽訂於清康熙二十八年七月二十四日，即西元 1689 年9 月 7 日，俄曆則為 8 月 27 日。中國代表為索額圖、佟國綱，協助他們的是兩位傳教士，即法國的張誠 (Jean Francois Gerbillon) 和葡萄牙的徐日昇

(Thomas Pereira)，俄國的代表為果羅文（即費耀多羅，Feodore A. Golovin），條約僅有六條，其主要內容為劃界。第一、二兩條規定之中俄國界：

北以格爾畢齊河 (Gorbitza River) 及大興安嶺即外興安嶺為界，以至於海；嶺南屬中國，嶺北屬俄國。

西以額爾古納河 (Argun River) 為界；河南屬中國，河北屬俄國。

劃定國界之外，《尼布楚條約》並規定中俄和好通商。這是中國和歐洲國家間所訂的第一個條約，且是一個平等的條約，它保障了中國「大東北」的自然界線，也維持了我國國防上的完整性。

康熙帝於尼布楚交涉中保全了東北疆土之外，還曾征服了準噶爾部，把外蒙收入版圖。這是康熙三十五年（1696 年）的事。二十四年之後——即康熙五十九年（1720 年），康熙帝又平定了西藏。武功而外，康熙帝時代的文治，也斐然可觀。

康熙帝死（1722 年）後，四子胤禛即位，就是世宗雍正帝。他的政治作風，頗有法家明決嚴整的精神。有些事雖失之嚴苛，卻能矯正康熙帝晚年寬縱的毛病，政風為之一變。對外經營上，他有三點重要的貢獻：一是於雍正五年（1727 年）和俄人訂立了《恰克圖條約》(Treaty of Kiakhta)，劃定了外蒙邊境的中俄國界，並使俄國的貿易正規化；一是進一步平服藏亂，並設駐藏大臣於拉薩；一是採納雲貴總督鄂爾泰的建議，實行「改土歸流」，奠定了開闢西南苗疆的基礎。對內政務上，雍正帝的最大改革是設立軍機處，逐漸代替原來的內閣而為中央權力機構，中央集權的制度因而確立。至於他頒刊《大義覺迷錄》等書以及屢興文字獄，一以鞏固其滿清王朝的統治為著眼，於清為貢獻，於漢則為災難，因而他就逃不過民族革命倡導者的譴責了。

雍正帝在位十三年（1723～1735 年），忽然暴斃。他的寵兒弘曆即位，改元乾隆，這就是盛清時代最著聲名的皇帝——清高宗。他確也是個有些

才略，抱負不凡的人，無論在文治武功方面，都想出人頭地。文治方面，他開辦博學鴻詞科考，拔擢人才，又召用山林隱逸之士，舉辦千叟宴，敬老尊賢，自己也常賦詩填詞，附麗風雅。又曾下令編纂《四庫全書》，為皇皇巨帙。鼓勵屬下讀書，以去粗俗市井之氣。武功方面，乾隆帝自詡為「十全武功」，號稱為「十全老人」，他的「十全武功」是：

　　兩平準噶爾，一定回疆，兩掃金川，一靖臺灣，一降緬甸，一收安南，兩降廓爾喀。

　　乾隆帝的「十功」中，就政治意義與國防意義而言，自以平定回疆——就是今天的新疆，為最艱苦，亦最重要。從乾隆二十年到二十四年（1755～1759 年）的四年間，乾隆先後派班第、兆惠等人率大軍轉戰於天山南北路，闢疆兩萬餘里，自是「雖勞費而有所收穫」的大事。回疆平定後，乾隆帝令設參贊大臣於喀什噶爾，治理天山各城；又設辦事大臣和領隊大臣，管理軍事。兵威所及，葱嶺以西各部落哈薩克、布魯特、浩罕、布哈爾、巴達克山、阿富汗等，均遣使入貢，中亞地區遂入於清廷的勢力範圍。

　　經過康、雍、乾三朝的開拓，盛清時代的疆域東起庫頁島，西逾巴達克山，北到外興安嶺，南達南海中的團沙群島。再加周圍的十幾個屬國，盛清幅員之廣，實已超越漢、唐，僅次於元代。由於盛清諸帝的開疆拓邊，各族內附，因而解決了歷代以來苦於應付的邊患問題，復經過清廷的統治和漢化，中華民族融和的基礎乃告奠立，這於整個民族的生存和發展自是重大的貢獻。

三、清的中衰

　　表面上看，乾隆一朝，為清運的鼎盛時期。實際上，清政由盛而衰的樞紐，也正是乾隆中葉以後。乾隆帝中年以後，犯了兩項嚴重的錯誤：一是好大喜功，習於驕奢，浪費了不少國帑，致使國力空虛；一是信任權臣和珅和庸將福康安，貪黷專橫，致使吏治敗壞，軍隊腐化，已經到了不可

救藥的地步。

　　當然，乾隆末季，學術思想之沉浸於考據，人口增加而田畝不足的社會現象，經濟與財政的空前危機，以及軍隊腐化與軍備廢弛等，也都是清政衰敗的原因。總之，乾隆末年，清廷的統治力已大為減弱，各地反抗清朝的行動也就接著發生了。乾隆三十九年（1774 年），山東人王倫以清水教為名，首先倡亂於臨清；四十六年（1781 年），甘肅回民馬明心又起兵造反；五十一年（1786 年），臺灣的林爽文揭出反清義旗，六十年（1795年）——也就是乾隆在位的最後一年，湘、黔一帶的苗民又發生了激變；乾隆未等敉平叛亂即宣布退位，由他的第十五子顒琰嗣皇帝位，是為清仁宗嘉慶帝。

　　嘉慶即位之初，即面臨著日趨嚴重的白蓮教教亂以及西南地區的苗亂。嘉慶帝擢用傅鼐，得以敉平苗亂。然一波未平，一波又起，白蓮教、天地會到處煽亂，東南沿海海寇又復乘之，致嘉慶帝在位二十五年（1796～1820 年），沒有一天能安閒。及宣宗道光即位，除內部的紛亂外，而又面臨著強大的外力壓迫，局面已是江河日下，民族的災難也就越來越嚴重了。

研究與討論

一、檢討南明諸王以及鄭成功的抗清行動，何以失敗。

二、康、雍、乾三帝對整個中華民族的發展，有那些貢獻？

第二節　西力東侵

一、來自海上的西方商人和冒險家

　　中國與歐洲，自古以來即屬於兩個不同的世界：東方的中國世界與西

方的歐洲世界。十五世紀以前，中國與歐洲雖也有若干次的接觸，但都是隨戰爭而起的陸上間歇性來往，構不成中西交通的正常管道。十五世紀初年——明永樂（1403～1424 年）、宣德（1425～1435 年）間，鄭和的遠航海外，雖開啟了海上交通的新紀元，促成了中國與南洋各國的接觸，但卻未能對歐陸發生影響。及葡萄牙人於十五世紀末年開始向東方探險，狄亞士 (Bartolomew Diaz) 先於 1486 年（明憲宗成化二十二年）發現非洲南端的好望角 (Cape of Good Hope)，十二年後（1498 年，明孝宗弘治十一年），奧斯達加馬 (Vasco da Gama) 繞經好望角航抵印度半島西南岸的古里 (Calieut)，歐亞間從此開了直接的新航路，中西情勢也就為之改觀。葡、西、荷、英等國的探險家、商人、傳教士，都在其政府的支持下，陸續東來，中國乃成為這些歐洲入侵者的最大目標，原來各自發展的兩個世界遂有了廣泛的接觸。

　　葡萄牙人是歐洲人向東方發展的先鋒。他們於 1510 年（明武宗正德五年）占領了印度西岸的臥亞 (Goa)，次年（明正德六年，1511 年），便又攻占了東印度群島海上咽喉的滿刺加 (Malacca)。滿刺加是明代的藩屬，葡人等於向明廷挑戰了。滿刺加王曾遣使向明廷報告，並請求援助。明神宗卻只發一紙空洞的文書，要葡人「返其侵地」，葡人不理，明廷又詔令暹羅等鄰國以救災卹鄰之義，出兵救援，然無應者。這等於明廷坐視滿刺加滅亡而未能克盡宗主國的責任。葡人於是又繼續前進廣東沿海，直接叩問中國的南大門了。

　　葡人首次到達廣東粵江口外，係在明正德九年（1514 年）。要求通商，不得門徑。兩年後（1516 年），二次前來，要求通市，仍不得要領。又過一年——正德十二年（1517 年），葡船隊第三次到達廣東東莞縣的屯門島，並打算長久居留，但他們的通商要求，一直沒有得到滿意的答覆。且於正德十六年至嘉靖二年（1521～1523 年）間因與地方當局發生衝突，被逐出廣東。

由於中葡的衝突，明廷下令停止葡人的貿易，至嘉靖八年（1529 年），始由於巡撫林富的建議，明廷准許廣東重開對外貿易，於是葡人又隨南洋諸國商人再來廣東。這次葡人學乖了，一方面混在南洋「朝貢諸國」的行列中，裝得很恭順；一方面卻又向地方官吏行賄，於嘉靖十四年（1535 年）獲得寄泊澳門的許可；一方面又協助明廷進剿海盜，終於在嘉靖三十六年（1557 年）取得了與南洋諸國同樣的待遇。

葡人在中國獲得的最大成功，乃是租得澳門作為永久的居留地。嘉靖十四年初獲允許寄泊澳門時，每年須繳納「船課」二萬兩，且當時居住的地方，也只限於澳門半島的濠鏡。其後葡人越來越多，居住範圍越拓越廣，其他各國商人逐漸被排除，澳門遂為葡人所獨據，至嘉靖三十六年（1557 年），葡人已在澳門劃設租界，派官治理，澳門遂成為歐洲國家在中國租占的第一塊土地，到明神宗萬曆四十二年（1614 年），明廷允許葡人長久在澳門住下去，不過海關和司法都還在中國人手裡。清光緒十三年（1887 年）以後，中國對澳門的主權才完全放棄了。

西班牙是葡萄牙海上霸權的最大競爭者。葡人發現了通往東方的新航路，西人亦同樣為追尋東方而發現了新大陸。當哥倫布（Christopher Columbus）於明孝宗弘治五年（1492 年）開始西航時，即擁有西班牙當局致「契丹大可汗」（即中國皇帝）的國書。只是哥倫布始終未能到達中國而已。麥哲倫（Ferdinand Magellan）為葡人，但他的航海計劃卻得到西班牙王室的贊助。他自歐洲出發，經過南美洲，橫渡太平洋，於 1521 年（明武宗正德十六年）發現了菲律賓群島，其後西班牙人自中南美洲接踵而至，統治菲律賓達三個半世紀之久，直到 1898 年在美西戰爭中戰敗，其在菲律賓的統治地位，始由美國人取代。

西班牙人未到達菲律賓之前，中國福建一帶的商人即時常到菲島交易貨物，呂宋尤為中國商販聚集之地。西班牙人係於明穆宗隆慶五年（1571 年）占領呂宋，三年後——即明神宗萬曆二年（1574 年）即發生了林鳳進

擊呂宋的事。林鳳本為福建海盜，因受不了官軍的追剿，不能在閩海立足，於是率領部眾四千餘人登陸呂宋，想從西班牙人手中搶得菲律賓。次年（1575 年），林鳳失敗了。西班牙人因曾與福建官軍共同夾擊林鳳，因乘機遣使福州要求互市，得到了許可。但到萬曆二十六年（1598 年）西人到廣州請求通商時，卻被拒絕。

明熹宗天啟六年（1626 年），西班牙的菲律賓總督出兵臺灣，占領基隆、淡水，臺灣北部遂為西班牙人所據。直至崇禎十五年（1642 年），西班牙人始被占領臺灣南部的荷蘭人所逐。

繼葡、西兩國之後，與中國接觸而引起衝突的歐洲國家，是荷蘭，明人稱之為紅毛番。荷蘭的第一個目標，是東印度群島——即中國人所稱的南洋群島。荷蘭的商船係於明萬曆二十四年（1596 年）到達東印度群島，這時明廷在南洋已經喪失影響力，荷人並未遭遇任何抵抗。六年以後——萬曆三十年（1602 年），荷人組成了東印度公司，開始對南洋作大規模的經營，至萬曆四十七年（1619 年），荷人設置巴達維亞府 (Batavia)，為統治南洋的政治機構。三百三十年以後，南洋始得脫離荷蘭的統治，建立了獨立國印度尼西亞。

荷蘭人得志於南洋，卻失意於對中國的通商交涉。荷人初至廣州要求通商，係在萬曆三十二年（1604 年），但未得允許，向澳門要求交易，亦為葡人所拒。萬曆三十五年（1607 年）與天啟二年（1622 年），荷人兩度進攻澳門，但都被葡人擊退。荷人乃東向占領澎湖，又犯福建沿海，但為明軍所敗，且被逐出澎湖。荷人遂入據臺灣南部，築赤嵌城 (Zeelandia)，作長久之計。崇禎十五年（1642 年），驅逐臺灣北部的西班牙人，荷人遂領有全臺。二十年後——1662 年，向鄭成功投降，自天啟四年（1624 年）荷人據臺以來，已歷三十八年。

英國人之東進，在十六世紀末葉。時間上在葡、西、荷之後，聲威卻是後來居上。明神宗萬曆十六年（1588 年），新興的英國海軍戰敗了西班

牙的無敵艦隊，於是直進印度，與法國抗衡。萬曆二十八年（1600 年），倫敦商人組織之東印度公司成立，並壓倒法國在印度的勢力，獨享印度的管理權與東方貿易的專利權，因此，東印度公司即被視為英國侵略東方的大本營。

英國企圖與明廷建立關係，始於萬曆二十四年（1596 年）英王伊麗莎白 (Elizabeth) 之致書明廷，請求通商。英王派多德雷 (Robert Dudley) 率三船來華送她給中國皇帝的信，但因途中受到西班牙的攻擊，又發生疫疾，致三船英人幾全部喪生，僅一人生還返英。

崇禎八年（1635 年），英王查理一世 (Charles I) 授威忒(John Weddell)以代表職銜，於翌年（1636 年）三月率兵船五艘東來，到崇禎十年五月——1637 年 6 月，到達澳門外海。威忒初與澳門葡方聯絡，遭葡方杯葛，與廣東當局交涉，亦不得要領。威忒乃率船強入珠江，引起了中英有史以來的第一次戰爭。英人憑其堅船利炮，轟毀了虎門炮臺，中國水師船有三艘被擊沉。戰況雖對中國不利，但英船亦有後援不繼之虞。於是在葡人的調停下，雙方妥協：英人向中國道歉，中國允英方在廣州購貨。目的既達，威忒遂率船回國。這是中英通商之始，也是英國首次以武力來叩擊中國的大門。

二、西教和西學的傳入

文化交流乃人類社會的自然現象。只要機會到來，條件許可，各文化集團就必然會相互衝擊，相互影響。中國與西方雖是兩個淵源不同，內涵各異的文化體系，但歷史上也還是明顯的存在著中外文化交流的事實。近人王懷中將明代以前中外文化交流的過程分為三期：漢魏及兩晉南北朝時期，佛教的傳入與發展，為第一期；隋、唐時代，西方宗教的傳入與中國工藝的西傳，為第二期；元代蒙古的西征與馬可孛羅 (Marco Polo) 等人的東來以及羅馬教廷與元的通使，則為第三期。至明清之際，由於新航路的發現和現代科學的萌芽，西教和西學便有計劃的陸續傳來，形成近代中西

文化交流的一個新的高潮。

　　西教即基督教。基督教中的聶思脫利派 (The Nestorians) 於唐太宗貞觀九年（635 年）由大秦（羅馬）傳入中國，稱為景教。宋時的「一賜樂也教」(Israel)，元時的「也里可溫教」，也都是基督教的分支，但在中國的勢力很小。明萬曆間（1573～1619 年）來到中國的傳教士，則是屬於基督教新興教派耶穌會 (Society of Jesuits)。他們是緊跟著航海探險隊和商人之後，湧向了東方——先到印度，再去中國和日本，而以中國為主要目標。

　　第一位懷著雄圖壯志前來東方的耶穌會士，應推西班牙籍的聖方濟各沙勿略 （St. Francis Xavier, 1506～1552 年）。他係於明世宗嘉靖三十一年（1552 年）到達中國，但未獲准登上中國大陸，同年十二月，沙勿略病死在上川島上。

　　耶穌會教士巴萊多 (Melehior Nunez Barreto) 於明世宗嘉靖三十四年（1555 年）曾到廣州，為第一位進入中國內地的耶穌會士。三年以後，另外的兩位耶穌會士：黎伯臘 (Jean-Baptiste Ribeyra) 及黎耶臘 (Pierre-Bonaventure Riera) 到了澳門，但未能獲准進入中國內地。繼之而來的是范禮安 (Alexandre Valignani)、羅明堅 (Michael Ruggieri) 和巴範濟 (Francisco Pasio)。范禮安曾在澳門召集教士討論進入中國內地傳教的策略，他們得到的結論是：教士欲進入中國，必須學習中國語文，並瞭解中國風俗和文化。羅明堅就在這一決定下，在澳門學會了流利的華語，他終於在明神宗萬曆十年（1582 年），獲准進入廣東的肇慶，成為在中國傳佈西教和西學的先鋒。

　　在中國傳佈西教西學最成功的耶穌會教士，是意大利人利瑪竇 (Matteo Ricci)。利氏畢業於羅馬學院，通哲學、法律、算術、地理、天文等學術，於萬曆十年（1582 年）來到澳門，次年抵達肇慶，他展出了隨身帶來的各種西洋科學器物：三稜鏡、日晷、自鳴鐘、宗教畫、書籍及一幅最受人注意的《坤輿全圖》。這年利瑪竇三十二歲，他恪遵范禮安在澳門所訂的原則，學華語，服華服，尊重中國文化習俗，而以科學新知和技藝為媒介，

結交中國朝野人士。利瑪竇成功了，他於萬曆二十八年（1600年）獲准進入北京，明廷待之為上賓，閣臣兼名儒之徐光啟、李之藻等與之結為知交，利瑪竇的佈道事業乃日益拓展，他於萬曆三十八年（1610年）病死時，中國的基督教徒約達二千五百人，他的墓地也是由明朝的萬曆帝所「欽賜」。

利瑪竇

繼利瑪竇之後來華傳教的教士龍華民 (Nicolaus Longbardi) 等，亦大體遵循利瑪竇的傳教路線，以傳授西學為贏取信任和尊重的利器。由於他們所著的書，「多為華人所未道」，又能切合當時的需要，於是講求西學之風日漸流行。其時所謂西學，就是傳教士們所介紹進來的天文、曆法、算學、輿圖、物理、火炮、水利、哲學等知識，也有少許西方的美術、建築、音樂和繪畫。教士們的職責是傳教，他們的實際作為卻像是文化使節。

明清之際，耶穌會士所著或翻譯的書，據統計，總共約有三三七種。有些是宣傳教義，有些是科學新知，即如利瑪竇的著作中，有《山海輿地全圖》、《幾何原本》、《測量法義》等科學入門書籍，更重要的則還是《天主實義》和《乾坤體義》等闡發教義的著作。這些書籍，自然大有助於中國朝野對於西方這個新世界的認識。同時，利瑪竇又將中國的「四書」譯為西文，比人金尼閣 (Nicolaus Trigault) 亦譯「五經」為拉丁文，這些譯書西傳後，自然也對西方學術發生若干程度的影響。

三、清初禁教

明代末世，基督教的發展已獲得驚人的成就。清於1644年入關後，原

來為明廷效力的耶穌會士轉而擁護滿清的新政權，因而清攝政王多爾袞甚感滿意。事實上清廷也需要耶穌會士在天文、曆法和火炮方面的知識，對於教士，不但不迫害，且加以保護。如曾為明廷設局造炮並精通天文曆法及光學的日耳曼人湯若望 (Jean Adam Schall Von Bell)，即被任命為新朝廷的欽天監正，且成為順治帝的寵臣。傳教事業也繼續發展，廣東一地就有教堂七所。康熙二年（1663 年）時，全國的教徒已近二十萬人。

　　順治十七年（1660 年），反對新曆法的楊光先上奏參劾湯若望，順治不聽。次年，順治死，康熙即位。康熙年少，輔臣鰲拜黨於楊光先，於康熙三年（1664 年）下湯若望於獄，是為清初發生的第一次曆獄，基督教人士稱之為教難。但康熙帝親政以後，不僅恢復了西洋教士原有的地位，且破格給予較順治時更優渥的待遇。他於康熙八年（1669 年）罷黜舊派的欽天監正楊光先，授比利時籍的南懷仁 (Ferdinand Verbiest) 為欽天監副，實際負責製曆。南懷仁不負康熙帝期望，他建造了一所完備的天文臺，製成天體儀、地平儀等天文儀器數十種，並設廠鑄炮，協助平定三藩之亂，康熙帝因而對他優禮有加。

　　康熙帝在位的前四十年（1662～1702 年），是在華耶穌會士的黃金時代。東西的文化交流，也創下空前的紀錄，康熙帝親自向南懷仁學習幾何、代數，並為世家子弟特別設立了算學館，選八旗子弟入學，學習算術、曆象及樂律。法籍的耶穌會士白進 (Joachim Bouvet) 等十數人，以十年的時間，測量繪製成一部中國有史以來的第一部地圖《皇輿全覽圖》，流行達二百年之久。這種情形如繼續發展下去，中西文化將可於此時合流，中國的近代化也將於此時開其端。

　　但是不幸的事件發生了。教士們由於教派的內訌，於是發生了所謂「禮儀問題」——即是否准許教徒遵守中國傳統習俗敬祖祀天的問題。耶穌會派自利瑪竇以來，一直認為敬祖祀天與崇信天主，並不衝突，後數十年進入中國的多明我會士 (Dominicans)、方濟各會士 (Franciscans) 則持相反意

見，籲請教宗下令禁止耶穌會士所為。教宗格勒門十一世 (Clement XI) 先於康熙四十二年（1703 年）任命一位素不以耶穌會士為然的顏璫 (Caralus Maigrot) 為遠東主教，次年（1704 年）又制訂禁約，不准中國教徒祭祖、祭孔，並派遣一位完全不瞭解東方情形的多羅 (Carolus Thomas Maillard de Tournon) 為專使，東來執行。多羅、顏璫先後晉見康熙帝，傲慢無禮，且擅自於康熙四十六年（1707 年）公布教宗禁條而令各教士遵行，康熙帝乃傳諭在京西人：「今後如不遵利瑪竇的規矩，斷不准在中國住，必逐回去。」於是令將顏璫發往黑龍江，多羅押送澳門叫葡人看管。十年以後——康熙五十七年 （1718 年），教宗重申其禁令，並派主教嘉樂 (Carolus de Mezzabarba) 來中國交涉，不得要領。康熙帝乃於五十九年（1720 年）下諭：「以後不必西洋人在中國傳教，禁止可也，免得多事。」

世宗雍正即位時，由於內廷中的耶穌會士多同情於他的皇位爭奪者——允禩、允禟等人，雍正（胤禛）心懷怨恨，即位後即以閩浙總督覺羅滿保之奏請，頒令禁教。——這次嚴格的多了，所有西洋人除在京效力人員外，一律送往澳門；各地天主堂，或被拆毀，或改為公廨、祠廟和義學；惟京師教堂存在如故，欽天監內的耶穌會士亦照舊供職。

高宗乾隆即位 (1736 年) 的前一年——1735 年，教皇下令停止耶穌會士的在華工作。乾隆帝對教士的管理也日趨嚴格。乾隆十一年 (1746 年)，下令福建、廣東兩省，不准行教開堂；其後三十年間，教士涉案被拘捕治罪者，時有所聞。惟乾隆帝亦重視教士們所傳入的西學，他留用了一群有特殊技能，但無政治野心的教士，其中以工於繪圖的意大利人郎世寧 (Joseph Castiglione) 為最知名，次為戴進賢 (Ignaz Kögler)、蔣友仁 (Michael Benoist)、艾啟蒙 (Ignatius Sichelbarth) 及王致誠 (J. Denis Affiret)。乾隆帝視西方的教士有如僕傭，可以各盡所長，亦可給予相當的尊重，但絕不能違背中國的道統和治統，否則從嚴論罪。他並嚴令旗人與漢人，不准信奉天主教，違者處以重刑。

　　經康、雍、乾三朝連續施行禁教措施後，西教在中國已是不絕如縷。西學本係隨西教而興，西教禁，西學當然衰。至嘉慶、道光之世，教士在華幾不能容身，欽天監內的西人，也逐漸減少以至於絕跡。

第三節　中西第一次交鋒──鴉片戰爭

一、戰前的中英關係

　　發生於清道光十九年至二十二年（1839～1842 年）之間的中英戰爭，中國人稱之為鴉片戰爭，英國人則稱之為通商戰爭 (Trade War)。戰爭的遠因，不能不說是英國向清廷要挾以平等的地位通商而未能達到目的，因而訴諸武力；戰爭的近因，則因起於林則徐在廣州的禁煙。不管是由於通商交涉受挫，或是由於禁絕鴉片，這一場戰爭是不折不扣的中英交鋒，也是歐洲人的武力首次逼上國門，衰弱的清廷想做鴕鳥也做不成了。

　　要探究鴉片戰爭的遠因，不能不追溯一下戰前的中英關係。史學家都承認，英國的第一個使華團──馬戛爾尼使團 (The Macartney Mission)──的成敗，是近代中英關係的重大關鍵。早在 1791 年（乾隆五十六年）12 月間，英國政府即決定派遣馬戛爾尼使團來華，但這個使團到達中國的時候，已是 1793 年 8 月（乾隆五十八年六月末）。派遣使團的表面理由是為祝賀乾隆帝的大壽，實際上的目的則在藉此使團以求打破中英間貿易的僵

局，並建立領事級的關係。英國政府為了這一使團，煞費周章。選擇了一位有地位、有名望且極出色的外交官與殖民行政首長馬戛爾尼 (George Macartney) 為團長；遴選了各有專長的八十三名文武官員，攜帶了六百箱禮品，英國海軍部並特別指派裝有六十四門炮的「雄獅」號 (Lion) 兵艦為馬戛爾尼的座艦。馬戛爾尼於出發前覲見英王喬治三世時行了吻手禮。這一切措施，表明了英國對馬戛爾尼這次使華任務的重視。平心而論，英國當時是以東方大國的地位來看待中國的。

馬戛爾尼使團於 1792 年 9 月 26 日出航東來，於 1793 年 8 月 5 日（乾隆五十八年六月二十九日）到達中國北方的大沽，六天後到達天津。清廷派直隸總督梁肯堂迎接馬戛爾尼，說乾隆皇帝現在在熱河，要他去熱河覲見。馬戛爾尼到了熱河，卻由於禮儀問題使他大感為難。清廷要他覲見乾隆帝時行跪拜禮，馬戛爾尼卻以英國並非中國藩屬，執意不肯。後來雖然商定了一個折衷辦法——覲見時用英國禮節，屈一膝，但略去吻手禮，使問題獲得解決，馬戛爾尼也被安排在 9 月 14 日（八月初十日）的早晨，正式覲見了乾隆皇帝，並呈遞了國書，但他稍後向清軍機大臣和珅以書面提出的准許英商至舟山、寧波、天津等地貿易，並於京師設一商館。給予舟山附近無城砦小海島一處，為英國居留儲貨之所等要求，卻被拒絕了。這些要求，雖仍不出商業範圍，但只是要求英國方面的權利，卻未提到英商應盡的義務。清廷決定不和英國有官方來往，認為這些要求「與天朝體制不合，斷不可行」。

馬戛爾尼的使華任務失敗了。他率團於 1794 年 1 月 10 日（乾隆五十八年十二月九日）離開中國，同年 9 月 5 日回到了英國。這對英國政府自然也是一個刺激。但當時英國正捲入歐陸反拿破崙 (Napoleon) 的戰爭，無暇他顧，因而未能即時有所行動。

乾隆帝於做滿六十年的皇帝後退位，兒子顒琰於 1796 年即位，改元嘉慶，是為仁宗。

　　清嘉慶二十一年——1816 年，英國又派出了第二次的使華團，即亞美士德 (Lord Amherst) 的使華。亞氏所受的訓令和馬戛爾尼使華時的要求差不太多，只是更強調要在北京派駐使節，英國外相卡斯壘 (Lord Castlereagh) 更視之為當務之急。亞美士德的命運比馬戛爾尼更糟，他到中國時，清廷仍視之為「英吉利國遣使入貢」，強迫他行三跪九叩之禮，他不肯遵從，因而沒有見到嘉慶帝的面就被斥為「狡詐無禮」，下令「將該貢使等即日遣回」。嘉慶帝且嚴令沿海各省：「此後如有英吉利國夷船駛近海口，即行驅逐，不許寄碇停泊，亦不准其一人登岸。」

　　英國兩次遣使來華交涉，毫無成就可言，清廷的大門關得反倒更緊了。英國人已知道和平交涉的路走不通，必須想別的辦法。他們決定暫時中止北京駐使的要求，而以在廣東建立其官方關係為起點。1834 年——清道光十四年——英國政府廢止東印度公司在中國的商業專利權，由政府直接介入對華貿易事務後，兩國間的衝突也就在所難免。

　　英國政府於 1834 年新派了一位駐中國的商務監督 (Chief Superintendent of the British Trade in China)，這人就是貴族出身曾任上議院議員的律勞卑 (William John Lord Napier)。他認為他是在華英僑的保護者和商業活動的監督者，同時也是英國政府的代表。帶了英國政府的訓令，趾高氣揚的來到廣州，要以完全平等的地位與中國兩廣當局建立官方的關係。但是兩廣總督盧坤仍把律勞卑視作是東印度公司派來的「大班」(Chief manager)，既退還了律勞卑直接送來的國書，又要律勞卑離開廣州退居澳門。在盧坤看來，律勞卑不依舊章由行商轉呈「陳稟」且擅行前來廣州要求面謁，是違背中國「國體」的事，「未便稍涉遷就」。律勞卑表示不能接受盧坤的要求離去廣州，盧坤就下令「封艙」，停止對「夷館」的一切供應和交易。律勞卑也不甘示弱，下令停泊外海的英艦兩艘突入虎門，炮轟要塞，進抵黃埔。這是 1834 年（道光十四年）9 月間的事，歷史上稱之為「律勞卑事件」。

律勞卑的命運不算好。他雖有心以武力解決問題，但卻染了病，且外商認為他的鹵莽行動破壞了他們的商業利益，於是嘖有煩言。律勞卑最後還是忍氣吞聲的離去廣州，想回到澳門後計劃再「捲土重來」，但回到澳門才不過半個月，就病死了。

「律勞卑事件」過後，英艦撤退，盧坤也下令「開艙」。其後繼任的商務監督德庇時 (John Francis Davis) 和羅賓遜 (George Best Robinson)，暫時採取了「緘默政策」(Quiescent Policy)，才又維持了兩年多的安定。到1836 年（道光十六年）12 月，義律 (Capt. Charles Elliot) 到廣州來接任商務監督後，情勢就又變得緊張。這時盧坤已死，繼任為粵督的人是遠比盧坤懦弱的鄧廷楨。及至林則徐於道光十八年（1838 年）以欽差大臣身分來廣東禁煙，義律決定與其對抗，調來了英國東印度艦隊的兩艘軍艦，中英間的戰爭就無法避免了。

二、禁煙問題與中英開戰

鴉片 (opium) 之傳入中國，始自唐代。當時僅係用作藥材，用以治療痢疾、肚痛等病症。明以後有人拿來做煙吸，稱之為鴉片煙，其效果為刺激神經，使人興奮。如吸食過度，久而成癮，則可造成神經衰弱，體力不支，構成個人及社會的嚴重災害。惟當年輸入量不多，尚未形成大害。及英國統治印度後，在印度有計劃的獎勵種植鴉片，並由東印度公司統制向中國運銷，輸入量乃漸增。

清廷亦並非不知鴉片之為害，雍正七年（1729 年），乾隆四十五年（1780 年），嘉慶元年（1796 年）、四年（1799 年）、二十二年（1817 年），均曾下令禁止鴉片煙的吸食、販賣和種植，但效果不彰。道光帝即位（1821 年）後，再嚴申禁令，但禁者自禁，鴉片不但銷售如故，反而數量愈來愈多。嘉慶二十一年（1816 年），就有（鴉片年輸入量）三千二百一十箱。其後逐年增加，到道光十九年（1839 年）即戰爭爆發之年，已達五

萬箱左右了。

　　面臨這一空前嚴重的災害，朝廷和權臣們也在討論防制禍患的辦法。他們的意見大抵分為兩派：一派主張既然「禁不勝禁」，乾脆就「弛禁」，這是兩廣總督盧坤和太常寺少卿許乃濟的主張。盧坤未敢明白主張「弛禁」，許乃濟卻於道光十六年（1836 年）向清廷上了一道奏摺，建議准許鴉片進口，惟課以重稅；准許一般人民吸食並准許內地種植，以國貨來抵制外貨。這種甘冒天下之大不韙的建議，當然不可能被採納，而且引起了強烈的反對。道光十八年（1838 年），任職為鴻臚寺卿的黃爵滋給道光帝上了一封奏摺，大聲疾呼的主張嚴禁，是為「嚴禁論」的代表性主張。黃在奏摺中，首先說明因鴉片氾濫所造成的國家財政上的重大損失，他接著提出嚴禁鴉片的辦法，主張嚴法峻刑，吸食者應治以死罪。

　　道光帝本身對於鴉片是很痛心的，為了鄭重，他下令要各省督撫表示意見。覆奏的回文有二十餘件，除了直隸總督琦善外，其餘都贊成禁煙，

道光帝

湖廣（即兩湖）總督林則徐的態度尤為激昂，其辦法亦最為徹底。道光帝終於下定了決心，要把吸食鴉片和販賣者完全禁止。他於道光十八年十一月——1838 年 12 月，令派林則徐為欽差大臣，馳赴廣東去主持禁煙。這位林欽差一時成為中外所注目的風雲人物。

　　這位進士出身的林則徐，確是位相當有遠見、有魄力的官員。他於道光十九年正月二十五日——1839 年 3 月 10 日，到達廣州。一個星期後，就開始了禁煙的實際行動。他通知在廣州的外商——主要是英國販運鴉片的商人，要做兩件事：一是

趕快把現存的鴉片煙全數繳出來，一是出具甘結，保證以後不再販運鴉片來華，否則一經查出，「貨盡沒官，人即正法」。他是以雷厲風行的手段執行他的命令，外商初尚猶豫，林即以斷絕食品、僕役等供應，並封閉港口以威逼之。英國的商務監督義律毫無辦法，不得不將外商的鴉片煙繳出來，總共是兩萬零二百八十三箱。林則徐命令把這些煙土悉數燒毀，他的第一個目標達到了。可是要外商出具甘結的事卻遭到阻礙。義律不同意作此保證，他一面將廣州英商撤往澳門，斷絕貿易，一面將他們在廣州的遭遇報告英國政府，請求採取保護措施。同時，英國的軍艦也開始在海面尋釁。林則徐也知道英國人還會再來，因此也開始加強廣州的城防和虎門要塞的防備，並號召廣東人民準備共同抵抗英人可能的入侵。

　　1839 年的 7 月 7 日發生的「林維喜事件」，使局勢更加惡化。林維喜，是九龍的一個村民，被酗酒的英國水兵打死。林則徐要求英方交出兇手，義律拒絕，林則徐遂帶兵至澳門要求葡人驅逐英商，致有英人五十七家搬至船上，林則徐又命令沿海居民不予接濟。義律氣急敗壞，遂於 8 月 31 日率艦炮轟九龍的水師船隻，造成了中國水兵二死六傷的損失。11 月 3 日，中英海艦又在九龍附近的穿鼻海面發生衝突，這就是「穿鼻之役」，揭開了中英鴉片戰爭的序幕。

三、戰爭的經過

　　這時的英國，正值維多利亞女王 (Queen Victoria) 統治時代，首相是保守黨 (Tory) 的格雷 (Grey)，外相則是好大喜功的巴麥尊 (Lord Palmerston)。他們連續接到義律的請援報告和英國商人請求保護的請願書，於是就向國會提出了出兵中國的提案。

　　英國國會於討論出兵案時，有不少議員認為因強售鴉片而對中國用兵，是很不名譽的事；贊成出兵的人則認為英國的名譽已受損害，必須對中國作報復性的討伐。經過激烈的辯論後，始於 1840 年 4 月以二百七十一票對

二百六十二票之九票之差的多數，通過了出兵案，決定派遣所謂「東方遠征軍」(Eastern Expeditionary Forces) 東來，並調任好望角英軍司令海軍提督喬治懿律 (George Elliot) 為統帥，授以全權公使銜，指揮著英國印度洋艦隊司令伯麥 (Sir James John Gordon Bremer) 統率下的海軍，和陸軍統帶布爾利上校 (Colonel Burrell) 統率的陸軍，於 1840 年 6 月中旬——道光二十年五月中旬，陸續來到了廣東海面。

　　林則徐在廣東沿海加強戒備，是預料到英國的艦隊會以廣東為進攻目標。但這一著料錯了，懿律依據英國政府的訓令，是僅與廣東當局照會一下，接著封鎖廣州，然後率艦隊北上，要和清廷直接打打交道。懿律的艦隊沿海路北航，未遇抵抗，於是占領舟山，直抵大沽，威逼天津。清廷這才慌了手腳，派直隸總督琦善到大沽去和英方會商，這就是道光二十年八月四日（1840 年 8 月 30 日）的「大沽會議」。懿律提出了英國外相巴麥尊致 「中國皇相」 的一封公文書 (Palmerston's Letter to the Minister of the Chinese Emperor)，提出了償還被沒收的鴉片，給英國官員以文明待遇，償還商欠，讓一個或數個島嶼給英國永久使用，賠償戰費等五項要求。由於英國的公文書中有一句 "to demand from the Emperor satisfaction and redress" 的話，翻譯的人譯為「求討皇帝昭雪伸冤」，清廷就誤認懿律率船北來是為了「告御狀」，認為這是林則徐「措置失當」而惹來的麻煩，因此一方面下令處分林則徐，一方面又勸說懿律回到廣東去和清廷的新任欽差大臣交涉。奇怪的是，懿律居然答應了，英艦又回到了廣東，清廷新派前來交涉的欽差大臣就是琦善。

　　這位琦善，卻不是懿律的對手。懿律提出賠款開港和割讓香港的條件，琦善不敢答應，也不敢對清廷報告，一味蒙混拖延。懿律不耐煩了，乾脆突擊沙角、大角炮臺，英軍以「四十人受傷」的輕微代價，換得中國軍隊七百多人的傷亡。這迫得琦善不能不立即言和，於 1841 年 1 月 20 日和懿律簽訂了《穿鼻草約》，其要點是：

㈠割讓香港，中國仍可在此徵稅；
㈡賠償六百萬元；㈢兩國文書平行；㈣
恢復商務；㈤釋放浙江所俘英人；㈥英
軍退出所占炮臺，交還定海。

　　如果這個《穿鼻草約》，能為中英兩
國政府接受，鴉片戰爭就算告一段落。
然而雙方政府均不滿意。清廷斥琦善「無
能不堪之至」，撤職查辦，另派御前領侍
衛大臣奕山為靖逆將軍，戶部尚書隆文
及湖南提督楊芳為參贊大臣，率兵前往
廣東「剿辦」。英國政府亦認為懿律的態
度不夠嚴峻，兵力也不足，於是改派樸
鼎查 (Sir Henry Pottinger) 為全權，率陸
海軍東來。於是鴉片戰爭進入了第二個
階段，英軍一方面在廣州迫奕山作了「城
下之盟」，一方面發動第二次「北征」，

鴉片戰爭示意圖

再陷定海、鎮海、乍浦、寧波，直攻淞滬，深入長江，於道光二十二年六
月初三日（1842 年 7 月 21 日）攻占鎮江，威脅南京。到了這個時候，清
廷就不能不認輸，趕快命兩江總督牛鑑，以欽差大臣在浙江督辦洋務的耆
英以及乍浦副都督伊里布，往見樸鼎查請和。這三位清廷的宗室重臣對於
英人所開的條款，只有「一切如命」而已。清道光二十二年七月二十四
日──1842 年 8 月 29 日，耆英、伊里布、牛鑑三人在樸鼎查的旗艦「皐
華麗號」(Cornwallis) 上，共同簽字於無異於城下之盟的《南京條約》──
中國近代訂立的第一個不平等條約。

《中英南京條約》簽字（道光二十二年）

四、《南京條約》與耆英外交

《中英南京條約》的條文，計一十三條。其要點有七：

一、開廣州、福州、廈門、寧波、上海為通商口岸，英國得設置領事，
專理商務。（第二條）

二、割讓香港給英國。（第三條）

三、中國賠償廣州沒收之鴉片煙價六百萬元，商欠三百萬元，軍費一
千二百萬元，共計二千一百萬元。（第四～七條）

四、英人得在中國各地自由遊歷。（第八條）

五、重訂稅則，英國貨物不得重複加稅。（第十條）

六、兩國間公文來往，採平等格式。（第十一條）

七、賠款全數付清後，英國始交還舟山群島及廈門港內之鼓浪嶼。（第
十二條）

這一條約，清廷於同年八月二日（9 月 4 日）批准。九月十四日（10
月 17 日），清廷復任命伊里布為廣州將軍，並加欽差大臣銜，與已被英
政府任命為首任香港總督的樸鼎查，商訂一項比較詳細的通商章程。但伊
里布於次年二月（1843 年 3 月）死亡，清廷乃特任原任兩江總督耆英為欽
差大臣，至廣東繼續與樸鼎查交涉。耆英於道光二十三年五月二十九日──

1843 年 6 月 26 日來到香港，先與樸鼎查交換兩國批准《南京條約》的文書，同時並議訂了一種《五口通商稅則章程》，允諾關稅稅率為「值百抽五」，許與英國以領事裁判權以及在通商口岸停泊英艦的權利。同年八月十五日──1843 年 10 月 8 日，耆英又與樸鼎查簽訂了《中英虎門條約》──正式的名稱是《中英五口通商附粘善後條款》，給予英人以「最惠國待遇」（原約第八條），同意英人在通商口岸內「議定界址」，這就是租界的起源。

對英國的商務交涉告一段落，美、法兩國也派來使節要求訂約通商，美國的公使顧盛 (Caleb Cushing) 並揚言要去北京談判。清廷覺得所有外國人的交涉還是在廣州辦理好，乃於道光二十四年二月一日──1844 年 3 月 19 日，下令免了兩廣總督祁墳的職而以耆英繼任，仍授以欽差大臣銜，任務為「辦理各省通商善後事宜」。自此以後，兩廣總督加欽差大臣銜辦理對外交涉幾成為定例，垂二十年之久。

耆英被視為是當時「通達夷務」的人，也是「撫夷派」的中心人物。由於他想「撫綏夷商」，對外交涉很爽快，也很慷慨。道光二十四年五月十八日──1844 年 7 月 3 日，耆英就和顧盛在澳門的望廈村簽訂了《中美望廈條約》，美國人除獲得《中英南京條約》割地賠款以外的權利外，並強調了最惠國條款和領事裁判權。顧盛很得意，他於訂約後第二天，即特別將條約中有領事裁判權的部分報告美國政府。同年九月十三日 （10 月 22 日），耆英又與法使剌萼尼 (Theodore de Lagrene) 簽訂了《中法黃埔條約》，法國人除享受英美在中國的特權外，並獲得宣教權──中國准許法人在華傳教，並負責保護教士和教堂。耆英又先後與比利時、瑞典、挪威、荷蘭、西班牙、普魯士、丹麥等國訂立了商約，也都依「利益均沾」原則賦予以特權。

一、清廷於應付英國要求通商通使方面，暴露了那些弱點？

二、《中英南京條約》的主要內容是什麼？

三、對耆英辦理對外交涉的態度，有什麼批評？

第四節　列強首次聯合行動

一、英法聯軍之役

　　對西方國家而言，中國的門戶已在鴉片戰爭中被英國的「炮艦政策」(Gunboat Policy) 打開了，各國在中國群相競逐的時代已經來臨。而清廷卻仍故步自封，不能適時作適當的肆應，因此鴉片戰後的二十年間，出現在歷史上的是逐漸形成的英、法、美、俄四國同時但以不同方式對中國進行侵略的局面。

　　這一局面的形成，清廷本身當然要負很大的責任。鴉片戰爭的失敗並未能促成清廷朝野的真正醒悟，對西方仍然認識不清楚，既然訂立了條約開五口通商，卻又仍持深閉固拒的態度。先是「撫夷」，後來又要「剿夷」，其實兩者都不是正道，也都非常危險。道光帝做了三十年 （1821～1850年) 的皇帝，死後兒子奕詝於 1850 年即位，這就是咸豐帝。咸豐的命運比道光更不如，在他做皇帝的十一年（1851～1861 年）間，內有太平天國的戰亂，外則為「撫夷」或「剿夷」所困擾，舉棋不定，終至爆發了英法聯軍侵陷京師的戰爭，不能不屈膝求和，受盡屈辱。

　　英法聯軍之役（1856～1860 年），出兵的固是英、法兩國，參與策劃並予以支持的尚有美國。而俄國趁火打劫，從陸上侵逼以策應英、法、美的海上攻勢，因而英法聯軍的幕後，實是英、法、美、俄合力謀我的一次

列強聯合侵華行動。

英國仍是這次侵略行動的先鋒。其初期的藉口有二：一是英人進入廣州城問題，清廷由於廣東民間的反英情緒強烈，一味採拖延政策，使問題遲遲不得解決；一是要求修約，以期獲得更多的特權和利益，但清廷亦嘗饗以閉門羹，不得要領。

其實，這兩項藉口，英國都沒有法理上的堅強依據。關於入城問題，《南京條約》第二條僅規定「自今以後，大皇帝恩准英國人民帶同所屬家眷，寄居沿海之廣州、福州、廈門、寧波、上海等五處港口，貿易通商無礙」，並未規定必須「入城」居住。嚴格說來，港口並不包括各都市的全部城區。但英國人卻堅持要進入廣州城居位，而粵吏及廣東民眾則又率皆反對，英國交涉不成，就想動武。至於修約，《南京條約》並無修約的規定，英國引用最惠國待遇要求依《中美望廈條約》十二年修約一次的規定修改《南京條約》，已屬勉強，而不待十二年期限到來即提前於 1854 年同美、法聯合提出修約的主張，尤屬無理。

當時的清廷與清吏，國際法的知識和國際交涉的經驗都不足，未能據法理力爭。耆英即是因為沒有辦法解決英人的要求「入城」問題，才千方百計的要求調回北京。繼任的兩廣總督徐廣縉，任期只有四年，運氣好，沒發生大災禍。及頑強而又糊塗的葉名琛於咸豐二年（1852 年）由廣東巡撫陞任兩廣總督後，麻煩就更多了。

促成英法聯軍進擊中國的關鍵人物，是數度出任英國外相並於 1859 年出任首相的巴麥尊。他聽信英國駐廣州領事包令 (John Bowring) 和主張「帶甲掌頭」政策的譯員巴夏禮 (Harry S. Parkes) 的報告，於 1850 年即想用兵，但次年他下臺了。1854 年起，英國捲入了克里米亞戰爭 （Crimean War, 1854～1856 年），次年巴麥尊又上臺了，且被認為是克里米亞戰爭獲勝的主要設計者，是英國最傑出的政治家，卻也是極端的擴張主義者。他於 1859 年出任英國首相，對中國的出兵已屬不可避免。

　　咸豐六年（1856 年）夏天發生的兩件事，構成了英法聯軍之役的直接
導因。一是九月十日 （西曆 10 月 8 日） 發生的 「亞羅船」 (The Arrow
Boat) 事件──船為中國人所有，在香港註冊但有效期間已過，仍懸英旗，
清兵上船搜查犯人時，拔去英旗，英國領事巴夏禮即認為中國官兵侵犯了
英國，提出強硬交涉及節外生枝的無理要求，要求不遂，就向英政府請求
出兵討伐。另一件事是發生於同年正月（2 月）間的廣西西林縣知縣張鳴
鳳，懷疑法籍馬神父 (Pire Auguste Chapdelaine) 為通匪而加以逮捕處死。
法國駐華代辦顧隨 (M. de Courcy) 依據教士的報告，引為藉口，一方面向
兩廣總督葉名琛提出交涉，一方面請求法國政府出兵。這時的法國係由拿
破崙第三執政，極想揚威於東方，於是決定和英國取一致態度，組織聯軍
進逼中國。

　　英國首相巴麥尊係於 1856 年 12 月接獲亞羅船事件及對葉名琛交涉
得不到滿意答覆的報告，他報告女皇，並於 1857 年 2 月向國會提出了對中
國出兵案。但在國會中遭到了強烈的反對，參議員德彼伯爵 (Earl of Derby
E. G. S. Stanley) 怒問：亞羅船乃「中國人造，中國人賣，中國人買，中國
人使用，中國人之所有，為中國人所捕」，英國何可干涉？眾議院則經過辯
論後，予以否決。首相巴麥尊憤而解散國會，新國會竟通過了他的出兵案。
1857 年 4 月，英國政府遂派額爾金 (Elgin) 為全權專使率兵東來，法國亦
派葛羅 (Baron Gros) 為統帥，率兵來華，英法聯軍之役遂於咸豐七年十一
月十四日──1857 年 12 月 29 日，正式展開，英法聯軍當日即完全占領了
廣州城。──由於這次戰役係起因於中英鴉片戰爭後的一些懸案與爭議，
因此史家有時亦稱之為第二次鴉片戰爭。

　　英法聯軍之役實際上包括兩次戰役，亦即兩個階段。自咸豐七年十一
月（1857 年 12 月）廣州陷落到咸豐八年五月（1858 年 6 月）天津簽約，
是為第一階段；自咸豐九年五月（1859 年 6 月）因英使進京換約而再度爆
發全面性戰爭，中經北京淪陷，至咸豐十年九月 （1860 年 10 月） 北京簽

約，是為第二階段。戰爭中，負責禦敵的清將為科爾沁親王僧格林沁，擔任議和任務者則為大學士桂良，吏部尚書花沙納，最後於京師淪陷清帝逃亡後負責議和以收拾殘局者，則為咸豐帝的弟弟恭親王奕訢。第一階段戰爭於締結《天津條約》後，本可結束，損失也還輕些；但由於咸豐本人和他的群臣們的無知，竟然挑起了第二階段的戰爭，招致了聯軍進陷北京燒毀圓明園的慘禍。這是清自建國以來國都首次淪陷，清帝后也是第一次逃亡，而天津、北京兩次簽約的犧牲和慘痛，也屬於史無前例！

　　咸豐八年（1858 年）的《天津條約》和咸豐十年（1860 年）的《北京條約》，條款甚多，其主要的規定可歸納為七端：⑴開始和各國通使；⑵增開商埠，並開放長江；⑶傳教及遊歷自由；⑷領事裁判權；⑸內河航行權；⑹賠償英法軍費各八百萬兩，割九龍司海岸予英國；⑺發還 1724 年（雍正二年）以來被沒收的天主教財產，又給予法國教士以買地、建屋的特權。

　　鴉片戰爭失敗後清廷還不明白失敗的理由，仍無改革圖強之意，以致

英法聯軍示意圖

使「中華民族喪失了二十年的寶貴光陰」，至英法聯軍之役後，才開始有了覺悟。恭親王奕訢是《北京條約》的簽訂人，經過這次慘痛的教訓，他改變了原來蔑視洋人的觀念，建議設立「總理各國事務衙門」及南北洋通商大臣，開始和外人辦理外交和商務來往，其後他更是滿清親貴中一位開明的洋務運動的支持者。

二、美國要求修約及伯駕侵臺野心

簽訂於道光二十四年（1844 年）的《中美望廈條約》第三十四條規定十二年後始可修約，即美國應於 1856 年始可要求修約。但英國於 1854 年採用最惠國待遇要求美、法共同向中國提出修約要求時，美國竟表示同意並予以支持，派遣麥蓮 (Robert Melane) 為使華委員，前往中國交涉。麥蓮先到了香港，與英、法兩使決定聯袂北上，於 1854 年 10 月到達了大沽，向清廷提出談判修約的要求。清廷派前任長蘆鹽政崇綸和他們談判，但沒有獲得結果。麥蓮曾把北上交涉修約的經過向美國總統提出報告，並建議由美國直接派軍艦至大沽要脅，如中國皇帝不允修約，即由美、英、法三國海軍聯合封鎖中國的白河、長江、閩江及黃浦江口，直到中國屈服為止。但美國總統對麥蓮這一毫無理性的狂妄建議，予以否決，麥蓮才黯然辭去使華外交委員的職務，而由在中國已有十年交涉經驗的伯駕 (Peter Parkes) 繼其任，繼續進行對中國的修約交涉。

美國政府的目的，見於給予伯駕的訓令中，包括三點：(1)外交使節可以進駐北京；(2)無限度的擴張美國對華貿易；(3)廢除所有中國政府加諸於美僑個人自由的限制。但伯駕的行動卻有超過美國政府的規定之處，他熱心於促成英、美、法聯合對中國壓迫，曾到倫敦去訪問過英國外相，以致連英國政府都誤信美國政府希望建立起「三國同盟」(Triple alliance)。伯駕亦曾到巴黎會見過法國外長瓦勒斯基 (Com. Count Waleski)，似乎也沒有得到顯著的效果。

伯駕到廣州，曾上國書於葉名琛請其轉達，葉又拒絕。他又致書於江蘇巡撫吉爾杭阿，也得不到有利的反應。伯駕乃於 1856 年 7 月乘軍艦自香港北上，8 月到上海，並放言即將北上。9 月間，美國東亞艦隊 (United States Naval Forces, East India and China Seas) 司令奄師大郎 (James Armstrong) 乘軍艦來到上海，清廷聞之，頗為之一驚。但伯駕以未得英、法艦隊的合作，終未敢貿然逞強，他於 1856 年底又由上海回駐香港，竟又向美國國務院提出准他進占臺灣的建議。奄師大郎司令支持他，決定對葉名琛也要採強硬態度。1856 年 11 月，遂有了「橫檔事件」的發生。蓋 1856 年 11 月 15 日美海軍將廣州美僑撤出時，曾被中國橫檔炮臺誤以為係英艦而加轟擊。次日，奄師大郎即下令美海軍將橫檔炮臺摧毀，並逼得葉名琛道歉。這是中美兩國有史以來的第一次武裝衝突。

伯駕曾於 1856 年 12 月 12 日，1857 年 2 月 12 日，同年 3 月 10 日，三次向美國國務院提出侵臺建議，但為美國政府所否決。美國東亞艦隊的兵力尚不足以占領臺灣，伯駕也只能派人在高雄以商業機構名義，懸出美國國旗。1857 年 3 月 4 日，美國新任總統繆坎南 (James Buchanan) 就職，他決定將伯駕調回美國，另派列威廉 (William B. Reed) 為駐華公使，到中國來進行修約的交涉。伯駕既去，在高雄懸掛了將近兩年的美國國旗也跟著消逝。

列威廉是美國第一位以公使名義出使中國的外交官員。他在英法聯軍進攻中國期間，一方面與英、法、俄三使採一致行動，同時至大沽談判，一方面又能隨時掌握主動，以調和者姿態出現，因此兩江總督何桂清曾建議清廷採取「聯美俄以制英法」的「以夷制夷」政策。但代理直隸總督譚廷裏則有更深入的瞭解，他奏稱：「大抵俄酋陰為主謀，英、法則恃強要挾，美酋則兩相依附，詭計多端，合而圖我。」

天津談判中，中俄間的條約簽字最早（1858 年 6 月 13 日——咸豐八年五月初三日），次之為中、美條約，係於咸豐八年五月初八日——1858

年 6 月 18 日簽字，共三十款。雖亦增加了不少通商口岸，領事裁判權的規
定更為明確，但與英國條約之五十六條比較，顯然較為溫和。次年（1859
年）的換約交涉及英法聯軍二次進兵時，美國的新任公使華若翰 (John E.
Ward) 也曾曲盡周旋之責。以是中國方面對美國存有好感，視作友人。

三、俄人趁火打劫強占大半個東北

十九世紀初年，俄國開始組織遠東調查隊，調查黑龍江下游和庫頁島
的情形。一度派果羅甫金 (Colovkin) 來華交涉，想向中國要求黑龍江的航
行權和中俄沿界的自由通商權，但為清廷駐庫倫辦事大臣蘊端多爾濟所阻，
不准果羅甫金進京。這是 1803 年──嘉慶八年發生的事，俄國雖感到遣使
失敗的恥辱，但亦無可如何。以後就不再照會中國，逕自向黑龍江流域進
行調查。

1825 年──清道光五年，俄皇尼古拉一世 (Nicolas I) 登基。這是位好
大喜功的帝王，採取同時向近東、中亞和遠東發展的政策，並與美國角逐
北美的領土。中國在鴉片戰爭中敗於英國，弱點暴露，自然也激發了俄皇
染指中國領土的野心。《中英南京條約》簽訂後第五年──1847 年（道光
二十七年），俄皇任命一位少壯軍人兼冒險家的木里斐岳幅 (Count Muraviev)
為東部西伯利亞 (East Siberia) 總督，這就是要開始行動的信號。經過更進
一步的調查後，木氏果於 1851 年──咸豐元年，進入黑龍江，並占領了庫
頁島，同時要求俄國政府索性占領黑龍江北岸的全部土地。但由於當時近
東情勢危急，俄皇未敢立即接受木里斐岳幅的建議，木氏也只好暫時等待。

1853 年──咸豐三年，近東問題引起了一場戰爭：土耳其首先對俄宣
戰，英法聯軍於次年加入戰線，援助土耳其，這就是克里米亞戰爭。這一
戰爭，不但未牽制木里斐岳幅的行動，反倒給他提供了求之不得的藉口，
他說為了防範英國艦隊的進襲堪察加俄國海軍基地，俄軍必須出黑龍江進
入鄂霍次克海，於是木氏遂於 1854 年（咸豐四年）春，率其全隊闖入黑龍

江。木氏發現清廷防護黑龍江的清軍，仍以弓箭木矛為武器，簡直落伍得可憐，心理上已經沒有什麼顧慮。不過，他還是通過庫倫辦事大臣和駐在北京的俄國教堂主教巴拉第 (Palladius) 上書清廷的理藩院，對他的行動提出解釋。

克里米亞戰爭於 1856 年（咸豐六年）結束，俄國打了敗仗。在近東的擴張受到了阻遏，乃向遠東求取補償，於是在東方的行動更積極起來了。就在這年，清廷的江南大營為太平軍所破，廣東方面又與英、法起了衝突，清廷內外交困，更使俄人燃起了趁火打劫的慾火。

1857 年（咸豐七年），俄皇先是派他的海軍大將普提雅廷 (Poutiatine) 為駐華公使，想到北京來以外交途徑揀到便宜，沒想到被清廷擋了駕，不准他進京。隨後俄皇又允許了木里斐岳幅的請求，給他全權及充分的兵力和接濟，去強迫中國割讓東北的土地。

木里斐岳幅於 1858 年（咸豐八年）春，率軍進駐了黑龍江沿岸璦琿對岸的海蘭泡。這時英法聯軍已開始作首次北上的行動，清廷不願與俄國再有大衝突，於是派曾在廣州作城下之盟的奕山為黑龍江將軍，到璦琿去和木里斐岳幅談判劃界。木氏沒有用兵，僅憑「勃然大怒，舉止猖狂」的行動就嚇住了奕山，迫使他於 1858 年 5 月 28 日（咸豐八年四月十六日）在木氏送來的約稿上簽了字，這就是《璦琿條約》。條約僅兩條，一條談劃界，一條談貿易。根據這一條約，中俄北疆以黑龍江為界，烏蘇里江以東土地則為中俄共管，「舉凡《尼布楚條約》所爭得之大興安嶺以南之廣漠土地，與《恰克圖條約》所規定兩國共有之烏得河流域，俱化為烏有。」

清廷對於奕山之「越權割地」，至感憤怒，褫了奕山的職，並「枷跪黑龍江畔三日夜」。但《璦琿條約》還是承認了的。因為在英法聯軍逼至大沽口的時候，普提雅廷又出現了，他施展了口蜜腹劍的伎倆，騙得了清欽差大臣桂良的暫時信任，奢想俄人能助清以抗英法。桂良不僅承認了《璦琿條約》，還和俄人訂立了《天津條約》，承諾要再調整國界。及英法聯軍二

次北進，普提雅廷又做了些欺東騙西的工夫，以同情者與調停者自居。及中國被迫與英、法分別簽訂《北京條約》，俄人竟以調停有功自居，向清廷要求報酬，恭親王奕訢於新敗之際，深懼俄人藉故興兵，乃又於 1860 年 11 月 2 日——咸豐十年十月初二日，與俄使訂立了《北京條約》十五條，不僅喪失了烏蘇里江以東的土地，且又損失了西北邊界的土地和權利，開放了庫倫、張家口和喀什噶爾為通商口岸，許俄國設領事！

　　俄國人趁英法聯軍進逼中國的危難時期，於三年（1858～1860 年）之內，強迫清廷與之訂立了三個條約——《璦琿條約》、《天津條約》和《北京條約》，搶走了中國四十萬零九百一十三方英里的土地，而未費一槍一彈，這一割讓土地的紀錄是世界歷史上的新例！中國在這三年內喪失給俄國的土地，略等於現在的東三省再加上江蘇，超過了德法兩國面積的總和。

研究與討論

一、英法聯軍之役，清廷朝野獲得些什麼教訓？

二、對美國在英法聯軍之役中的對華政策，有何評論？

三、俄國如何攫奪黑龍江以北及烏蘇里江以東的我國領土？

◆第二章◆
太平天國與自強運動

第一節　太平天國的興亡

一、洪秀全的時代和思想

　　清自嘉慶（1796～1820 年）以後，各省即不斷發生變亂。道光（1821～1850 年）之季，由於外患日亟，內亂更是頻頻發生，而以廣東、湖南、河南、山東、雲南、甘肅、新疆等省區的匪亂，最為嚴重。這些變亂的發動者，北方多為白蓮教的餘黨，南方多為天地、哥老等會黨。及道光三十年十二月（1851 年 1 月），太平天國勃興，戰亂達十四年（1851～1864 年），波及十七省，幾使清廷為之動搖，構成中國近代歷史上非常生動精彩的一幕。

　　太平天國的領袖，是廣東花縣客家人洪秀全。洪氏並非大仁大智，僅是一個科第失意的知識分子，曾經應過四次考，均未得中，心中自然是十分不平與怨恨。道光十七年（1837 年）第二次去應試時，在街頭遇到了基督教傳教士梁發——一名梁亞發，梁贈他一本宣傳小冊《勸世良言》。第三次應考又失敗了，精神受了很大的刺激，曾大病四十多天，夢到各種幻象，認為自己是受有「天王大道君王全」的人，要「替天行道」。於是把自己的名字由洪仁坤改為洪秀全，立志要做「手握乾坤殺伐權，斬邪留正解民懸」的事，開始有了「易象飛龍定在天」的帝王思想。

　　道光二十三年（1843 年）──鴉片戰敗後第一年，社會上呈現著失望和不安的景象。洪秀全再細讀《勸世良言》，愈感書中所說一些虛構的神話和他夢中所見，若合符節，因而更加確定自己是受命於天的真命天子，《勸世良言》是上帝賜他的「天書」，於是就創立了「拜上帝會」，以上帝為天父，耶穌基督為天兄，男盡兄弟，女皆姊妹，找到他的同鄉同學馮雲山為伙伴，開始作混合宗教與政治為一體的宣道活動。

　　洪秀全是具有民族思想的。他的民族思想有兩個來源：一為自己的觀察與體驗，認為居於少數的滿人統治多數的漢人是不公平的，滿人的統治手段又陰險敗壞，非推翻不可；另一民族思想的來源，則是祕密會黨，不過洪秀全只主張反清，而不主張復明，他的計劃是推翻清廷後要建立一個新的王朝。

　　宗教意識、民族革命與社會平等觀念三者，構成了洪秀全的基本思想。但他的認識並不徹底，其言行又時常自相矛盾，尤其是建都南京之後，封建思想又成為非常顯著的特色。這也是他終歸失敗的原因。

二、太平天國的建立

　　洪秀全和馮雲山創立「拜上帝會」以後，向廣西桂平一帶發展。平隘山中的燒灰工人和貴縣北山里礦山中的礦工，大部分已被他們吸收為基本群眾了。他們並已贏得楊秀清、蕭朝貴、韋正（昌輝）、石達開、曾玉珍、胡以晃、秦日綱等一干驍勇善戰卻帶有「山大王」氣味的人物的合作，這些人後來都是太平天國的重要戰將。

　　道光三十年正月（1850 年 2 月），這位經歷過鴉片戰敗之恥的清皇帝死了。繼承皇位的是他的四子奕詝，次年（1851 年）改元咸豐。洪秀全認為這是一個好機會，他祕密的召集拜上帝會的群眾集於桂平一帶，準備行動。洪秀全選擇他三十八歲生日的那一天──道光三十年十二月初十日（1851 年 1 月 11 日），在廣西省桂平縣金田村宣布起事，定國號為「太平

「奉天討胡檄」

天國」，自稱為「天王」，他的軍隊則稱為「太平軍」。清廣西提督向榮派兵
來攻打金田村，卻被太平軍打敗了。太平軍乘勝出擊，於咸豐元年閏八月
初一日（1851 年 9 月 25 日）攻占了永安（蒙山縣）。洪秀全就以永安為太
平天國暫時的首都。政治建制也開始建立了，他分封五位重要的將領為王：
東王楊秀清、西王蕭朝貴、南王馮雲山、北王韋昌輝、翼王石達開。秦日
綱、胡以晃等則被封為丞相。這時太平軍已有部眾三萬餘人，出身不一，
背景也甚為複雜。

　　太平天國在永安停留半年多。軍制建立了，公布了新曆法，名曰「天
曆」，更發表了一篇揭櫫民族革命宗旨的文告：「奉天討胡檄」，文字淋漓雄
健，確是一項強有力的政治號召。稱滿清為胡虜、為妖人，數滿清之玷辱
中國，尤有不勝髮指之概。

　　太平軍起義，清吏自不能坐視。清廷派大學士賽尚阿督率廣西提督向
榮及廣州副都統烏蘭泰等部，進圍永安，歷時半年，而不能克。咸豐二年
二月（1852 年 3 月），洪秀全下令太平軍全力突圍，獲得成功，清將烏蘭
泰且於追擊途中，傷重而死。太平軍進攻桂林，卻也無力攻下。乃改變戰

略，主力北攻湖南，南王馮雲山於蓑衣渡之役戰死。太平軍棄舟登陸，直薄長沙，西王蕭朝貴卻又中炮而亡。一連損失兩員戰將，自然是太平軍的大損失。但洪秀全、楊秀清並不氣餒，決定捨長沙北攻武漢，於咸豐二年十二月（1853 年 1 月）攻占了漢陽、漢口和武昌，清廷為之震驚。這是太平軍作戰的第一個階段——直前北伐，戰略的運用甚為成功，軍紀亦甚良好，兵力已擴張至五十萬人以上。又由於在岳州獲得了吳三桂留下來的一批軍械，並掠來五千多隻帆船，戰鬥力和機動力也都大為增強。

太平軍在武漢停留了不到兩個月，便又接受了一位儒生錢江的建議，全軍沿江而下，直趨南京。這次軍容甚盛，大有先聲奪人之勢。清吏清軍則多「文武棄城遠避，兵勇聞風先散」，以是太平軍勢如破竹，連陷九江、安慶、蕪湖，於咸豐三年二月八日（1853 年 3 月 19 日）攻占南京，駐防的旗人兩萬餘，幾同一爐。兩江總督陸建瀛亦戰敗殉職。洪秀全和楊秀清遂以南京為太平天國首都，改稱「天京」。復分兵攻占鎮江、揚州，與南京鼎峙而三，局勢乃告穩固。太平軍第二階段的作戰——由武漢東征，至是完全勝利。

建都南京後甫二月，太平軍又開始了西征和北伐的軍事行動，這是太平軍初期作戰的第三個階段。西征是回師武漢——因為太平軍自武漢東下後，武漢復被清軍占領，擔任西征任務的是春官正丞相胡以晃和夏官正丞相賴漢英。北伐是北攻豫魯，直搗京津，以倒清廷。負責此一任務的是地官正丞相李開芳、天官副丞相林鳳祥。北伐的行動係於咸豐三年四月（1853 年 5 月）開始，五個月後，太平軍的前哨部隊即進至天津附近，距北京僅二百四十里，全局震動。這可說是太平軍軍威的極盛時代。但由於軍力不足，輜重不繼，太平軍又多南人，不耐北地苦寒，終至為清將僧格林沁所破，李、林均遇害。於是清廷始能以全力制太平軍於東南，太平軍也不能不由主動變為被動了。

北伐進軍未克收功，西征行動亦因遇勁敵而甚艱苦。西征入鄂的太平

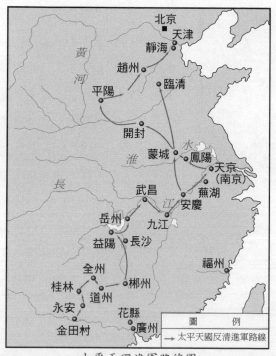

太平天國進軍路線圖

軍雖曾三占漢口、漢陽，並曾再占岳州，繞過長沙直下湘潭，但卻發現遭
遇到新的強敵──這就是曾國藩訓練的湘軍。太平軍被迫退出湖南，湘軍
卻跟蹤而下，咸豐四年（1854年）春季以後的太平軍，就只能在長江上下
游和湘軍以及後起的淮軍纏鬥了。

三、太平天國的制度與政策

　　太平天國初起時係以民族革命為主要的政治號召，奠都南京後的政制
和政策，卻是以嚴屬的統制為其特徵，這與其早期號召是有相當的距離的。
對外政策，也顯得愚昧無知。然而，太平天國的思想和制度，也還是有不
少能突破時代的創意和建樹。

　　由於宗教對於太平天國有極大的影響力，洪秀全就把他的統治權威建

洪秀全印璽印文

立在「天」的觀念上。他自稱天王,代表天父上帝的意志而為人間真主,這等於說他的地位是惟我獨尊的 , 他的權力是至高無上的。基於這一觀念,太平天國的中央政制等級森嚴,差別甚大。天王稱萬歲,東王九千歲, 西王八千歲,南王七千歲, 北王六千歲,翼王五千歲。東王的地位僅次於天王,楊秀清又跋扈成性 , 奏事時他可以立於階下,其餘諸王則須跪於階下。天王的權威是絕對的,但他的發號施令每又乞靈於迷信,因而更增加了太平天國專制政治的神祕性。但建築在神道上面的權威是不可靠的,其後各王的自相殘殺,證明他們並不真心尊重彼此的地位和權威。

太平軍初起時,即建立了一種軍民合一的軍制,《太平軍目》一書即是比較完整的記載。每占領一地,即將一部分民眾編入兵籍,以是其部眾愈戰愈多。軍制仿自周官,以軍為最大單位,其統率官稱為軍帥,其下為師帥、旅帥、卒長、兩司馬、伍長。每軍官兵合計約一萬三千餘人。又以兵種之區分,設有土營、水營、木營、金匠營、織營、鞋營、錦繡營、鐫刻營等。土營等於今之工兵,由礦工組成,專司穴地攻城。水營等於今日之海軍,專司江中與海上之運輸與作戰任務。其餘各營總稱諸匠營,係後勤支援單位。又曾有女營與童子兵的設置,其理想是要做到全民皆兵。所謂「家備戎裝,人執軍械」,軍事與政治組織形成一元化。但實施起來,卻困難多多。太平軍的兵源,大部係出於脅迫而來。軍律雖嚴,軍心則未必鞏固。

太平天國政制中的最大特色,為其「聖庫」與「田畝制度」,其理想則是要「公用公享」。聖庫就是國庫,掌管一切財物,凡攻戰所得之金寶財物以及人民解繳之糧米穀類,均應交獻聖庫。至於田畝制度亦即其土地制度,有《天朝田畝制度》一書傳世。它的原則有五:一是土地公有,即所謂「天

下之田」，依照產量分為自「尚尚」至「下下」九等。二為計口授田，不論男女，按家口之多寡，分別授田，雜以九等，好醜各半，十六歲以上者授田量多於十五歲以下者一半。三為豐荒相通，即年歲之凶荒不同，不可不有以調濟之。故《天朝田畝制度》規定：「凡天下之田，天下人同耕。此處不足，則遷彼處，彼處不足則遷此處。凡天下田豐荒相通，此處荒則移彼豐處以賑此荒處，彼處荒則移此豐處以賑彼荒處。務使天下共享天父上主皇上帝大福。」四為國庫，每二十五家設一國庫，收成時除足每人所食可接新穀外，其餘均歸國庫。不獨米穀如此，凡麥豆、苧麻、布、帛、雞、犬各物及銀錢，亦均如此。人民中之鰥寡孤獨廢疾者之扶養，以及婚娶嘉禮彌月喜慶等之慶賀，則均由國庫依「定式」供給。五為自給自足，每家種桑、養蠶、績縫、養雞、養彘，農隙之暇，並可兼營陶冶、木石等業。其最高理想，則在實現「有田同耕，有衣同穿，有錢同用，無處不均勻，無人不飽煖」。

　　太平天國的知識分子政策，亦頗值得一述。基本上，洪秀全囿於所謂上帝教的教義，是反對儒家思想的，並曾下令禁絕一切孔孟及諸子百家之書。但對於知識分子，則又不能不力事爭取，故曾出榜招賢，亦曾開科取士。名分上，亦有秀才、舉人、進士之分，然取士試題內容則多出於上帝會教義及太平天國各項詔書。考試及格者，即封授官職，但對於被擄之知識分子，則極端凌辱。名義上，婦女亦得應考，且曾有「女狀元」出現，但婦女並未得到真正的平等與解放，所謂「女館」，「女官」，則又構成對於婦女的桎梏與禁制，反使其喪失了自由發展能力與人格尊嚴。禁娼、禁多妻、禁纏足都具社會改革意義，然並未嚴格實行。而太平軍諸王之蓄養大批婢妾，則又形同對婦女的蹂躪，實為極大的諷刺。言行不能一致，恐怕是太平天國最大的致命傷。

四、太平天國的失敗及其影響

　　洪秀全起事於道光三十年（1850 年），咸豐三年（1853 年）定都於南京，同治三年（1864 年）城陷自殺，又過了兩年，太平軍的餘黨才為左宗棠完全平定。故太平軍之役，首尾合為十七年。十七年的歷史中，以清咸豐八年（1858 年）為一界限，分為兩個階段：前一階段為太平軍的開拓與內鬨，主要人物為洪秀全、楊秀清、韋昌輝和石達開；後一階段為太平軍的重振與敗亡，主要人物為洪仁玕、李秀成和陳玉成。

　　史家無不承認，太平天國諸王的內鬨是其失敗的主要原因。太平天國定都南京後，雖曾西征北伐，但都未能達到預期的目的。南京又始終在清軍的「江南大營」和「江北大營」的監視下，形成一大威脅。咸豐六年（1856 年），楊秀清率太平軍攻破了清軍的江南大營，解除了南京的威脅，楊因此驕縱跋扈，連洪秀全也不看在眼裡。洪秀全懷疑楊秀清要取而代之，乃陰令韋昌輝和秦日綱捕殺之。原來奉命西征的石達開聞變後，自湖北趕回南京，責備韋昌輝不應該濫殺異己，韋又欲除石達開，石乃率部離南京西上，後來進入了四川。洪秀全又發現韋昌輝專橫跋扈一如楊秀清，他又設計殺死了韋昌輝和秦日綱。一年之內，南京先後發生三次內變，一將出走，三將被殺，以是軍心離貳，人人自危，太平天國的危機已到達無法解除的地步了。

　　由於太平天國諸王內鬨，清軍乃重整江南大營，江北大營亦進駐浦口，對南京取夾擊態勢。同時，曾國藩所部湘軍也沿江而下，陳兵安徽境內。所幸太平軍此時有兩位後起之秀的將領，大顯身手，才解除了南京被困的危機，重振了太平軍的聲威。這兩位將領，一是忠王李秀成，一是英王陳玉成，兩人聯合奮戰，先破江北大營，再敗皖境湘軍，繼又蕩平蘇、浙要衝，進抵上海外郊。南京城外的江南大營也被拔除，太平軍的聲威已使外人刮目相看。而洪仁玕於咸豐九年（1859 年）到南京佐其兄洪秀全，倡行

新政,亦頗有起色。這時清廷正困於英法聯軍之役,乃是太平天國最好的發展機會。無如洪秀全未能把握機勢,及清廷與英法議和,英法等外人反而助清之後,太平軍已無法挽救其腹背受敵的困境了。

　　洪秀全的拜上帝會本是基於基督教的教義,這點是很容易獲得西方國家的同情的。英法聯軍期間,上海是外人外艦的集中地,正是太平天國對外接觸的好機會。英國的香港總督兼駐華公使文翰和美國的使臣麥蓮等,都曾訪問過南京,至於祕密派遣前往調查太平軍虛實的外人人數更多。外人固然是想藉和太平軍的來往以要挾清廷,企圖攫取更多的權利和利益,然如太平天國方面妥為肆應,建立良好關係以反制清廷,對其發展自大有幫助。也許是由於愚昧,狂傲和無知,太平天國犯了兩大錯誤:一是盲目的進攻上海,惹起了外人的聯合防範行動;一是要求外人承認洪秀全的至高無上地位,否則拒絕來往。這一來,外人不但不支持太平天國,反倒去協助曾國藩、李鴻章攻打太平軍了。因而,先後由美人華爾 (Frederick Townsend Ward)、白齊文 (Henry Andrea Burgevine),英人戈登 (Charles George Gordon) 統率的「常勝軍」,便成為協助李鴻章底定長江下游的主力。在李鴻章、左宗棠、曾國荃的聯合攻擊下,南京終於在同治三年(1864 年)六月被陷,洪秀全則早於四月間即服毒自殺。他的兒子十六歲的洪福瑱(洪天貴福)於南京陷落後逃到江西,也被清軍捉到磔死在南昌。李秀成被擒後殉難,他留下了一篇兩萬八千多字的供詞,成為研究太平天國的重要史料。

　　洪秀全的太平天國失敗了,但卻發生了極為重大的影響。對清廷而言,太平天國的影響有兩點:一是促成督撫權力的轉移,亦即曾國藩、李鴻章、左宗棠等漢人代滿人而執掌政治權力,打破了滿人壟斷政權的局面;一是由於曾、李等人在平定太平天國過程中與外人有了接觸,得到外人的協助很多,因此認識了外人的「長技」,決定學習人家的東西,因而大力提倡洋務運動——後世歷史學者則多稱之為自強運動。對革命運動而言,太平天

國的影響，也有兩點：一是使祕密會黨的民族思想，得以重振並廣泛的流
傳，而且哥老會的勢力也深入湘軍，左宗棠、曾國荃都曾有被推為「大龍
頭」的事，為後來革命黨人利用會黨及新軍鋪好了路。一是對孫中山的革
命思想和行動發生了啟發作用，孫中山幼年時代常聽太平天國遺事，並以
洪秀全第二自許，太平天國的餘黨也有參加孫中山領導的革命運動的，如
於光緒二十九年（1903 年）與謝纘泰、李紀堂在廣州起事的洪全福，本來
就是太平天國的鍈王三千歲。

五、捻亂、苗亂、回亂

　　英法聯軍的外患和太平天國的內憂之同時，華北、西南及西北地區，
也都狼煙遍地，民不聊生，這就是接連不斷的捻亂、苗亂和回亂。

　　捻，是黃河下游與淮水流域之間的一種祕密結社，其成員初為農村間

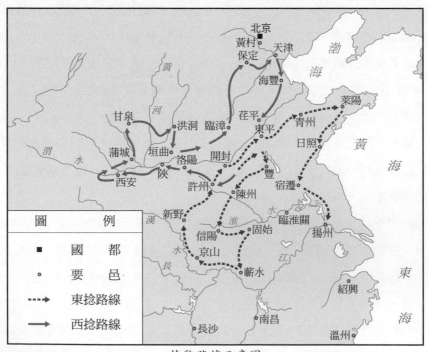

捻亂路線示意圖

的無賴之徒。捻的組織，早在康熙年間即已存在，由於初期力量不大，又不公然反抗官軍，以是未嘗惹人注意。及太平天國起事並北伐時，捻遂成軍，予以響應，其首領李昭壽、張洛行其後也曾與李秀成、陳玉成合作過。清廷初派僧格林沁率兵進剿，僧格林沁亦頗盡力，但由於捻眾飄忽不定，機動力強，僧格林沁竟於同治四年（1865 年）在山東曹州，全軍覆沒，僧亦殉難。時太平天國已敗亡，清廷調曾國藩以兩江總督加欽差大臣銜，督湘軍進剿，卻徒勞無功。捻眾又分兩股，東股入魯（山東），稱東捻，西股由河南入陝甘，稱西捻。清廷再以李鴻章為欽差大臣，率淮軍進剿，陝甘總督左宗棠亦協力圍擊，經三年追逐，始於同治七年（1868 年）將捻亂敉平。捻首張宗禹、賴文光等被殺。計捻眾先後馳騁於安徽、河南、山東、江蘇、湖北、陝西、山西、直隸等八省，傾湘、淮軍全力始克平定，雖由於捻軍善戰，實亦由於官軍暮氣太重，而湘軍師老，淮軍驕縱。捻亂雖平，中北各省已是瘡痍滿目，民生益為艱苦。

苗亂，係指咸豐五年（1855 年）至同治十一年（1872 年）間發生於貴州和雲南兩省的叛亂，雖名之曰苗亂，參與其事者則不只是苗人，夷、回、漢人亦均有份。貴州苗亂較單純，亂首張秀眉於咸豐五年起事，雖得石達開之助逼攻過貴陽，但迄無大作為，最後於同治十一年敗於湘軍，被捕見殺。

雲南的回亂較貴州的苗亂就複雜得多，因為回民「有信仰、有組織、文化程度高、民族意識強」，叛軍首領杜文秀、馬如龍，亦非等閒之輩。一據大理，一據昆明，建號設治，且曾露布各方，為回族有組織的抗清行動，駐在昆明的雲貴總督恒春自縊，繼任的潘鐸被殺，最後還是靠了岑毓英撫剿兼施的辦法，才得平定，前後歷時十八年。

同治元年（1862 年），太平軍的一股進入陝西，導發了陝甘回民的叛亂。其首領為馬化龍、白彥虎，聲勢亦頗不小，其根據地則在寧夏的金積堡，清廷初以湘軍將領楊岳斌為陝甘總督進剿之，楊竟一籌莫展。乃改任左宗棠，經拚死力戰，始攻下金積堡，殺馬化龍，白彥虎西逃入新疆。左

宗棠的一員勇將劉松山陣亡，損失亦不可謂不重。陝甘回亂歷時十年
（1862～1871 年），始平。

　　左宗棠有遠見，有魄力，平定陝甘只是他西征計劃的第一階段，第二
階段是進軍新疆，也就是收復新疆。新疆自同治三年（1864 年）起，回民
布格聶（Burghanuddin，即黃和卓）據南疆稱叛，稱東土耳其斯坦王。北
疆的安明亦據烏魯木齊 （迪化） 為中心，盡陷各城。及浩罕人阿古柏
(Yakub Beg) 入疆，統一全境，於同治七年（1868 年）自稱回疆國王，於
是新疆實際上已完全脫離清廷的統治，俄人則趁機進占伊犁。就實力而言，
清廷實無力收復新疆，李鴻章亦主張暫停西進。獨左宗棠力排眾議，突破
萬難，於光緒二年（1876 年）開始行動，經八個月的奮戰，於同年十一月
克復了喀什噶爾，收復了淪沒已十三年之久的新疆。

研究與討論

一、太平天國的軍制和田畝制度，有些什麼特點？

二、就民族革命而言，太平天國有些什麼影響？

第二節　曾國藩、李鴻章、左宗棠

一、維護傳統文化的曾國藩

　　清廷於先後平定太平軍及捻、苗、回亂後，不僅政權可以延續下去，
而且出現了所謂「同治中興」的新氣象。與造成這一局面最有關係的三個
人，是湖南湘鄉的曾國藩、安徽合肥的李鴻章、湖南湘陰的左宗棠。

　　曾國藩原名子城，字伯涵，號滌生。二十八歲時才改名國藩。死後謚
號文正，以是後人喜歡敬稱他為曾文正，或曾文正公。

曾國藩出身於中國舊時代的耕讀之家，是個典型的科舉時代的讀書人，他的道路是「學而優則仕」。二十八歲（道光十八年——1838 年）時考中了進士，並獲授為翰林院庶吉士。他在北京住了十四年，於經、史、詞章以外，特別注重經世之學，也結交了不少政、學界的師友，收了一些門生。曾先後做過六部中五部——禮、吏、兵、刑、工——的侍郎，對官場的認識和行政的經驗，都很老到。

曾國藩

咸豐二年（1852 年）夏天，曾國藩奉派為江西省鄉試主考官，途次遭到母喪，自然要依禮制辭官回籍奔喪，這叫做丁憂。就在這時，太平軍北伐進了湖南，並占領了武漢，清廷急了，一方面要地方督撫趕快剿辦，一方面要曾國藩以在籍侍郎身分，襄辦團練，護衛鄉里。曾國藩為一文士，並不知兵，但頗羨慕戚繼光的為人，也經不起湘撫張亮基、好友郭嵩燾的懇勸，決定擔負起練兵打仗的任務來。所謂團練，就是組訓地方民兵，目的是為了自衛。但兩年以後，曾國藩卻奉令統率他訓練的民團離開湖南，沿長江而下去追擊太平軍。他的軍隊稱為湘軍，一生的事業也多半靠了這支湘軍。曾國藩訓練的湘軍有兩個特點：一是注重精神教育，一是以家族觀念和鄉土觀念為結合的基礎。

曾國藩以維護名教為號召，可以說完全抓住了洪秀全的弱點。他在出師時發表的〈討粵匪檄文〉，成了對付太平軍的有利武器。他指責太平軍最嚴厲的一段話是：

舉中國數千年禮義人倫詩書典則，一旦掃地蕩盡，此豈獨我大清之

洪秀全在《太平天國》一書中對妖魔及孔子
多所攻擊

變，乃開闢以來名教之奇變。我孔子孟子之所痛哭於九泉，凡讀書
識字者，又焉能袖手坐視，不思一為之所也？

　　就整個中華民族傳統文化的保存和發展而言，曾國藩是有貢獻的。而
且他不僅是一位固有名教的衛道者，他也從縝密的觀察和親身的經驗中，
認識了時代的精神和需要，因而倡辦洋務，被認為是開創新時代的先驅。
平心而論，他是舊時代的知識分子，尚未能擺脫功名利祿；他也有了新時
代的覺悟，決心要做「師夷之長技以制夷」的事業；他對舊社會病態的觀
察，尤其鞭辟入裡，認為高級知識分子負有移風易俗，刷新舊社會的責任。
　　曾國藩的道德、學問，固可稱之為一代士人的典型，但他有虧於民族
大義，卻受到嚴厲的批評和指責。不僅革命黨的領袖孫中山以及章炳麟等
人，義正詞嚴的責斥曾氏，即使是對曾氏道德、學問和事功推崇備至的人
如何貽焜等，也不能不為曾氏之甘心「為異族效力」而大感遺憾。
　　曾國藩之能平定太平天國，也絕不是一件容易事。他並不是一位軍事

長才，湘軍的組織、訓練和戰鬥精神，也並不是盡善盡美。從咸豐二年
（1852 年）開始組訓團練，到同治三年（1864 年）攻破了太平天國的首都
南京，曾國藩在十二年間，不曉得打過多少敗仗。他曾因戰敗而想投水自
殺，也曾在戰地中遭到太平軍偷襲，全軍皆墨，他自己幾乎被俘，咸豐十
年（1860 年）的祁門之敗，他已作好了遺書，準備殉難盡忠了。若不是靠
了胡林翼的接濟和左宗棠的救援，曾國藩能否成功，大有問題。尤有進者，
清廷並不十分信任他，咸豐十年以前，並未授給他任何地方長官的權位，
使他始終沒有固定的地盤來支持他的軍隊。他最後終於攻破了南京，成為
權重一時的權臣，但他卻又不能不被迫把湘軍解散，以致後來奉命去黃淮
流域追剿捻軍時，毫無作為，失盡顏面！

　　平定太平天國之後的曾國藩，可說是位高而權不重。他本是兩江總督，
同治七年 （1868 年），被明昇暗降的調為直隸總督，從此離開了三江兩湖
的發祥地，「一到直隸，便全無依傍了。」同治九年 （1870 年）天津教案
發生，他的處置並不失大體，但卻受到各方面的指責，清廷又要他三度回
任兩江總督，而由本是部屬但卻意見相左的李鴻章來接替他直隸總督的遺
缺，這是很大的諷刺。

二、靠淮軍起家的李鴻章

　　與曾國藩相比，李鴻章的學問和德性都差一截，他的運道和應變能力
卻好得多。太平天國失敗後，李鴻章又做了曾國藩沒能做到的事：平定捻
亂，因而無往而不利，居內政與外交重要權臣地位，達二十年之久。他的
封號和官秩──肅毅伯、文華殿大學士、北洋通商大臣兼直隸總督等一連
串榮銜，也遠超過了曾國藩。

　　李鴻章，字少荃，晚年自號儀叟。由於籍隸合肥，時人多稱他為李合
肥；諡號文忠，學者中有人敬稱他為李文忠公。出身於世宦之家，二十二
歲（道光二十五年──1845 年）中了進士。少時就顯露出才氣和抱負，和

李鴻章

比他大十二歲的曾國藩有師生之誼。

　　李鴻章早年的事業，也是曾國藩一手提拔起來的。曾國藩很欣賞李鴻章的才華，認為「才可大用」，因此拉李來參加湘軍剿伐太平軍的行動。不過，最初曾國藩只把李鴻章看作是幕賓，是偏將，直到咸豐十年（1860 年）以後，才要李鴻章到安徽去招募兵士，以備協助曾國藩的弟弟曾國荃赴援上海。由於曾國荃別有打算，不願援滬——曾國荃邀功心切，一意想進攻南京，建立首功，曾國藩這才決定以李鴻章為援滬的主將。其實是曾國荃太傻，他不瞭解上海地位的重要，白白送給李鴻章發展武力建立功業的最好機會。

　　李鴻章最初在安徽招募的軍隊，仍以他早年在皖辦理團練時的幹部和兵士為主。當時稱為淮勇，咸豐十一年（1861 年）冬進軍鎮江之後，始稱為淮軍。淮軍的規制起初完全依照湘軍，曾國藩並撥湘軍八營歸李鴻章指揮。淮軍的最基本隊伍，有所謂銘、樹、鼎、慶、春五營。銘字營即劉銘傳部，樹字營即張樹聲部，鼎字營為潘鼎新部，慶字營為吳長慶部，春字營為張遇春部。這五位將領，成為李鴻章的嫡系幹部，其中以劉銘傳最具識見，以後的成就也最大。

　　淮軍的素質不齊，裝備亦甚差。但於進軍長江下游後，不出半年，即有了顯著的改變，編制裝備都已自成體系，脫離了湘軍的舊規。這是因為李鴻章毅然決定倣效西制，趕造洋槍洋炮，並接受上海洋人組成之常勝軍的協助，共制太平軍，而曾國藩初尚猶豫。譬如說，購買外國輪船槍炮一事，恭親王奕訢首於咸豐十一年（1861 年）提出建議，清帝令曾國藩、胡林翼等「妥為籌議」，意外的，曾國藩竟奏覆說洋人的輪船槍炮對於打太平

軍，沒有多大用處，李鴻章卻毫不遲疑的實行了。這說明曾國藩對外情的認識，不及奕訢，也趕不上李鴻章。等曾國藩也決定購買洋槍洋炮時，已經落在李鴻章的後頭了。這也就是李鴻章的淮軍很快的能超越曾國藩的湘軍的關鍵。「湘軍志」的作者王闓運曾慨乎言之：「淮軍本倣湘軍以興，未一年盡改舊制，更效夷軍，後之湘軍，又更效之。」

當然，李鴻章部淮軍所需洋槍洋炮及械彈，不能全靠向洋商購買，他要設廠製造。同治二年（1863 年），他曾在上海設立炮局三所，分別由英人馬格里 (Halliday Macartney) 及直隸知州劉佐禹、副將韓殿甲、蘇松太道丁日昌主持。馬格里主持之炮局旋移設蘇州，稱蘇州機器局，這是中國新式軍需工業的發端。由於李鴻章能敞開胸懷開辦洋務，因而被認為是同光之世自強運動的中心人物。

李鴻章的淮軍在平定太平軍之役中雖是配角，但起的作用很大。追剿捻軍並予以消滅，則是淮軍的最大功勞。淮軍代湘軍而為清廷的國防主力，歷二十餘年，直到甲午（光緒二十年，1894 年）在中日戰爭中慘敗，淮軍的時代才算結束了。

李鴻章於戡定內亂及推動自強運動，是有成就和貢獻的。至於他的外交見解和政策，則又顯得幼稚和落後了。他本被國人認作是老謀深算的人，但與外人打交道時，經常被洋人玩弄於手掌之上，尤其是日本人和俄國人最會欺負他。李鴻章先後主持了中法越南交涉（1884～1885 年）、中日馬關交涉（1895 年）、中俄談判（1896 年）及庚子之役的交涉（1900～1901 年），幾乎沒有一次不是喪權辱國，光緒二十二年（1896 年）的訪俄竟然引狼入室──訂立《中俄密約》，更是大得不可饒恕的失策。

三、特立獨行的左宗棠

「身無半畝，心憂天下」，這是左宗棠的自我評價。前句雖不一定真實，後句他卻真的是做到了。左宗棠在湘軍將帥中，是個守原則，有魄力，

左宗棠

富有愛國心，且係疾惡若仇的人。他的毛病是自視甚高，與人處常不和洽，與李鴻章固落落難合，形同政敵，對一手提拔過他的曾國藩，竟也鬧得公然絕交，同治三年（1864年）以後即不相往來了。

左宗棠，字季高，道光十二年（1832年）中過舉人，但沒能像曾國藩、李鴻章一樣得到進士的榮銜。他是個胸懷大志的人，他的事業是自東南發展到西北，做過閩浙、陝甘、兩江三任總督，晚年受封為東閣大學士、恪靖侯，也是清政府中主要的棟樑之才。死後諡號文襄，時人稱之為左文襄公。

太平軍自廣西起事北伐時，左宗棠初佐駱秉章籌謀防制之策。左以知兵見稱，駱秉章倚為左右手。至咸豐十年（1860年），曾國藩屯駐安徽，計劃向長江下游進軍時，邀左宗棠自湖南前來會商，並決定由左回湘召募鄉勇，然後回到皖南來獨當一面。左宗棠在贛、皖間連戰皆捷，解了祁門之危，曾國藩決定畀以率師入浙的重任。他果然不負所期，到同治三年（1864年）春，完全底定浙江，與李鴻章、曾國荃同為敉平太平軍之戰的功臣，以功授任為閩浙總督。

左宗棠在浙江與太平軍作戰期間，曾得到法國人日意格（Prosper Giquel）所組織的「花勇」──又名「常捷軍」──之助，因而對西洋武器有了認識，同時也受到淮軍諸將領的影響，左宗棠在太平軍戡定之後，其軍隊已普遍使用西洋武器，不過大部分軍隊都在曾國藩的命令下裁撤了。

左宗棠是最早注意到中國東南海防的人。他於同治五年五月十三日（1866年6月25日）上奏清廷，請求准設造船廠製造輪船，以固海防。他的奏摺第一句話是：「竊維東南大利在水而不在陸」，可謂一語破的。他

說從道光十九年（1839 年）鴉片戰爭開始時，即注意海事，認為設廠造船的利益殊多，清廷核准了左宗棠的請求，左就在同一年內創建了馬尾船政局，自法國購進了機器和材料，開始設廠造船——這就是馬尾造船廠的由來，它並附設了一所規模粗具的船政學校。

左宗棠在浙、閩的新政甫行開端，清廷就又任命他為陝甘總督，於是他的事業由東南轉向西北。他第一步先清剿了竄入陝甘境內的捻匪，第二步就是進軍新疆，要收回已經被叛回侵占的廣大領土——這是自乾隆以來的首次壯舉。當時朝廷內外，有不少人反對他，說他好大喜功，不切實際，李鴻章也為日本侵略臺灣的行動所困，不主張對西北用兵，甚至主張放棄。李主張先辦海防，理由是：「新疆不復，於肢體之元氣無傷；海疆不防，則腹心之大患愈棘。」左宗棠不以為然，他不止一次的上奏力爭，曾經激動的說：

> 重新疆所以保蒙古，保蒙古所以衛京師。俄人拓境日廣，由西而東萬餘里，與我北境相連，僅中段隔有蒙古。彼薪宜遠，曲突宜先……臣以一介書生，極高位顯爵，今年已六十有五，豈尚有功名之念。惟是俄據伊犁，阿古柏帕夏據喀什噶爾；若付之不問，後患將不可知。

蔣廷黻說：「左宗棠的言論比較動聽，李的比較合理；左是高調，李是低調。」歷史事實卻已作出了裁判：左宗棠是真真實實的收復了新疆——道光以後收復失地的唯一案例；李鴻章的「合理」言論卻阻止不了列強的海上攻勢，安南、琉球、臺灣、朝鮮都在李鴻章主政的時代喪失了。

研究與討論

一、何謂「同治中興」？

二、比較湘軍與淮軍在編制與訓練上的特點。

三、左宗棠如何能收復新疆？試探索之。

第三節　自強運動的推動

一、倡導人物及其言論

　　自咸豐十一年到光緒二十年（1861～1894 年）的三十餘年間——亦即十九世紀的六〇到九〇年代，在朝廷重臣奕訢、文祥和地方大吏曾國藩、李鴻章、左宗棠等人的合作下，開始了以學習西器和西藝為中心的洋務運動，洋務運動的目的在富國強兵，所以又稱作自強運動。

　　洋務運動是中國人對西力衝擊所表現出的第一次強烈反應，也是當時一部分政治主持人和知識分子開始認真的認識西方，模仿西方並在某種程度下信仰西方的開端。這一運動的思想淵源，可以溯自龔自珍「與其贈來者以勅改革，孰若自改革」的改革論；林則徐則是首先發現清軍「器不良」、「技不熟」，無法與西方海軍對抗，而立意要瞭解西方並學習西方的人。林則徐在鴉片戰爭前夕，便著手編譯一冊介紹西方的《四洲志》。戰爭結束後，林即請他的友人魏源根據鴉片戰爭前後所獲得對西方的材料和知識，編纂成一部介紹世界大勢的名著《海國圖志》。魏源在這書的序言中，提出他著書宗旨是：

　　　　是書何以作？曰：為以夷攻夷而作，為以夷款夷而作，為師夷之長
　　　　技以制夷而作。

　　魏源這句「師夷之長技以制夷」，被認為是應付世變的最好方策，也就成了後來洋務運動的基本理論依據，魏源也就被認為「可能是（鴉片）戰後第一位體會到時代已開始在變與西方影響中國之大的中國學者」。

　　魏源的《海國圖志》出版後第四年（1848 年），徐繼畬出版了他的《瀛寰志略》，內容的正確性超過《海國圖志》，使人們耳目一新。隨後英法聯軍之役（1856～1860 年）和太平天國之役（1851～1864 年）同時發生，構成對洋務運動的刺激和啟發，倡導洋務運動的人也就多起來了。最主要的幾位是：馮桂芬、洪仁玕、王韜、容閎、郭嵩燾、曾紀澤、薛福成、鄭觀應、何啟、胡禮垣。他們各自著書立說，直接間接對曾國藩、李鴻章等人提出了興辦洋務的種種建議。

　　這些洋務運動的倡導人物中，主張最具體影響力也最大的人，應當是馮桂芬。馮桂芬曾經和林則徐共過事，與曾國藩有過接觸，對李鴻章更曾作過很多的啟示。他的權威著作是咸豐十一年（1861 年）寫成的《校邠廬抗議》，主張「既須反求諸己，亦須取法於人」，既要「師夷之長技」，尤應著手於內政之改革。舉凡軍備、吏治、外交、科舉、教育、實業諸大端，馮氏均曾論及；其改革的前提，則仍是以中國之倫常名教為本，輔以西方之術與藝，論者每謂馮氏之主張，開所謂「中學為體，西學為用」的先河。

二、重要建樹

　　三十餘年間洋務運動的項目，大體係以西器和西藝為主：最初是船艦、槍炮；隨後擴及鐵路、開礦、電報、郵政、銀行、鑄銀，以及農、工、商業；亦稍涉及政治制度；派遣留學生及建立同文、武備等學堂，亦為顯著的特色。時間上，洋務運動的進展可分為三期：第一期自咸豐十一年至同治十二年（1861～1873 年），這一時期的主要領導人為奕訢和曾國藩。第二期自同治十二年至光緒十一年（1873～1885 年），由於曾國藩於同治十一年（1872 年）病逝，奕訢喪失了慈禧太后的崇信，左宗棠被派去西北平

定回亂，李鴻章以北洋大臣兼直隸總督的地位，成為這一時期洋務運動的
主腦人物。第三期自光緒十一年至二十一年（1885～1895 年），亦即自中
法戰爭（1884～1885 年）至中日甲午戰爭（1894～1895 年）之間的十年
間，李鴻章雖仍為主要的領導人物，但兩位新起的總督──湖廣總督張之
洞、兩江總督劉坤一以及臺灣巡撫劉銘傳已受到重視，醇親王奕譞在朝廷
中亦有代奕訢而起的形勢。總括而言，李鴻章確是洋務運動的中心人物，
大部分的洋務措施和事業，都出於李鴻章的籌劃和創辦。

　　洋務事業，或稱之為自強新政，可分為八類：一是軍事工業，即造炮
製船；二是交通，即鐵路、電訊及郵政；三是礦冶，即開礦與冶金；四是
新式教育，文者如同文館及廣方言館的設立，武者如各處武備學堂的開辦；
五是派遣學生出國留學，朝廷與各省均曾派遣；六是創建海軍，先後成立
南洋及北洋艦隊；七是改善對外關係，即總理各國事務衙門的設立及遣使
訂約；八是民生工業，即紡織、造紙及火柴等廠的設置。

　　自強運動建設過程中，臺灣建設之成就乃為一大特色。臺灣建設，得
力於三位福建巡撫──沈葆楨、丁日昌和劉銘傳的苦心經營。沈葆楨為最

第一批赴美留學兒童（同治十一年）

沈葆楨

丁日昌

劉銘傳

先發現臺灣在國防上之重要地位與經濟上的潛在價值之人，他提出了經營臺灣以固國疆的呼籲。丁日昌在福建巡撫任內更親至臺灣考察，幾乎傾其全力於臺灣建設的規劃。可惜丁日昌僅任閩撫二年即告退休，臺灣亦於光緒十一年（1885 年）建為行省。繼沈葆楨、丁日昌全力經營臺灣者，為首任巡撫劉銘傳。他獲得李鴻章的支持，在臺灣大力興革，如重定行政區劃，整頓財政，清理土地，建築鐵路，購買輪船，開採礦產，改良農業，獎勵貿易，創設電訊電燈及自來水，興辦各類新式學堂等，均著成效。郭廷以對劉銘傳的評論甚好：「經過六年（1885～1891 年）慘淡經營，臺灣步步前進。中國的自強運動已三十年，而以劉銘傳為最努力，在二十三省中臺灣最具規模。」

三、外人的地位及其影響

　　無論在形式上、實質上，自強運動帶有顯著的西化色彩，來到中國的外國人自然也就不可避免的參與其間，扮演了各種不同的角色，直接間接發生過不同程度的影響。試一檢查同、光時期的新政，無論軍事、外交、教育、學術、海關、郵政、醫學等方面，都曾借助於洋客們的協助。有些

改革係出自外人的建議，如威妥瑪 (Thamas F. Wade) 在同治四年　（1865年）提出的《新議略論》以及赫德 (Robert Hart) 在同治五年（1866年）發表的〈局外旁觀論〉，都有切中時弊的條陳，大部分意見也都被清廷所採納。有些新設施則係由外人主動的倡辦與管理，如中國第一座天文臺——上海徐家匯的天文臺，係由法國人建造（1873年），香港至上海間於同治十年（1871年）竣工的海底電線，係由丹麥人所完成。

外人參加中國的軍事行動，始自太平天國之後。在同治年間，曾國藩的湘軍和李鴻章的淮軍都曾聘用過外國軍人來幫忙打仗和訓練人才，左宗棠也同樣用法國人編組過「常捷軍」，據統計參加或協助敉平太平天國戰役的外人數以百計，美人華爾 (Frederick T. Ward)、英人戈登 (Charles G. Gordon)、法人日意格 (Prosper Giquel) 乃其著者。太平軍也僱用過一百零四個外國人，還用了一個美籍教士羅孝全 (Issachar Jacox Roberts) 為丞相，主持外務。敉平太平天國後，曾、李、左都努力建立兵工廠和造船廠，也都請外人為技師，李鴻章興辦海軍時，也是聘請一個英國人琅威理 (W. M. Lang) 擔任總教練，天津武備學堂中則有德籍教官來協助訓練。

外交方面具有影響力的外人，赫德、威妥瑪之外，要推美國人蒲安臣 (Anson Burlingame)，他於咸豐十一年（1861年）奉派出使中國，倡導「合作政策」(Cooperative Policy)。同治二年（1863年）蒲安臣促成上海英、美租界合併為公共租界，是件做得非常漂亮的事，中、美、英三國都感到滿意。同治六年（1867年）任期屆滿後退休，他卻為清廷禮聘為特使，率領一個中國代表團前往美、英、法、德、俄等十一個國家訪問，並曾於同治七年（1868年）代表中國政府在華盛頓和美國政府簽訂了一項條約——即所謂《蒲安臣條約》(*Burlingame Treaty*)，同治九年（1870年）春，蒲安臣訪問俄國時染病逝世。中國有史以來派遣的第一個外交訪問團，竟是在一個美國退休外交官的率領下，這是外交史上的佳話，同時也反映出同、光之世外交上依恃外人的情形。與蒲安臣前後媲美的人，要算是法國人日

意格。他曾於光緒二年（1876 年）與清廷所派道員李鳳苞同任出洋監督，率領福州船政學堂的學生遄赴英法實習海軍 。 曾紀澤於光緒六年 （1880 年）去俄國辦理交涉時，也曾邀其隨往相助。日意格並入籍中國，以便於為中國政府服務。

欲仿行西學西藝，必須訓練外國語文方面的人才。故清廷於創立總理各國事務衙門之際，即同時設立兩個附屬機構，一為辦理海關事務之總稅務司署，一為學習西文西語之同文館。這兩個新設機構，都聘請了西方人士來協助，甚至主持。赫德是協助中國首創海關的人，他在總稅務司任內，又創辦了郵政，並為我國海關和郵政建立了良好的制度。對同文館最有貢獻的西方人，則是來自美國的傳教士丁韙良 (William A. P. Martin)，他先後出任北京同文館的英文教習和總教習，歷時近三十年。繼北京同文館而成立的語文機構，是上海的廣方言館和廣州的同文館，前者的英文教習為林樂知 (Young John Allen)，後者的英文教習為譚順，兩人都是美國教士。

外國教士們也在中國開始創辦教會學校，美國的新教傳教士們態度更為積極。他們最初創辦的教會學校稱為會館或書院，逐漸擴充或合併，終於發展為大學。北京的燕京大學、輔仁大學，濟南的齊魯大學，上海的滬江大學、聖約翰大學、東吳大學，南京的金陵大學，杭州的之江大學，福州的協和大學，廣州的嶺南大學，漢口的華中大學，長沙的雅禮大學及成都的華西大學，都是由教會書院蛻變而來成績甚為優良的高等學府。

西書的翻譯為自強運動的過程中，至為可觀的一項成就，外籍教士在這方面的貢獻也甚大。官立機構如北京的同文館，上海的江南製造局，都曾有計劃的翻譯西書。丁韙良把美人惠頓 (Henry Wheaton) 所著的 《國際法要旨》(*Elements of International Law*) 譯為中文，定書名曰《萬國公法》，是為最早介紹國際公法到中國來的著述。同治三年（1864 年），總理各國事務衙門引用該書所載的國際法則例，竟使普魯士將在中國領海內截獲之丹麥商船，移交中國。兩位英國教士偉烈亞力 (Alexander Wylie) 和傅蘭雅

(John Fryer)，對譯書事業的貢獻尤大。偉烈亞力在上海設立了一所墨海書館，開譯書風氣之先，他自己也和中國數學家李善蘭合譯了幾何學方面的西書。傅蘭雅主持上海格致書院，同時編譯科學圖書，譯出的書籍最多。中國學者參與翻譯西方科技書籍著有成績者，則為徐壽、李善蘭、華蘅芳等人。徐是著名的化學家；李擅數學與物理，並曾出任北京同文館、天文算學館總教習；華是數學家，所譯數學方面的書籍，通暢易懂，影響力亦較大。

外人在中國所辦的報紙和期刊，也是西學輸入的重要門徑，對新知識的推廣極有效果。報刊發行方面，林樂知是最有名的「教會報人」。他於同治七年（1868 年），在上海創辦《教會新報》(Church News)，為中國最早的定期刊物。同治十三年（1874 年），《教會新報》改為《萬國公報》(Review of the Times 或 The Globe Magazine)，以介紹新學為宗旨，影響至大。光緒七年（1881 年），林樂知與威廉臣 (Alexander Williamson) 及李提摩泰 (Timothy Richard) 等人，在上海組成了廣學會，被認為是新知識交換的總匯，於嗣後維新思想的傳播，貢獻至大。

外人的另一項貢獻，是西方醫學知識和技術的傳入。教士中不少是醫生出身，他們在各地設立醫院，附設醫校，並譯編醫學書籍，單是在廣州行醫的嘉約翰 (John G. Karr) 一人，在 1859～1886 年間編譯出版的西醫書籍，就有二十餘種。北京、廣州、上海等地也先後創刊介紹西醫的刊物。其中以上海出版的《博醫匯報》影響較大，它就是後來的《中華醫學雜誌外文版》的前身。

　研究與討論

一、魏源和馮桂芬對近代改革思想，各有何貢獻？

二、劉銘傳對臺灣建設有那些重要建樹？

三、外人在自強運動中何以居於重要地位？

第四節　自強運動的失敗

　　同、光年代曾國藩、李鴻章等「中興名臣」所舉辦的自強事業，表面上看來，盛極一時，蔚然可觀，尤其是海軍軍艦的噸位曾高列世界第八位，凌

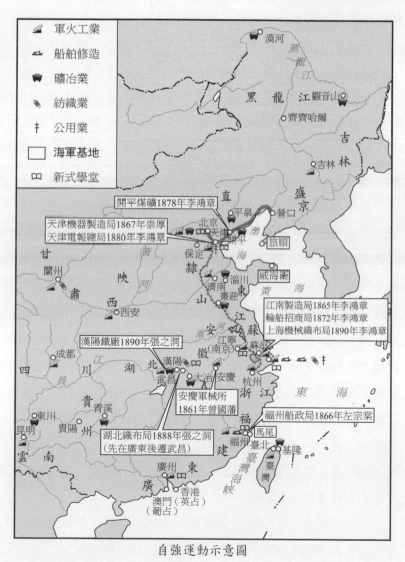

自強運動示意圖

駕日本之上。事實卻證明，這些事業尚經不起考驗。經過兩次對外戰爭——乙酉中法之戰與甲午中日之戰——的挫敗，自強運動便也宣告落幕了。

自強運動不足以救國，已是眾所公認的事實。然則自強運動失敗的原因何在呢？下述四點，乃是自強運動失敗之最明顯的原因：

其一，守舊派的反對：自強運動一開始，就受到一部分朝廷重臣和地方士紳的掣肘。朝廷中，以醇親王奕譞和大學士倭仁為中心，形成了一個反對派，堅稱：「立國之道，尚禮義，不尚權謀；根本之途，在人心，不在技藝。」他們幾乎反對所有的西藝和西學。地方士紳中反對自強運動者亦復不少，王闓運、葉德輝乃其著者，甚至如俞樾，亦不贊成使用機器，組織公司等西法來大量開礦。自強運動時代的主政者，大部分年代是慈禧后那拉氏，她本身就是個只關心個人權位並不熱心國家安危的人。在她絕對的威權之下，奕訢、李鴻章等自強運動的倡導者，並不敢放手去做。郭嵩燾且被守舊派斥為「漢奸」，曾紀澤回國後甚至不敢進京，抑鬱以死。

其二，領導人物的缺點：自強運動的領導者，其求富求強的動機是純正的、適切的，但這些人士在觀念、學養甚至品格方面，都有些無法克服的缺點和弱點，使他們不可能把自強運動做到徹底。譬如說，他們的思想中，忠君的觀念根深蒂固，視皇帝和太后的意旨為金科玉律，不敢面對專制落後的清廷政制提出改革，因此慈禧要挪用海軍的費用去修頤和園，李鴻章就只有「奉命唯謹」。曾、李等人的知識，也只限於中國傳統的經世知識，對世界大勢的認識僅是皮毛，因此他們的學習西方，並不徹底。因此蔣廷黻批評曾國藩等人「雖向近代化方面走了好幾步，但是他們不徹底，仍不能救國救民族」。李鴻章是自強運動的中心人物，他的心志和知識都是受到更多的批評。梁啟超說他「知有兵事而不知有民政，知有外交而不知有內政，知有朝廷而不知有國民」。

其三，人才的缺乏：自強運動開始，有百端並舉之勢，自然需要大量真正懂得西藝西學的人才。曾、李等人，雖也曾興辦學堂，派遣學生出國

留學；但前者有名無實，後者緩不濟急。自己既沒有人才，只有聘用洋人，有些事業也非任用洋人不可。但任用洋人也有麻煩，第一，所用的洋人並不一定是專家，如金陵製造局的技術指導人英人麥加理 (Halliday Macartney)，不過是個醫生，為左宗棠所信任的福州造船廠的法國技術師德克碑 (Paul D. Arquebell)，事實上僅是中級軍官，從來沒有做過造船的事。第二，洋人忠於清廷的人並非沒有，但心懷異志一心攬權以控制中國的侵略者，為數也不少。英人李泰國 (Horatio N. Lay) 受清廷之託購進英艦七艘，竟不聽命令，完全把指揮權交於英國海軍上校阿思本 (Sherard Osborn)，若非蒲安臣出面調停，麻煩可就大了。就連中國人很信得過的同文館總教習丁韙良，在庚子（1900 年）拳變的時候，竟也同意由各國來瓜分中國，這如何不叫人警惕！自強運動推行三十餘年，並沒能培植出足夠的可用人才來，實在是一項致敗的主要原因！

其四，民間的迷信：自強運動的事業，無非是以國防為中心的現代化建設的開端。現代化建設需要有現代化的環境來配合，更需要有現代化的國民來推動，但這兩個條件，當時顯然都不具備。民間的迷信思想——民眾迷信，士紳也迷信，構成阻礙進步的一大阻力，造成了損失，甚至招惹了禍患。如各地教案的發生，泰半係起源於民間的迷信與愚昧。又如鐵路的建設，明明是富國利民的事業，民間偏偏有人把鐵路視作是西洋人的魔術，足以破壞風水，因而大加反對。英國的怡和洋行 (Jardine, Matheson & Co., Ltd.) 於同治十三年（1874 年）開始興建一條由吳淞到上海的鐵路，到光緒二年（1876 年）江灣、上海間之一段開始通車，不料卻受到地方士紳和人民的反對，藉口所謂利權和風水問題，於次年（1877 年）出錢買回來，把它拆毀。現在看來，簡直是愚不可及的大笑話。無知的官吏、士紳和民眾，對於埋電桿、裝電線，也認為影響風水，力加反對。給事中陳彝於光緒元年（1875 年）的上奏中，即曾大言電線電桿足以破壞地脈而使「為子孫者心何以安」的道理，今日讀來也只能叫人啼笑皆非。

研究與討論

一、試探討：日本明治維新何以成功，中國自強運動何以失敗？

二、梁啟超對李鴻章的批評是否公平？

◆第三章◆
帝國主義合力侵逼下的民族危機

第一節　英俄日攪我邊藩

一、中英滇案交涉與《煙臺條約》

　　英國的勢力侵入印度後，即以印度為基地，東圖緬甸，北窺西藏。在英法聯軍之役（1856～1860 年）前，英國實際上已侵占緬南。英法聯軍之役中國慘敗，英國的侵略野心益熾，計劃建築一條自仰光到雲南的鐵路，以打開中國西南的門戶。自同治七年（1868 年）起，即不斷派人進入滇、緬邊區來探測路線。

　　同治十三年（1874 年），又有一支英國的探測隊進入雲南。人數有兩百人，由柏郎（H.A. Browne）率領，計劃進入雲南後，再由雲南前往北京，因此英國駐北京的公使威妥瑪派了一位書記官馬嘉里（Augustus R. Margary）前往滇邊相迎。威妥瑪把這事通知了清廷的總理各國事務衙門——即所謂「總署」，亦即當時實際上的外交部。馬嘉里取道湖南、貴州，進入雲南，已經是光緒元年（1875 年）二月了。他通過雲南進入緬甸，接到柏郎探測隊返回雲南時卻意外的被殺害了。事情的背景是這樣的：

　　　　前幾年，雲南一直鬧回亂。回亂的首領杜文秀曾與英人有來往，因此雲南巡撫兼署雲貴總督岑毓英很厭惡英人。這時滇西秩序仍未大

定，岑督對於馬嘉里此來，深具戒心，馬嘉里過騰越時，參將李珍國受岑的指使，曾與當地士紳共謀阻止，未能成功。及馬嘉里會同柏郎自緬境折返至蠻允地面，即被殺害。柏郎則退回緬境八莫。時為光緒元年正月十六日（1875 年 2 月 21 日），史稱「滇案」，亦稱「馬嘉里案」或「馬嘉里被害事件」。

就這一事實而言，岑毓英當然是不對的，他應當對馬案負責。但他並沒有把事實真相向清廷報告，而把殺害馬嘉里的責任諉之於滇邊的「野人」。英國公使威妥瑪卻不放過這一可對清廷大肆要挾的機會，他一下就提出六項要求，其中就有三項與馬案無關。總理各國事務衙門沒有完全答應威妥瑪的要求，他即以絕交相威脅，並下旗出京赴滬，並要求英國政府對中國開戰。總稅務司英人赫德亦乘機向李鴻章恫嚇，謂英國即將用兵於中國。這兩位一向被認為是支持中國自強運動且為李鴻章友人的英國人，這時卻擺出一副侵略者的姿態，國人深感失望。

清廷對於滇案，亦缺乏明快果斷的政策。先是飭令岑毓英「確切查辦」，後來知道岑毓英不講實話，又命湖廣總督李瀚章赴滇查辦。李瀚章遲遲其行，其查辦報告又認為馬嘉里之被殺，由於野人索過山禮不遂所致，與岑毓英無涉。這一報告，自然不為英國人接受。威妥瑪乃回到北京直接向總署交涉，並提出嚴懲岑毓英，加開商埠，重訂貿易章程、謝罪等嚴苛條件。

滇案的交涉拖了一年多，還沒有結果。威妥瑪轉向李鴻章施壓力，又命英國的遠東艦隊直逼渤海，以相威脅。其實，這是威妥瑪的虛聲恫嚇，英政府因土耳其問題趨於緊張，並無意對中國開戰。李鴻章震於威妥瑪的橫暴，因請赫德向威妥瑪調停。威妥瑪同意與李鴻章在煙臺談判，這已是光緒二年閏五月（1876 年 7 月）間的事了。七月初三日（8 月 21 日），李鴻章和威妥瑪在煙臺談判，幾經波折，終於在七月二十六日（9 月 13 日）

簽訂了《中英煙臺條約》。這一條約的內容，分為三端，十六款。其要點：

一、昭雪馬嘉里事件：包括派使赴英謝罪，賠償二十萬兩及商訂通商
　　　章程。

二、雙方往來禮節及審辦案件與交涉事項：包括妥訂各國公使、領事
　　　與中國官員往來禮節，及各口岸承審章程，准英國在上海設立承
　　　審公堂等項。

三、通商事務：包括租界內免收洋貨釐金，開宜昌、蕪湖、溫州、北
　　　海為商埠、英國得駐領事，重慶亦可由英國派員「駐寓查看」，長
　　　江六處地方准英輪停泊上下客商貨物等項。

此約另有一項專款，規定英國可派員由北京出發，經由甘肅、青海，
或經由四川，以進入西藏及印度，探訪路程。這等於把西藏對英國人開放
了，也證明英人已有侵略西藏的野心。在《煙臺條約》中，威妥瑪的要求
除提審岑毓英一項外，全都得到了。這是中英間的又一個不平等條約，中
國所受的損失，僅次於 1842 年的《南京條約》與 1858 年的《天津條約》。

二、中俄伊犁交涉

俄國於新疆發生回亂期間，乘機於同治十年（1871 年）五月以「維持
邊境治安」為名，出兵進占伊犁。同年冬，俄軍復以通商為名，進兵至綏
來縣境，為當地民軍將領徐學功擊敗，遂不復進。俄人深知伊犁為新疆經
濟上與軍事上的重地，據有伊犁即可控制新疆，因而在伊犁建築廣袤二十
里的市區，遷來大量俄人，並將電報系統延伸至伊城，作永久占領之計。
次年四月，俄國並強迫阿古柏與之訂約，允俄人自由通商，俄人則承認阿
古柏為回疆的領袖。

但俄人畢竟缺乏進占伊犁的充分理由。駐華俄使把這情形通知清廷總
署時，自稱為「保民義舉」，總署責問並令其交還時，俄使則詭稱一俟中國
戡平新疆回亂，威信和政令再及於伊犁可保國境之安全時，俄國即將伊犁

歸還。俄人之所以作此承諾，蓋由於斷定清廷並無平定回亂之力，初不料左宗棠竟能於光緒三年（1877 年）平定回亂，再度控制了新疆。

　　清廷不斷派人和俄國交涉，要求收回伊犁。最初派新任伊犁將軍榮全到塔城去談判，俄人不予理會。後又由總署直接向駐京俄使布策 (Butzov) 談判，俄使卻於 1878 年（光緒四年）回國去了。清廷不得已，只有派遣崇厚為出使俄國大臣，前往俄京與俄外交部長格爾斯 (M. N. de Giers) 進行磋商。崇厚這個人，雖也曾參加過英法聯軍之役的交涉，擔任過三口通商大臣，又曾出使法國及做過總署大臣，但卻是出名的庸懦無能，於俄情及新疆情勢皆無所知。他到俄國後，俄人要求把商務、賠款、分界三事，一起談判解決，北京的總署認為不能接受，崇厚卻擅作主張，於光緒五年八月十六日（1879 年 10 月 1 日）和俄人在里發第亞 (Livadia) 簽訂了一十八條的《返還伊犁條約》。依據這個條約，中國付出收回伊犁空城的代價是：

一、伊犁西境及南境大片土地盡為俄有。

二、償款五百萬盧布，合銀約二百八十萬兩。

三、准俄人在蒙古、新疆無稅貿易，可自嘉峪關至西安、漢中以及自張家口至通州、天津，往來販運；開嘉峪關、烏里雅蘇臺、科布多、哈密、吐魯番、烏魯木齊、古城（庫車）為商埠，俄人得駐領事。

四、俄船可航行於松花江。

五、改定塔爾巴哈臺界址。

六、承認已入俄籍的伊犁人，准俄人在伊犁置產營商。

　　這一損失太大了，大得駭人聽聞。消息傳來，朝野大譁。清廷宣稱不予承認，並嚴懲崇厚的誤國之罪，判「斬監候」。左宗棠、張之洞等堅主以武力收復伊犁，李鴻章雖不同意用武，但也主張修改崇厚所訂條約。俄國亦不甘示弱，除增兵中亞外，並調遣艦隊東來，中俄間關係緊張，戰爭有一觸即發之勢。

然而戰爭並未發生，情勢反倒慢慢緩和下來。這是由於中、俄兩國政府均發現開戰未必有利。俄在遠東兵力有限，徵調運輸亦困難，倘如開戰，英國和日本的態度均值得顧慮。至於清廷，一方面由於治崇厚重罪，國際間的反應不佳，一方面由於與日本因琉球問題正在緊張，再則經過戈登的坦率警告後，確實發現本身的力量不足以抗俄，且風聞外人有以李鴻章取代清帝之陰謀，於是清廷態度趨軟，令派駐英公使曾紀澤赴俄交涉另訂新約。

曾紀澤於光緒六年六月（1880 年 7 月），抵達俄京聖彼得堡。他以不亢不卑的態度，與俄外長格爾斯及駐華公使布策等會商，困難是有的，曾紀澤都能設法克服，經過將近六個月的談判，終於在光緒七年正月二十六日（1881 年 2 月 24 日），與俄方議定了一份《中俄改定條約》，亦即是收回伊犁的條約。這一條約與原約不同的地方是：收回伊犁以南特克斯(Tekes) 河一帶土地，西方俄商販運至嘉峪關為止，取消俄船在松花江航權，願入俄籍的伊犁人應遷入俄境，賠款增為九百萬盧布──合白銀五百多萬兩。

光緒八年（1882 年），伊犁收回來了。以欽差大臣身分督辦新疆軍務的劉錦棠建議改新疆為行省，清廷也採納了，新疆從此成為中國政府直接管轄的領土，這實在是當時憂患中的一大幸事。

三、日本侵犯臺灣與吞併琉球

侵略中國，幾乎是日本歷史上的一項傳統。第八世紀的晚唐和十六世紀的明末，中國都曾派兵到朝鮮半島抵禦入侵的日軍。豐臣秀吉的夢想如果實現，中國在明末就要亡國。十九世紀中葉，日本和中國同樣遭遇到西方的侵凌，也曾經和西方訂立過不平等的條約。但日本人反應快，變得徹底，明治天皇於 1868 年（清同治七年）宣布維新，全力西化，氣象為之一新，身價也就大漲。明治維新給日本帶來了一個世紀的強盛，但其強大的基礎卻是建立在對外的侵略和掠奪上，中國則是日本侵略的第一個目標，

這就是日本在明治維新後採行的「大陸政策」，從侵略琉球、臺灣、朝鮮開始，最後目標則是囊括中國，在亞洲大陸上建立霸權。

明治維新後第二年——明治三年，中國同治九年（1870年），日本派外務省大丞柳原前光到中國來商訂《修好條約》，這是近代兩國首次的外交接觸。清廷總署的態度是「准其通商，但不必立約」，但柳原說服了李鴻章，李致書奕訢，認為可以把日本「聯為外授」，主張「宜先通好，以冀同心協力」。總署於是改變了態度，同意讓日本派遣全權專使前來訂約。

柳原前光回到日本去報告，日本政府因於次年（同治十年，1871年）派其大藏卿伊達宗城為全權大臣，偕柳原前光再來中國議約，經過四個月的談判，終於在同治十年七月二十九日——1871年9月13日簽訂了《中日修好條約》三十三款，這是中日兩國間的第一個條約，也是李鴻章經手簽訂的第一個條約。但日本表示不滿意，因為未能得到「利益均沾」及領事裁判權，第二年（1872年），日外務大臣副島種臣就來北京要求修改，清廷不答應。又拖了一年，到同治十二年（1873年）才在天津換約。這時日本已經為琉球漁民被臺灣番人殺害事件，開始向清廷試探虛實，準備開始侵略行動了。

琉球漁民漂流到臺灣被番民殺害事件，發生在同治十年（1871年）十月。有琉球漁民六十六人因遇颱風漂流到臺灣南部，上陸後為當地牡丹社山地人所掠，有五十四人被殺，另十二人被救護送回琉球。琉球是中國藩屬，臺灣是中國領土，這件事如果成為問題，也是中國的內部問題，只有中國才有資格處理。但日本當局卻藉口琉球於明末萬曆年間已隸於薩摩藩治下，乃計劃出兵侵臺。但又做賊心虛，副島種臣於同治十二年（1873年）到天津換約時，就同時向總理各國事務衙門提出臺民殺害琉人的事，想探測清廷對此一事件的態度。不料總理各國事務衙門的一位糊塗大臣毛昶熙告以臺灣雖屬中國，但土番係化外之民，中國政府對其行動不能負責。副島得到這個答覆後，就很高興的回到日本，明目張膽的進行其侵併琉球

「大日本琉球藩民五十四名墓」──牡丹社事件後日軍設此墓碑有其政治宣示意味

與出兵臺灣的行動。

　　1874 年（清同治十三年，日本明治七年），日本政府竟然設立了「臺灣番地事務所」，以陸軍中將西鄉從道為都督，大限重信為事局長官，準備大舉侵臺。西鄉從道率日本海軍於 3 月 22 日在臺灣琅璚（恆春）登陸，4 月 3 日開始進攻番社，但受到牡丹社山地人的抵抗，日本人有傷亡，牡丹社頭目阿祿父子也殉難，經過一個多月，日軍才將南臺灣十八番社控制了。日本軍閥的頭號人物山縣有朋提出所謂「外征三策」，計劃奪取臺灣為日本的屬地。

　　事情卻並不像山縣有朋和西鄉從道想像的那麼簡單。他們發現福建船政大臣沈葆楨也帶著中國兵船來到了臺灣，閩浙總督李鴻年且照會西鄉從道，抗議日軍在臺灣登陸，要求立即撤退。沈葆楨大整軍旅，準備一戰。日本政府乃派大久保利通為全權大臣，到中國來辦理交涉。費了四個月的

時間，開過七次正式的會議，協議才告成立。內容有三：

一、日本此次行動為保民義舉，中國不認為不是。

二、中國賠償撫卹的難民十萬兩，修路建屋費四十萬兩。

三、約束生番，以後不再加害航民。

第一條無異承認琉民為日本國民，第二條無異默認中國在臺灣戰敗，第三條更有干涉中國內政之嫌，這個協議真是遭透了，連李鴻章都承認「稍損國體，漸長寇志」。庸臣誤國，這又是一證！

這一來，日本可以大膽而嚴厲的處置琉球了。日本前已廢琉球為藩（1873 年），宣稱琉球已歸日本。犯臺事件解決後，就又宣布派兵駐琉，禁止琉球入貢中國及受中國冊封，並廢中國正朔改行日本明治年號（1875年）。到了光緒五年（1879 年）三月，日本就乾脆廢除琉球名號，夷為沖繩縣。中琉間自明洪武五年（1372 年）以來五百餘年的宗主與藩屬關係，從此斷絕。

清廷對於日本悍然合併琉球提出了強烈抗議，日本回答說，琉球之廢藩改縣為內政問題。琉球國王也派了使者向德宏到中國來哭訴並請援，士大夫間亦有主張訴諸武力者，如王先謙是。剛好美國前總統格蘭特 (M. S. Grant) 到中國和日本遊歷，李鴻章便託他調停。日本表示願將琉球南部之宮古、八重山兩群島劃歸中國，但以修改中日商約允日本以「最惠國待遇」為交換條件，清廷則主張三分琉球，北部屬日本，南部屬中國，中部各大島仍歸琉王統治，「俾延一線之祀，庶不負存亡繼絕之心」。日本堅持原議，派竹添進一郎來華與李鴻章商談。李鴻章一方面因為對俄國的伊犁交涉正緊急，一方面又懼於士紳的批評，遲遲不敢有所決定。他以為最好的辦法是「延宕」，曾奏稱：「今俄事方股，中國之力暫難兼顧，且日人多所要求，允之則大受其損，拒之則多樹一敵，惟有用延宕之一法最為相宜。」這一延宕，就使琉球問題成為懸案，以後就再沒有談判的機會。

一、《中英煙臺條約》主要內容為何？

二、曾紀澤在清末外交上有那些成就？

三、中日琉球問題交涉中，清廷有那些失策之處？

第二節　中法戰爭與西南藩屬的喪失

一、中南半島與中國

中南半島，西方人稱作 Indo-China Peninsula，日本人譯作「印度支那半島」。「支那」，是日本人對中國的稱呼，且含有輕視之意，我國在民國三十年（1941 年）以前，卻也採用過「印度支那半島」這一名詞。民國三十年二月，于右任建議將「印度支那半島」正名為中南半島，當為國人所採納，普遍採用。

事實上，中南半島無論在地理形勢，民族血統，文化淵源，政治關係等方面，都與中國有悠久密切的關係。在清代中葉以前，中國是亞洲唯一的強國，整個中南半島以及北婆羅洲都在中國的勢力範圍之內。中南半島上的三個國家：安南（即今之越南、寮國和柬埔寨）、緬甸和暹羅（今之泰國），都是中國的藩屬，定期進貢，接受冊封，甚至採用中國的文字、典章和制度。尤其是安南，自秦至宋的一千一百餘年間，均為中國郡縣，宋以後為中國藩屬，受中國文化薰陶二千多年，在姓氏、服色、飲食、習慣各方面，幾與粵、桂人民無異，已無漢人、越人之分。安南全國學童誦讀的四字經，也有「系出神農，首肇封疆」的語句，自承與漢族同源。據近代民族學者的研究，暹羅的撣族，緬甸的羅族，都與我國西南各省內的少數氏族族同而名異。

中南半島三國之外，在印度與西藏之間，尚有三個小國——尼泊爾、錫金（哲孟雄，今之印度錫金邦）和不丹，從乾隆時代開始稱藩入貢，未曾間斷。歷史學者為方便計，常稱這三個小國為藏南三國，與中南半島的三國合稱為中國的「西南藩屬」。

十九世紀中葉，英國和法國的侵略勢力撲向中國，中南半島自然也是它們必欲染指的首要目標。英、法是主要的入侵者，西班牙亦一度參加法國侵略安南的行動。清廷對於中南半島諸藩屬國的危機，採取消極的應付態度，只要藩屬國不向清廷報告或求助，清廷就不採取行動。直到法國決定吞併整個安南，不允許中國過問安南事務時，清廷才決定採取行動以維護中國的宗主權。結果是爆發了光緒十年至十一年（1884～1885 年）間的中法戰爭，造成了西南藩屬喪失淨盡，滇桂門戶為之洞開的挫敗和屈辱。

二、中法戰爭

法國之注意安南，始自清初。最初進入安南的法國人，是傳教士。繼傳教士進入安南的，是法國東印度公司所派出的商務人員。十八世紀中期，法人在印度和英國競爭失敗了，其勢力被英人摧毀，法人遂謀取償於安南。安南此時又是南北對峙的分裂局面，因而為法國人提供了參與安南事務的機會。

安南的分裂，始自明末。萬曆二十八年（1600 年）起，分裂為兩國：北為黎氏之大越，南為阮氏之廣南。乾隆三十八年（1773 年），廣南又發生新阮、舊阮之爭，新阮首領阮文惠竟能於乾隆五十二年（1787 年）以武力統一了安南，自立為安南國王，兩年後並獲得清乾隆帝的冊封。但原大越國王黎維祁逃入中國，原廣南舊阮國王阮福淳之子阮福映則南走西貢、暹羅，他們都繼續反對新阮，阮福映尤其積極的從事復國運動。

阮福映在暹羅，結識了法國主教百多祿（Pigneau de Behaine，亦譯作畢尼約，或畢約）。這位教士，建議阮福映向法國求援，阮福映同意這樣

做，並派百多祿為全權代表到巴黎去和法政府接洽。百多祿於乾隆五十二年（1787 年）代表阮福映與法國當局簽約於凡爾賽，約定法國以槍炮、艦艇及兵員援助阮福映復國，成功後，阮則割讓沱㶞（Tourane，即今峴港）及崑崙島予法，以為酬謝。但因法國政局不穩，兩年後（1789 年）又爆發了大革命，因此《法越凡爾賽條約》並未實行。只由百多祿以個人名義，從駐在印度的法人中召募一批軍人組成志願軍，到南圻去協助阮福映作戰。經過四年（1789～1802 年）的作戰，阮福映終於完成了復國的宏願，統一了安南全境，立國號為越南，遣使至北京請求冊封。嘉慶九年（1804 年），清廷承認阮福映的地位，遣使冊封他為越南國王。

由於復國過程中曾獲法人協助，阮福映在位期間（1802～1819 年）對法人甚為優遇，但不承認百多祿簽訂的《法越凡爾賽條約》，拒絕割讓土地。法國傳教士的態度亦不甚良好，因而逐漸引起越南人的反感。因此，繼阮福映為國王的阮福晈、阮福曬在位期間，採取排外政策，拒訂商約，禁止傳教，並迫害教士。法國因於道光二十七年（1847 年）派海軍轟擊沱㶞（峴港），摧毀了港內的越南水師。越王阮福曬亦因而憂憤成疾，旋即死去。其子阮福時繼位，仍採激烈排外政策，且有殺害教士事件發生。但法國方面，卻由於路易拿破崙的上臺（1848 年掌政，1852 年稱帝，是為拿破崙第三），態度卻強硬起來。阮福時的排外及殘害教士，適足給予拿破崙第三以侵略的藉口。

清咸豐七年（1857 年），法國開始侵略中國的行動了。它和英國組成了聯軍，挑起了英法聯軍之役。次年（1858 年），由中國得勝而歸的法軍又與西班牙聯合，以越南殺害兩國教士為藉口，組成法西聯軍向越南進攻。先陷中圻的峴港，又次年（1859 年）攻陷南圻的西貢，到咸豐十一年（1861 年）已占有越南南部四省（嘉定、邊和、定祥、永隆）。越南政府不得已於同治元年（1862 年）與法國訂立《西貢條約》，割地（南圻三省及崑崙島）、賠款、開口岸通商、允自由傳教。法國意猶未足，繼續以制壓

反法活動為名，盡占南圻六省之地，並控制了高棉（柬埔寨）。這是法國侵略越南的第一階段，越南未向清廷報告，清廷亦茫無所知。

法國占有越南南部，在西貢設立了總督府。總督游悲黎（Marie Jules Duperre，或譯作白蕾）一意北侵，數度派人探測可以通往中國雲南的航道。剛好有法國軍火商人屠普義 (Jean Dupuis) 因私運越鹽至雲南被取締，乃向游悲黎進言應派軍進占紅江（紅水河，在中國境內一段稱富良江），以通雲南。游悲黎於是派海軍軍官同時也是地理學家和殖民主義者的安鄴（Francis Garnier, 1839～1873 年）率軍北上，進占河內及附近地區。越南政府於是召來劉永福的黑旗軍抗拒法人，劉永福果然表現不凡，一舉收復河內，並把安鄴擊斃於戰場上。這是法國侵略越南的第二階段，時間是同治十二年（1873 年）。安鄴是法國的殖民英雄，他的戰死，延緩了中法間的衝突，卻是對法國人的一大刺激。但法國由於甫在普法戰爭（1870 年）中慘敗，一時尚無力對越南及中國報復。但卻施展了有效的外交手腕，誘迫越南與其訂立《和平同盟條約》，承認越南為獨立國，但越南卻須付出極為昂貴的代價：承認法國對南圻六省的統治，開放紅江給法國，闢河內、寧海、東奈為商埠，並同意由法國代弭內亂與外患。這一條約，不但否定了中越關係，且使越南陷入法國人布置的陷阱中，等於是簽訂了一張賣身契。奇怪的是，越南並未因法國的承認其獨立而改變其對清廷的態度，仍然向清廷進貢，並請求清廷出兵代為平亂——清廷最後一次代越平亂及越南入貢，係在光緒五年（1879 年）。

光緒六年（1880 年）起，法國一方面由於醉心於殖民主義的茹費禮 (Jules F. C. Ferry) 出任總理，一方面受到德國表示不反對法國在越南擴張的鼓勵，乃對越南採取積極干涉態度，準備出兵，並訓令其駐華公使寶海 (Frederic A. Bouree) 照會清廷不承認中國對越南的宗主權，並謂越南自西貢條約後即為法國的保護國。

光緒七年至十年（1881～1884 年）間，中法對於越南問題展開了好幾

回合的談判。駐英公使曾紀澤也盡全力去交涉，法軍進占河內後並與清軍發生局部的衝突。中國朝野仍是主和主戰，議論不一。李鴻章鑒於日本已在朝鮮作挑釁性的行動，主張對法國採退讓態度。他經由前天津稅務司德人德璀琳 (Gustav Detring) 的介紹，光緒十年四月 （1884 年 5 月） 與法國海軍艦長福祿諾 (F. E. Fournier) 在天津會商，並初步達成協議：中國撤回在越北的駐軍，法國不索取賠償，法國協助「保全」中國南部邊疆，中國准法國通商，法國與越南議改舊約不得有傷害中國體面字樣，三個月內雙方會訂詳約。這一協議，通稱《李、福簡約》或《天津簡約》。但這一「簡約」，雙方都不滿意。剛好法軍急於要進駐諒山，但中國軍隊尚未奉令撤退，於是衝突再起。於是法國又藉口中國違約，動員海陸軍大舉進攻，中法戰爭遂告爆發。

　　戰爭分海、陸兩個戰場：海戰在臺、閩海域，陸戰在中越邊境。無論海陸，都是法國主動進攻。法國海軍由提督孤拔 (A. A. P. Courbet) 統率，於光緒十年七月（1884 年 8 月）進攻臺灣基隆，一度登陸，但被督辦臺灣軍務的劉銘傳逐退了。又進攻福州，擊沉了中國兵船七艘，破壞了馬尾船廠。孤拔再東攻臺灣，陷基隆，登陸滬尾（淡水），想一舉下臺北，卻遭到當地中國軍隊的堅強抵抗，激戰四天，法軍未能越雷池一步。孤拔乃改變策略，進陷澎湖，並宣布封鎖臺灣。至於陸戰，法軍是先勝後敗。法軍先陷諒山並焚掠鎮南關，但到中國滇、桂兩省的援軍趕到，法軍就無能為力了。光緒十一年二月至三月 （1885 年 3～4 月）間，馮子材、蘇元春、王孝祺等部展開反攻，屢破法軍，尤其是反攻諒山一役，法軍傷亡慘重， 統領尼意立 (de Neglir)也受了傷。中國人稱為「諒山大捷」，馮

孤　拔

子材以七十高齡，仍勇邁絕倫，聲名益振。馮等於恢復原有越北陣地後，正擬乘勝進擊，西路滇軍亦積極反攻，卻傳來消息，中法已經簽約，清廷已經決定放棄越南這個具有二千年密切關係的藩屬了。

光緒十一年四月二十七日——1885 年 6 月 9 日，李鴻章與法國新任駐華公使巴德諾 (Jules Pat Nôtte) 在天津簽訂了《中法越南新約》，內容有十條。根據此約，法人自臺灣撤退，不索賠償，中國則承認越南歸法國保護，自越北撤軍，會勘邊界，開埠通商，中國建築鐵路應請法人相助。法國不僅取得了越南，其勢力且因其後龍州、蒙自和蠻允的開埠以及滇越鐵路的興建，已進入雲南和廣西，我國西南的危機也因而更為加深了。清廷外交的失敗，這是最明顯的一例！

三、英滅緬甸及控制藏南三國

中法戰爭不僅喪失了越南，也同時促成英國滅亡緬甸的決心。英國的印度總督藉口緬甸政府扣留英商木材，進兵攻占曼德勒 (Mandalay)，俘虜緬王，並於 1886 年 1 月 1 日單方面公告合併緬甸為英國領土。

本來，英國自占有印度（1600 年）後，東方的緬甸與北方的西藏，都是英國下一步的侵略目標。但當時緬甸的國勢正盛，英國一時也還力有未逮，因此遂能維持了兩百年的和平。直到嘉慶二十九年（1824 年）英國才發動了第一次對緬戰爭，逼緬甸賠款、割地，允英國駐使緬京。咸豐二年（1852 年），英國的印度總督又發動第二次對緬戰爭，強割了整部分的下緬甸。緬王曼同 (Mindon) 引為大恥，拖延了十年才無可奈何的批准了割讓下緬甸的條約。

緬王曼同是個有心勵精圖治的人，但因最富庶的下緬甸已為英人所占，終不能振敝起廢。曼同死後，幼子錫袍 (Thibaw) 繼位，緬政就每況愈下了。緬王很想藉法國力量與英對抗，於是與法國訂約（1885 年），允法在緬境內築路，設立銀行，開採紅寶石礦藏等特權，這一來就引起英國的斷

然行動，光緒十一年十月（1885 年 11 月）英軍一舉攻陷曼德勒，滅亡了緬甸。是為第三次英緬戰爭。

　　緬甸在歷史上與中國的關係，雖不如越南密切，但自元代以後即為中國藩屬。清高宗乾隆以後，緬王接受清廷冊封，定十年一貢之例。光緒元年（1875 年），緬甸仍遣使進貢。英國並非不知道中國為緬甸的宗主國，於滅亡緬甸後乃由其駐北京公使通知總理各國事務衙門。清廷雖令駐英公使曾紀澤向英政府提出抗議，曾紀澤亦盡力交涉，但清廷以新敗之國，自然無法改變現實。英國人也很聰明，表示願代緬甸向中國進貢以換取清廷對英國擁有緬甸主權的承認。交涉結果，由英使歐格納 (Nicholas R. O'conor) 與清廷的慶親王奕劻，於光緒十二年六月二十三日──1886 年 7 月 24 日，簽訂了《中英緬甸條約》，中國承認英國對緬甸的主權，英國答允先由緬甸當局循例向中國進貢，邊界由兩國派員會勘。中國又受騙了，英國答允代緬人執行的「十年一貢」，從未履行。

　　法併越南，英攻緬甸之同年（1885 年），英國脅迫尼泊爾與其重訂新約（英、尼初次訂約在嘉慶二十年──1815 年），取得了尼泊爾外交與軍事控制權，雖未明言否認中國對尼泊爾的宗主權，事實上已把尼泊爾置於英國的勢力之下。錫金又名哲孟雄，人種風俗均與西藏同，本是西藏的屬邦。由於錫人反英，英人先於咸豐十一年（1861 年）出兵攻錫金，迫訂不平等條約，取得特權，經於光緒十三年（1887 年）以驅逐藏軍為藉口再攻錫金，俘錫金王，視其地為英人屬地。清廷派人交涉，於光緒十六年（1890 年）簽訂《中英藏印條約》，中國承認錫金歸英國保護。至於不丹，早在同治四年（1865 年）英人即藉口不丹襲擊英人，攻入不丹，並迫訂條約並割取其比當及噶倫堡二地，英國並派專員駐不丹。宣統元年十一月二十七日──1910 年 1 月 8 日，英再迫不丹重訂新約，取得不丹的外交權。清廷雖不予承認，然亦無可如何。藏南三國相繼為英國裹脅以去，西藏也在英國的挑唆下，從此多事了。

四、暹羅之脫藩

　　中國在中南半島上的第三個藩屬，是介於緬甸和越南間的暹羅（今之泰國）。這個地方在隋代（581～617 年）稱為赤土國，唐時屬於真臘（柬埔寨），宋時則為緬甸所滅，緬人離去後，分為若干小邦，至元代，始分建暹、羅斛二國，均曾向元帝朝貢。元末，泰族人新建之阿瑜陀耶王朝統一了暹和羅斛，稱為暹羅斛國，亦稱暹羅，是為以暹羅為國號之始，明洪武四年（1370 年），暹王奉明太祖詔諭遣使奉表入貢，遂為中國藩屬，直至清咸豐年間，朝貢不絕。

　　暹羅民族分為暹、泰兩族，泰族為我西南各省散居之邊疆民族之遠支。由廣東、海南移居之華人，為數亦甚夥。清乾隆中，緬甸再度侵暹，華商暹將鄭昭（實名鄭信）起兵復國，被推為暹王，後為其部將所殺。披耶卻克里 (Chao Pya Chakri) 王朝代興，稱拉瑪一世 (Rama I)，惟對清廷仍冒稱鄭昭子孫，用鄭華、鄭佛、鄭福、鄭明等名字，相繼承襲。這幾位國王，一方面與清廷維持良好的宗藩關係，一方面對西方國家開放門戶，允許通商，態度頗為開明。

　　清咸豐元年（1851 年），暹王鄭明遣使入北京進貢。貢使行至廣州，清廷以道光帝甫去世，令其不必進京，貢使只好折返。次年（1852 年），鄭明再遣貢使來華，這次到了北京，並得到咸豐帝很多賞賜，但在回國途中，卻被劫掠一空，向地方官員申訴，也無法追回被搶去之財物，貢使悒悒返暹。時中國正逢太平軍之亂，秩序敗壞。鄭明以中國既不可依恃，遂決定不再進貢，但不否認為中國藩屬。

　　光緒十一年（1885 年），法併越南，英滅緬甸，暹羅遂陷英、法兩強的覬覦之下。湄公河就成為英、法爭相侵占的目標。英國人藉口湄公河中游兩岸有撣人居住，而撣人大部分係居住緬甸境內，英人認為湄公河兩岸的撣人亦應歸英緬管轄，要求暹羅割讓，否則出兵占領。法國人則謂湄公

河兩岸土地原屬越南,即強行占有,且派兵自湄南河口上溯,威脅暹都曼谷。暹羅政府處此困境,只有妥為肆應,一方面割一部分土地給法國,且允法國要求在湄公河西岸不設防,一方面也答應英國要求,把湄公河上游劃為中立區,以避免英、法間的直接衝突。這種英、法對立的形勢繼續到光緒十九年(1893年),兩國才達成協議:以湄南河為兩國勢力範圍的分界線,河以西歸英,河以東歸法;但兩國共同承認暹羅的獨立,均不派兵入境或要求特權,以作緩衝。三年後(1896年),英法正式簽訂協約,聲明尊重暹羅的獨立地位。暹羅既為列強承認為完全獨立國,其與中國的藩屬關係也就無形中解除了。

研究與討論

一、法國侵越與英國侵緬,策略上有那些相同之處?

二、劉永福對抵抗法國入侵有何貢獻?

三、處英法兩強之間,暹羅何以能自存?

第三節　中日甲午戰爭

一、朝鮮問題——日本侵略中國大陸的第一步

中國諸藩屬中,朝鮮和中國發生關係最早。殷商後裔箕子及戰國時燕人衛滿先後進入朝鮮,助成了朝鮮的開國,稱為古朝鮮。漢武帝時,北朝鮮直隸中國,設樂浪、臨屯、真番、玄菟四郡,南朝鮮則為馬韓、弁韓、辰韓對峙之局。其後,馬韓建為百濟,弁韓建為伽倻,辰韓建為新羅,仍是三邦鼎立。北朝鮮的四郡則建為高句麗、扶餘兩國,後又蛻變為渤海、後高句麗(摩震、泰封),至西元918年(中國後梁末帝貞明四年),定國

號為高麗。到 1392 年（明太祖洪武二十五年），李成桂統一了全韓，建國號為朝鮮，一直傳到 1910 年被日本吞併為止。歷史上，朝鮮雖亦數度與中國兵戎相見，但最後總被平服，李氏朝鮮建國後對明、清兩代的朝廷，均奉命惟謹，為最恭順的藩屬，並未發生所謂「朝鮮問題」。等到日本明治維新以後，決心向大陸擴張，開始侵凌朝鮮，並否定中國對朝鮮的宗主權，於是朝鮮乃成為中日衝突的焦點，也就形成了所謂「朝鮮問題」。

　　日本首先想打開朝鮮的門戶，以承認朝鮮的獨立自主地位為餌，誘迫朝鮮與其建立商務與外交關係。明治天皇致書於朝鮮國王，要求訂交，但遭到拒絕。1870～1873 年間，日本數度試探與詰問，朝鮮當政的大院君李昰應——國王李熙的父親——不加理會。於是日本重臣如木戶孝允、西鄉隆盛等力主「征韓」。由於內部意見未能一致，又怕惹清廷的干涉，未能冒失行事。副島種臣於同治十二年（1873 年，日本明治六年）到中國來換約時，即曾向總理各國事務衙門問起朝鮮的地位問題，以試探中國的態度。中國的答覆是：朝鮮雖為中國屬國，但對其內治外交，向不過問。日本遂決定直接對朝鮮進行壓迫，不復顧慮中國的干預。

　　光緒元年（1875 年），日本派艦艇雲揚號到朝鮮外海進行測量，由於事先未得朝鮮的允許，遭到炮擊，日艦亦還擊。日本就以這事做藉口，派黑田清隆率艦隊到朝鮮，脅迫朝鮮訂立了《江華條約》，准日本駐使、通商，日本則承認朝鮮的自主地位。——這是日本公然向中國對朝鮮宗主權挑戰的先聲，新任日本駐華公使森有禮到北京後見李鴻章，更是盛氣凌人，他對李鴻章說：「和約沒甚用處」，「國家舉事，只看誰強，不必盡依著條約。」「高麗與印度同在亞細亞，不算中國屬國。」

　　日韓《江華條約》，不僅否定了中國對朝鮮的宗主權，更由於准許日本設立公使館，無異為日本提供了插足朝鮮舞臺的合法基礎，日本得以監視朝鮮政情，挑撥朝鮮黨爭，並培植親日的新興勢力，進一步壟斷朝鮮的對外貿易。日本駐朝鮮的公使館，也是後來策動「壬午」與「甲申」兩次事

變的大本營。

　　壬午之變，發生於光緒八年（1882 年）七、八月間，本質上是朝鮮新、舊兩派間的政爭，實際煽動者則是日本公使花房義質。朝鮮的舊派亦稱「事大派」，主張服從中國，以大院君李昰應為首；新派稱「開化派」，主張親日，以閔妃一族諸臣及少數留日學生為主力。新派於光緒七年（1881 年）獲得了權力，效法日本編練軍隊，聘日本公使館護衛堀本禮造擔任教練，選拔朝鮮青年百餘人接受日本式軍事教育。失勢的大院君不服，伺機報復。軍隊因欠餉緣故，亦銜恨閔族，終於在大院君的鼓煽下，軍隊於光緒八年七月發動暴動，殺死了日本教練堀本禮造，並襲擊日本公使館。公使花房義質放火自焚使館，逃亡仁川，於是日本政府派出了「朝鮮問罪軍」，海軍登陸仁川，陸軍進入漢城——所幸清廷派吳長慶率兵到來，先逮捕大院君送回中國，再剿平亂軍，恢復了秩序，使日人喪失了「問罪」的對象，也使朝鮮避免了一次戰火。在吳長慶的軍中有一位年輕的官員袁世凱，他在以後十二年的朝鮮政局中扮演了相當重要的角色。

　　中國對朝鮮「壬午事變」的處置，軍事是成功的，外交卻是失算的，日本藉口公使館被焚毀及堀本禮造被殺，向朝鮮提出懲兇、賠償、駐兵等要求，清廷未能反駁，反聽由朝鮮與日人直接交涉。結果，朝鮮又與日本訂立了第二個條約——《濟物浦（仁川舊港之名稱）條約》，朝鮮允懲兇謝罪，賠款五十五萬元，並准日本駐兵保護使館。最後一項允日本駐兵，這又伏下了兩年以後「甲申之變」的禍源。

　　「甲申之變」發生於光緒十年十月十七日（1884 年 12 月 4 日），是朝鮮「開化黨」人金玉均、洪英植等人，在日本駐朝鮮公使竹添進一郎的操縱下所發動的一次政變。竹添指揮日兵衝入王宮，殺害了親中國派大臣閔台鎬、閔泳穆等多人。金玉均等主張把朝鮮國王囚禁於江華島，日本方面則主張送往東京，另立國王的九歲幼子為新國王以便於操縱。所幸當時在朝鮮擔任「總理營務處會辦朝鮮軍務」的袁世凱當機立斷，率軍鎮壓，並

從日軍手中救回朝鮮國王，打死了親日的洪英植。朝鮮人深恨日人，日使竹添進一郎再度放火焚燒公使館後，與金玉均等逃回日本。

　　袁世凱於平定「甲申之變」後即向清廷報告，他預知日本不肯就此罷休，請求李鴻章派兵來援。李鴻章一則因為正為中法間的越南戰爭窮於應付，一則由於怕事態擴大後會有更多糾紛，他雖與受命赴朝鮮查辦的吳大澂商定派丁汝昌率艦前往，但卻只派四百多人，且令袁不要妄動。日本政府卻派出二千多人的軍隊，由外務大臣井上馨親自統率來到了朝鮮，向朝鮮國王李熙提出謝罪、撫卹、賠償等要求。在日本強大兵力的威脅下，朝鮮國王又被迫與日本訂立第三個條約——《京城條約》，也叫做《漢城條約》，簽訂的日期是光緒十年十一月二十四日（1885 年 1 月 9 日），朝鮮答允「修國書向日本國表明謝意」、懲兇，並賠出十三萬元，作為撫卹、器物損害及重建日本公使館的費用。

　　日本企圖進一步獲得對朝鮮事務的發言權，故於壓迫朝鮮簽訂《漢城條約》後，便又派伊藤博文為全權代表前來天津，與李鴻章就朝鮮問題展開談判。經過了六次會議，李鴻章又與伊藤博文於光緒十一年三月四日（1885 年 4 月 18 日）簽訂了《天津條約》，內容有三：

　　一、中日兩國在朝鮮駐軍，於四個月內撤退。

　　二、兩國均可應朝鮮國王之請，派員替朝鮮練兵。

　　三、朝鮮有重大事件需要出兵時，應先相互照會。

　　這一條約，中國無異放棄了對朝鮮的宗主權，承認日本對朝鮮與中國居於同等的地位。此為李鴻章對日外交的又一錯誤，造成了十年後日本出兵朝鮮的依據，因而爆發了甲午戰爭。

　　當然，李鴻章也有他的想法。他向清廷報告說：「以後彼此照約撤兵，永息爭端，俾朝鮮整軍經武，徐為自強之謀。」他判斷日本尚無立即併吞朝鮮之決心，力量也不足，因此在十年內盡力經營朝鮮，庶可自保。因此，他一方面鼓勵朝鮮國王採開放政策，先後與美、英、俄、德等國訂約，通

商設使；一方面又與朝鮮訂立商約，派袁世凱為「總理朝鮮交涉通商事宜委員」，一步一步的加強對朝鮮的控制，袁實際上變成了朝鮮的「監國」。表面上看，李鴻章和袁世凱的朝鮮政策成功了，實際上卻又損傷了朝鮮人的自尊心，給日本和俄國造出勾結朝鮮反華分子圖謀不軌的藉口和機會。李鴻章完全漠視了朝鮮的地位和日本的野心，等日本的擴軍計劃於 1892 年完成後，「為朝鮮與中國一戰」的日子也就到了。

二、甲午戰爭的爆發

甲午戰爭的遠因，是日本蓄意對中國進行侵略。近因有二：一為俄國於 1891 年決定修建的西伯利亞鐵路，日本惟恐俄人勢力伸入遠東，決定先發制人；一為朝鮮的親日派首領金玉均於 1894 年 3 月被朝鮮人洪鐘宇誘至上海殺害，中國應朝鮮政府之請將金屍及兇手運回朝鮮，要朝鮮自行處理，朝鮮政府不理日使勸告，將金屍凌遲，並超賞洪鐘宇為五品官，日人引以為辱。至於引起戰爭的導火線，則為朝鮮的東學黨叛亂。

朝鮮的東學黨，是在甲午年之前三十四年（1860 年）由慶州人崔濟愚所倡導的一種排外宗教，是將朝鮮固有的天神崇拜和儒、釋、道三家的思想以及讖緯、符咒術等摻合在一起，以對抗「西學」（天主教）為號召而自稱「東學」的一種教派，標榜「地上天國」，吸引愚民信仰。朝鮮國王指為邪教，嚴加取締，將「教祖」崔濟愚處死，其黨徒則四散各處，祕密活動。甲午春間，朝鮮農民因生活困苦，發生暴動，東學黨人趁機與農民結合，擴大叛亂。日本的浪人團體「玄洋社」乃陰謀介入，組成了一個「天佑俠團」到朝鮮來對東學黨徒進行煽動與接濟，東學黨的叛亂遂一發不可收拾。事實上，玄洋社是受了陸軍參謀本部次長川上操六的密令，自始就在幕後協助東學黨。朝鮮國王無法應付，只有請求中國出兵去平亂。中國決定出兵，並依《天津條約》的規定照會日本。事實上，日本在沒有接到中國照會前就已經開始動員，並組成了大本營，以最快速度運送了一個旅的精銳

兵力進駐漢城。

　　甲午五月（1894 年 6 月）間，中、日兩國的軍隊都開到了朝鮮。中國軍隊為海軍濟遠、揚威二艦，以及由直隸提督葉志超統率的步兵一千五百人；日本派來的是陸軍第五師第九旅，五千多人，旅長是大島義昌，另有軍艦八艘。就雙方兵力比較，日軍為華軍的三倍。這是由於日本在派兵之初，即已決定要與中國一戰。

　　在中、日雙方軍隊到朝鮮前，東學黨已經受撫，亂事已平。中國要求日本依《天津條約》，同時撤兵，日本不惟不允，且要求改革朝鮮內政。朝鮮是中國屬國，日本本無權過問朝鮮內政，但日本內閣決議即使中國不贊同，日本也要單獨強迫朝鮮實行改革。日本外相陸奧宗光是挑動戰爭的主謀者，他曾致電給派遣朝鮮的外務省參事官本野一郎說：「今天的當務之急，是促成日中之間的衝突，為了決心實行，可以不擇手段，一切責任，由我承擔。」

　　中、日兩國的關係尖銳對立中，日本是志在必戰，陸海軍繼續開到朝鮮，中國則竭力避免與日本破裂，且寄望於英國的調停和俄國的支持。李

日軍在仁川登陸

鴻章並不明悉日本的決心，也不懂得國際間的陰謀和詐術——英國不願捲入，美國同情日本，俄國則實行推李入火坑的騙術，直到日軍已在漢城、仁川積極備戰的最後時機，李鴻章才調派衛汝貴、馬玉崑等部增援。六月十二日（7月14日），總署已接到日使小村壽太郎送來的所謂「第二次絕交書」——等於是最後通牒，清廷的大臣會議仍決定入朝鮮各軍目的在「護商」，「不明言戰，以待英人調停」——光緒皇帝是主戰的，李鴻章有些畏葸，疆吏中的意見亦甚紛歧，這使得李鴻章進退維谷，徒然喪失了動員備戰的時機。

光緒二十年六月二十一日（1894年7月23日），日軍開始軍事行動，先包圍了朝鮮王宮，控制了國王，並攻掠中國駐朝鮮的總理公署。兩天之後——六月二十三日（7月25日），日本海軍在仁川港外的豐島附近海面上向中國的運兵船艦進行偷襲，致租自英國的「高陞」號 (S. S. Kuwshing) 被擊沉，官兵一千一百餘人溺斃，「廣乙」艦觸礁焚毀，「操江」艦被俘。

高陞號被擊沉想像圖

這就是甲午戰爭的序幕——「豐島之役」。

豐島海戰後四天——六月二十七日（7月29日），原駐牙山的中國陸軍四千人移駐成歡——由漢城到牙山的衝要之地，遭到日本陸軍的攻擊，打了敗仗。這是甲午戰爭陸上戰場的首次接觸。

七月初一日（8月1日），中日兩國同時發出宣戰通告。中國的通告指責日本「不遵條約，不守公法」，「釁開自彼，公論昭然」，「倭人渝盟肇釁，無理已極，勢難再予姑容」；日本的宣戰詔書，則指中國「派大兵於韓土，要擊我艦於韓海，狂妄已極」，因而「不得不公然宣戰」。

戰爭有陸、海兩個戰場。陸戰戰場為朝鮮半島，後來日軍進兵到了遼東和遼南。主要戰役為平壤之役和遼陽之役。海戰戰場在黃海海面，關鍵性的戰役為大東溝之役，後來日本海軍追擊到山東半島，並於和議開始後強行占領了臺灣海峽中的澎湖列島。無論陸戰和海戰，中國都是一敗塗地。

平壤之戰，發生在甲午八月十五日（9月14日），這天正是中秋節。日軍在第三師團司令野津道貫的指揮下，向中國軍隊猛烈進攻，第二天的戰鬥最為劇烈。防守東路的總兵馬玉崑及防守南路的總兵衛汝貴均拚力以拒，防守北路的總兵左寶貴奮戰而死，但身為主帥的葉志超卻倉惶棄城而走，軍械糧糒盡失，華軍死傷兩千餘人。日軍於十七日（16日）占領平壤。一個月後，日本陸軍分兩路進攻奉天：一路是山縣有朋的第一軍，渡過鴨綠江後擊敗宋慶所部淮軍，連陷安東、九連城、鳳凰城等地；一路是大山巖統率的第二軍，登陸遼東半島，攻陷了大連、旅順和營口，大肆殺戮中國平民。據當時英國《泰晤士報》報導，日軍在旅順不問軍民男女大事殘殺，全城內的中國人活命的只有三十六個。

平壤陷落後的第二天——八月十八日（9月17日），日本海軍艦隊在司令伊東祐亨的指揮下，向中國海軍提督丁汝昌統率下的北洋艦隊實行突擊，地點在鴨綠江口的大東溝海面，故稱大東溝之役或黃海之役。由於是突擊，日艦的速度又比中國艦隻快，經過六個小時的海戰後，中國艦隊慘

敗了。中國損失了五艘軍艦（揚威、超勇、致遠、經遠、廣甲），其餘七艦也受到重創，死傷一千餘人，丁汝昌也受了傷。這是決定戰爭勝負的一次戰役，中國海軍再無招架之力。日本決心殲滅中國的殘餘艦隊，於歲末進攻山東半島的威海衛基地，造成丁汝昌自殺，大小十一艦被逼向日本投降的空前大恥辱。李鴻章所經營的北洋艦隊全軍覆沒了，日本人假惺惺的遣「廣濟」艦送還丁汝昌的遺體，以增加中國人的羞辱！

三、屈辱苛毒的《馬關條約》

仗打敗了，只有遣使求和。恭親王奕訢起初還想邀請英、美、德、法、俄五國來調停，可是這五國各懷鬼胎，沒有誠意，日本則表示一定要中國直接向日本求和。旅順陷落後，日本接受中國遣使議和，但對中國派出的使節百般刁難。清廷本欲派天津海關稅務司德璀琳持李鴻章信函前往日本，日本說他資格不合，拒絕接待。清廷遂改派戶部侍郎張蔭桓及湖南巡撫邵友濂為議和專使，兩人且已到了廣島，伊藤博文卻又藉口張、邵全權不足，拒不開議，且指責中國缺乏誠信，扣留了張、邵所發回的密電。清廷答應修改國書，授張、邵以訂約全權，日本也不理會。伊藤博文和陸奧宗光這兩位被稱為「陰謀政治家」的勝利者，指名要叫奕訢或是李鴻章去談判。慈禧太后沒別的辦法，只有派李鴻章為「頭等全權大臣」，並密諭李鴻章「有商讓土地之權」。

光緒二十一年二月十八日（1895 年 3 月 14 日），李鴻章及其隨員自天津乘輪東渡，二十三日（3 月 19 日）抵達馬關（下關）。次日下午與伊藤博文等會見於春帆樓，互相交閱敕書後即開始談判。李鴻章要求停戰，伊藤博文不惟不允許，反於談判開始後第三天——二月二十七日（3 月 23 日）派艦進攻澎湖，兩天後將其占領。伊藤的胃口不小，他於第二次會議時提出的停戰條件是：

日軍占領山海關、天津、大沽，該地華軍一律繳械；天津至山海關鐵

路歸日軍管理，中國負擔停戰期日本軍費。

李鴻章沒有答應，但也不敢再要求先行停戰。二月二十八日（3月24日）第三次會議後返寓途中，一個名叫小山豐太郎的日本暴徒向李鴻章行刺，彈中左頰。這一暴行，當為國際間所不容恕。伊藤博文和陸奧宗光稍微改變一下態度，允諾停戰。李鴻章和日方共會議五次，幾經辯難，終於達成了和議條款，於光緒二十一年三月二十三日（1895年4月17日）正式簽字，這就是內容極其苛刻的《馬關條約》。日本人把這條約稱作是《日清媾和條約》，實際上是強逼李鴻章所作的「城下之盟」，日本外相陸奧宗光曾沾沾自喜的說：「媾和條件之大體，皆照我要求，使之承諾。」

《馬關條約》計共十一條，另有一項包括三條的附約。其要點是：

一、中國承認朝鮮之獨立自主。

二、中國割讓奉天南部及臺灣、澎湖。

三、賠款二萬萬兩，分八次付清。

四、開沙市、重慶、蘇州、杭州為通商口岸。

五、給予日本人在中國境內設廠、製造、減稅、內河航行等特權。

六、另訂商約，日本得享有領事裁判權及片面的最惠國待遇。

七、日軍占領威海衛三年，以待賠款交清，商約批准，占領軍費用五十萬兩歸中國負擔。

《馬關條約》是世界外交史上最嚴苛的條約之一，日本直欲把中國置於萬劫不復之境。就割地而言，北割遼東，是準備進侵東北與華北；南割臺灣，是計劃控制華中和華南；以鉗形攻勢指向中國南北，最後的目的在使東亞大陸悉為其所有。就賠款言，中國賠款兩萬萬兩，再加遼東贖款三千萬兩，總額超過鴉片戰爭賠款二千一百萬兩之十倍，相當於當時的日幣三億六千萬元，等於日本當時四年歲入的總和，也是日本政府所公布的軍費兩億零四十七萬元的一‧八倍。日本即以中國此次鉅額賠款為基礎，實行了貨幣改革——由銀本位改為金本位，設立國營八幡製鐵廠，並獎勵其

軍需工業，於是一變而為東方的一等強國，同時也成為此後侵略中國最為兇毒的國家，四十二年之後（1937 年）終不免又爆發了第二次全面性的中日大戰。

至於朝鮮，更為可憐。《馬關條約》第一條保證其為「完全無缺之獨立自主」，朝鮮也改名為「大韓帝國」，但僅僅十年（1905 年）就變成了日本的保護國，又過了五年（1910 年），就被日本滅亡了，直到三十五年之後（1945 年）才在中國的協助下，得以復國。

四、三國干涉與臺灣抗日

中日戰爭爆發前，李鴻章本希望俄國能支持中國，俄人也曾有過同情中國的表示，只是口惠而實不至。及戰爭爆發，日軍深入遼南，俄國才懍於本身在遠東的利益已受到日本的威脅，因而開始介入中日間的議和問題。俄國一方面由其駐日公使希特洛渥 (Hitravo) 告訴陸奧宗光，日本如欲占有臺灣，俄國或不反對，意在暗示日本不能占有東北領土；一方面又向中國駐俄大臣許景澄透露，如日本要求太奢，俄將約英、法干涉。日本人沒有體會出俄國的決心，定要割讓遼東半島，俄國的干涉也就不可避免了。

俄國初欲邀請英、法等國，聯合對日勸阻。法國因與俄國締有盟約，當不反對；英國則不願開罪戰勝的日本，且欲聯日以制俄，故表示不願介入。倒是德國由於有意示小惠於中國以取得報償，願意與俄、法一致行動。光緒二十一年三月二十九日（1895 年 4 月 23 日）——即《中日馬關條約》簽訂後第六日，俄、法、德三國駐日公使聯合向日本外務省提出覺書，勸告日本政府「應放棄領有遼東半島」。

日本對三國的干涉不感意外，但卻震驚。明治天皇召集了「御前會議」，研商對策。對三國拒絕，日本當然不敢；召開國際會議公斷，對日本亦未必有利。因此，日本最後的決定是：對於三國即令最後不能不讓步，然對於中國則一步不讓。

　　日本亦曾向英、美進行活動，想藉英、美的支持以對抗俄、法、德三國。但英國不願直接介入，美國只允勸中國早日批准《馬關條約》。日本又想與俄國討價還價，要求保留遼東半島的金州廳；但俄國始終不讓日本領有旅順，堅持日本必須放棄《馬關條約》中割讓的遼東半島全部土地。日本最後的決定是：同意接受三國勸告，歸還遼東，但必須向中國索取昂貴的代價。日本將此一決定答覆三國，三國於四月十五日（5 月 9 日）表示滿意。至於向中國要索之贖金，日本要求五千萬兩，俄國認為過鉅，最後商定為三千萬兩。

　　八月二十六日（10 月 14 日），清廷令派李鴻章為全權大臣，與日本駐華公使林董會商交還遼東事宜。日本仍持拖延態度，至九月三日（10 月 20 日）始行開議。九月二十日（11 月 8 日）雙方簽訂《日本交還奉天省南邊地方條約》，中國允於八天內交付三千萬兩贖金，日軍則於三個月內自遼南地方撤退。

　　同為《馬關條約》內的割讓地，遼東半島因俄、法、德干涉而贖回，臺灣及澎湖卻在日本的武力攻取下，淪為日本的殖民地達五十一年之久。

　　割臺之議定後，不僅全臺震動，哭聲震天，全國輿論亦為之譁然，即光緒皇帝亦嘆謂：「臺灣割則天下人心皆去，朕何以為天下主！」各方奏章如雪片飛來，請清廷不要批准《馬關條約》，臺籍京官及赴北京參加會試之翰林、舉人，亦啼泣陳詞：「如其生為降虜，不如死為義民！」張之洞、唐景崧等亦嘗計劃借助於英法！但臺灣與遼東地位不同，俄國人不讓日本割遼東寸土卻鼓勵日本侵占全臺！清廷毫無辦法，忍痛於四月八日（5 月 2 日）批准了《馬關條約》，同月十四日（5 月 8 日）在煙臺互換。四天之後，日本發表海軍大將樺山資紀為臺灣總督，並電請清廷立即派員交接。清廷於四月二十四日（5 月 18 日）令李鴻章的兒子李經方赴臺辦理交割事宜，但李經方不敢登陸臺灣，在美國人福士德（John W. Foster）的協助下，於五月初十日（6 月 2 日）在基隆港外完成了交割手續。

　　清廷既無能為力，外援又無法求取，臺灣紳民只有奮起自救。在名紳丘逢甲的倡議下，於光緒二十一年五月初二日（1895 年 5 月 24 日）宣告建為「臺灣民主國」，決心「據為島國，固守以待轉機」，並發表〈抗日檄文〉，聲言：「願人人戰死而失臺，決不願拱手來讓臺！」

　　「臺灣民主國」，以唐景崧為總統，製藍地黃虎國旗，建號「永清」，以示「永戴聖清」之意。政府內設內務、外務、軍務三衙門，分別由丘逢甲、陳季同、劉永福主持，另設議院，以陳儒林等為議員。唐景崧電奏清廷，表明「遵奉正朔，遙作屏藩」。唐並張出告示，曉諭全臺紳民：

> 定臺灣為民主國。國中一切新政，應先立議院，公舉議員，詳律例，定章程。惟臺灣疆土，荷大清經營締造二百餘年，今雖為自主國，宜感念列聖舊恩，仍恭奉正朔，遙作屏藩，氣脈相通，無異中土。

　　義軍蜂起，臺灣紳民的抗日情緒極為高漲。林維源一家即捐款百萬以助軍費，兩廣總督譚鍾麟與兩江總督張之洞亦表示支持。日本政府亦深知

臺灣民主國國旗──藍地黃虎旗

臺民之不可輕侮，乃出動北白川宮能久親王所統率的近衛師團，進行武力征服。其後又增加了伏見宮親王所統率的一個混成旅團，自臺灣中部海上登陸。總計日軍出動七萬五千人，海軍一萬人之眾，軍艦及運輸船隻四十餘艘，儼然如對強敵。

　　日軍於光緒五月初七日（5月29日）在臺灣北部三貂角（金瓜石一帶海灘）登陸，四天後陷基隆，再過四天，即五月十五日至六月六日占領臺北，唐景崧見形勢不佳，潛回廈門去了。日軍自臺北南下，卻遭到各地義軍和黑旗軍的堅強抵抗。義軍悲壯英勇，黑旗軍諸將領亦驍勇能戰，新竹、苗栗、彰化、雲林、嘉義等地均發生激戰，彰化之戰尤其慘烈。義軍首領姜紹祖、吳彭年、吳湯興、楊泗洪、徐驤等十多人，均先後壯烈犧牲。劉永福以古稀老將，據守臺南，支持到八月下旬（10月中旬），始行內渡。日軍於九月初三日（10月20日）占領臺南，侵臺軍事始告一段落。日軍作戰近五個月，死傷五千多人，患病者高達二萬七千多人，其中多數不治，即近衛師團長能久親王亦未能生還，於九月十一日（10月28日）在臺南死亡。

　　日軍以遭受到重大傷亡，占領全臺後即行報復，大肆屠殺。臺灣抗日首領丘逢甲、劉永福等雖離臺回國，臺灣的抗日運動，終日本統治臺灣的五十年間，未曾停止。而中國革命黨人於辛亥革命前後在臺灣發動的抗日運動，尤為轟轟烈烈。

研究與討論

一、朝鮮「壬午之變」與「甲申之變」的背景為何？

二、中日甲午戰爭、中國戰敗的原因何在？

三、俄國在中日戰爭前後，扮演了什麼樣的角色？

第四節　瓜分危機與排外災禍

一、列強劃定勢力範圍

　　甲午慘敗，對中國人的打擊太大了！民族的危機也越來越嚴重了！俄、德、英、法、日等帝國主義國家紛紛提出無理而嚴苛的要索，它們在中國已劃定勢力範圍，開始作「分割」中國的準備了。甲午戰敗後的六年間（1895～1900 年），真正是中華民族的危急存亡之秋！

　　對中國要索最多，手段亦最奸詐的國家，首推俄國。對干涉日本以歸還遼東自居有功，因對中國肆行欺逼。一方面迫令清廷向俄國借款——駐俄使臣許景澄與俄外相羅拔諾夫 (Lobanov) 簽訂《中俄四厘借款合同》，總額為一萬萬兩；一方面向清廷要求「借地築路」——要中國同意其西伯利亞鐵路穿過中國東北的心臟。剛好李鴻章、張之洞等計劃「聯俄制日」，俄國便要求清廷派李鴻章為俄皇尼古拉二世 (Nicholas II) 加冕典禮致賀專使，前往俄國訪問。

　　李鴻章係於光緒二十二年三月十八日（1896 年 4 月 30 日），抵達俄國的行都聖彼得堡。俄皇派財相威特（S. J. Witte，亦譯作微德）和李鴻章談判，威特素以手腕老練著稱，李鴻章當然不是他的對手。談判的結果，就是同年四月二十二日（6 月 3 日）由李鴻章和俄外相羅拔諾夫在莫斯科簽訂的《中俄密約》。條約前言中說明這是一項「禦敵互相援助條約」，因此亦被稱為《中俄同盟條約》。計有六款，其要點：

　　一、日本如侵占中、俄或朝鮮土地，中、俄陸海軍互相援助。

　　二、中、俄共同與敵議和。

　　三、戰爭期間，中國所有口岸准俄艦駛入。

　　四、允俄國修築貫穿黑龍江、吉林以達海參崴的鐵路，並由華俄銀行

　　　　承辦，另訂合同。

五、上項鐵路，無論戰時或平時，俄國均可運兵、運糧。

六、此約自鐵路合同批准之日起有效，以十五年為限。

　　李鴻章得到的只是「共同禦敵」的空言，俄國得到的則是整個中國東
北的控制，這是俄國人設計的騙局，可憐李鴻章引狼入室，而不自知。他
於訂立密約後，繼續訪問德、法、英、美等國，並獲得德皇、英王及美國
總統接見，也確是風光了一番。

　　「中俄密約者，瓜分中國之先鋒也。」繼這一密約之後，德、英、法、
日相繼向中國提出了租借港灣，建築鐵路，開採礦產，限制某一地區不得
轉讓他國的要求。光緒二十三至二十五年的三年間（1897～1899 年），列
強爭相攫奪中國的利權，除意大利要求租借三門灣為清廷所拒絕外，其他
各國無不如願以償。茲將各國在這數年間所取得的中國利權，作一摘要：

德國：光緒二十一年 （1895 年） 取得漢口、天津租界，二十三年
　　　（1897 年）藉口教士二人在山東鉅野被害，占領膠州灣。次年
　　　（1898 年）迫訂膠州灣租借條約，租期九十九年；並獲得山東
　　　膠濟鐵路建築權，鐵路附近三十里內煤礦開採權及其他事務的
　　　優先權。山東遂成為德國勢力範圍。

俄國：俄、德相互勾結，威廉二世與尼古拉二世於 1897 年 8 月相會，
　　　共謀宰制中國。德租膠州灣的同時，俄強租旅順和大連，租期
　　　二十五年。租借地包括金州所屬，較《馬關條約》中規定割於
　　　日本者，少不了多少。俄國將旅順、大連地區建為「關東省」，
　　　以亞勒克塞夫 (Alexiev) 為總督，有永久占領之意圖。威廉二世
　　　曾致賀尼古拉二世，說他已成為北京的主人了。

英國：光緒二十三年 （1897 年），取得滇緬鐵路建築權，及山西省的
　　　採礦權；次年（1898 年）要求長江流域不割讓於他國，海關總
　　　稅務司永遠由英人擔任；強租威海衛與九龍半島，前者租期二

十五年，後者九十九年；光緒二十五年（1899年）與德國同時
獲得津浦鐵路的建築權。

法國：法國早在光緒二十一年（1895年）即取得滇、桂、粵三省礦產
　　　的優先開採權，及滇越鐵路建築權；光緒二十三年（1897年），
　　　獲允將滇越鐵路展至百色，海南島及廣東海岸不得許他國屯煤；
　　　次年（1898年）又租借了廣州灣，租期九十九年，取得北海、
　　　南寧鐵路建築權，要求中國不得將雲南、廣東、廣西讓與他國。

日本：繼《馬關條約》之後，日本又於光緒二十二年（1896年）依改
　　　訂後之商約，完全享有西方各國在中國的特權，並取得天津、
　　　漢口、廈門、福州、杭州、蘇州、沙市、重慶八處租界；光緒
　　　二十四年（1898年）又獲得中國不將福建沿海讓租他國的認可。

　　各國侵略中國的競爭中，美國是個後來但未居上的國家，但也並未置
身事外。光緒二十四年（1898年），是美國勢力擴展到亞洲東部的一年，
它打敗了西班牙，取得了關島和菲
律賓，並已插手於中國粵漢鐵路的
借款。但美國畢竟是個晚到的國
家，英、法、德、俄、日已在中國
劃定了勢力範圍，美國已失去了參
加角逐的機會，因此當英國有意提
出開放中國門戶以免各國作惡性
競爭時，美國即欣然同意。光緒二
十五年八月二日 （1899年9月6
日），美國國務卿海約翰 (John
Hay) 向英、法、德、俄、日、意
等國發出照會，提出在中國互不干
涉，利益均沾的主張，亦即是機會

列強瓜分時局圖

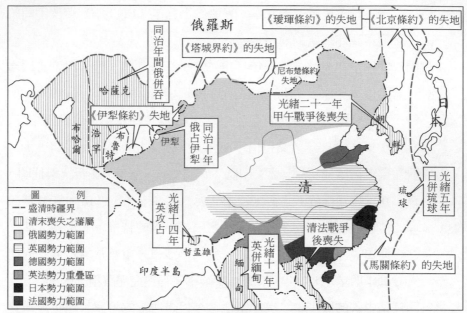

清末邊疆領土、藩屬喪失及列強劃分勢力範圍示意圖

均等原則的起源。各國的反應並未能一致,但海約翰毅然於光緒二十六年二月二十日(1900 年 3 月 20 日)通告前曾照會之各國:「當初貴國承認時所附之條件——一切關係列國同樣承認合眾國之提議——現已成立,故本政府視貴國對此提議為最後及最確立之承諾。」這就是有名的門戶開放政策 (Open Door Policy),得以暫時協調了各國的步驟,使中國免於被瓜分的悲劇。

　　海約翰最初主張中國門戶開放,仍然係以美國的商業利益為考慮,並沒有保護中國利益的意思。他仍承認所謂勢力範圍,僅要求均等的貿易機會與待遇而已。但要實現機會均等,中國必須是個完整的國家才有可能。因此當義和團之亂發生時,海約翰再發通牒給各國政府,將門戶開放原則擴大為維持中國行政領土的完整,並構成此後美國對華政策的基礎。

二、義和團招來大禍──八國聯軍之役

　　列強對中國的侵逼，不平等條約的壓榨，各地反教情緒的高漲，由天災人禍造成的社會動盪不安，以及清廷中慈禧太后一派對外人的憎恨，交織成一種強烈的排外思想，到光緒二十六年（1900 年）藉了義和團的一些無知愚民爆發出來了。造成了中國近代史上可憐可諒亦復可恥可嘆的一幕。

　　義和團原名義和拳，是起源於山東民間的一種鄉社組織。初起的目的，係在以拳術來「保衛身家，防禦盜賊，守望相助」。起初並無仇外思想，光緒十三年（1887 年）山東冠縣梨園屯發生教案，引起民、教互仇，遂演變為仇教團體，自稱「義和神拳」。他們叫外國人為大毛子，叫信奉外教或使用外貨的中國人為二毛子。不管大毛子、二毛子，都在他們仇視之列。這些拳民託名神怪，祭壇吞符，自稱槍刀不入，實則荒誕不經。但山東巡撫李秉衡視之為義民，繼任魯撫張汝梅亦多方縱容。及毓賢於光緒二十五年

在演習中的義和團員

義和團的旗幟

　　（1899 年）春繼任山東巡撫，欲藉拳民之力以排拒洋人，並將義和拳改為義和團，拳民乃高張紅旗，遍設拳廠，其勢力幾遍全省，反教事件時有所聞。各國公使因向清廷要求撤換毓賢，清廷乃被迫將毓賢調任山西巡撫，另派袁世凱到山東來接替毓賢。

　　袁世凱深知義和團這些拳民無知妄為，徒招外人干涉，因而予以鎮壓，拳民遂避入直隸境內。直隸總督裕祿，察知慈禧有迴護義和團眾使之拒外之意，遂對義和團不加禁止。庚子三、四月間（1900 年 4～5 月），直隸各地皆有義和團的活動，且公然在北京近郊各地殺害教士，燒毀教堂及教民房舍，且有拳民悍然向官軍攻擊。

　　義和團之猖獗，自與慈禧寵臣裕賢、剛毅、徐桐、載漪、趙舒翹等人的曲意縱庇，大有關係。慈禧自「戊戌政變」（1898 年）以來，深恨外人，但對義和團之有無真實力量，初亦懷疑。五月九日及十日（6 月 5 日及 6 日）慈禧分派軍機大臣趙舒翹赴涿州，協辦大學士剛毅赴保定，名為曉諭，實則觀察其實力，趙、剛二人回報慈禧說義和團真乃「神拳」，慈禧於是決心利用義和團以制外人。吏部左侍郎許景澄、太常寺卿袁昶、內閣學士聯元、兵部尚書徐用儀等認為義和團萬不可恃，但不見聽。

　　外國使團對義和團在京、津地區的仇視與破壞行動，自然也驚懼萬分。他們一方面向清廷警告，一方面不俟許可即召來軍隊衛護使館，於是慈禧就命令董福祥所部甘軍進駐北京。董並讓義和團湧入京師，到處設立神壇，高張「助清滅洋，替天行道」旗幟，馴至董部與義和團合流，載漪的「虎神營」幾乎全部都變成了義和團，北京全城已成為義和團眾控制下的恐怖世界。

　　北京的公使團處在危險中。他們再要求駐天津的各國海軍派隊來援。英、俄、德、法、美、日、意、奧八國海軍司令官決定派遣二千人開北京赴援，於五月十四日（6 月 10 日）由英國海軍提督西摩 (E. H. Seymour) 率領出發。但一出天津，就與義和團和聶士成部清軍衝突了。十五日（6 月

11 日）董福祥部士兵殺死了日本公使館的書記官杉山彬，第二天義和團便大舉出動，肆行焚燒教堂及教民住宅以及經售洋貨的店舖，火光燭天，通宵達旦，電報局、海關署等機關，亦同遭搶劫。天津的外軍也開始進攻大沽炮臺，戰爭已經爆發。五月二十至二十四日（6 月 16～20 日），慈禧連續召開四次御前會議，決定開戰。五月二十四日（6 月 20 日）下午，清軍及義和團開始圍攻使館區的東交民巷，德國公使克林德 (Freiherr Von Keffeler) 被載漪的部下殺害。第二天──五月二十五日（6 月 21 日），清廷正式下詔宣戰。

　　清廷下詔宣戰的同時，也令各省督撫組織民團，採取同樣的「滅洋」行動。但兩江總督劉坤一、湖廣總督張之洞、兩廣總督李鴻章、山東巡撫袁世凱等人，卻不奉詔行事。他們單獨和外人商訂東南互保條約，表示「兩不侵犯」。東南半壁因此得免於戰火的塗炭，自屬幸事；但亦因此而開地方抗拒中央之先例，實不足法。北部各省，則多有排外反教之事，山西尤烈，教士被殺者達一百七十八人，外國醫院、學校亦被焚。被殺害者，且有婦女及兒童在內！

　　清廷對外宣戰的結果，招惹起八國聯軍的進陷北京。八國係在北京東交民巷設有使館且被圍困的英、俄、德、法、美、日、意、奧，總兵力為十萬人，統帥為德國將領瓦德西 (Von Waldersee)。經過五十天的戰鬥，聯軍於七月二十日（8 月 14 日）占領北京，解了使館之圍。慈禧與光緒帝則倉惶逃出北京，一口氣跑到了陝西省的西安！

　　聯軍占領北京後，以追剿拳匪為名，繼續出兵。東至山海關，北至張家口，南至正定、德州，西至固關，皆淪陷於聯軍鐵蹄蹂躪之下，人民飽受摧殘。教民結隊成群，四處打家劫舍，認賊作父，尤為可惡。最兇殘的俄國人則趁機占領了東三省，是為中國東北的第一次淪陷！

三、《辛丑條約》

仗打敗了，只有向外國請和。清廷命李鴻章和奕劻為全權大臣，負責與各國交涉。年已七十九歲的李鴻章雖也猶豫了一陣，最後還是離開廣州北上，再度擔負起另一次屈辱的使命。談判的對象，除交戰的八國外，尚有比利時、荷蘭和西班牙，西班牙的公使葛絡幹 (Cologan) 且為領袖公使。談判的結果，就是光緒二十七年七月二十五日（1901 年 9 月 7 日）簽訂的《辛丑條約》，成為中國近代史上最大的恥辱和災禍！

《辛丑條約》全文十二款，其內容可歸納為下開七項：

一、遣使謝罪：清廷派醇親王載灃赴德，戶部侍郎那桐赴日，分別為克林德、杉山彬遇害事表示歉意，並於克林德遇害處建碑紀念。

二、懲罰中國臣民：

　㈠「首禍諸臣」載勛、英年、趙舒翹賜令自盡；裕賢、啟秀、徐承煜正法；剛毅、徐桐、李秉衡已死，仍「追奪原官，即行革職」；載漪、載瀾定斬監候，發往新疆永遠監禁。

　㈡曾殺害並虐待外人之地區，停止文武考試五年。

　㈢懲治地方官員，並懸示不得仇教，地方官員有保護教民教士之責，

《辛丑條約》簽字儀式（左為各國公使，右前為奕劻，右後為李鴻章）

　　　違者處死罪，或予革職，永不敘用。

三、賠款：總額四萬萬五千萬兩，分三十九年付清，利息四厘。約相
　　當於中國五年的收入。加上利息，將為九萬萬八千萬兩，如再加
　　上各省教案賠款及折合金價的損失，總數在十萬萬兩以上，以關
　　稅、鹽稅作擔保。

四、駐兵：

　　㈠在北京劃定使館界，由各國駐兵保護。中國人不准居住界內。

　　㈡准各國駐兵於黃村、廊房、楊村、天津、軍糧城、塘沽、蘆臺、
　　　唐山、灤州、昌平、秦皇島、山海關等十二處，「以保京師至海通
　　　道無斷絕之虞」。

五、解除中國國防：

　　㈠對中國實施禁運軍火及國防器材兩年，並可延長期限。

　　㈡拆除自北京至大沽口之所有炮臺。

六、便利外國通商：

　　㈠修改商約。

　　㈡疏濬北（白）河、黃浦江水道。

七、將總理各國事務衙門改為外務部，班列六部之首，並改善各國使
　　節覲見禮節。

　　條約簽訂後，外國應允撤兵。慈禧后與光緒帝也於八月自西安取道河
南回鑾北京。目睹滿目瘡痍之慘象，雖也不勝感傷，但於國家大政上卻仍
無意改絃更轍，不過託名改革略作粉飾而已。

┌─ 研究與討論 ┄┄┄┄┄┄┄┄┄┄┄┄┄┄┄┄┄┄┄┄┄┄┄┄┄┄┄┄┄┐
一、何謂門戶開放政策？其對中國的效用為何？
二、吾人於義和團事件中，獲得些什麼教訓？
三、《辛丑條約》何以是中國近代史上最大的恥辱與災禍？
└┄┄┄┄┄┄┄┄┄┄┄┄┄┄┄┄┄┄┄┄┄┄┄┄┄┄┄┄┄┄┄┄┄┄┄┄┄┄┄┘

第五節　列強在華勢力的擴張

一、日俄戰爭與日本對東北的控制

俄國於義和團之亂時侵占東北，應屬於八國聯軍行動的一部分。《辛丑條約》訂立後，俄軍理應自東北撤退。但俄國別有所圖，不僅拒絕撤兵，且先後向清盛京將軍增祺、駐俄使臣楊儒等交涉，竟欲將東北、蒙古、新疆甚至華北劃為俄國的統治範圍。俄國的野心，使英、日等國大為震動，遂有 1902 年 1 月《英日同盟條約》的締結，以對付俄國。到光緒二十九年（1903 年），俄軍仍延宕不撤，且要再提要求，不僅中國不能答應，日本也無法再忍耐了。同時俄國在朝鮮也與日本直接衝突，日本便向俄國提出詰問，並進行了將近半年的談判。俄國不讓步，日本就斷然於 1904 年 2 月 10 日（清光緒二十九年十二月二十五日）對俄國宣戰，俄國也同時對日本宣戰──這是日俄兩國間為爭奪中國東北而發動的戰爭，也是兩國有史以來的第一次全面戰爭。

日俄戰爭為中國領土而起，在中國領土內進行，受害者為中國人民，蹂躪者為中國土地和財產。但清廷毫無辦法，只有宣布中立，並劃奉天省遼河以東為戰區。中國民間則恨俄遠勝於仇日，東北之地方鄉團與綠林鬍匪並曾組織「正義軍」，以破壞交通及襲擊俄軍後方等行動，對日軍提供協助。美國也祕密的援助日本，英國因係日本的同盟國，對俄國自也盡力牽

制，在國際形勢上俄國實已立於極為不利的地位。

　　戰爭的結果，日軍獲得勝利，俄國不能不接受美國總統羅斯福 (Theodore Roosevelt) 的調停，於 1905 年 9 月 5 日（日本明治三十八年九月五日，清光緒三十一年八月七日）與日本簽訂了《樸資茅斯條約》(*Treaty of Portsmouth*)，對日本作了下面的承諾：

一、承認朝鮮歸日本保護。

二、將旅順、大連的租借權及一切特權轉讓給日本。

三、將南滿鐵路及其支線的管理權，及附屬之一切權利、財產與礦權，
　　均轉讓給日本。

四、割讓庫頁島南部給日本。

　　事實上，日本戰勝俄國所獲得的「戰利品」，絕大部分是取自中國。日本出席樸資茅斯會議並簽署條約的全權代表小村壽太郎回國後，又立即受命前來北京談判。清廷派外務部尚書瞿鴻禨及北洋大臣袁世凱和小村及日本駐華公使內田康哉會商。自光緒三十一年十月至十一月 （1905 年 11～12 月），計開會二十二次，最後於十一月二十六日 （12 月 22 日） 簽訂了《中日東三省善後事宜條約》三條，附約十二款。日本除將《樸資茅斯條約》中俄國轉讓之各項權利獲得清廷承認外，並強迫清廷答允了一些新的要求，主要的是：

一、東三省境內，增闢商埠十六處。

二、中國承認日本建築並管理安東至奉天鐵路的既成事實。

三、南滿鐵路一切材料，免除稅捐釐金。

四、在營口、奉天、安東各地，商劃日本租界。

五、准日本採伐鴨綠江右岸木材。

六、滿韓邊境通商，按最惠國條款辦理。

　　翌年（1906 年），日本設立了兩個侵略機關：一是關東總督府，旋因中國抗議改稱關東都督府，任命大島義昌為關東都督，視同日本領土來管

理；一是南滿鐵道株式會社，任兒玉源太郎為委員長，主管鐵路業務及煤礦、製鐵、電氣、航運、港灣、教育、學術、調查等業務，為侵略東北的經濟機關。光緒三十三年（1907 年），日俄化敵為友，訂立第一次密約，將東北劃分南滿北滿，日本承認北滿及外蒙為俄國勢力範圍，俄國承認南滿與朝鮮為日本勢力範圍。日、俄兩國已把中國東北作了無形的瓜分。

　　自光緒三十三年至宣統三年（1907～1911 年）的五年間，日本在東三省製造了不少問題，提出了不少要求，如吉（林）長（春）鐵路問題，安（東）奉（天）鐵路擴建問題，撫順煤礦問題，間島主權問題，錦（州）璦（琿）鐵路問題，營口支線問題等是。這些問題有的解決了，日本獲得不少便宜；有的沒有解決，成為「懸案」，構成了日本於民國二十年（1931年）發動瀋陽事變的一項藉口。

二、英俄對西藏的挑唆

　　英國於統治印度後進一步覬覦西藏，乃意料中事。不意俄皇尼古拉二世，亦欲插手其間。俄人的手段極為巧妙，先鼓勵布里雅特人 (Buriat) 信奉喇嘛教，赴藏結歡於達賴喇嘛，以爭取其親俄。光緒二十五至二十七年間（1899～1901 年），俄與西藏有三次通使，俄且有要求中國與訂西藏密約之說，英人為之大譁。英、俄為西藏問題，相互提出質問，關係趨於緊張。及光緒三十年（1904 年）日俄戰起，英國遂由印度總督派其邊務大臣榮赫鵬 (Younghusband) 率兵侵藏。

　　藏兵當然不是英兵的對手，英兵陷江孜，直趨拉薩。達賴北走青海，想去俄國求援，但中途聽到俄國被日本打敗消息，乃轉走庫倫。西藏的政務由攝政大臣主持，在榮赫鵬的威脅下，訂立了《拉薩條約》（光緒三十年七月二十八日——1904 年 9 月 7 日），規定：

　　　西藏開江孜、噶大克、亞東三處為商埠，賠償英國軍費五十萬鎊，

准英國駐兵春丕，削平藏印間的炮臺與山寨，非得英允許，西藏不可將土地、鐵路、道路、電線、礦產讓與外國，亦不得將稅收或貨物金銀向外國抵押，西藏一切事務均不許任何外國干涉。

英國人也太狠毒了，簡直把西藏變成了英國的殖民地。這樣的條約，中國當然不承認，清廷於是派外務部侍郎唐紹儀和英方交涉。唐紹儀先到加爾各答和印度當局談判，沒有結果，回到北京後再與英國駐華公使薩道義 (E. M. Satow) 商談，到光緒三十二年三月（1906 年 4 月）始簽訂了一份《藏印續約》，把《拉薩條約》作為附約，惟英國聲明不占領藏地，不干涉藏政，中國亦聲明不允許他國占領藏地或干涉藏政。這一條約的最大收穫，是英國承認了中國對西藏的宗主權，此一事實，復為英俄兩國於次年（1907 年）簽訂的《英俄協約》，共同確認。

《藏印續約》簽訂後，中國亦決定重建在西藏的威權。清廷派張蔭棠為查辦藏事大臣，對藏人多所開導；繼又任趙爾豐為川滇邊務大臣，負責經營西康，以巴塘為基地，練兵備戰。

在中英西藏交涉中，達賴喇嘛十三世扮演了一個不名譽的悲劇腳色。他在庫倫，仍想求援於俄，但俄國新敗之後，無力支持他。想到北京來挽回情面，清廷卻遲遲不加理會。直到光緒三十四年（1908 年）八月，清廷才召達賴到北京來，但待以屬臣之禮，令其返回西藏。達賴在京，曾與英使朱爾典 (John N. Jordan) 交歡，於是由反英一變而為親英。次年（1909 年）回藏後，就開始親英反華，清廷乃命趙爾豐出兵征討。趙派遣其部將鍾穎率勁旅入藏，於宣統二年一月（1910 年 2 月）進駐拉薩，達賴乃南走大吉嶺，入印度請求保護，清廷怒而革除了他的名號。到辛亥（1911 年）革命爆發，達賴才又在英人的教唆和支持下回到西藏，中英也為西藏問題展開了另一回合的談判。就在辛亥年，英國人又出兵侵占了雲南西境的片馬和江心坡大片土地。

三、商埠、租界和領事裁判權的擴展

　　列強每次與清廷簽約，都要求開放新的通商口岸或是擴大原來商埠的權利範圍。開商埠的本義，乃在便利通商，後來商埠中卻又有了租界，租界中又有了領事裁判權，於是中國的政治和法律，都受到嚴重的侵害。

　　從《南京條約》（1842 年）開五口通商，到辛亥革命（1911 年）近半個世紀期間，中國在廣東、廣西、浙江、福建、臺灣、江蘇、安徽、江西、直隸、山東、河南、奉天、吉林、黑龍江、湖北、湖南、四川、雲南、西藏、甘肅、新疆、蒙古等二十二個省區中，開了一百零一個商埠。只有貴州、山西、陝西三省沒有開埠，但也不是沒有外人勢力，如法人之計劃把滇越鐵路延至貴州，英人之有權在山西開礦是。

　　租界，是列強侵略中國的產物，是中國獨有而世界各國所無的特殊現象，對中國人而言，是一項最大的恥辱。它不僅是「國中有國」，「權上有權」，而且是「毒犯的策源」，「娼賭盜匪的淵藪」。尤其是上海法租界，被稱之成「東方藏垢納污的大本營」。

上海的會審公廨——租界內的司法審判機關，審判實權由外人掌控

　　租界始創於上海，起於英國人，其後法、美、日、俄、德諸國亦均要求闢設租界，到辛亥革命（1911 年）時，有英、美、日、法、俄、德、比、意、奧匈等九國家，在中國上海、廣州、廈門、福州、天津、鎮江、漢口、九江、煙臺、蕪湖、重慶、杭州、蘇州、沙市、鼓浪嶼、長沙、營口、安東、奉天等十九個城市，設有四十七處租界。其中以日本、英國的租界最多，日本十五處，英國十三處，這說明日本和英國在中國的利益最大。日本在中國的人數最多，英國在中國的投資額、貿易額、設廠數等經濟勢力最大。

　　租界有許多附屬的權利，有的有條約依據，有的並無條約依據。領事裁判權損害中國的法權最大，但有條約依據，駐兵及設警亦對中國主權和人民的安全構成威脅，乃由事實發展而成，並不見於條約的明文規定。其中領事裁判權，使中國人與外國人之間不復居於平等地位，國家的主權和人民的人權，都受到嚴重的損害。

研究與討論

一、日俄戰爭對我東北的權益有何損害？

二、清末英國如何對西藏進行侵略？

三、從政治、經濟、社會三方面，析論租界對我國產生的危害？

第四章

民族自救的道路——由改革到革命

第一節　孫中山首倡革命

一、孫中山的時代與環境

　　甲午戰爭的慘敗，直接刺激了孫中山的革命行動，也促成了康有為上書清廷要求變法維新的「千餘人的大舉」。甲午前半年——中日戰爭的前夕，孫中山到過天津想見見李鴻章，但未成功；康有為也到過北京，他是和梁啟超一道去參加會試。孫、康都親眼看到了戰前的緊急情勢，但兩人的感受和反應卻不相同。孫於戰爭爆發後，即由上海前往夏威夷開始革命行動的第一步——創立興中會，主張「驅除韃虜」；康卻回到了廣東，又到廣西桂林遊覽一番，次年（乙未，1895 年）三月才又北上，聯絡十八省舉人一千二百人來個「公車上書」，請求拒和、遷都、變法。這時候，孫中山已在香港積極籌劃其第一次革命起義了。因此，孫中山的政治警覺與對時局的觀察力，比康有為敏感而深刻，其行動也能劍及履及。郭廷以說「八十年代中期以後，第一位領導中國政治革新運動的為孫文」，就是因為孫中山的革命行動比康有為的維新變法，開端為早。

　　孫中山的本名為孫文，號逸仙，廣東香山人。香山密邇澳門，距香港、廣州都不遠。在地理與歷史環境上，孫中山的家鄉對他最少有三點明顯的影響：

其一，與西方接觸最早，開風氣之先。

其二，香山縣屬的金星港當時是中外交通的樞紐，香山人因此赴海外謀生的甚多，孫中山的長兄孫眉在十八歲的時候就到檀香山去謀求發展。

其三，孫中山的先世，曾參加過抗清義師。

就國外而言，孫中山出生前後的十年間（1861～1870 年），美、亞、歐三洲都發生了足以影響世界情勢的重大事件。美國的南北戰爭於 1865 年結束了，林肯（Abraham Lincoln, 1809～1865 年）雖於勝利後被刺殺，但他的民主政治理念卻構成美國民主制度的礎石，也贏得世界各國人士的欽佩與尊敬。孫中山深受林肯政治思想的影響，乃是盡人皆知的事。日本於明治元年（1868 年）開始「明治維新」，崛起為東方的一個新興強國，一度成為中國人羨慕及效法的榜樣。歐洲的普魯士先於 1866 年征服了奧地利，繼於 1870 年戰敗了法蘭西；失敗的法國從此確立了民主共和的政體，勝利的普國也在民族主義的號召下，統一了德意志，開始了俾士麥 (Otto Bismarck) 的國家社會主義時代。這幾件大事所代表的意義是：民主政治的確立，和民族主義思潮的勃興，這是十九世紀下半葉的時代精神，當然會深深影響到在國外受教育並奔走革命的孫中山思想的發展。

此外，達爾文 (Charles Robert Darwin) 學說的流行，亨利喬治 (Henry George) 著作的問世，對於孫中山的思想和活動，當然也具有相當的影響。他曾說在青年時代，「於西學則雅癖達文之道 (Darwinism)」，不過晚年他又批評達爾文學說不適用於人類的進化。

二、早年的思想

孫中山童年時代——十四歲到十八歲（1879～1883 年），是在檀香山接受相當於中學程度的教育。這個五年時間，已經培育了自由而開明的思想，一回到故鄉，就不能不發表一些改革習俗的言論，甚至為破除迷信而毀壞神像，因而觸怒鄉人。十八歲（1883 年）那年冬天，到香港入拔萃書

屋 (Diacessan Home) 讀書，並受洗為基督教徒，思想為之一變。次年（1884 年）轉入香港中央書院 (Central School)──亦即後來的皇仁書院 (Queen's College)，就在這一年，中法戰爭爆發了。孫中山由於再去檀香山一次，回到香港時已是乙酉三月──1885年 4 月，戰爭已經結束了，清廷與法國訂約，讓安南淪為法國的殖民地。這件事，對孫中山形成極大的刺激。他一方面看到清廷的腐敗與愚昧，感到痛心；一方面又因香港華工拒為法國修船卸貨的愛國表現，獲得鼓

孫中山（十八歲）

勵。於是他決心革命，推翻滿清。他後來自述：

> 予自乙酉中法戰敗之年，始決傾覆清廷，創建民國之志。

從這一年起，孫中山確是不斷的放言革命。次年（1886 年）他結識了三合會出身的鄭士良，和祕密會黨有了接觸。肄業香港西醫書院 (The College of Medicine for Chinese, Hong Kong) 的五年 （1887 年 10 月～1892年 7 月） 的時間，又嘗與陳少白、尤列、楊鶴齡等人大談革命，被稱為「四大寇」。

孫中山在香港讀書期間，曾於二十五歲（清光緒十六年，1890 年）那年，向曾經出任駐美使臣現已歸家養病的香山人鄭藻如上書，提出「重農桑」、「禁鴉片」、「興文教」三項主張，希望鄭氏能加倡導，先在香山縣試驗。這是孫中山第一次提出其政治主張，可惜鄭藻如年事已高，不能依孫中山之意見予以倡導。

可能是在上書鄭藻如的次年──光緒十七年（1891 年），孫中山撰了

一篇〈農功〉，後來收入鄭觀應編撰的《盛世危言》一書內。他認為中國古
時及西洋近代都重視農業，現時中國農村則落後破產，主張學習西方「農
部有專官，農功有專學」的制度及科學新法──「機器耕種」，為近代倡導
農業改良之先聲。

　　清光緒二十年，甲午──1894 年，孫中山二十九歲。他提出了有名的
〈上李鴻章敷陳救國大計書〉，係一份代表其早期救國思想的歷史文件。孫
中山在這份約九千字的文件中，提出了「富強之大經，治國之大本」的四
項綱領：人盡其才，地盡其利，物盡其用，貨暢其流。四項綱領之下，並
各具進行要則：

　　　　人盡其才──教養有道，鼓勵以方，任使得法；

　　　　地盡其利──農政有官，農務有學，耕耨有器；

　　　　物盡其用──窮理日精，機器日巧，不作無益以害有益；

　　　　貨暢其流──關卡之無阻難，保商之有善法，多輪船鐵道之載運。

　　孫中山這四項綱領，分別就中國之士、農、工、商四者，力謀改革，
大事建設，而於農業之振興，尤股股致意，認為國計民生之最基本者。次
年（1895 年），孫中山復發起創設農學會，主張翻譯各國農桑新書，設立
各級農業學堂，造就農業專才，改良土壤，開墾荒地及獎勵農民，以提高
農民知識與地位，確立民生富強之基。孫中山為中國社會的建設，懸出一
個崇高目標：全面普及教育，做到「無民非士，無士非民」，以打破傳統上
「士為四民之首」的社會階級，與西方強國並駕齊驅。他下面的幾句話，
誠足發人深省：「欲我國轉弱為強，反衰為盛，必俟學校振興，家絃戶誦，
無民非士，無士非民，而後可與泰西諸國並駕齊驅，馳騁於地球之上。」

三、革命的第一步

　　孫中山二十歲時就立下了傾覆清廷的志向。他一方面不斷的宣傳革命，
甲午前一年（光緒十九年，1893 年）且已在廣州與同志討論到革命的進行

方針，一方面也想勸說鄭藻如、李鴻章等人，接受其意見大力改革，以挽救危亡。但他失望了，甲午戰爭既起必將帶給中國更大的災禍，於是決心開始革命救國的實際行動，於甲午十月來到了檀香山，並於同年十月二十七日——西曆 1894 年 11 月 24 日，創立了中國近代的第一個革命團體——興中會。

誠然，興中會初創立時會員人數並不多；出席 11 月 24 日成立會的檀香山華僑僅二十餘人，至次年（1895 年）9 月以前繳費列名的檀香山華僑，亦只一百一十三人。香港、日本等地入會者，自然不包括在內。興中會成立的最大歷史意義，是代表中國革命行動的一個開端，也是中國近代歷史的一個新的起點：十七年後的辛亥革命，完全改變了中國政治的面貌。

興中會會員入會時，均須宣誓。誓詞是孫中山擬訂的：「驅除韃虜，恢復中國，創立合眾政府。」孫中山同時也擬訂了一份為史學家稱之為「中國現代大革命的號聲」的「宣言書」，也就是興中會初創時的章程。這份文件中首先指出當時「蠶食鯨吞，已效尤於踵接，瓜分豆剖，實堪慮於目前」的危機，這一危機的造成乃由於「庸奴誤國」，因此「有心人不禁大聲疾呼，亟拯斯民於水火，切扶大廈之將傾」，「集會眾以興中，協賢豪而共濟」，於是組成了興中會，目的在「振興中華」，並且要「聯絡中外華人」來「以申民志，而扶國宗」。

興中會成立後約兩月餘，孫中山即由檀香山來到香港，與楊衢雲、謝纘泰等人於 1892 年組成的「輔仁文社」合作，建立了興中會總機關部，對外則用「乾亨行」的名號。並將檀香山成立時的章程重加增訂，誓詞亦正式確定為「驅除韃虜，恢復中華，創立合眾政府」。

香港興中會總機關部的建立，係在乙未（光緒二十一年）正月二十七日——1895 年 2 月 21 日。二十天以後的二月十七日——3 月 13 日，孫中山即與楊衢雲、謝纘泰、黃詠商等籌商在廣州起事，又過了三天，興中會幹部會議決定了襲取廣州的進行計劃，並決定採用由陸皓東設計的青天白

日旗幟為革命軍旗。這一革命計劃，並得到《何啟‧士蔑西報》(*Hong Kong Telegraph*) 主筆鄧肯 (Chesney Duncan) 和《德臣西報》(*China Mail*) 主筆黎德 (Thomas H. Reid) 的贊助。這時甲午戰爭期間召募的兵丁已被遣散，成為游勇，與會黨合流，興中會乃由鄭士良負責聯絡，以之為發動革命的主力。

起事的日期，定於農曆九月初九日重陽節——陽曆為 10 月 26 日。起事前約一個月，孫中山進入廣州，以創設農學會為掩護，實際指揮廣州的祕密機關部進行起事的準備，香港方面則由楊衢雲負責接濟。革命軍決定起事的口號是「除暴安良」，並以紅帶纏臂作為暗號。

起事的日期到了，卻因為一位名叫朱湘的人，以其弟朱淇參加革命活動深恐受害，竟假朱淇之名向清廣州當局自首，起事的計劃遂告洩露。又因香港方面聯絡不實，黨人乘輪抵廣州時，清吏已先期獲得消息，致有四十多人於下船時即被逮捕。起義的計劃完全失敗了，陸皓東等數人殉難，孫中山則幸而脫險，經澳門返回香港。

這次起事，是孫中山親自領導的第一次革命行動，史稱「乙未廣州首義」，亦稱「重陽首義」。陸皓東是第一位為革命而犧牲的烈士，年僅二十九歲。他於審訊時慨述革命宗旨及決心：「今日非廢滅滿清，決不足以光復漢族；非誅除漢奸，又不足以廢滅滿清。……一我可殺，而繼我而起者不可盡殺。」

四、倫敦蒙難

孫中山自廣州脫險返抵香港後，自知在香港難再居留，乃偕鄭士良、陳少白前去日本，楊衢雲則經過新加坡等地到南非去了。果然，香港當局於 1896 年 3 月 4 日下令放逐孫氏出境，以五年為期。

孫中山到日本後，作了將近三個月的停留。對未來的革命進行計劃，他作了如下的部署：其一，成立橫濱興中會，推馮鏡如為會長，建為興中

會在日本的活動中心；其二，派鄭士良回到國內去聯絡會黨，徐圖再舉；其三，留陳少白在日本，與日本朝野聯絡；其四，孫中山本人決定遠遊美、歐，向華僑宣傳革命並籌募款項。乙未十二月——1896 年 1 月，孫中山「斷髮改裝」由橫濱前往檀香山，開始了他首度的環球之旅。

孫中山在檀香山也停留了近三個月，然後前往舊金山，再橫過美洲大陸，經紐約前往英國。他隨到之處，無不宣傳革命，結合同志，聯絡洪門致公堂以激發其民族意識，但他的行動也惹起清廷駐美使館的注意，清駐美公使楊儒不僅派密探尾隨，且將其行蹤電告北京及駐英公使龔照璦。因此當孫中山於 1896 年 10 月到達倫敦後不久，即被誘捕於清使館。——孫中山係於農曆九月初五日 （10 月 11 日） 被誘捕，經業師康德黎 (James Cantlie) 及孟生 (Patrick Manson) 之營救，始於九月十七日 （10 月 23 日） 脫險，計被拘十二天，是為孫中山從事革命以來的首次蒙難，他寫了一冊《倫敦被難記》(*Kidnapped in London*)，記述此一事件的詳細經過。

由於英國外交部對清廷駐英公使館之非法誘捕孫中山，曾出面干涉，也由於倫敦各報以醒目的標題報導了這一消息，立使這件事成為轟動一時的新聞，孫中山的聲名因而傳播全球。即清廷駐英公使館武官鳳凌，亦不能不承認「十九日獲孫文一案，反為該人成名」。

孫中山重獲自由後，就暫時在倫敦住下來。住了八個多月，他最大的收穫，是到大英博物院圖書館中去博覽群書，完成了三民主義的思想架構。孫中山自述：「倫敦脫險後，則暫留歐洲，以實行考察其政治風俗並結交朝野賢豪，」他說「所見所聞，殊多心得」，最大的心得乃是：「始知徒知國家富強，民權發達，如歐洲列強者，猶未能登斯

1896 年剪辮後的孫中山

民於極樂之鄉也。是以歐洲志士，猶有社會革命之運動也。予為一勞永逸之計，乃採取民生主義，以與民族、民權問題同時解決。此三民主義之主張所由完成也。」

　　孫中山於 1897 年 7 月 2 日（農曆六月三日），離開倫敦，經過加拿大，於 8 月 16 日（農曆七月十九日）到達日本橫濱。此後他即以日本為基地，並結交日本朝野人士，來進行其革命活動。他派陳少白到臺灣建立了興中會臺灣分會，託平山周到中國內地調查會黨，其後並促成了興漢會的成立，他也曾經與菲律賓獨立黨人發生聯繫，贊助過菲律賓的獨立運動。

研究與討論

一、試闡述孫中山先生早年的救國思想。

二、興中會在中國近代史上居何地位？

三、孫中山先生倫敦蒙難對三民主義思想的產生有何關係？

第二節　康有為、梁啟超與維新運動

一、康有為的維新思想與活動

　　中國近代的改革運動，始自十八世紀六〇及七〇年代的改制論。及甲午戰爭失敗後，康有為起而為維新變法的主張，形成歷史上的維新運動。康有為及其學生梁啟超等一系倡導維新變法的人，就稱之為維新派，也有人稱之為改良派。他們的中心主張是君主立憲，因此歷史學者又多稱之為立憲派。

　　康有為是廣東南海縣人，是個很有才學的人，致力於史學、理學、經學，而以經世致用為歸。他也涉獵西學，但不能直接閱讀西書，戊戌政變

以前未曾到過國外，因而對外國政情缺乏直接的觀察。他也生性自負，有目無餘人之概。這些都是缺陷，頗有妨礙於他的思想和事業的發展。康有為的歷史地位，有如郭廷以所說：「知識分子之致力於中國制度改革運動已二十年，而掀起其高潮並一度使之見於實施的為康有為。他不是此一運動的首倡者，而是積極的推行者。」

康有為

光緒八年（1882 年），康有為二十五歲，他北上參加鄉試，失敗了，乃北遊京師，返經上海時看到上海的繁盛，才買了些西書回去，開始講求西學。第二年（1883 年），他就有了反對婦女纏足的心願，曾與一位曾經旅居美洲的鄉人區諤良議設不纏足會。中法戰爭的爆發（1884～1885 年），對康也是個刺激，他於戰後（1886 年）曾勸兩廣總督張之洞擴大翻譯西書，並注重政治書籍。又過了兩年——光緒十四年（1888 年），康有為再去北京應考，並上書皇帝，請求「變成法、通下情、慎左右」。這是康有為的首次上書，雖勇氣十足，內容卻甚空泛。

這次上書沒能上達皇帝，考試又失敗。失望之餘，回到廣東故鄉，在廣州著書立說，聚徒講學。他的講學處所標名曰「萬木草堂」，最得意的學生為梁啟超。重要的著作有三：一為《新學偽經考》，二為《孔子改制考》，三為《大同書》。這三種著作有一個共同的中心旨意，即抓緊孔子，證明孔子托古改制，也是一個維新派，用孔子來支持自己的變法主張。惟據今人研究，倡孔子改制之說者首為蜀人廖平，康受廖平的影響而加以推衍，故葉德輝說：「康有為之學，出自蜀人廖平。」

甲午（光緒二十年，1894 年）這年，康有為已三十七歲，他和梁啟超一道去北京參加會試，考過後就又回廣東，甲午戰爭前夕的風雲變幻，似

乎對師弟二人都沒發生劇烈的影響，次年（1895年）三月，兩人再去北京時，亦正值戰敗簽約之際，康有為才發起邀集十八省舉人一千二百多人列名上書請願，這就是有名的「公車上書」。書稿係由康氏執筆，稱萬言書，內容則係建議「拒和、遷都、變法」。但這一上書，都察院拒不代遞。及會試發榜，康有為中了第八名進士。他得到鼓勵，於是又單獨上書一次，專論變法。這次上書到了光緒帝手中，軍機大臣翁同龢訪康晤談，康大為興奮。六月間，在北京創辦了《中外公報》，七月間，又組織了「強學會」，同時結識了李提摩泰 (Timothy Richard)，也獲得一批官員如陳熾、沈曾植、袁世凱的贊助，和孫家鼐、張之洞、劉坤一等表面上的贊許。康有為確實風光一時，在北京內外激起了不算小的波瀾。但為時不到四個月，便引起守舊大臣大學士徐桐、剛毅及御史褚成博等的攻訐，康只有離京南下，《中外公報》和「強學會」也都遭到封禁。

　　乙未年的「公車上書」，是康有為政治活動的開端。他雖然未能影響北京清廷的政策，卻把維新變法的風氣開創起來了。他回到了廣東，梁啟超則先在上海，繼去長沙；不少知識分子附和他們，此後三年（1895～1897年）間，維新派在各地的活動都很活躍。到光緒二十三年（1897年）外國競相攫取中國沿海港灣並劃分勢力範圍，康有為也就決定再赴北京去請求「變法圖強」，於是出現了光緒二十四年（1898年）由變政到政變的一幕。

二、梁啟超和譚嗣同

　　梁啟超是康有為的得意門生，也是他倡導維新運動過程中最得力的伙伴。梁字卓如，號任公，他的學生以及尊敬他的人，都喜歡稱他任公先生。他有一枝犀利、雄健，而又帶有感情的筆，一生以言論起家，也以言論影響最為深遠。

　　康有為自甲午（1894年）以後，三次去北京，都邀梁啟超同行。乙未（1895年）夏秋間，康有為開強學會於北京，梁啟超任書記，辦《中外公

報》，又以梁為編輯。康為避禍離開北京後，梁啟超仍在北京以康之代表人地位，同各方聯絡。及強學會被解散、《中外公報》被封閉，梁啟超又被安排到上海去，主持《時務報》的筆政。就在此時，梁發表了他的名作《變法通義》。

思想上，梁啟超早年當然深受康有為的影響，衍述公羊傳春秋三世之義。但他的心胸較康開放，容易接受西方的思想。所以在上海《時務報》時代的言論，已超出了康有為的規範，隱隱攻訐君主政體採行愚民政策，並開始注意到民權問題。

梁啟超主持《時務報》，不用孔子紀年，不言孔子改制，僅把重點放在變法上。他的變法觀念是：變法之本在育人才，人才之興在開學校，學校之立在變科舉，而一切要其大成在變官制；要變官制，就要興民權，因此必須設立議院以申民意。這一說法，深合人心，於是《時務報》的言論，「一時風靡海內，數月之間，銷行至萬餘份。」

光緒二十三年（1897年）十月，梁啟超應邀前往湖南，擔任時務學堂的總教習。這年他才二十五歲。湖南在甲午戰後的二、三年間，由巡撫陳

梁啟超　　　　　　　　　　譚嗣同

寶箴，學政江標、徐仁鑄，署理按察使黃遵憲等人的倡導，興辦新政。於是創辦了《湘學報》，成立了南學會，並設立了時務學堂。梁啟超去任總教習雖只四個多月，但發生的影響很大，不僅結識了熊希齡、唐才常等人，時務學堂的學生蔡鍔、林圭等人也成為他維新事業的追隨者，梁啟超有意在湖南以南學會為革新的據點，大大幹一番。但忽然患了大病，到上海去就醫。病癒後就又受康有為之召去北京，沒再回湘。

戊戌變法前維新運動的第三位人物，應當是譚嗣同。譚字復生，湖南瀏陽人。早在十八歲時（光緒十年，1884 年），曾作《治言》，透露其求變的意識。他深受王夫之（船山）思想的影響，曾因「私淑船山」而寫成《王志》。甲午戰爭的失敗，同樣給他很大的刺激。從此時起，他益倡新學，呼號變法。光緒二十一年（1895 年），他在北京和康有為、梁啟超見面。

譚嗣同的代表作是《仁學》，係於光緒二十二至二十三年間（1896～1897 年）寫成的一冊書，約五萬字。其內容將西學與佛學及中國百家之學並舉。就變法思想而言，譚比康、梁更為激烈，反滿的色彩也更濃厚。他自稱他的思想是「一種衝決網羅之學」，強調社會、政治甚至倫理的變化性，要打破一切道德上、政治上與社會上的束縛。譚嗣同初在南京、武昌間，往來活動，光緒二十四年（1898 年）正月返回湖南，成為湖南革新的中心人物之一，與唐才常最為投契。譚不僅思想最激烈，決心亦最堅強，在湖南受到守舊派的攻擊時，就曾準備犧牲。他說：「今日中國能鬧到新舊兩黨流血徧地，方有復興之望。不然，則真亡種矣。」果然，八月間戊戌政變發生後，他是唯一自願為主張而流血的人。

倡導維新的人物，自然不只康、梁、譚及其師友們。學者嚴復，疆吏張之洞等人，也極盡鼓吹，倡行之力。維新運動也得到西方的影響，儘管外國人贊助中國革新的動機並不純是為了中國的利益，但他們的贊助還是利多於弊。

三、百日維新的悲劇

光緒二十三年（1897 年）十月，康有為前來北京。十一月，因德國藉口鉅野教案而侵占膠州灣的事件發生，康有為又上書力陳變法之不可再緩，但為工部尚書淞桂所阻，沒能上達。經過翁同龢向光緒帝的關說，光緒帝才命總理衙門邀康有為去問問他變法的見解，並命令把康有為所著「日本變政記」、「俄彼得變政記」等書呈上去看看；光緒帝也同時命令以後康有為如有條陳，應即呈奏，不得阻攔。康得到可以隨時提出條

光緒帝

陳的特許，也就開始公開而快捷的活動起來了。

光緒二十四年戊戌（1898 年），是康有為政治事業中的關鍵年代。他向光緒帝呈奏了不少條陳，請求斷然變法。他說世界各國皆以變法而強，守舊而亡；中國目前的情形是「雖無亡之形，而有亡之實」，要求光緒帝瞭解：「能變則全，不變則亡，全變則強，小變仍亡。」他建議的具體內容是：「請誓群臣以定國是，開制度局以定新制，別開法律局、度支局、學校局、農局、商局、工局、礦局、鐵路、郵信、會社、海軍、陸軍十二局，以行新法，各省設民政局，舉辦地方自治。」

康有為也把梁啟超、譚嗣同等召到北京來了。梁啟超、麥孟華又再發動了一次「公車上書」，請「拒俄變法」。三月間，康有為又在北京設立了「保國會」，提出保國、保種、保教三者為號召，並令其維新派分子在各地設立分會。北京保國會曾有三次集會，每次集會人數都超過一百人，據稱每日來訪康者有數十人，應接不暇，康有為立即成為北京政界中的熱門人物。

光緒帝是很欣賞康有為的，也有振奮自強的志向。但朝廷中的守舊派

榮祿、剛毅、許應騤等都對康有為痛惡萬分，守舊派的幕後支持者則有慈禧太后，因此，變法問題一開始就形成新舊之爭與帝后之爭。光緒帝最後下了決心，於四月二十三日（6 月 11 日）下了一紙「明定國是」的「上諭」，正式開始了「戊戌變法」的一幕。

　　光緒帝的國是詔下，維新派諸人自然興奮鼓舞。四月二十八日（6 月 16 日），光緒帝召見了康有為——這是第一次，也是最後的一次「君臣相見」，雙方都很滿意。光緒帝授給康有為「在總理衙門章京上行走」的權位，康就開始接連不斷的提出變法的奏摺，光緒帝也就據以發布「上諭」，有時一天下諭數次。其內容大致可歸納為下開四類：

　　一、教育學術：主要者為廢除八股取士；開設學堂——京師設大學堂，各省設高等學堂，各府、州、縣設中小學堂；辦理官報；設譯書局；開經濟特科。

　　二、經濟建設：主要者為設立鐵路礦務總局，農工商總局（各省設分局），設農會，辦農報，購農器，翻譯西方農學書籍，採行中西各法以行開墾、獎勵開發地利，設商務局，擴展通商等項。

　　三、軍事：行徵兵制，裁併各省綠營及練勇，以西式兵操練兵，準備舉辦民兵，獎勵興造槍炮，籌設武備大學堂，武科停試弓箭騎劍，一律改試槍炮。

　　四、政治：最主要的措施是，裁撤詹事府、通政司、光祿寺、鴻臚寺、太常寺、太僕寺、大理寺及廣東、雲南、湖北巡撫，河道總督；令各部院於交辦事項，剋期議覆，違誤者嚴懲；保舉新人及能員，士民上書由地方官署隨時代奏；旗民應從事工商各業。

　　此外，維新派在外交方面，主張親英聯日，這與李鴻章的主張聯俄，大異其趣。康有為還有很多計劃，譬如他很想建議把孔學定為國教，甚至還想建議更改年號。他似乎沒有想到只上一些空洞的奏章是沒有用的，抓住光緒帝一個人也不濟事，因為真正的大權還在慈禧手裡。事實上，光緒

帝頒發國是詔後第四天，身為帝師且為變法運動有力支持人的翁同龢，便被革職，慈禧派其親信榮祿署理直隸總督兼北洋大臣，光緒帝和維新派都已立於被監視的不利地位。康有為毫無警覺性，仍然想假手光緒帝大刀闊斧的全面改革，結果卻是連光緒帝也害了！

七月下旬，帝后兩派的衝突已發展到空前嚴重的階段，光緒帝密諭康有為、楊銳等，說他「位幾不保」，令康「設法相救」。康有為、譚嗣同等想拉攏在小站練兵的袁世凱以制榮祿，光緒帝也召見了袁世凱，卻不料袁出賣了維新派，把他們要在九月天津閱操時「保聖主，復大權，清君側，肅宮廷」的密謀，統統告訴了榮祿。榮祿立即報告慈禧，慈禧遂決定重行臨朝，她於八月六日（9 月 21 日）宣布回朝聽政，並幽禁了光緒帝。這是慈禧的第三次掌政，一直控制清廷到光緒三十四年（1908 年）死去為止。

康有為的「戊戌變法」為期近百天，故稱「百日維新」。康有為於政變前一天得到消息，由於英人的協助逃到了香港，梁啟超則由於日人的救援逃到了日本，逃不掉的維新派分子，只有被捕聽候處置。譚嗣同可以逃而不逃，自願流血，他與劉光第、楊深秀、楊銳、林旭、康廣仁俱於八月十三日（9 月 28 日）被殺，史家稱他們為「戊戌六君子」。此外，與變法有關的清吏張蔭桓、李端棻、徐致靖等十數人，也都分別受到不同程度的懲戒。

慈禧發動政變後，第一步就是下令廢除百日維新期間所宣布的新政。除京師大學堂保留外，一切新措施都被推翻了。慈禧恨光緒帝，很想廢掉他，但當試探各方面的意見時，兩江總督劉坤一明示反對，說「君臣之義已定，中外之口難防」，慈禧不得不重作考慮，最後接受李鴻章的建議，於光緒二十

慈禧太后

五年十二月二十四日（1900 年 1 月 24 日）立端郡王載漪的兒子溥儁為「大
阿哥」——係滿語，即太子之意，這件事史稱「己亥建儲」。又因康、梁係
由英國人和日本人的保護下逃走的，變法之事又得到外人的支持，英國駐
華公使竇納樂 (Chaude M. MacDonald) 且曾有干涉廢立的暗示，慈禧后因
而遷怒於外人，縱容義和團排外，終至演成庚子（1900 年）八國聯軍進陷
北京的大災禍。

研究與討論

一、康有為、梁啟超、譚嗣同在變法前各有何著作？其要義如何？

二、何謂「戊戌政變」？

三、康梁的維新運動歸於失敗，其主要原因為何？

第三節　波瀾壯闊的革命浪潮

一、興中會的第二次革命起義

清光緒二十六年庚子（1900 年），孫中山領導下的興中會，發動惠州
三洲田起義，計劃一舉占領廣州。這就是中國革命史上的第二次起義。

孫中山決定發動惠州革命，是庚子五月間的事。他授權鄭士良聯絡廣
東惠、潮、嘉三府的會黨與游勇，在惠州起事後，直逼廣州。他同時命史
堅如、鄧蔭南潛入廣州，密謀響應；楊衢雲、李紀堂、陳少白等人則奉命
在香港籌劃接濟。日人宮崎寅藏等也參與了籌劃，山田良政也趕至孫中山
身邊相助。

為便於策劃惠州軍事，孫中山於本年閏八月初五日（9 月 28 日）自日
本神戶抵達臺北，這是孫中山第一次到達臺灣，但興中會臺灣分會則已於

三年前建立。當時的臺灣總督兒玉源太郎、民政長官後藤新平都奉令援助中國革命，允於革命軍起事後助以人員及械彈，以便孫中山內渡大陸。

閏八月十五日（10 月 8 日），鄭士良統率下的革命軍正式舉義於惠州三洲田，生擒了歸善縣丞兼清軍管帶杜鳳梧，然後進圍博羅縣城。粵督德壽乃派大隊清軍前來圍攻，革命軍雖連戰俱捷，而接濟不至。蓋日本政府恰於此時改組，不惟不允臺灣當局援助中國革命軍，並令臺灣總督於必要時令孫中山離去。對惠州的接濟已不可能，孫中山只有派山田良政送信至惠州前線，要鄭士良暫行解散，以保存實力。山田良政交付孫中山的信件後，不幸因迷途被捕，遂及於難。

九月初六日（10 月 28 日），史堅如在廣州謀炸清兩廣總督兼廣東巡撫德壽，但沒有成功，以二十二歲的英年被捕就義。孫中山曾謂史堅如「聰明好學，真摯誠懇」，與陸皓東同為「命世之英才」，遽爾犧牲，「誠為革命前途之大不幸！」

惠州革命軍既敗，廣州亦失事，孫中山留臺無益，乃又回到日本。他係於九月十九日（11 月 10 日）離臺，此次在臺灣停留四十五天，對已經淪為日本統治下之臺灣同胞，實有特別深厚的眷念之情！

二、革命言論與團體

庚子（1900 年）前後，留學日本的中國留學生約為一百人。由於庚子動亂的刺激，公自費留日學生的數字逐年急驟的增加。辛丑（1901 年）年約二八〇人，壬寅（1902 年）年約七二〇人，癸卯（1903 年）年約一千三百人，甲辰（1904 年）年約三千三百人，乙巳年（1905 年）高達八千人以上，到丙午（1906 年）年到達最高峰，人數在一萬五千人左右。革命思想首先在留學生中擴散起來，很快就發展成一股壯闊的潮流。因思想而結合，各種不同名稱的革命團體也像雨後春筍般的出現了。

留日學生組織的第一個團體是「勵志會」，發行《譯書彙編》，介紹西

方革命思想和歷史。第一份以宣揚民族主義為宗旨的刊物，是由秦力山為主編，於 1901 年 5 月創刊的《國民報》。第一個以鼓吹民族革命為號召的團體，是由王寵惠等人組織的「廣東獨立協會」。這些事，均得到孫中山的支持。

光緒二十八年正月（1902 年 2 月），梁啟超創刊了《新民叢報》，他雖然還不是完全的革命黨人，但對民族與民權思想的鼓吹，極為用力。三月十九日（4 月 26 日）為明思宗崇禎帝殉國的日子，又自南明永曆帝出亡已滿二百四十二年，章炳麟等發起「支那亡國二百四十二年紀念會」，章並與孫中山談論均田、定都等問題，章氏已由維新轉向革命。十月（11 月）間，上海中國教育會會長蔡元培（1868～1939 年）協助南洋公學退學學生成立「愛國學社」，發行《學生世界》，是為上海學界昌言革命的開始。

光緒二十九年（1903 年），是愛國浪潮空前澎湃的一年。各省留日學生多組成團體，編刊宣傳革命的書刊，尤以湖南《遊學譯編》、《江蘇》、《浙江潮》、《湖北學生界》等雜誌的影響最大。正月初一日（1 月 29 日）留日學生舉行新年團拜時，馬君武、劉成禺兩人相繼登臺演說革命，在場清吏為之大驚失色。及四月間，拒俄運動發生，留日學生立即行動起來了。彼等先組成拒俄義勇隊，繼改名為學生軍，由於日本當局的干涉，又改稱為軍國民教育會，並派人回國實行革命，黃興便是其中的一人。他回到湖南長沙，於十一月間便組成了長江中游的第一個革命團體——華興會，次年（1904 年）便發動了長沙之役，雖未成功，卻使清廷為之震驚。一位愛國情殷的華興會員陳天華先後著成《警世鐘》、《猛回頭》等書，為革命作了有力的宣傳。

這年五月間（1903 年 6 月），轟動中外的上海「蘇報案」發生了。其導火線則是由於章炳麟在《蘇報》上撰文介紹鄒容宣傳革命的著作《革命軍》。推許《革命軍》為「今日國民教育之第一教科書」。章炳麟又曾發表過一篇〈客民篇〉，倡革命排滿之論。於是清兩江總督魏光燾洽由公共租界

當局於閏五月初五日（6 月 29 日）逮捕了章炳麟，兩天後，鄒容自行到上海巡捕房投案。租界當局並應魏光燾之請求，查封了《蘇報》，也解散了蔡元培辦的愛國學社。後來章炳麟被判監禁三年，鄒容兩年。鄒容未及刑期屆滿，即病死獄中，他才二十一歲。他的《革命軍》卻因「蘇報案」的風波而大為流行，印行至二十幾版之多。

　　《蘇報》被查封後，革命黨人又先後創辦了《國民日日報》、《俄事警聞》及《警鐘日報》，繼續宣傳革命。秋，以龔寶銓、蔡元培為發動者的光復會便成立了。光復會代表蘇、浙、皖一帶的革命勢力，蔡元培為會長，其誓詞則為：「光復漢族，還我河山，以身許國，功成身退。」其成員除知識分子外，主要為江浙等省的會黨。至此長江中游有華興會，長江下游有光復會，與海外的興中會相互呼應，成為同盟會成立前最重要的三個革命團體。

鄒容及其所撰之《革命軍》

三、革命力量的團結──同盟會成立

　　庚子（1900 年）以後，革命風潮日益高漲。孫中山居住日本，一方面與一部分留學生來往，一方面也利用機會擴大革命的組織。壬寅（光緒二十八年，1902 年）十一月，他曾到河內，建立了興中會分會，又曾到西貢和曼谷去聯絡同志。癸卯（1903 年）六月，他回到日本，在東京青山開辦了一所革命軍事學校，把原來興中會的誓詞，改為：

　　　　驅除韃虜，恢復中華，創立民國，平均地權。

　　同年年底，他開始了第二次的環球之行，一方面是為了對抗保皇黨人散布的反革命言論，一方面是想結合海外的會黨與留學生，結成更大的團體。他先到了檀香山，把《隆記報》改組為黨報，然後又到了舊金山，為致公堂重新改訂章程，規定「本堂以驅除韃虜，恢復中華，創立民國，平均地權為宗旨」。這樣致公堂就變為革命團體了。孫先生於甲辰（1904 年）秋間到了紐約。他又發表了一篇英文文告，題日〈中國問題之真解決〉(*The True Solution of the Chinese Question*)，希望得到美國人士的同情與援助。

　　甲辰歲末，孫中山應留歐學生的邀請，由美國去了歐洲。先後訪問了倫敦、布魯塞爾、柏林、巴黎的中國留學生七十餘人，並組織了革命團體，所用的誓詞就是同盟會的誓詞，是孫中山組織新革命團體計劃中很重要的一步。

　　乙巳（光緒三十一年，1905 年）春、夏之間，正當孫中山在歐洲訪問留學生組織革命團體之際，華興會的主要領導人黃興、宋教仁、陳天華等，也於長沙起義（1904 年）失敗後，先後東渡日本。他們創辦了一份雜誌《二十世紀之支那》，是第一份以全國為號召的革命期刊。彼等也有繼續組黨革命的計劃，想找一位有聲望、有能力，足資號召全局的人來領導。就

在此時，孫中山由歐洲來到了日本。在宮崎寅藏的介紹以及程家檉等人的聯絡下，孫中山和黃興見了面，同意團結各方面的革命勢力，組織一個全國性的革命團體，這就是中國革命同盟會──對外簡稱為同盟會。

同盟會成立時，開過兩次會。一次是在六月二十八日（7月30日）召開的籌備會，到七十餘人，決定了名稱、誓詞，到會的人並簽名加盟，當場宣誓。一次是七月二十日（8月20日）舉行的正式成立會，到會加盟者三百餘人，由黃興主持，通過了章程，並公推孫中山為總理。決定以《二十世紀之支那》雜誌為機關報。但由於《二十世紀之支那》旋被日人封禁，故改稱《民報》，於同年十月三十日（11月26日）出刊。孫中山親自撰寫了一篇發刊詞，正式揭出了民族、民權、民生三大主義，並宣稱「舉政治革命社會革命畢其功於一役」。

同盟會的成立，代表著多種重要的歷史意義：其一，國內外各不相屬的革命團體由此統一，愛國青年的意志和力量因得集中；其二，確定三民主義為中國革命的最高綱領，有了革命建國的共同目標；其三，孫中山成為革命黨人一致公認的領袖，消除了群雄並起的顧慮；其四，會員在籍貫

1905 年《民報》在日本東京發行，孫中山在發刊詞中闡釋三民主義

上包括中國本部十七個省，只甘肅一省當時尚無留學生，職業上含有學、工、商、軍各界及會黨，奠定了全民革命的基礎。

　　同盟會是一個全國性的革命組織，在國內各省及海外各地，都建立了分會或支部。革命勢力，發展至速，不到一年，會員即達萬餘人。次年（光緒三十二年丙午，1906 年）冬，同盟會本部制訂了「革命方略」，其中「軍政府宣言」，對革命的性質、綱領、程序，都有了明確的規定。革命之性質是：「國民革命」。革命之綱領有四：驅除韃虜，恢復中華，建立民國，平均地權。建國之程序有三：軍法之治，約法之治，憲法之治。這一方略，為革命軍歷次起義所沿用，直到辛亥武昌起義時所發布之對內對外文告，大體上仍引用同盟會革命方略之條文。

四、風起雲湧的革命行動

　　孫中山於自述其革命經歷時，提及曾經歷十次失敗，到武昌起義始告成功。十次起義是：

　　乙未（光緒二十一年，1895 年）廣州之役

　　庚子（光緒二十六年，1900 年）惠州三洲田之役

　　丁未（光緒三十三年，1907 年）黃岡之役

　　丁未（光緒三十三年，1907 年）惠州七女湖之役

　　丁未（光緒三十三年，1907 年）欽州之役

　　丁未（光緒三十三年，1907 年）鎮南關之役

　　戊申（光緒三十四年，1908 年）欽、廉、上思之役

　　戊申（光緒三十四年，1908 年）河口之役

　　庚戌（宣統二年，1910 年）廣州新軍之役

　　辛亥（宣統三年，1911 年）廣州三二九之役

　　這十次起義，係指孫中山親自策劃發動者而言。另外由其他革命團體或黨員個人發動之革命行動，亦有十次。其中以丙午（光緒三十二年，

1906年）萍瀏醴之役、丁未（光緒三十三年，1907年）安慶之役、丁未（光緒三十三年，1907年）紹興之役等，最為壯烈。規模最大者，為萍瀏醴之役，革命軍奮戰近四十日，清軍動員鄂、湘、贛、皖、蘇五省兵力，始克平定。同盟會員劉道一死難，係留學生為革命犧牲的第一人。死事最烈者，為徐錫麟和秋瑾，尤其是秋瑾，係第一位獻身革命的婦女，她有才華，有理想，有志氣；辦過報，辦過學校；也是同盟會浙江省

秋　瑾

的主盟人，同時也是光復會的主要領導者。她就義時所書「秋雨秋風愁煞人」名句，傳誦一時。至廣州辛亥三月二十九日（1911年4月27日）之役，更是驚天地，泣鬼神的壯舉，七十二烈士慷慨赴義的悲壯義烈，永遠照耀青史，激勵著愛國青年們的心。

集體武裝起義之外，亦有不少革命黨員實行「個人主義」——即從事暗殺，目的在以最少的犧牲換取最大的代價。其中以吳樾於乙巳（1905年）九月在北京炸出洋考察五大臣，及汪兆銘（精衛）、黃樹中（復生）於庚戌（1910年）三月到北京謀炸清攝政王載灃兩事，轟動中外，影響最大。

起義頻繁，犧牲也大。熊成基安慶之役，軍士學生被害者不下三百人，庚戌廣州新軍之役，犧牲者亦在百人以上，包括革命軍主帥倪映典在內。三二九之役就義黨人經查明者雖為八十有六，實際死難者當不止此數。參加革命起義之黨人中，有留學生、教員、新聞記者、編輯、軍人、工人、農人、商人及會黨，更有不少婦女。據一項研究論文的初步統計，同盟會時代參加革命活動的婦女人數達兩百人以上。

五、革命思想戰的勝利

　　清末革命的工作有三方面：一是立黨，即發展革命黨的組織；一是起義，以武力來推翻滿清政府；一是宣傳，藉文字、圖畫、語言及其他傳播媒介，把革命思想深植於人心。宣傳，就是思想戰。所謂「文字收功日，全球革命潮」，思想戰的功效是無法估計的重大。

　　在思想戰的戰場上，革命黨所面臨的最大威脅，不是清廷，而是康有為、梁啟超領導的保皇黨。保皇黨擁護已在幽囚中的光緒帝，主張君主立憲，否定革命的必要與可能。革命黨為貫徹其革命主張，自然不能不予以反擊。1903～1908 年（光緒二十九年至三十四年）的五年間，革命與君憲展開了激烈的論戰，其間最尖銳的時期是 1906～1907 年的兩年間。

　　論戰的前哨戰，起於香港和廣州。主戰場在日本，其最激烈的高潮係在同盟會成立與《民報》創刊之後，論戰的態勢是革命派的《民報》與保皇派的《新民叢報》對壘，「雙方針鋒相對，壁壘森嚴，為文立論，掘奧探微，均從理論與事實兩方面辯難。」辯論的主題，則不外革命是否有必要，革命是否招致瓜分，社會革命有無可能等幾個問題。革命黨人一貫主張推翻滿清帝制，建立民主共和；保皇黨人則認為種族問題並不存在，承認滿清的合法正統地位，反對慈禧太后但擁戴光緒帝。簡言之，革命黨主張民主共和，保皇黨堅持君主立憲。前者迎合世界潮流，提高人民的地位；後者遷就現實，想在君憲政體下謀求改革。前者徹底而堅定，富開創性；後者因循且近妥協，保守色彩濃厚。因此，在基本主張上，保皇派已居於弱勢地位。更加人才方面，《民報》方面人才多多，《新民叢報》方面則惟梁啟超一人披掛上陣，不及半年，梁已感不易招架了。

　　光緒三十二年──1906 年，是雙方論戰最激烈的一年，也是革命黨的聲勢最高漲的一年。梁啟超也承認「革命黨現在東京占極大之勢力，萬餘學生從之者過半」，論戰兩年之後，《新民叢報》於光緒三十三年七月──

1907 年 8 月——停刊，保皇派等於已偃旗息鼓。但革命派之《民報》繼續進攻，直到《民報》於光緒三十四年九月——1908 年 10 月，被日本警方應清廷之請予以封禁為止。論戰的結果，毫無疑問的是革命戰勝君憲，即楊度亦說：「革命排滿」四字，「幾成為無理由之宗教」。

研究與討論

一、第二次起義與第一次起義相比，有何不同？

二、華興會和光復會，創立的經過為何？

三、同盟會之成立，有何重要的歷史意義？

四、革命黨在思想論戰中，何以能戰勝保皇黨？

第四節　立憲派的活動及其趨向

一、立憲派與立憲團體

　　立憲，是近代國家的政體，亦即是一切依據憲法而施政的政治。立憲國家有兩種：一為君主立憲，一為民主立憲。清末於光緒三十一年（1905年）起，一部分疆吏、士紳及知識分子，再三要求清廷制訂憲法及召集國會，清廷也作出若干預備立憲的行動，這就是清末的立憲運動。主張並要求清廷立憲的個人和團體，歷史學者稱之為立憲派。

　　在國內，推動立憲最積極的人，應為張謇。光緒二十九年（1903年），張謇去日本遊歷，對日本的君主立憲頗為欣賞。次年回國後，就慫恿張之洞奏請立憲，又說服袁世凱採取同一行動。日本在日俄之戰（1904～1905年）中戰敗俄國，張謇、張之洞、袁世凱等都認為是立憲戰勝專制的明證，因而堅定了奏請立憲的決心。光緒三十一年六月（1905 年 7 月），袁世凱、

張之洞及兩江總督周馥聯名奏請立憲，清廷遂有派遣五大臣出洋考察各國憲政之舉，並下令設立政治考察館，編訂憲政書籍，以為將來實行立憲的預備。

光緒三十二年七月（1906年8月），清廷依據五大臣出國考察的報告，下詔仿行憲政，並先議定官制，以為預備立憲的基礎。這一政治舉措，對國內的立憲派人士與國外的保皇黨人物，都是一種誘導力。同年十一月，張謇就與湯壽潛、鄭孝胥發起組成了「預備立憲公會」，成為國內各立憲團體的先驅。繼之而起的，則有湖南「憲政公會」、貴州「憲政預備會」、廣東「粵商自治會」、湖北「憲政籌備會」等或大或小的團體十數個。立憲乃成為一種政治上的新氣象。

國外的康有為、梁啟超，也認為這是最好的機會，梁且認為清廷的預備立憲，「從此政治革命可告一段落」。康有為為迎合立憲，於光緒三十二年九月（1906年10月）宣布將保皇會改名為「國民憲政會」，繼又改名為「中華帝國憲政會」，簡稱「帝國憲政會」。梁啟超則想另立門戶，希望與楊度合作。但楊度有他自己的打算，不甘屈居人下，結果分道揚鑣。楊度於光緒三十三年（1907年）四月，在東京成立了「憲政公會」，並移植於他的故鄉湖南，成為湖南憲政公會。梁啟超則經過近一年的醞釀，於光緒三十三年九月組成了「政聞社」。由於康、梁都還在清廷的通緝名單中，不能出面，不得已推出上海的馬良為「總務員」，並通過馬良的關係，於光緒三十四年（1908年）遷總社於上海，竟然公開活動起來。但到同年七月，清廷就把政聞社查禁了。

二、各省諮議局與資政院

清末立憲運動過程中，各省諮議局的成立與資政院的出現，是一項促成政治變化的重要因素。兩個民意機構的籌設，都起於光緒三十三年（1907年），其正式成立則分別在宣統元年（1909年）與二年（1910年），

成員則多為曾任官吏的士紳，也有不少議員係科第及留日學生出身，爭取
的目標是請求清廷縮短立憲的期限，早日成立正式國會。

光緒三十三年（1907 年），是革命行動最為激烈的一年，廣東、廣西、
雲南、四川、安徽、浙江等六省內，都發生了有組織有力量的革命起義。
尤其是清安徽巡撫恩銘被徐錫麟槍殺，大令清廷的王公大臣驚恐。就在這
件事發生後，清廷下詔各省督撫徵詢關於預備立憲的意見，袁世凱便乘機
奏請昭示大信，採內閣制，設資政院，各省設諮議局，州、府、縣設議事
會。清廷接受了，於七月開始，採取了一連串的行動，把政治考察館改為
憲政編查館，諭設資政院，並令各省籌設諮議局，並創刊了《政治官報》，
以宣達立憲政令，並介紹各國的憲政思想與制度。顯然清廷意在以積極籌
備立憲的姿態，來抵制日趨高漲的革命排滿風潮。

光緒三十四年 （1908 年） 春，一方面由於革命黨繼續在廣東、廣西
（欽廉上思之役）、雲南（河口之役）起事，一方面由於政聞社由東京遷到
了上海，以全體社員名義致電憲政編查館要求三年內召集國會，梁啟超又
發動海外華僑紛紛上書要求速行立憲，清廷遂又採取了進一步的立憲措施，
公布了諮議局章程及議員選舉條例，同時頒布了《憲法大綱》，以九年為召
開國會實施立憲之期。但令梁啟超感到尷尬的是：清廷於宣示九年立憲的
同時，卻將自認為立憲先鋒的政聞社封禁，這表示：立憲可以，叫康、梁
因立憲而出頭則不能容忍，慈禧對康、梁的舊恨新怨太深了。

清廷有關憲政的行動，未嘗不使立憲派人士為之色喜。但如稍作深入
的觀察，就不難發現清廷並無立憲的誠意。立憲的目的，本在限制君權，
保障民權，但清廷於光緒三十四年公布的《憲法大綱》，卻把皇帝的權力提
高到比日本明治天皇的權力還大。

《憲法大綱》頒布後不到一百天，清光緒帝與慈禧太后相繼死亡。慈
禧於死亡前二天，命將醇親王載灃的兒子溥儀帶來宮中，光緒死後，就由
溥儀繼位，年號宣統。溥儀年僅三歲，他的父親載灃便以攝政王的身分，

實際主持朝政。載灃罷黜了袁世凱，起用了幾位年輕的皇族親貴來統率陸海軍，清廷的實際行動與立憲派的要求，真如南轅北轍。

儘管政治環境日趨不利於立憲，各省諮議局還是於宣統元年九月（1909 年 10 月）成立了。全國共有二十一省設立了諮議局，僅新疆一省因條件不夠，未獲成立。諮議員係民選產生，任期三年。當選諮議局議長的人，如江蘇的張謇、湖南的譚延闓、四川的蒲殿俊等，也都是一時之選。諮議員的出身以鄉紳最多，教育程度很不錯，論者每謂各省諮議局的成立，是清末憲政運動中的最大成就。

各省諮議局的共同政治要求，是向清廷請願早日設立國會。張謇儼然是各省諮議局的領袖，在他的策動下，各省諮議局在此後兩年間（1909～1910 年）有了三次請願。為了請願，就有了各省諮議局聯合會的組織，是為策劃請願及其他政治活動的主流。但三次請願，都沒有達到目的。清廷雖同意將九年預備立憲之期，縮短為六年──預訂於宣統五年（1913 年）召開議會，但對一些仍留北京曉曉不休的請願者，毫不容情，下令押解回籍。

諮議局是省級民意機構，資政院則是全國性中央級的半民意機構。清廷下令籌設係在光緒三十二年（1906 年），次年（1907 年）八月，清廷派溥倫為資政院總裁，會同軍機大臣妥擬院章，完成後於宣統元年 （1909 年） 七月八日由清廷明諭公布。其正式成立開院，則在宣統二年九月一日──1910 年 10 月 14 日。

依據資政院章程，資政院議員分兩種：一為欽選，即清廷指派的王公大臣及其他人士；一為互選，由各省諮議局互選若干，各省督撫遴選若干，一併作為該省區選出之議員，由各省督撫具送資政院。因此，資政院的官方色彩重於地方民意，最多只能視之為官紳混合機構。總裁溥倫，副總裁沈家本。對於各省諮議局發動的第三次請願表示贊成。溥倫亦曾向攝政王載灃力陳縮短立憲年限的必要，因而獲得了由九年縮為六年的結果。此外卻甚少表現，直至宣統三年（1911 年）八月武昌起義後，資政院才又提出

了一項《憲法十九信條》，但為時已晚，起不了什麼作用。

三、失敗後的路向──贊助革命

清宣統三年──也是近代歷史上大放異彩的辛亥年（1911 年），清廷、立憲、革命三方面的勢力作了最後的攤牌：清廷被革命勢力推翻，革命之成功，原因之一也是由於立憲派的參與，而立憲派的轉向革命，則係由於對清廷立憲的絕望。

四月十日（5 月 8 日），清廷頒布內閣官制十九條，並任命了所謂責任內閣的閣員，這是立憲派人士感受到的最大絕望。先看這張名單：

內閣總理大臣：奕劻

協理大臣：那桐、徐世昌

外務大臣：梁敦彥

民政大臣：善耆

度支大臣：載澤

法部大臣：紹昌

陸軍大臣：廕昌

海軍大臣：載洵

學部大臣：唐景崇

農工商大臣：溥倫

郵傳大臣：盛宣懷

理藩大臣：壽耆

以上十三人中，滿人占了八名，漢人四名，壽耆為蒙古人。滿人八名中，皇族又占了五名，因此被稱之為「皇族內閣」。滿人的聲名也不好，奕劻聲名狼藉，餘或昏庸無知，或為紈絝少年。國人無不失望，立憲派失望尤甚。各省諮議局聯合會奏呈了一份抗議性的意見書，毫不客氣的說：「以皇族組織內閣，不合君主立憲公例，請另簡大員組織內閣。」清廷的答覆

卻是嚴峻的申斥：「朝廷用人，審時度勢，一秉大公，爾臣民等均當懍遵欽定憲法大綱，不得率行干請，以符君主立憲之本旨。」

　　對「皇族內閣」的抗議未息，四川的保路風潮又起。四川的立憲派人士為商民請命，力爭路權，結果卻是被捕被辱。四川諮議局議長蒲殿俊，副議長羅綸等人於七月十五日（9月7日）被捕後，和平的爭路運動就不能不轉變為革命黨掌握下武力抗清的行動了。這是立憲派在辛亥年遭受到的第二次凌辱，顯示清廷已不復對立憲派作任何的遷就。立憲派連年來的奔走和努力，顯然已經失敗了。

　　辛亥夏季，立憲派的領袖們不能不作轉向的打算了。轉向何方？只有贊助革命。張謇、湯壽潛、譚延闓、湯化龍、孫洪伊等人在辛亥革命時的行動，證實了他們轉變後的新方向。

研究與討論

一、何謂立憲派？其主要領導人為誰？

二、清廷對於立憲，是否具有誠意？試就史實以證之。

三、辛亥革命時，立憲派人士何以多贊助革命？

◆第五章◆
辛亥革命與民國創建

第一節　武昌起義前的革命形勢

一、湖北革命團體

　　辛亥革命爆發於武昌，湖北人引以為榮。誠然，湖北是有革命傳統的一個省區。就中國中部諸省而言，湖北的革命團體建立最早，實力亦深厚。論者亦嘗言近代湖北革命空氣之形成，應溯源於湖廣總督張之洞之屬行改革。張之洞自清光緒十五年（1889年）出任湖廣總督，至光緒三十三年（1907年）因補授軍機大臣而離職，經營湖北十九年，開學校、練新軍、辦實業，成績斐然可觀，兩湖遂為全國風氣開通的重要地區之一。然張之洞的思想，仍逃不出「忠君愛國」的範圍，他提倡改革，卻反對康（有為）、梁（啟超），更大力壓制革命活動。所以他對革命的影響是間接的，不是直接的；是在他意料之外的，不是他有意培植革命勢力。

　　湖北留學生之鼓吹革命，始於光緒二十八年（1902年）秋，劉成禺、藍天蔚等之創刊《湖北學生界》月刊。次年（1903年），吳祿貞、黃興等先後到湖北散布革命思想，鄒容的《革命軍》也已在湖北祕密流傳。同年十一月，黃興在湖南創立華興會，湖北一部分青年學生也參加活動，革命很快就由宣傳進入行動階段。

　　光緒三十年（1904年）五月，張難先、胡瑛、呂大森、曹亞伯等在武

昌組成了湖北第一個革命團體——科學補習所，推呂大森為所長，名為研究科學，實際則以革命排滿為宗旨。六月，黃興到武昌來接洽，科學補習所諸人遂贊助黃興於十月間在長沙起義計劃。及長沙事敗，武昌科學補習所也被張之洞下令查封。

同盟會成立後，湖北分會長余誠奉命回到武昌活動。他發現湖北黨人劉敬庵已得聖公會會長胡蘭亭之助，借聖公會閱覽書報之所的日知會進行革命宣傳與活動。余誠遂依劉敬庵以日知會為革命機關，並加擴大。光緒三十二年（1906 年）正月，日知會正式開成立會，到會者百餘人，聲勢頗盛。五月間，孫中山派喬義齋陪一法人歐吉羅（Captain Ozil，亦作 Ogal）前來訪問，劉敬庵等開會歡迎。及十月萍瀏醴革命失敗，日知會遂被波及，劉敬庵、朱子龍、胡瑛等九人被捕，日知會也被張之洞封閉。

日知會被封禁後，黨人開始向軍界活動，而以進入新軍為新的革命道路。成績相當好，光緒三十四年（1908 年）六月——日知會被封後一年又六月，一個新的革命團體出現了。名叫軍隊同盟會。四個月後，改組為群治學社；又過了十個月，改組為振武學社；到宣統三年（1911 年）正月，再改組為文學社——這就是辛亥武昌起義前兩大革命團體之一，在新軍中有相當潛勢力的文學社。社長是蔣翊武，副社長是王憲章，設文書、評議兩部，由詹大悲、劉堯澂（復基）分任部長，胡瑛在獄中亦參與計劃。由湖北軍隊同盟會遞嬗而至文學社，一脈相承，自成系統。

與文學社同時在湖北活動，而以會黨為基本群眾的革命團體，則是共進會。

共進會係於光緒三十三年（1907 年）冬成立於東京，是由同盟會員組成的一個團體，但把同盟會誓詞中的「平均地權」改為「平均人權」。宣統元年（1909 年）春，孫武回到湖北建立共進會組織，得居正、劉公之助，發展亦甚迅速。

文學社與共進會，名稱雖異，而革命排滿之大目標則完全一致。兩個

團體均以湖北人為主體,均與同盟會人黃興、宋教仁、譚人鳳等保持聯絡,以是兩會間亦有意相互合作,結為一體,以免力量分散。劉堯澂、譚人鳳於兩會之合作,尤為熱心。此項合作,於宣統三年(1911 年)四月開始進行,至七月間開聯合會議,決定共同策進武昌起義,革命形勢至是已成引滿待發之勢。

二、廣州三二九之役與同盟會中部總會

庚戌(宣統二年,1910 年)正月廣州新軍起義失敗後,孫中山即計劃廣集款項及人員,發起一次大規模的起義。當時他在美國,託美籍友人荷馬李 (Homer Lea) 及波司 (Charles B. Boothe) 與美國實業家聯絡籌款,並曾與荷馬李等在洛杉磯長堤 (Long Beach) 舉行會議。但這一計劃未能成功。孫中山因於是年二月離美赴檀香山,五月至日本,旋即前往新加坡,計劃以新加坡為基地,整理同盟會會務並策劃起事。十月,孫中山在馬來西亞庇能(Penang,即檳榔嶼)召集黃興、趙聲、胡漢民、鄧澤如等舉行了一次會議,決定在廣州舉行一次大規模的革命行動,這就是全國震動的辛亥三月二十九日(1911 年 4 月 27 日)廣州之役。

依據庇能會議的計劃,這次起義的籌劃工作由黃興負責,趙聲、胡漢民協助之。會後,黃興、胡漢民等先在南洋各地籌款,繼歸香港設立統籌部主持其事。黃興依據庇能會議的決定,以同盟會員和廣州新軍為發難主力;發難地點在廣州,而以長江流域各省為響應,期能一舉而控制大半個中國,促成清廷的早日崩潰。統籌部設有八課,其中有一交通課,其任務即在聯絡蘇、浙、皖、鄂、湘、川、滇、桂、閩、直等省的革命機關與黨人,主持人乃是素與蘇、皖各省革命黨人有密切關係的趙聲。依黃興的計劃,廣州起義成功後,革命軍即分兵北上,進取武漢及江西;武漢、南京及上海等地黨人則急起響應。也就是說,辛亥三月二十九日的廣州之役是一次全面性的計劃,廣州為起點,目標則在長江流域,期使粵江、長江兩

流域的革命勢力聯為一體。黃興曾不只一次的公開說明他這一計劃。如起義失敗後與胡漢民聯名致加拿大同志書中，黃興即說：「當時以廣東為主動，而雲南、廣西、湖北、湖南、江西、安徽、四川、福建、直隸諸省為響應，各處皆有黨人在新軍中預備反正，擬廣東省城一得手，則以次繼起。」

　　為加強長江流域各省的聯絡，黃興曾先後三次派人前往接洽。第一次係派謝介僧、劉承烈自日本入長江，至武漢和長沙。謝、劉帶有黃興致居正函件，要居正在武漢主持策應廣州舉事事宜。並攜有小型製彈機及炸藥，交與長沙革命黨負責人曾伯興（傑）使用。第二次係派譚人鳳由香港北上長江，譚帶了五千元，到上海後交給鄭贊丞三千元，要鄭辦理蘇、浙、皖、贛等省響應廣州起義事；到武昌，交居正八百元，囑於廣州起事時急起響應；譚再去長沙，以七百元交於曾伯興，部署湘事。第三次係派盧叔雍帶了黃興的親筆函，自香港往廣州至長沙訪曾伯興，囑曾於廣州起義後速為響應。

　　廣州起義不幸失敗了，長江各省的革命黨人自然不敢輕舉妄動，暫時

廣州三二九之役被捕的部分革命黨人

忍耐著等待另一次機會。果然，廣州之役失敗後不到六個月，武昌便爆發了石破天驚的大革命。

廣州起義前，蘇、皖等省的革命黨人曾南下參加。宋玉琳等早到了，趕上參加起義並壯烈犧牲；宋教仁、陳其美遲了一步，等他們趕到香港時，廣州起事已經失敗，兩人只有再回到上海，在于右任的《民立報》上繼續作文字的鼓吹。譚人鳳是到了廣州，但因年老且不熟悉武器的使用，黃興不讓他參加，他自然感到很悲憤。失敗後，譚人鳳也到了上海，也去過武漢一次，他和宋教仁、陳其美決定在上海組成一個新革命團體，計劃在長江流域發動革命。這個新團體的名稱是：同盟會中部總會；也有學者稱之為中部同盟會。

同盟會中部總會成立於辛亥（1911 年）閏六月初六日（7 月 31 日），地點在上海四川路湖北小學。簽名於成立大會的發起人有二十九位，並通過了章程和宣言。同盟會中部總會的領導機構，稱總務會，由總務幹事五人組成。五位總幹事是陳其美、潘祖彝、宋教仁、譚人鳳、楊譜笙，譚人鳳並被公推為總務會議長。於各省要地則設立分會，其名稱及主持人是：湖北分會居正，湖南分會焦達峯、曾傑，南京分會鄭贊丞、章梓，安徽分會范鴻仙，四川分會吳永珊、張懋隆。同盟會中部總會成立後，譚人鳳再赴南京及武漢聯絡，長江中游與下游的革命勢力遂聯為一氣。

三、四川路潮

四川路潮，即四川紳民發動的爭路風潮。爭路亦稱保路；路，是指川漢路——計劃自四川成都修至湖北廣水以與蘆漢鐵路（今平漢路）銜接的一條鐵路。路潮的起因，係清廷於宣統三年（1911 年）四月十一日下令鐵路幹線收歸國有。最早提出此一建議者為給事中石長信，極力贊成並大力推行終至惹起反對風潮的人，則是當時的郵傳部尚書盛宣懷。

平心而論，鐵路國有政策乃一個統一國家的常規，未可厚非。但清廷

實施鐵路國有的時機和辦法都不對,盛宣懷又向英德法美四國銀行團以極苛刻的條件借債來修路,使「國有」成為「外有」,便惹起人民的反對與指責了。清廷要收歸國有的幹路,主要的是粵漢、川漢兩路,因此發起爭路風潮的有廣東、湖南、湖北、四川四省,而以四川的紳民最為激昂,再加清廷的處置失當,終至一發不可收拾,四川全局糜爛。

四川的保路運動,開始時係以四川紳商——大部分為立憲派人——為主要策劃者,除爭取路權外並無明顯的政治目的。但自五月二十一日(6月17日)川漢鐵路總公司召開臨時股東大會,決定成立四川保路同志會以後,保路運動遂發展為政治性的群眾運動。在保路聲中,成都於七月初一日(8月24日)開始罷市。七月十五日(9月7日)發起大請願,川督趙爾豐以嚴厲態度對付,民眾被槍殺三十二人,蒲殿俊、羅綸等九人被捕,局勢至此已不可收拾,和平保路運動已轉化為武裝抗清運動了。

四川保路風潮之所以釀為燎原之火,有兩項主要的因素:一為革命黨人之參與運用,一為滿清政府之蠻橫高壓政策。

依據四川革命黨人的記述,保路運動一開始,黨人即決定使之轉化為革命運動。五月二十一日股東大會的召開以及同志會與同志軍的成立,均為同盟會人活動的結果。同盟會的決策是:藉保路之名,行革命之實,七月十五日請願失敗後,革命黨人遂進行組織川南各地民眾,準備起義。八月十二日(10月2日),榮縣在同盟會人王天杰的主持下,宣布獨立,為全國各地最早對清廷宣布獨立者,而其明揭「驅除韃虜,恢復中華,創立民國,平均地權」之革命旗幟,國人始明悉川局之變實為革命黨人主動。

對於川路風潮,清廷最大的錯誤便是一味採取高壓政策。四月十一日宣布鐵路國有的「上諭」中,就有「如有不顧大局,故意擾亂路政,煽惑抵抗,即照違制論」的威脅,用意已極明顯。四川護理總督王人文同情保路,力主和平應付,竟被申斥。及趙爾豐於閏六月初一日繼任川督,冥頑如故,致釀七月十五日流血慘劇,川人人心盡去。而清廷竟又令端方率兵

清廷派端方（中坐者）率新軍入川鎮壓

入川鎮壓，端方率原駐武昌之新軍三一、三二兩標入川，武昌革命黨人遂乘虛而動，於是有八月十九日之首義。而端方入川亦無補於事，其本人亦在資州被殺，可謂清廷高壓政策下的犧牲者。

研究與討論

一、試就革命立場，論述張之洞之功過。

二、廣州三二九之役與武昌起義，有何關係？

三、四川保路風潮何以能發展為武昌起義的導火線？

第二節　武昌首義與各省光復

一、武昌起義

　　辛亥（1911 年）七月初，文學社與共進會舉行聯合會議後，即已議及

起義時的指揮問題，同意推蔣翊武為起義時的總指揮，孫武為參謀長，劉堯澂、蔡濟民等十多人為軍事籌備員，分頭進行。總指揮部則設於武昌小朝街八十五號，這裡本是文學社的社本部。

革命起義，自然需要相當數目的費用。碰巧劉公的父親給他大筆款項要他到北京去捐個官位，經同志說勸，劉公同意捐出五千元來做革命經費。黨人有了這筆錢，就決定派居正和楊玉如到上海去購買手槍，並邀黃興、譚人鳳等來武昌指揮。居、楊於七月二十四日（9月16日）啟程赴滬，到滬後始知黃興尚在香港，於是託呂志伊、劉芷芬赴港向黃興報告，黃乃決定於稍事安排後即行去鄂。

八月開始，武漢的風雲更趨緊急。新軍中的一部分，已由端方帶領開赴四川去鎮壓川亂，一部分又奉令移駐宜昌及襄陽，湖廣總督瑞澂向清廷報告說，他已獲得革命黨正醞釀起事的情報，將全力防範。八月初三日（9月24日），駐南湖炮隊的黨人，由於為一位請假離營的同志梅青天送行，酒酣聲狂，不聽排長制止，且欲乘機起事，但因炮上撞針已被卸走，才只喧鬧一陣作罷。這件事，使清吏提高警覺，把子彈都收繳起來，對軍士的控制更加嚴厲。

黨人以情勢緊急，決定於八月十五日（10月6日）起事。風聲所播，市面已遍傳「八月十五殺韃子」的流言。清吏因於十二日召集會議，決定自十二日至十六日實施戒嚴，中秋節也提前一日慶賀。在此種風聲鶴唳的狀態下，未敢猝發，乃再改期於八月十八日（10月9日）起事。

八月十八日上午十時，孫武等在漢口俄租界寶善里十四號機關部試驗炸藥，不小心爆炸了，孫受了傷。俄警聞聲而至，所有旗幟、徽章、印信、文告及新印中華銀行鈔票等，均被擄走，湖廣總督瑞澂就開始部署軍警，準備搜捕。也就在八月十八日這天，蔣翊武從岳州趕回武昌，與劉堯澂、彭楚藩、龔霞初等在小朝街機關部會商起義的事。及聞漢口寶善里機關被破獲，決定當晚行動。蔣翊武以臨時總司令名義於下午五時發布了第一張

作戰命令，通令各單位黨人：

　　本軍於今夜十二時舉義，興復漢族，驅逐滿奴。

　　但時間已經晚了，街上已嚴密戒嚴，無法通行，命令並未能按時傳達至各營。及近十二時，小朝街機關部亦被軍警衝入，劉堯澂、彭楚藩、蔣翊武等均被捕。楊宏勝於送信及炸彈至工程營後，亦於家中被獲。是夜黨人為清軍逮捕者有三十二人，除蔣翊武因蓄長辮，且狀似學究，無人留意，故能乘間逃脫外，其餘均被嚴刑鞫訊。其中劉堯澂、彭楚藩、楊宏勝三人，自承革命黨人，痛斥審訊清吏，慷慨激昂，一如黃花岡七十二烈士所表現者。次晨遂均被殺害，是為中華民國開國史上灑血於武昌督署轅門之三烈士。

　　八月十九日——陽曆 10 月 10 日，武昌城內風聲鶴唳，人心惶惶。由於革命機關悉被破獲，黨人名冊俱被搜去，清吏將按名追捕，各營隊中之黨人人人自危。工程第八營之黨人總代表熊秉坤——他在軍中的職務僅係棚長，即今之班長，決定先發制人，於當晚九時晚點名後舉事。他祕密派人遍告新軍各營中之負責黨人蔡濟民、方維等，諸人亦慨允同時響應。至夜十二時，黨人金兆龍、程定國與前來誘擒彼等之排長陶啟勝搏鬥，熊秉坤適時趕到放出了第一槍，武昌起義的行動立即開始了。

　　熊秉坤當即集合黨人，直趨楚望臺，占領軍械庫。二十九標蔡濟民、三十標方維及南湖炮隊均如約響應，乃推工程第八營左隊隊官吳兆麟為臨時總指揮，下令向督署攻擊。炮隊轟擊督署，極具威力，總督瑞澂偕統制張彪逃登楚豫艦。至二十日正午，武昌全城遂告光復。當夜，革命黨人光復漢陽；二十一日晨，漢口亦告光復。至是武漢三鎮遍懸九角十八星之革命軍旗，一個新的國家——中華民國，遂告誕生。

二、各國中立與陽夏對戰

武昌光復之日——八月二十日（10 月 11 日）上午，革命黨人聚集於湖北諮議局，決議組織中華民國軍政府，並推第二十一混成協統領黎元洪（1864～1928 年）為都督。湖北諮議局議長湯化龍則被推為政事部長，主持軍政府之政務。同時由起義軍官蔡濟民、吳醒漢等十五人組織謀略處，籌劃作戰機宜。當日即以「中華民國軍政府鄂軍都督黎」名義發出告示，號召各界人士「執鞭來歸」，以「共圖光復事業」，「立期建立中華民國」。年號用黃帝紀元四千六百有九年字樣，廢除清帝年號。

武漢三鎮雖迅告光復，然局勢並非穩定。蓋軍政府面臨兩項重大問題：一為外交，即如何能使駐漢各國領事不干涉革命軍的行事，能援助革命軍則更好；一為軍事，即如何編組軍旅，振奮士氣，以抵抗清軍必然發動的反攻，且能致勝。

外交方面，軍政府政事部下設外交司，由夏壽康任司長。軍政府建立後的第二日，即對駐在漢口的英、法、德、俄、日五國領事館發出第一份

1911 年 10 月 11 日，湖北軍政府成立

外交照會，說明軍政府起事的背景，並宣布外交政策七條，其內容與同盟會《革命方略》中《對外宣言》所列者，完全相同。其要點：起義前清廷與外國所訂條約均繼續有效，外債負責償還，外人應加保護；起義後所訂條約及債務則概不承認，各國如助清政府，概以敵人視之，接濟清政府之物資一概沒收。軍政府派夏維松等持此照會與各國領事館交涉，要求各國贊助革命軍承認為交戰團體。

革命軍初起時，瑞澂、張彪等於逃登楚豫艦後，曾請駐漢口德國領事令德艦轟擊革命軍，德領事雖有意相助，但礙於《辛丑條約》之規定，不能單獨行動。乃開領事團會商，各國領事初無成見，惟法領事羅氏 (Ulysse-Raphaël Réau) 為孫中山舊交，深悉革命內情，亟言孫中山之革命係以改良政治為目的，不能與義和團一例看待，而加干涉。俄國領事敖得夫 (Ostroverkhov) 為領袖領事，贊同羅氏之說。今得軍政府照會，並觀察革命軍實際行動，益信革命軍無任何排外性質，乃於八月二十五日（10月16日）決議嚴守中立，二十七日（18日）各國領事正式布告：「嚴守中立，並照租界規定不准攜帶軍械之武裝人員在租界內發現及在租界內儲藏各式軍械及炸藥等事」，領事團且宣告：如兩方交戰，必須距租界十英里以外進行。此無異已承認革命軍為交戰團體，乃為武昌軍政府外交上之一大成功，亦為辛亥革命成功之一項因素。

至於抵抗清軍的反攻，此後卻展開為期近五十天的對戰。清廷初聞武昌變起，即革瑞澂、張彪之職，派廕昌率軍南下，薩鎮冰率海軍溯江西上，對武漢採水陸夾攻之勢。清攝政王載灃並捐棄前嫌，起用袁世凱為湖廣總督。革命軍——當時稱民軍，亦迅速編組為四旅，由宋錫全、何錫藩等部扼守漢陽、漢口。民軍訓練裝備雖遜於清軍，惟士氣旺盛，與清軍戰於大智門一帶，頗為英勇，居正在前線督戰，且受輕傷。兩軍對峙之形勢，維持至半月之久，至九月初旬，袁世凱以欽差大臣名義派北洋精銳馮國璋、段祺瑞兩部來攻，形勢乃驟變。革命軍漸趨劣勢。

正當漢口陷於馮國璋部清軍優勢兵力的壓力之下，武漢人心已見慌亂之際，黃興於九月初七日（10月28日）抵達武昌。黎元洪使人持「黃興到」大字標旗遊行街頭，民心士氣為之復振。黃興於次晨即前往漢口督師，經四日夜之戰鬥，但未能挽回頹勢，漢口於十一日為清軍攻占，民軍退守漢陽。清軍在漢口大肆燒掠，外人亦為之側目。

九月十三日（11月3日），黃興受任為民軍戰時總司令，督率各部民軍防守漢陽。昔日留日陸軍士官生李書城等均來投效，南京陸軍中學學生陳果夫等自動前來參戰，日人萱野長知等亦率兵工人員前來相助。一時情勢轉好，黃興並於九月二十六日（11月16日）下令反攻漢口。但由於新兵訓練不夠，不耐久戰，致功敗垂成。繼續支持至十月初七日（11月27日），漢陽亦告不守。

漢口、漢陽相繼為袁世凱部清軍攻陷，武昌亦岌岌可危。所幸此時各省已紛紛光復，尤以上海與南京之光復，足以彌補武漢之失，革命的聲勢反而益盛。黃興於漢陽失守後，亦東下上海，革命勢力的中心已由武漢東移至寧滬。袁世凱於武漢戰事告一段落後，停止進攻，並派出代表與革命軍接洽停戰。

三、各省光復及海軍附義

武昌起義是辛亥革命的開端，但不是辛亥革命的全貌。武昌起義後各省紛起響應，才迫使清廷處於大勢已去的困境，革命的成功才形成必然的趨勢。及中華民國臨時政府建立，清帝退位，辛亥革命才有了結果。因之，著者的觀察是：「辛亥革命成功與否的關鍵，不在漢口或漢陽的戰場，而在武昌起義之後兩個月內南中各省的相繼光復。」

武昌起義後第十二天——九月初一日（10月22日），湖南和陝西同告光復，是最早響應武昌起義的兩個省區。對武漢而言，湖南的光復尤其重要。本來湖北與湖南的革命運動是分不開的，湖北在策劃起義時也同時約

焦達峯在湖南響應，湖南過了十二天才有了響應的行動，為時已嫌過遲。湖南光復時焦達峯、陳作新分任正副都督，諮議局議長譚延闓被推為參議院議長。九天之後——九月初十日（10月31日），發生兵變，焦、陳遇害，譚繼任都督，隨即出兵援鄂。譚沖和中正，為立憲派人士轉向革命後始終如一的開國元勳。

繼長沙、西安之後，繼之宣告光復者有九江、太原、昆明、南昌、上海、貴陽、杭州、蘇州、壽州、桂林、鎮江、廣州、福州、重慶、安慶、濟南、南京、成都、伊犁等重要城市；如以省籍計算，則為湖北、湖南、陝西、江西、山西、雲南、貴州、江蘇、浙江、廣西、福建、廣東、安徽、四川、山東等十五省。中國本部十八省中，僅直隸、河南、甘肅尚未光復。

實則革命行動並不限於上述十五省，如直隸灤州之第二十鎮策劃兵諫事件，吳祿貞與山西密組燕晉聯軍因而被刺殺事件，河南同盟會員張鍾端等結合綠林在開封起事失敗事件，以及新疆伊犁宣布獨立事件等，相繼發生，革命烽火已遍全國，即東三省亦有半獨立性質之國民保安會出現。藍天蔚等並有在東北起義的計劃，曾經獲上海陳其美、戴傳賢等人的贊助，不幸未能成功。情形比較特殊的是山東，巡撫孫寶琦在濟南各界聯合會的要求下，於九月二十三日（11月13日）宣布獨立，十二天後又取消了，充分表現出孫寶琦首鼠兩端的醜態。但山東東部煙臺一帶，則始終為革命黨人所據有。

前述光復各省區中，以革命軍的實力及戰略地位而言，自然以滬、寧光復為最重要。主持蘇浙地區革命運動的黨人，主要的是陳其美，光復會人李燮和也有貢獻，立憲派人張謇、湯壽潛等也予以支持。上海係於九月十三日（11月3日）光復，次日杭州亦由新軍將領顧乃斌、朱瑞及由上海前來支援的蔣中正等，合力攻克；蘇州亦於同日贊成革命，原任江蘇巡撫程德全被推為都督。三天之後，鎮江亦為鎮軍統領林述慶光復。於是蘇、浙、滬三處革命軍合組聯軍，推徐紹楨為總司令，進攻南京，經兩晝夜之

激戰，革命軍終於在十月十二日（12月2日）完全占領了這一名城。滬、寧光復的重要性，孫中山有幾句非常實在的話：

> 時響應之最有力而影響於全國最大者，厥為上海。陳英士（其美）在此積極進行，故漢口一失，英士則能取上海以抵之，由上海乃能窺取南京。後漢陽一失，吾黨又得南京以抵之，革命之大局因以益振，則上海英士一木之支者，較他省尤多也。

辛亥革命過程中，清海軍的態度亦為影響成敗的一項因素。革命軍在武昌起義後，清廷令海軍提督薩鎮冰調集艦艇於長江，上援武漢。黎元洪雖三次致書薩氏勸說，薩卻始終不悟。但海軍艦艇官兵中，不乏革命黨人，如海琛艦正電官張懌伯等即早有起義計畫。武漢戰役中，張聯絡海籌艦正電官何渭生及海容艦正電官金璙章，密囑炮手不瞄準革命軍，非射向天空，即射入江中。及上海、鎮江光復，停泊兩處江面之艦隻立即歸順革命軍。薩乃率艦自武漢下駛，抵九江時各艦皆懸白旗表示響應革命，受到江西黨人李烈鈞、林森、吳鐵城等人之歡迎。薩鎮冰時已悄然離去，由海籌艦長

上海光復，城內懸掛象徵革命勝利的五色旗

黃鍾瑛任臨時司令。至是海軍遂悉歸革命陣營，旋奉令回駛武漢，協助革命軍作戰。繼復駛滬，換青天白日滿地紅旗幟，成為中華民國新海軍之主力。

四、北方革命活動

辛亥武昌起義後，北方各省革命黨人亦積極活動。九月初八日（10月29日），駐防灤州的第二十鎮統制張紹曾與第二混成協統領藍天蔚，聯名通電要求清政府宣布立憲；就在同一天，山西宣布獨立。這是北方黨人響應武昌起義的第一步，使北京處於兩面夾擊之中。清廷於張紹曾通電的次日，即下詔「罪己」，聲明要與「國民」來「維新更始，實行憲政」，這等於接受了張的要求，資政院也確曾依據張紹曾所提出的政綱，快馬加鞭的制訂了《憲法十九信條》。但張紹曾並不滿意，他一方面暗中與東北民黨張榕等暗通聲氣，一方面致電黎元洪遙為聲援，他並且再電清廷，以「所部不穩」相要挾，反對清廷派兵進攻武漢革命軍。實際上，張紹曾已與其現任第六鎮統制的日本士官學校同期同學吳祿貞密約，共謀於適當時機進圍北京。

吳祿貞實為北方革命運動成敗的關鍵人物。他是第六鎮統制，山西獨立後清軍又任命他為山西巡撫，率部進駐石家莊。他就趁此時機，分別與灤州張紹曾，太原閻錫山密約，組織聯軍，作進軍北京之準備，又下令扣留由京漢路南運武漢的軍火，以減輕武漢革命軍的壓力。吳並致電清廷，請治馮國璋在漢口焚殺之罪。但吳祿貞的計劃失敗了，九月十七日（11月7日）晨，他被刺殺於石家莊車站。

吳祿貞被刺殺，清廷又調虎離山，任命張紹曾為長江宣撫大臣，把他的兵權解除了。但是第二十鎮中的革命黨人王金銘、施從雲、孫諫聲、馮玉祥等數十人，繼續祕密活動，並與北方共和會、京津同盟會等團體聯繫，於辛亥年十一月十五日——民國元年一月三日，在灤州宣布獨立，成立北方革命軍政府，推王金銘為大都督，施從雲為總司令，通電全國，表示其

「民清不兩立，漢滿不並存」的立場。當王金銘等率師西上時卻為王懷慶所紿，而遭敗績。是為「灤州起義」，王金銘、施從雲、白毓崑等三十餘人，均告殉難。

在北方活動的革命團體，如丁開嶂所創的鐵血會，胡鄂公所創的共和會，張榕所創的急進會等，亦活動頻繁。尤其以汪兆銘、李煜瀛為正副會長的京津同盟會，組織至為龐大。惟汪、李初採「聯袁倒清」策略，及見袁世凱徘徊觀望，居心叵測，亦決定予以制裁，此乃張先培等於民國元年一月十六日謀刺袁世凱之由來。二十六日，京津同盟會暗殺部部長彭家珍復有炸斃良弼之舉。良弼時為清廷禁衛軍總領兼軍諮處副辦，為清廷親貴中頗具膽識且又知兵之人。他反對清帝退位，也不滿意於袁世凱，計劃與鐵良、那桐等組織宗社黨，以衛護清室。良弼既斃，清王公人人震恐，不敢復言反對共和，上海議和乃能急轉直下，本來南北所爭持的國體問題，一變而為清帝的退位問題——何時退位及如何退位而已。

研究與討論

一、武昌首義一舉成功的主要因素是什麼？

二、辛亥革命過程中，滬寧的光復何以特別重要？

三、灤州起義的過程為何？

第三節　中華民國之建立

一、組織統一機關的籌議

十五省先後光復，雖在中華民國的統一名號下各自建立軍政府，但無統一的政治機構，於處理全國性事務及對外辦理交涉，自有不便。湖北軍

政府因於九月十七日（11 月 7 日），以鄂軍都督黎元洪名義通電各省，徵詢設立統一機關的意見。十九日（9 日）黎元洪再發一電，說明「亟應建立聯邦國家，為對外之交涉，要求各省速派全權委員來鄂」。與黎電同時，廣西、雲南亦發出通電，建議組織統一的機關，雲南並主張各省派代表集會武昌，籌議「國體」與「政體」。是為籌組臨時政府最早的倡議。

　　由於蕪湖、九江間的電報損壞，武漢的兩電並未能按時傳至東南各省。九月二十一日（11 月 11 日），蘇督程德全與浙督湯壽潛聯名致電滬督陳其美，提議仿效美國獨立時召開十三州會議的制度，由各省派代表到上海組織臨時議事機關，以磋商對內對外有關事宜。程、湯通電中並提出「集議方法」四條及「提議大綱」三條：

集議方法：

　　一、各省舊時諮議局，各派代表一人。

　　二、各省現時都督府各派代表一人均常駐上海。

　　三、以江蘇教育總會為招待所。

　　四、有兩省以上代表到會，即行開議，續到者隨到隨與議。

提議大綱：

　　一、公認外交代表。

　　二、對於軍事進行之聯絡方法。

　　三、對清皇室之處置。

　　陳其美自然同意程、湯的提議。外交代表一職，洽請前駐美公使伍廷芳出任，伍氏亦慨然允諾。九月二十三日（11 月 13 日）陳其美正式致電各省，請公舉代表來滬，議商建立臨時政府。蘇、浙、閩、滬、魯等省代表隨即到滬，於九月二十五日（11 月 15 日）舉行首次會議，定名為「各省都督府代表聯合會」──簡稱各省代表會，並正式推定伍廷芳、溫宗堯為臨時外交正副總代表，辦理對外交涉。三十日（11 月 20 日），復決議承認湖北軍政府為民國中央軍政府，由鄂軍都督執行中央政務並統籌全局，

且請黎元洪以中央軍政府名義，予伍廷芳、溫宗堯以正式委任。

武漢方面，同意由伍廷芳辦理外交。但以武漢亦早電請各省派代表至漢會商，湘、贛、粵、桂、黔、滇等省代表即將到達，因仍請在滬各省代表赴漢，並派居正、陶鳳集赴滬邀約。居、陶於十月初三日（11 月 23 日）抵滬，向各省代表說明黎意。各省代表遂決議前往武漢開會，惟每省仍派一人留駐上海，負責聯絡，對外仍用各省都督府代表聯合會名義。

各省代表由上海到達武漢之際，亦正是漢陽失守，武昌面臨被攻擊之危急之時。代表會遂不得不假漢口英租界順昌洋行為會所，並先由各省代表聯名發表致武漢各界慰勞文，以安民心。十月十日（11 月 30 日），到漢各省代表舉行首次會議，推譚人鳳為臨時議長，舉黎元洪為中央軍政府大都督，並推雷奮、馬君武、王正廷等起草《中華民國臨時政府組織大綱》，次日即草草予以通過。各省代表又復決議：如袁世凱反正，當公舉為臨時大總統。

武昌岌岌可危，各省代表的心情自甚惶惑。十月十四日（12 月 4 日），接上海來電得知南京已於兩日前光復，於是決議：以南京為臨時政府所在地，各省代表於七日內齊集南京；若有十省以上之代表到南京，即開臨時大總統選舉會。

赴漢各省代表於十月二十一至二十三日（12 月 11～13 日）間，先後抵達南京。並決議定二十六日（12 月 16 日）在南京開臨時大總統選舉會。旋聞孫中山歸國已抵新加坡，各省代表遂決意等待孫中山返國後再行選舉。孫中山於十一月初六日（12 月 25 日）抵上海，次日各省代表會即通告臨時總統選舉會定於十一月初十日（12 月 29 日）上午在南京舉行。

二、孫中山回國

孫中山為中國革命的倡導者，也是同盟會的總理，他被考慮為新中國的政治首領，自是順理成章的事。武昌起義之夕，孫中山適行抵美國科羅

拉多州 (Colorado) 的丹佛城 (Denver)。次日從報紙上獲知武昌起義消息，他可以立即動身經由太平洋回國，那樣他將受到英雄式的歡迎，對各省革命黨人自然也是一大鼓勵。但孫中山沒有這樣做，他決定由美赴歐先致力於外交交涉，以爭取各國對中國革命事業的贊助。他之所以作此決定，一方面是由於獲知黃興已決定前去武漢督戰，戰陣之事可以放心，一方面是認定他所能致力者，「不在疆場之上，而在樽俎之間」。對於當時世界列強對中國革命的態度，孫中山作如下的分析：

> 列強之與中國最有關係者有六焉：美、法二國則當表同情者也；德、俄二國則當反對革命者也；日本則民間表同情，而其政府反對者也；英國則民間同情，而其政府未定者也。是故我之外交關鍵，可以舉足輕重為我成敗存亡所繫者，厥為英國。倘英國佑我，則日本不能為患矣。

既以英國為交涉重點，孫中山乃自美赴英。孫中山在倫敦與英、法、德、美四國銀行團的負責人見面商請停付清廷的借款，並委託維加炮廠總理——即維克兵工廠 (Messrs Vickers, Sons and Maxim) 的負責人道生 (Sir Trever Dawson)，向英國外交部提出三項要求：一、停止清廷一切借款，二、制止日本援助清廷，三、取消各地英屬政府之放逐令，以便取道回國；英政府都同意了。孫中山在英交涉之成功，不僅斷絕了清廷國外的財政支援，且使其國際聲望為之墜失，於辛亥革命之成功，則有極為有利之影響。

十月一日（11 月 21 日），孫中山自倫敦到達巴黎。他在巴黎只停留三日，卻與法國朝野作了廣泛的接觸。會見過其後出任法國總理的克里孟梭 (Georges Clemenceau) 等人就借款問題與革命展望、庚款、日俄同盟、列強與中國財政等問題，坦誠的交換意見。然後自巴黎前往馬賽，登輪返國。啟程之際，他致電上海《民立報》轉民國軍政府，告以「文已循途東歸」，

並表明對民國政治的看法：

> 今聞已有上海會議之組織，欣悉總統自當推定黎君，聞黎有推袁之
> 說，合宜亦善。總之，隨宜推定，但求早鞏固國基。滿清時代權勢
> 利祿之爭，我人必久厭薄，此後社會當以工商實業為競點，為新中
> 國開一新局面。至於政權，皆以服務視之為要領。

　　孫中山光明磊落，廓然大公，實乃大政治家之風範。在他未歸國前，
蘇督程德全即早於九月二十四日（11 月 14 日）致電各省，提議「公電懇
請孫中山先生迅速回國，組織臨時政府，一以事權」，陳其美、蔣雁行等亦
均認為中華民國之政治領袖，非孫中山莫屬。

　　孫中山經新加坡、香港，於十一月初六日（12 月 25 日）回抵上海，
同盟會各重要幹部均在滬相迎。已光復各省均函電歡迎。

三、臨時政府成立

　　孫中山抵滬之次日──十一月初七日（12 月 26 日），召集同盟會幹部
會議，會商政府組織問題。宋教仁主張內閣制，孫中山堅持總統制更能發
揮政治功效，馬君武、張人傑等亦均主張總統制。眾人遂決議採行總統制，
並推黃興於次日前往南京向各省代表聯合會會商。黃到京後即向各省代表
會提議三事：

　　一、改用陽曆。

　　二、起義時以黃帝紀元，今應改為中華民國紀元。

　　三、政府組織取總統制。

　　各省代表會討論後，對三項提議完全接受。決定十一月初九日舉行臨
時大總統選舉會預備會──選出總統候選人，初十日正式選舉臨時大總統。

　　辛亥十一月初十日──1911 年 12 月 29 日，中國有史以來之第一次大

總統選舉會，於上午九時在南京正式舉行。出席直隸、奉天、山東、河南、湖北、湖南、廣東、廣西、福建、山西、陝西、雲南、江西、安徽、四川、江蘇、浙江等十七省代表，共四十五人。上海《民立報》報導其進行情形如下：

> 今晨（初十日）十時起，開正式選舉會，劉之潔代程都督（德全）開箱驗票，由湯議長（爾和）聲明：此次選舉為四千年來歷史上別開生面，眾歡呼拍掌。及開昨夜（選舉會預備會）票箱，有被選資格者得孫君文、黎君元洪、黃君興三人；當即分票於十七省代表，由議長按省分次序逐呼省名，挨次投票。開票之結果，孫君文得十六票，黃君興得一票，眾呼中華共和萬歲三聲。是時音樂大作，在場軍學各界互相慶賀，喜悅之情達於極點。

依據《中華民國臨時政府組織大綱》第一條之規定，各省地位平等，均以投一票為限，故投十七票。孫中山以十六票當選，係絕對多數票。各省代表會並決定由議長湯爾和，副議長王寵惠去上海歡迎孫中山，並通告

《民立報》上刊載孫中山當選臨時大總統的消息

中外。十一月十三日（1912 年 1 月 1 日），孫中山偕胡漢民等由上海前往
南京，於當日午後十時在江蘇諮議局舊址，宣誓就中華民國臨時大總統職。
誓詞是：

> 顛覆滿洲專制政府，鞏固中華民國，圖謀民生幸福，此國民之公意，
> 文實遵之。以忠於國，為眾服務。至專制政府既倒，國內無變亂，
> 民國卓立於世界，為列邦公認，斯時文當解臨時大總統之職，謹以
> 此誓於國民。

中華民國採用陽曆，以孫大總統就職之日即辛亥（清宣統三年）十一
月十三日──1912 年 1 月 1 日，為中華民國元年元旦。孫大總統就職之當
日即發布《中華民國大總統孫文宣言書》，揭示中華民國的立國方針是：

> 國家之本，在於人民，合漢、滿、蒙、回、藏諸地為一國，即合漢、
> 滿、蒙、回、藏諸族為一人，是曰民族之統一。武漢首義，十數行
> 省先後獨立。所謂獨立對於清廷為脫離，對於各省為聯合，蒙古、
> 西藏，意亦同此。行動既一，決無歧趨，樞機成於中央，斯經緯周
> 於四至，是曰領土之統一。血鐘一鳴，義旗四起，擁甲帶戈之士，
> 遍於十餘行省，雖編制不一，號令或不齊，而目的所在，則無不同。
> 由共同之目的，以為共同之行動，整齊畫一，夫豈其難？是曰軍政
> 之統一。國家幅員遼闊，各省自有其風氣所宜，前此清廷強以中央
> 集權之法行之，遂其偽立憲之術。今者各省聯合，互謀自治，此後
> 行政，期於中央政府與各省之關係調劑得宜，大綱既挈，條目自舉，
> 是曰內治之統一。滿清時代藉立憲之名，行欲財之實，雜捐苛細，
> 民不聊生！此後國家經費取給於民，必期合於理財學理，而尤在改
> 良社會經濟組織，使人民知有生之樂，是曰財政之統一。

《宣言書》同時宣告中華民國之外交方針：

> 臨時政府成立以後，當盡文明國應盡之義務，以期享文明國應享之
> 權利。滿清時代辱國之舉措與排外之心理，務一洗而去之，與我友
> 邦益增睦誼，持和平主義，將使中國見重於國際社會，且將使世界
> 漸趨於大同。

依據各省代表會制訂之《中華民國臨時政府中央行政各部及其權限》，
臨時政府暫設陸軍、海軍、外交、司法、財政、內務、教育、實業、交通
九部；各部設總長、次長各一人，總長由大總統提名經各省代表會同意後
任命，次長則由大總統直接簡派。

民國元年元月三日，各省代表會選舉黎元洪為副總統。復同意孫大總
統提名之各部總長人選，孫大總統當日即將各部總、次長正式任命，名單
如下：

部　別	總　長	次　長
陸軍部	黃　興	蔣作賓
海軍部	黃鍾瑛	湯薌銘
司法部	伍廷芳	呂志伊
財政部	陳錦濤	王鴻猷
外交部	王寵惠	魏宸組
內務部	程德全	居　正
教育部	蔡元培	景耀月
實業部	張　謇	馬君武
交通部	湯壽潛	于右任

　　以上九位總長中，僅黃興、王寵惠、蔡元培三人為同盟會員，其餘則為立憲派人士及清吏之新贊同革命者。次長則皆為同盟會員，且為青年才智之士。總統府之幕僚長稱祕書長，孫大總統指派胡漢民擔任。一月九日，令設參謀部以掌理軍令，由黃興兼任參謀總長，鈕永建為參謀副長。

　　依據《臨時政府組織大綱》，臨時立法機關稱臨時參議院，由各省都督府指派參議員三人組成之。臨時參議院成立前，由各省代表會代行其職權。一月下旬，各省所派參議員陸續到寧——亦有少數省區未另派參議員，即以原代表會之代表代行參議員職務者，臨時參議院遂於一月二十八日正式成立。出席十七省參議員，共三十一人，孫大總統及各部總次長亦均到會觀禮。二十九日，選舉林森為議長，陳陶怡為副議長。旋因陳陶怡辭職，於三月十五日改選王正廷為副議長。臨時參議院於建立國家法制，貢獻甚大，其尤為重要者，為制訂《中華民國臨時約法》一種，由孫大總統於民國元年三月十一日明令公布，是為中華民國之第一部根本大法。依據《臨時約法》，中央政制採行內閣制，故臨時政府北遷北京後，有國務總理一職之設置。而確定「主權在民」之原則（第二條），明定人民之基本權利與義務（第二章各條）二者，尤足表現《臨時約法》之民主精神與進步特性。

四、開國規模

　　孫中山於其就任臨時大總統之後發表的《宣言書》中，提到「民國新建，外交內政，百緒繁生」，又謂「臨時之政府，革命時代之政府也」。這把南京臨時政府的地位說得非常明白。臨時政府是由已宣告光復的各省區協議設立的政府，代表革命陣營的中央首腦部，其任務乃在與北方清廷及袁世凱的勢力周旋，以實現「推翻帝制」與「創立民國」的目標。政府成立時，與北方的議和已經開始，但難以確定議和一定會成功。倘議和不成，勢必用兵。所以臨時政府的首要任務，在於對北方的交涉，同時也要作軍事的準備。軍事需要經費，因此軍事與財政是臨時政府所欲解決的問題，

但卻遭遇到極大的阻礙——有的來自外部的壓力，有的起自內部的紛歧，致使餉糈緊迫，困難重重。黃興身任陸軍總長兼參謀總長，應付為難，苦心焦思，艱難支拄，祕書長胡漢民函告張謇謂黃「寢食俱廢，至於吐血」。

處境儘管困難，臨時政府卻能「在困難中建立宏偉遠大的開國規模」。具有改革性、開創性的措施甚多，茲舉其犖犖大者如下：

其一、建立新政治觀念：孫大總統首開風氣，視公職為「服務」，官吏的地位為「國民公僕」，任職須宣誓「以忠於國」，一掃專制時代君主以國民為臣民奴僕的舊習。

其二、樹立平等觀念：漢、滿、蒙、回、藏五族共和，民族平等；革命官廳的「大人」「老爺」稱謂，均以官職相稱，民間往來互稱「君」或「先生」，以達到人格平等與社會平等。

其三、革除社會舊習：嚴令剪除髮辮、禁止纏足、取締賭博、廢止跪拜、破除迷信、改善祠祭。

其四、保障人權：有三方面意義：一為明令解放閩粵之蜑戶、浙江之惰民、河南之丐戶以及家奴、皁隸、理髮者、倡優等人，使其與全國人民同樣享有選舉、參政等公權，及居住、言論、出版、集會、信教之自由等私權；一為明令禁止刑訊、體罰，鞫獄當視證據為斷；一為禁止買賣人口，嚴禁販賣豬仔（私運人口出境），保護華僑。

其五、尊重言論、出版自由：民國初建，言論充分自由，致有龐雜逾越之感，內務部曾公布《暫時報律》以約束之，報界反對，孫大總統即令取消，以是民國元年之言論自由，大放異彩。

其六、提倡女權：辛亥革命，婦女有參與之功。《臨時約法》雖未明定女子參政權，同盟會政綱中則明定「主張男女平權」。臨時政府對於婦女團體之成立，力予贊助，廣東省議會且有女議員十人，為亞洲各國之創例。

然以南京臨時政府，為時僅三個月。上述良法美意，不可能全部見諸實施。惟其蓬蓬勃勃之朝氣，及除舊布新之熱誠與決心，均足為中華民國

建國史首放光彩。胡適謂辛亥革命為中國近代一切改革的開始，確是公正持平之論。

研究與討論
一、武昌起義後，孫中山何以要從事外交交涉？有些什麼成就？
二、中華民國臨時政府是怎樣產生的？其組織為何？
三、南京臨時政府有那些重要的改革措施？

第四節　清帝退位與南北統一

一、袁世凱的地位與態度

　　辛亥革命，帶給袁世凱東山再起的機會。清廷對袁，自然也是懷有戒心的。武昌起義後第二天，清廷派出前往武漢督師「剿辦」革命軍的是陸軍大臣廕昌，不是袁世凱。廕昌下面的三軍指揮官，除廕昌本人兼統第一軍外，第二軍是馮國璋，第三軍是載濤，滿二漢一，還是以滿人為主。但廕昌、載濤太不爭氣，指揮不動袁世凱訓練過的軍隊。清廷不得已，只有授任袁世凱為湖廣總督，要他調度長江一帶水陸各軍，去打武漢的革命軍。袁為報復攝政王載灃當年以「足疾」為辭硬逼他退隱，現在說是「足疾未愈」，辭不受任，事實上是以退為進。清廷派徐世昌前往彰德勸說，袁就毫不客氣的提出了六項條件：

　　　　一為明年即開國會，二為組織責任內閣，三為寬容武昌事變人員，四為解除黨禁，五為總攬兵權，六為寬予軍費。

　　袁世凱曉得，清廷在此時非用他不可。事實也確是如此，清廷先於九月初四日（10月25日）照袁的意思，任命馮國璋、段祺瑞分任第一、二軍統領，次日再下令撤回廕昌，授袁為欽差大臣，節制各軍，袁遂親到湖北孝感，指揮馮、段兩部進攻漢口的革命軍。

袁世凱

　　九月十一日（11月1日），袁軍攻陷漢口。就在同一天，清廷發表袁世凱為內閣總理大臣，以代替奕劻。至是軍權、政權完全落到袁世凱手裡，清廷已失去主體地位，袁已成為影響南北局勢變化的關鍵人物。

　　對於革命黨，袁表示不逼人太甚，他要軟硬兼施。於攻占漢口、漢陽後，他就不再進攻武昌，接受英國駐漢領事葛福 (Herbert Goffe) 的斡旋，與黎元洪談判停戰。他的目的不在消滅革命黨，而是壓迫革命黨對他退讓，甚至支持他為未來新政權的首領。

　　袁於九月二十三日（11月13日），由湖北回到北京，三天後，他的內閣成立，十位大臣中，沒有一位滿人，也同時剝奪了軍機大臣每月入對奏事的權利。清廷被架空了，幾乎一切政務都集中於內閣，取決於袁。原來的攝政王載灃，本是袁的政敵，袁也通過各種不同的管道，壓迫他退休。最後，隆裕太后不能不忍痛於民國元年一月六日准載灃退歸藩邸。

　　於是，袁開始從各種不同的方向，去作謀取民國大總統的努力。外交方面，他的老友英國駐華公使朱爾典 (John Jordan) 替他活動，說他是東方的強人，只有他才能維持中國的安定。內部則有立憲派領袖張謇為他計劃並拉攏，連梁啟超這樣曾和袁水火難容的人，也轉變態度要「和袁」，袁也在他的內閣名單中把梁啟超列為法務部的副大臣以示好感。袁也想利用革命黨人作為橋樑，以便與南方談判並獲得支持他為民國總統的承諾。汪兆

銘（精衛）從獄中獲釋後即與袁的長子袁克定結交，並與楊度組織國事共濟會，為袁的攫取大權鋪路。從法國回來的李煜瀛，從日本回來的朱芾煌，都以同盟會員而主張擁袁，並都曾為促成革命黨人與袁的妥協而呼籲，奔走。

很明顯的，袁世凱出任清內閣總理大臣並壓迫清廷親貴退職後，南北情勢已非革命與清廷之爭，而是革命與袁世凱的對立。袁有實力作後盾，其地位係舉足輕重。他對清廷可擁可廢，對革命黨可和可戰，其關鍵乃在他欲為民國大總統的欲望進行得是否順利。因此，袁於攻克漢口、漢陽之後即不再言戰，千方百計的要與革命黨人談判——以談判來爭取革命黨的承諾，也以談判作為改變國體迫使清廷退位的手段。

二、南北議和

袁世凱對和談的試探，始於辛亥九月八日（1911 年 10 月 29 日）派劉承恩到漢口，以與黎元洪舊識鄉人關係，致書於黎請「務宜設法和平了結」。黎沒有理會。九月二十日（11 月 10 日）袁再派蔡廷幹會同劉承恩到武昌見黎元洪遊說，黎元洪召集會議討論後予以拒絕，並復書勸袁「反正來歸」。袁深知空言無益，於是一方面加強攻擊漢陽的軍事行動，一方面又由袁克定私派朱芾煌南下武漢祕密與黎接觸，要求南北聯合倒清舉袁。

經過近月的戰鬥，袁軍終能於十月七日（11 月 27 日）占領漢陽，朱芾煌也於十月九日（11 月 29 日）到達武昌，與黎元洪的代表有所接觸。但袁在占領漢陽後的有利形勢，至為短暫。一則由於革命陣營中的中心人物黃興已前往上海，與黎元洪談判沒有大用；一則江浙聯軍於漢陽陷落後的第五日——十月十二日（12 月 2 日）光復了南京，全盤形勢為之驟變。各省代表會也不能不決定以南京為臨時政府所在地，並通知各省代表於七天內到南京去開會。革命勢力的大本營已在滬寧，武漢顯然已喪失了影響全局的地位。

十月十五日（12 月 5 日），袁世凱內閣致電武昌，同意繼續停戰，並

決定派唐紹儀為代表，南下議和。各省代表會接電後，亦作成四點議和綱要：一、推倒滿清政府；二、主張共和政體；三、禮遇舊皇室；四、以人道主義待滿人。並議決電請伍廷芳為民軍議和總代表。十七日（12月7日），唐紹儀離京南下。先到武漢，旋即東下上海，於十月二十八日（12月18日）午後二時，南北雙方代表在英租界市政廳舉行首次會議，是為上海南北議和的正式開端。

雙方的陣容，均甚整齊。南方即革命軍方面，以伍廷芳為總代表，溫宗堯、汪兆銘、王寵惠、鈕永建為參贊，湖北黎元洪亦派胡瑛、王正廷參加。北方即清廷——實即為袁世凱方面，唐紹儀而外，尚有楊士琦及各省代表十餘人，汪兆銘、魏宸組、楊度亦隨唐紹儀來滬活動。汪同時被南北雙方列為參贊，地位更為特殊。

十一月初一日（12月20日），伍、唐舉行第二次會議，唐紹儀明告伍廷芳：「共和立憲，我等由北京來者，無反對之意向。」十一月初十日（12月29日）舉行第三次會議，一開始，唐即告伍「昨夜得袁內閣之令，囑我洽商閣下，召開國民會議，決定君主、民主問題」。兩人並談及清帝及滿蒙回藏之待遇。十一月十一日（12月30日）第四次會議時，伍、唐商定了召開國民會議來解決國體。次日——十一月十二日（12月31日），伍、唐舉行第五次會議，伍提議國民會議日期為十一月二十日（1912年1月8日），地點在上海。唐允電請袁內閣從速答覆。

以上是南京臨時政府成立前，伍廷芳與唐紹儀在上海公開談判的情形和決定。與伍、唐談判的同時，另有一項祕密的談判在進行，其目的在於獲得革命黨方面同意舉袁為民國總統的承諾。

發動這一祕密談判的兩個人，是廖宇春和靳雲鵬，廖更居於主動地位。他們的計畫是先取得革命軍方面的保證後，再說服北方的將領，共同支持袁世凱，壓迫清廷退位。廖為達到此一目的，於十月下旬經武漢祕密來滬，經文明書局經理俞慶介紹，得晤江浙聯軍參謀長顧忠琛，經由顧的關係報

告於黃興。黃於十一月初一日（12 月 20 日）委任顧忠琛與廖宇春「商訂一切」，顧、廖因祕密商定五條：

> 一、確定共和政體；二、優待清皇室；三、先推覆清政府者為大總統；四、南北滿漢軍出力將士，各享其應得之優待，並不負戰時害敵之責任；五、同時組織臨時議會恢復各地之秩序。

廖持此一條款，密訪段祺瑞等袁軍高級將領，段表示贊同。廖與段、靳等商定壓迫清帝退位的三種辦法：一為運動親貴由內廷降旨自行宣布共和，二為由各軍隊聯名要求宣布共和，三為用武力脅迫要求宣布共和。先按第一種辦法進行，如達不到目的，則採第二辦法。最後如有必要，則不惜出以武力威脅。軍隊是袁的政治資本，也是他對付清廷之決定性的籌碼。

無論就召開國民會議解決國體問題的公開決定，或是就廖、靳策劃的武力脅迫祕密策略而言，袁之獲取為民國大總統，應無問題。但南京臨時政府成立，孫中山就任臨時大總統後，袁深恐無法達到其政治目的，乃撤除唐紹儀的議和總代表職務，並對南京政府之成立表示異議。所幸孫大總統敝屣尊榮，數度電袁表示「推功讓能」的決心，伍廷芳、張謇亦分電袁氏解釋，袁氏釋卻疑慮，逐步對清廷施加壓力。要清廷盡快作交出政權的決定。對於臨時政府，則又利用繼續進行中的上海談判，討價還價。

三、清帝退位

袁世凱謀取民國臨時大總統，迫使清帝退位的企圖，清廷自亦有所聞見。王公親貴如溥偉、載澤、鐵良、良弼等組成宗社黨，指袁不忠於清室，因集矢於袁，大有得之而後心甘之概。南方革命黨人則又對袁的誠意表示懷疑，黃興有編組軍旅，以六路北伐的計劃。袁也有些不耐了，乃於一月十六日以全體內閣閣員名義奏請清帝后下個決心，改制共和，以免重蹈法

蘭西革命路易皇室被慘殺的覆轍。想不到袁這天退朝回府途中，遇到了革命黨人張先培、楊禹昌、黃之萌之擲彈行刺。袁雖僥倖不死，卻已是驚弓之鳥。此後即託病請假不再入朝！

局勢在急劇的變化著。一月十八日，宗社黨發表激烈宣言，並公開活動，十九日駐俄使臣陸徵祥二度奏請清帝退位——首次奏請係在一月三日。二十二日，孫大總統提出議和的最後條件，促請清帝速行退位，也要求袁世凱立即宣布政見，贊同共和。清駐意使臣吳宗濂、駐日使臣汪大燮奏請清帝退位的電報也於同一天到達北京。北方軍人也開始行動了。身任湖廣總督且握重兵的段祺瑞於一月二十三日、二十五日兩電內閣，一稱軍心動搖，共和思想難以遏止，一責清廷親貴阻撓共和，說是各將領憤憤不平，將要聯銜有所陳請。二十六日，段祺瑞等四十七名將領發出通電，要求清廷「渙汗大號，明降諭旨，宣示中外，立定共和政體」，並以「現在內閣及閣務大臣等暫時代表政府」，辦理外交，召集國會，組織共和政府，與民維新。就在段祺瑞等發出電報對清廷實行聯名威脅的二十六日，宗社黨的健將也是最頑強的帝制派軍諮使良弼，被革命黨人彭家珍炸斃，於是反對退位的親貴為之喪膽，善耆逃到大連，溥偉奔向青島，分別託庇於日本、德國的勢力下，從此淪為沒有國籍的政治垃圾。

局勢發展到此際，清廷唯一的希望就是得民國政府的優待，保全性命。隆裕后於一月二十九、三十兩日召開御前會議，王公大臣對於退位無人再敢持異議。隆裕乃決定自行宣布退位，於二月三日命袁世凱全權與南方商優待條件，用不到再開國民會議了。段祺瑞在武漢再燒起一把火，他於二月五日直接致電近支王公，說是要「率全體將士入京，與王公痛陳利害」，目的不過要迫使清廷盡快宣布退位，讓袁上臺。

優待清室，本是上海南北議和時討論過的，南京臨時政府也已同意。優待條例是張謇起草的，於二月十日提到臨時參議院通過。依此條例，清帝辭位，仍可保留尊號，暫居宮禁，日後移居頤和園；民國政府待以外國

清帝退位詔書

君主之禮，給以歲用四百萬元，其宗廟、陵寢及清帝私產，亦由民國政府予以保護。滿清皇族及滿蒙回藏各族亦均依法予以優待。

民國元年二月十二日（清宣統三年十二月二十五日），隆裕太后宣布宣統皇帝「辭位懿旨」，正式結束了自世祖順治帝入關以來，二百六十八年之統治。退位詔書本為南京所擬稿，係出張謇之手，但送到北京發布前，袁世凱擅自加入「命袁世凱以全權組織臨時政府」一句話，作為他自立政府向南京要挾的依據。袁之用心，可謂精細而狡詐。

四、臨時政府北遷

清帝退位前後，袁對南京卻又是另外一副面孔。他怕孫大總統不辭職，或是臨時參議院不選舉他，因而再三表示其贊成共和的決心。清帝退位前一日——二月十一日，袁致電南京孫大總統、參議院及各部總長，說：

> 大清皇帝既明詔遜位，業經世凱署名，則宣布之日，為帝政之終局，即民國之始基，從此努力進行，務令達到圓滿地位，永不使君主政體再行於中國。

　　孫大總統信守諾言，於清帝退位之次日——二月十三日，向臨時參議院提出辭職，並薦袁世凱以自代。但孫大總統也對袁提出幾點限制：

　　其一，致電袁世凱，告訴他，「共和政府不能由清帝委任組織，若果行之，必生莫大枝節」。

　　其二，咨告臨時參議院，選袁為臨時大總統有三項條件：㈠臨時政府設於南京，不能更改；㈡新總統須親到南京受任；㈢《臨時約法》及臨時政府所頒之一切法制章程，新總統必須遵守。

　　二月十五日，南京臨時參議院以十七票之全票選舉袁世凱為第二任臨時大總統。袁在北京，本來自稱為「首領」，及聞已被選任為臨時大總統，不待正式受命，即行改稱為「新舉臨時大總統」，但對於赴南京就職一事，則表示無法「舍北就南」。臨時參議院對於臨時政府地點問題，又發生爭議，二月十四日決定設於北京，十五日複議時決議改設南京。參議員中不少支持袁世凱的人，袁乃藉口北方秩序無人維持，拒絕南下就職。

　　二月十八日，孫大總統派出一個專使團，由教育總長蔡元培為專使，團員包括魏宸組、劉冠雄、鈕永建、宋教仁、曾昭文、黃愷元、王正廷、汪兆銘等八人，偕同唐紹儀前往北京，迎接袁世凱南下就職。蔡等於二十七日到達北京，袁亦表示熱烈歡迎。不意二十九日夜晚便發生了兵變，且波及通州、天津及保定一帶駐軍。黎元洪、馮國璋、段祺瑞等都講話了，力言政府須在北京，各國公使亦調兵前來「保護」，京津確有風聲鶴唳之象。此次兵變，發動者為曹錕之第三鎮兵卒。是否出於袁的授意，迄無定論，兵變後之肇事官兵未受任何處分，則係事實。

　　兵變發生過後，袁世凱派唐在禮、范源廉帶了他的信，去南京向孫大總統解釋，並表明他不能「倉猝遠離」的處境，認為「中央政府之統一」乃為「今日之所最急」。蔡元培知袁已決心拒絕南下，以大局為重，乃於三月二日建議南京臨時參議院變通辦法，准袁在北京就職。參議院亦遂於三月六日，作如下之決議：

一、由參議院電知袁大總統，允其在北京受職；二、袁大總統接電後，即電參議院宣誓；三、參議院接到宣誓之後，即覆電認為受職，並通告全國；四、袁大總統既受職後，即將擬派國務總理及國務員姓名電知參議院，求其同意；五、國務總理及國務員任定後，即在南京接收臨時政府交代事宜；六、孫大總統於交代之日始行解職。

袁世凱遵照此一決議，於三月八日將其誓詞電達南京參議院，九日由孫大總統公布於全國，十日袁即在北京受任為臨時大總統。袁大總統的誓詞是：

> 民國建設造端，百凡待治。世凱深願竭其能力，發揚共和之精神，滌蕩專制之瑕穢。謹守憲法，依國民之願望，蘄達國家於安全強固之域，俾五大民族，同臻樂利。凡茲志願，率履勿渝！俟召集國會，選定第一期大總統，世凱即行解職。謹掬誠悃，誓告同胞。大中華民國元年三月初八日。袁世凱。

袁大總統提名唐紹儀為國務總理，經臨時參議院同意後三月十三日正式任命。三月二十五日，唐紹儀到達南京向臨時參議院提出國務員名單，除交通總長梁如浩外，均於二十九日獲得同意。名單是：

> 外交總長陸徵祥，內務總長趙秉鈞，陸軍總長段祺瑞，海軍總長劉冠雄，財政總長熊希齡，司法總長王寵惠，教育總長蔡元培，農林總長宋教仁，工商總長陳其美，交通總長暫由唐紹儀兼（四月六日參議院同意改任施肇基）。

唐紹儀為表示合作之誠意，於三月三十日由蔡元培、黃興介紹加入同

盟會。四月一日，孫大總統解職。原任陸軍總長黃興改任南京留守，負責收束南方軍事。四月五日，臨時參議院議決臨時政府移於北京，南京臨時政府遂告結束。六月四日，黃興辭卸南京留守職務，南京遂隸江蘇都督程德全治下，成為江蘇省之首府。

研究與討論

一、袁世凱如何取得民國臨時大總統職位？
二、段祺瑞等軍人脅迫清帝退位，對民國政治有何影響？
三、袁世凱為何不到南京就職？

第五節　辛亥革命與臺灣抗日

一、臺灣革命黨人及其活動

　　臺灣雖因中國在甲午戰爭中敗績而割讓於日本，中國革命黨人卻一直視之為中國人居住之地區，興中會、同盟會均曾在臺灣建立組織。也有不少臺灣人士參加革命活動，希望革命成功後的中國能夠把臺灣收復。

　　第一位到臺灣來住居的革命黨人，是廣東香山人楊帝鏡。他是興中會會員，曾參加乙未（1895 年）廣州第一次起義，失敗後來到臺灣，傳播革命思想。陳少白於光緒二十三、四年（1897～1898 年）兩度前來臺灣活動，並創立了興中會臺灣分會。並曾在臺灣募錢，作革命用費。在日本的臺灣同胞，也有參加興中會的，蔡智堪就是一例。

　　同盟會成立後，革命風潮日盛。在廣東的臺灣民族革命志士丘逢甲，在臺灣本島的愛國史學家連橫、詩人許南英等，都熱心於革命宣傳，或培育革命人才。宣統二年（1910 年），一位同盟會會員王兆培來到臺北，在

臺北醫學校註冊入學，因而介紹臺籍同學翁俊明、蔣渭水等參加同盟會。翁俊明——當時的名字是翁樵，被委任為同盟會「交通委員」，他建立了同盟會在臺灣的組織。

辛亥年三月二十九日的廣州之役，臺灣籍的革命黨人曾有出錢出力的貢獻。出錢的人是林肇權——就是林薇閣，他曾捐出了日幣三千元。出力的人，則是許贊元和羅福星，他們實際參加了三二九之役的革命行動，許贊元被捕，但為清軍副將黃培松釋放，羅福星受傷，卻也能安全脫險，與胡漢民一道又回到了南洋。

二、羅福星策動臺灣抗日

臺籍革命黨人中，羅福星是一位生活多彩多姿，能力堅強卓越的領導人。羅字東亞，號國權，原籍廣東鎮平（今蕉嶺）縣人，他出生於印尼的巴達維亞——即今日的雅加達，十八歲時隨祖父來到臺灣，住在苗栗，並就讀於苗栗公學，從此以臺灣人自居，也決心為達成臺灣的光復而參加中國革命黨人的奮鬥！

羅福星係於二十二歲——光緒三十三年（1907 年），返廣東故鄉路過廈門時，參加了同盟會。他受知於丘逢甲，因丘之命前往南洋辦理華僑教育並從事革命。三二九之役回國參加，失敗後再赴南洋。及武昌起義羅福星曾組織義軍，回國效命。民國元年十一月，羅福星率領十二位革命黨人潛來臺灣，開始了一項全面性的抗日復臺大計劃。他的打算是：

羅福星

革命，以先糾合同志，後日與中國政府相謀，求得中國之支援，使臺灣復為中國領土為目的。

　　羅福星到臺北後，立即成立「同盟會支部」，但為求慎重起見，對外採用「革命聯絡會館」名義。革命總機關設在苗栗，而以臺北的大瀛旅館作為分部辦事處。利用各種宗教性、職業性、慈善性的名義，建立各地組織。民國二年三月十五日，羅福星祕密發布宣言書，號召臺胞奮起抗日。同時並派人赴大陸與國民黨人聯絡，黃興且曾派人到基隆召集過會議。由於羅福星及其黨人積極活動，自然會引起在臺日人的注意。況且，受到中國辛亥革命成功的鼓舞而在臺發動反日的人——有的與羅福星有聯絡，有的沒有聯絡，在民國二年一年內，先後發動了四次抗日事件，那是陳阿榮的「南投事件」、張火爐的「大湖事件」、李阿齊的「關帝廟事件」，以及賴來的「東勢角事件」——而且賴來也是到中國大陸去又回到臺灣的人，他的家中被搜出了中華民國國旗。於是日本當局開始嚴密偵察革命黨人的活動，特別是新竹大湖支廳倉庫中失去槍枝六支，據稱是革命黨人所為，日人乃大肆搜捕革命黨人，總共被捕者達九百二十一人之多。

　　羅福星不幸於民國二年十二月十八日被捕。日本臺灣總督府因開臨時法庭於苗栗，判處羅福星等二十位志士死刑。羅福星於民國三年三月三日慷慨就義，年僅二十九歲。臨刑前，他寫了一首〈祝我民國詞〉，特別把「中國民國孫逸仙救」八個字嵌於句首，以表示其革命志節。這首詞的原文是：

　　「中」土如斯更富強，
　　「華」封共祝著邊疆；
　　「民」情四海皆兄弟，
　　「國」本苞桑氣運昌。

「孫」真國手著初唐，

「逸」樂中原久益彰；

「仙」客早沾靈妙藥，

「救」人千病一身當。

　　與羅福星同時被處死刑的人，亦多坦承為中國革命黨人，目的在光復臺灣。例如一位名叫周齊仔的黨人，曾對日本司法警察說出一段毫無掩飾的話：

　　革命黨之首領為羅東亞。臺灣原為中國領土，中國統治時代，賦稅輕微，人民幸福。日人來臺以後，賦稅加重，飲食小販叫賣於市場時，警察前來取締罰金，人民甚苦之；故募集革命黨員，與日人戰，以光復臺灣為目的。我贊成此議，乃加盟。羅東亞信任我，來我家投宿，談及種種，後互相深信，密為主從之約。

三、西來庵事件

　　羅福星殉難的次年——民國四年（1915 年），臺灣南部爆發了另一次大規模的反日革命事件——西來庵事件。三位主要的領導人是：余清芳、江定和羅俊。他們都是早懷抗日壯志民族意識特別強烈的人，受到中國辛亥革命的影響亦最深。其中羅俊早於民國前十二年——清光緒二十六年（1900 年），即因參加一次抗日行動失敗而回到中國內地。親見辛亥革命發生與中華民國創建這幕巨大的變化，認為中國革命成功後，臺灣志士們亦應隨之而起，光復臺灣。但他主張恢復明朝正朔，繼承鄭成功的精神。民國三年八月，羅俊獲悉余清芳在臺灣南部祕密策劃抗日，因於同年十二月偕同六位同志從廈門回到臺灣，祕密上岸。

　　羅俊去臺南見到余清芳，決定締盟結誓，分頭行動。余清芳和江定在南部活動，羅俊則負責向中北部發展。他們進行得甚為順利，短短幾個月內，即在臺北、臺中、南投、嘉義等地建立了據點。民國四年五月，這三位志士決定由余清芳以「大明慈悲國大元帥」名義，揭出了起義的告示：以中華為主國，自視為明代的延續，將民族思想與佛教教義融而為一，號召驅逐日人。不幸事情洩露了，羅俊被捕。余清芳、江定乃於七月九日以西來庵為中心，發動攻擊屏東甲仙埔、臺南噍吧哖等處的日本警察分駐所，殺日警五十餘人，前後奮戰四十餘日。但無法抗拒優勢的日軍，余、江均失敗被捕，與羅俊同被殺害。由於作戰最激烈的一役是在噍吧哖，故亦稱噍吧哖事件。

　　因這次抗日事件而被日人慘殺的臺灣同胞，據說近三萬人，連小學生亦在日人集體屠殺之列，情況極慘。經臺南臨時法院檢舉者有一千五百九十七人，判死刑的有八百六十六人，有期判刑的四百五十三人。在臺灣歷次抗日事件中，犧牲最為慘重。

余清芳　　　　　　江定　　　　　　羅俊

研究與討論

一、丘逢甲、連橫對中國革命各有何貢獻？

二、羅福星策動臺灣抗日的過程為何？吾人可獲得些什麼啟示？

三、何謂「西來庵事件」？

◆第六章◆
民國初年的政治與外交

第一節　民初政象

一、黨社林立及其分合

　　民國初建，氣象一新，言論結社完全自由，黨社的紛紛出現，乃是當然的現象。這些名目繁多的黨社，主要的還是由原來的革命黨和立憲派蛻變演化而來，這種現象，李劍農稱之為「化分」與「化合」。分、合之間，仍不脫革命派和立憲派兩大壁壘的痕跡。然而自袁世凱就任臨時大總統及臨時政府北遷北京之後，政黨並不是政治的中心力量，真正的政治權力操在北洋派手裡。革命黨人還有勇氣和力量與北洋派抗衡一番，老立憲派人則一入民國即持擁袁的主張，成為袁的政治資本。

　　辛亥革命以前，同盟會以「推翻滿清」為首要目標。滿清既倒，同盟會的責任在「鞏固中華民國」，遂不能不改組為公開的政黨，制訂新政綱，以推動政黨政治。民國元年一月二十一日，同盟會舉行首次會員大會於南京。將誓詞改為「顛覆滿清政府，鞏固中華民國，實行民生主義」。三月三日，再開會員大會於南京。確定新的宗旨是「鞏固中華民國，實行民生主義」，政綱則有九條：一、完成行政統一，促進地方自治；二、實行種族同化；三、採用國家社會政策；四、普及義務教育；五、主張男女平權；六、厲行徵兵制度；七、整理財政，釐定稅制；八、力謀國際平等；九、注重

移民開墾事業。

大會並選舉孫中山為總理，黃興和黎元洪為協理。孫、黃為實際的領袖，黎則僅係掛名，實際上他從未與同盟會採取一致的立場。

由於同盟會改組為普通政黨，人數驟形增多，品質自亦良莠不齊。章炳麟先於元年一月三日創立中華民國聯合會，繼於三月二日與張謇、湯壽潛等江浙立憲派人合組統一黨。湖北的孫武則與張伯烈、饒漢祥合流，倡言擁護黎元洪，組成民社，於五月五日併入舊立憲派人組成之共和黨。

舊立憲派人士的分化，較同盟會更為顯著而複雜。有統一黨、國民協進會、國民公會等名目。這幾個黨派與湖北人組成之民社合作組成共和黨，可說是立憲派人士的首次再結合。但在共和黨之外，另有湯化龍、林長民等組織的共和建設討論會，孫洪伊等組成的共和統一黨以及共和俱進會、共和促進會、國民新政社等團體，同時活動。立憲派人士組成的黨社，由於梁啟超尚未回國，名義上都支持黎元洪，且為袁世凱的與黨。

臨時參議院為政黨角逐的場所。無論在南京時代，或是北遷北京以後，同盟會雖在臨時參議院中居第一大黨地位，卻也面臨著統一黨及共和黨的前後抵制。尤其北遷之後，共和黨以有袁、黎支持，形成同盟會的一大威脅。宋教仁為一熱心實行政黨政治的人，於是開始推動擴大同盟會為一大黨的計劃。此一計劃，黨內獲得孫中山、黃興的同意，黨外得到統一共和黨、國民共進會、國民實進會及國民公黨的支持，經數度協商，卒於八月十三日發表組織宣言，二十五日正式在北京組成國民黨。

國民黨的政綱有五：促進政治統一、發展地方自治、促進種族同化、注重民生政策、維持國際和平。由大會選舉孫中山、黃興、宋教仁、王寵惠、王芝祥、王人文、吳景濂、張鳳翽、貢桑諾爾布等九人為理事，再由各理事選舉孫中山為理事長。孫氏以無法在北京主持黨務，理事長職務旋即委由宋教仁代理。

國民黨成立後，在臨時參議院一百二十個席位中約占六十席，共和黨

僅得四十席，且統一黨又聲明退出共和黨恢復其自主地位，於是以共和建
設討論會為中心的舊立憲派一系人士，在梁啟超的慫恿下，開始「組織大
黨」的活動。梁啟超在辛亥革命爆發後，初尚主張「虛君共和」，及見清帝
已不可能成為「虛君」，乃發表〈中國立國方針商榷書〉，表示擁護共和。
但他不肯贊同革命黨，決心「和袁」，及袁世凱當選臨時大總統，梁又開始
「聯袁」，甚至「捧袁」。梁一心一意回國來組一大黨，袁世凱表示歡迎。
十月二十日，梁到了北京。二十七日，共和建設討論會、國民協會、共和
統一會、共和促進會、國民新政社等五個舊立憲派人組織的政團，便聯合
組成一個民主黨——這是立憲派人的第二波結合，成為國民、共和兩黨之
外的第三個大黨，大體上仍為原先的立憲派。

　　民主黨推湯化龍為幹事長，實際上的領導人則是梁啟超。二年二月，
國會議員的選舉揭曉，民主黨當選者寥寥二、三十席，梁乃又加入共和黨
以擴大他的聲勢。梁組織大黨的主要目的，是在與國民黨抗衡，這也是袁
的希望，因此袁暗助梁的組黨活動。二年五月，梁終於說服民主、共和、
統一三黨，合併組成進步黨。名義上奉黎元洪為理事長，實際上的領導人
則是梁啟超，其行動綱領，則為擁護臨時大總統袁世凱，而為國民黨政治
上的勁敵。

　　民國元、二年間，除革命、立憲兩派人士組織的兩大壁壘之外，尚有
若干游離於兩者之間的小政黨。其中以江亢虎的中國社會黨較有勢力，據
稱曾建有支部四百餘處，黨員五十萬人。其次為李懷霜、戴天仇（傳賢）
等組織的自由黨，以《天鐸報》與《民權報》為號召，其主張則與同盟會
接近。其後，李懷霜亦加入國民黨，並任上海執行部評議部議員。

二、六月政潮與協定政綱

　　袁世凱任命唐紹儀為首任國務總理，唐紹儀本人也加入了同盟會，他
的內閣閣員中有四人屬同盟會，六人為袁的部屬或友人，熊希齡且為與立

憲派一氣的統一黨人。表面上看，這是由同盟會、北洋系及立憲派組成的混合內閣，是「調和南北」的最好安排。事實卻又不然，唐內閣一開始就隱伏了南轅北轍的危機。

唐紹儀的困難來自三方面：

一是臨時參議院的反對力量。臨時參議院在南京時，同盟會是多數黨，北遷後名額擴大為一百二十人，選舉議長時，同盟會籍原任議長林森落選，統一共和黨的吳景濂與共和建設討論會的湯化龍分別當選正副議長，同盟會失去了控制力。及共和黨成立，對同盟會的國務總理更是極盡掣肘之能事。

二是國務員趙秉鈞、熊希齡、劉冠雄等人的傲慢、專擅和敵視態度。趙秉鈞從不出席國務會議，劉冠雄也不肯到國務院，熊希齡則因借款問題與唐紹儀公然齟齬。即交通總長施肇基亦因病在津療養，久不參加國務會議，對唐紹儀持冷漠態度。

三是袁、唐間的權力衝突。唐紹儀本是袁世凱的親信，有將近三十年的交情。但在上海和議時，唐的態度引起袁的猜疑。唐加入同盟會，且曾勸袁南下就職，都有違袁的本意。尤其是唐紹儀堅持《臨時約法》中規定的國務總理的職權，更使袁有無法忍受的感覺。唐與宋教仁交歡，而宋又力主政黨內閣，袁認為唐紹儀已出賣了他，必欲逼唐去職而後始能心安。

六月中旬，袁、唐間的衝突終於發生了。導火線是直隸都督的任命問題。三月間，臨時參議院在南京時議決接收北方統治權案，曾規定各省督撫一律改稱都督，各省諮議局改稱省議會，都督由省議會公舉。直隸諮議局遂依據此一規定公舉王芝祥為直隸都督，唐紹儀當即承認，向袁報告時，袁亦同意。唐乃電王至北京，等候袁的召見與任命。不意袁以直隸軍人反對為藉口，不再任王督直，而另委王赴南京遣散軍隊。唐拒絕副署，袁遂以未經國務總理副署之命令交王芝祥。唐以事關約法規定之國務總理權責問題，無法忍受袁有意的欺侮，遂於六月十五日憤然辭職離京。同盟會籍四位國務員宋教仁、陳其美、蔡元培、王寵惠為貫徹政黨內閣連帶負責精

神，亦相繼提出辭呈。熊希齡、施肇基不安於位，自請免官，唐紹儀內閣遂告瓦解，形成民國開國以來之第一次政潮。

　　時同盟會主張政黨內閣，共和黨則主張「超然內閣」，即所謂「祇論才不才，不論黨不黨」。黎元洪建議由無黨派的陸徵祥為國務總理，袁世凱接受了。六月二十九日，袁大總統咨請臨時參議院同意，參議院也同意了，不意陸徵祥於七月十八日向參議院提出司法、財政、教育、農林、工商、交通六部總長人選時，卻為參議院完全否決。袁大為不滿，一方面要陸徵祥再提閣員名單，一方面又暗示北京軍警對參議院武裝威脅，結果六位新總長的名單是通過了，參議院卻又提出對陸徵祥的彈劾案，陸乃稱病，不理政務。內閣的政潮已發展為袁與參議院的對立。袁只有暫令內務總長趙秉鈞代理國務總理，並聲言繼任人選將俟孫中山、黃興兩位革命領袖到北京後，共同商定。

　　孫中山應袁世凱大總統邀請，於八月十八日北上，二十四日抵北京。黃興、陳其美繼於九月十一日到達京師。袁將國務總理人選問題，與孫、黃磋商，而實屬意於趙秉鈞。孫、黃顧全大局，同意由趙秉鈞出任國務總理，惟黃興主張全體國務員均加入國民黨，袁亦同意，此即所謂「內閣政黨」，事實上卻是袁、趙敷衍黃興的騙局。九月二十五日，總統府祕書廳發表了被稱為是《國民、共和兩黨首領與臨時大總統協定政策大綱》的一份文件，列舉了施政方針八條：

一、立國取統一制度。

二、主持是非善惡之真公道，以正民俗。

三、暫時收束武備，先儲備海陸軍人才。

四、開放門戶，輸入外資，興辦鐵路礦山，建置鋼鐵工廠以厚民生。

五、提倡資助國民實業，先著手於農林工商。

六、軍事、外交、財政、司法、交通，皆取中央集權主義，其餘斟酌各省情形，兼採地方分權主義。

七、迅速整理財政。

八、竭力調和黨見，維持秩序，為承認之根本。

這八條政綱，無異使袁世凱集國家大權於一身。孫中山志在為國家修建鐵路，黃興亦願致力於鐵路與礦業，兩位革命領袖均願以在野之身，致力於實業建設。至於湖北的黎元洪，則唯袁命是聽。這實在是袁世凱的另一次機會——發揮其才幹，確立中國華盛頓的地位。但由於狹褊的心胸和落伍的思想，使他無法把握住這個機會，終於走上了排除異己，獨裁專制，帝制自為的自絕之路。

三、國會選舉與宋教仁被刺

《中華民國臨時約法》第五十三條規定：「本約法施行後，限十個月內，由臨時大總統召集國會。其國會之組織及選舉法，由參議院定之。」臨時參議院根據此項規定，即於元年七、八月間議決《國會組織法》、《參議院議員組織法》、《眾議院議員組織法》及《籌備國會事務局官制》等法規，並於八月十日同時公布。

依據《國會組織法》，中華民國國會大體仿效美國國會的組織，分參、眾兩院。眾院議員由各省區以人口比例選出，每人口滿八十萬人選出一名，人口不滿八百萬之省，亦得選出議員十名，任期三年。參議院議員則分別由各省省議會、蒙古、西藏、青海三地方之選舉會、中央學會、華僑選舉會依分配比例選出，任期六年，每二年改選三分之一。北京政府於元年九月五日公布眾議員選舉日期：元年十二月十日初選，二年元月十日複選。儘管選舉的實質難如理想，卻也並無重大的糾紛發生。二年一月選舉結果已告揭曉，各黨所占議席的比例如下表：

黨　籍	眾議院人數	參議院人數	合　計
國民黨	二六九	一二三	三九二
共和黨	一二〇	五五	一七五
統一黨	一八	六	二四
民主黨	一六	八	二四
跨黨者	一四七	三八	一八五
無所屬	二六	四四	七〇
總　計	五九六	二七四	八七〇

　　就上項統計觀察，國民黨獲得壓倒性勝利。此一結果，自然使袁世凱感到焦慮，蓋國會有兩大任務，一為選舉正式總統，一為制訂憲法。國民黨人在國會中占絕對多數，亦即對這兩件與袁有密切關聯的事有決定權，袁已預知對他大為不利。而宋教仁以國民黨實際領導人身分，於選舉過程中先後在長沙、武漢、南京、上海等地發表演說，對袁政府多所批評。宋並主張國務總理不由總統提名，而由眾議院選出，總理有權決定國務員人選，不須經國會同意。在袁世凱及其幕僚人員看來，宋教仁之將總統大權轉移於國務總理，是由於他自己有意出任此一職務。而且謠傳宋教仁有擁護黎元洪為總統之說，果真如此，袁欲留任虛位總統亦不可得。面臨此一困境，袁遂謀所以「除宋」之策。一方面支持梁啟超組織進步黨以在國會中抵制國民黨，一方面計劃殺宋以絕禍根。時國會已訂於四月八日在北京成立，宋教仁訂期於三月二十日由上海前往北京，不意是晚甫步入上海滬寧路車站，即遭預伏之奸徒狙擊，至二十二日不治身死。這就是舉國震驚之「宋案」——民國開國後最嚴重的一次政治謀殺。

宋教仁

　　宋案發生後第三天，兇手武士英被緝獲。武士英係為應夔丞所收買，應則受命於內務部祕書洪述祖，洪的主使者為內務總長趙秉鈞，趙的背後竟是臨時大總統袁世凱。當江蘇都督程德全與民政長應德閎於四月二十六日，將宋案證據公布後，國人為之譁然。

　　儘管宋案發生，國民黨籍議員仍如期前往北京報到，正式國會遂於民國二年四月八日開幕。參議院選出張繼、王正廷分任正副議長，張、王均為國民黨籍；眾議院選出之議長為民主黨之湯化龍，副議長為共和黨之陳國祥。國會甫成立，即有袁政府不經國會同意，逕行簽訂《善後大借款合同》之違法事件發生，袁已不尊重國會的權力，而一意準備以武力對付國民黨，戰火實已不可避免了。

四、蒙藏交涉

　　俄國垂涎外蒙，由來已久。日俄戰爭（1904～1905 年）中打了敗仗，在中國滿洲地區的擴張受到日人的阻遏，遂專心經營外蒙。日本又於1907、1910 年兩度與俄國簽訂密約，承認了俄國在外蒙的特殊地位與利益，俄人的窺伺益亟。蒙人對駐庫倫大臣三多實施「新政」多表疑懼與不滿。俄人從中煽惑，庫倫活佛哲布尊丹巴遂於辛亥年六月十五日（1911 年7 月 10 日）召集會議，密議獨立。並派遣由親俄派首領杭達多爾濟親王率領的一個代表團，前往莫斯科求援。

　　俄國人很狡猾。對於外蒙代表團忸怩作態，初則拒絕接見，繼則允予支持，但不明言「支持獨立」，表示願作調人。對於中國則又態度蠻橫，於1911 年 8 月 28 日（陰曆七月五日）由駐北京俄使向清廷提出抗議，要求清廷「即日停辦」外蒙的新政，「否則，俄國不能漠視」。清廷由於辛亥革命爆發，無力北顧，外蒙遂趁機於宣統三年十月十日——1911 年 11 月 30 日宣布獨立，建立所謂「大蒙古國」，並限令清廷駐蒙的文武官員離蒙。

　　俄國人又施出先發制人的策略。一方面向清廷提出要求說：中國如允

諾俄人自庫倫至俄國邊境的鐵路建築權，並同意不在外蒙駐兵、不向外蒙殖民、允許蒙人自治的條件，俄政府願意與中國政府商談外蒙問題。一方面派克羅斯多維茲 (Ivan Krostowetz) 為全權公使，到庫倫去和外蒙當局談判，要求獲得殖民權和土地占有權。

中華民國成立後，首任臨時大總統孫中山以民族平等相號召，希望蒙人覺悟。繼任臨時大總統袁世凱亦就外蒙利害，函勸外蒙取消獨立。外蒙「皇帝」哲布尊丹巴答覆袁大總統：「（獨立事）業經布告中外，起滅何能自由，必欲如此，請即商之鄰邦，杜絕異議。」這位外蒙政教領袖，顯然並不否認俄人對外蒙的操縱。

俄國想控制外蒙，當然也顧慮到日本和英國的態度。於是先於民國元年（1912 年）七月，與日本簽訂第三次密約，劃分南北滿和東西蒙的界線，日本支持俄在北滿及外蒙的擴張。俄政府又派其外交部長沙佐諾夫 (Sajonov) 訪問倫敦，以西藏為對英國的交換條件，達成兩國互不干涉的協議，外蒙與西藏其後且於民國二年一月十日私訂協約，互相承認為獨立國。外交部署妥當後，俄國遂與外蒙在民國元年十一月三日簽訂了所謂《俄蒙協約》及《俄蒙商約》，俄人因此在外蒙獲得練兵權，領事裁判權，免稅權，自由居住權，開辦銀行、郵政權，租購土地權，河流航行權，經營工商林礦等特權，外蒙實際上已成為俄國殖民地。

《俄蒙協約》公布後，中國政府當然抗議。輿論亦至為激昂，「征蒙」之說一時喧騰眾口。但袁世凱大總統顧慮很多，他決定仍然要以與俄國談判的方法來爭回對外蒙的宗主權。先由外交總長陸徵祥與俄國駐華公使庫朋斯基 (Kroupensky) 在北京談判，自民國元年十一月三十日至二年五月二十八日，歷時六個月，會談二十次，達到了五項協議，幾乎把《俄蒙協約》全部承認了。袁世凱大總統把「協議」提到國會請求批准時，遭到了否決，於是由繼任外交總長孫寶琦再與庫朋斯基談判，於民國二年十一月五日達成協議，由於國會已於前一日因袁世凱追繳國民黨籍議員證書而無法開會，

此項協議即由袁世凱以聲明文件方式予以接受。雙方又同意於三年九月八日由中、俄、蒙三方在恰克圖會議，以使外蒙接受中俄間的協議。恰克圖會議中，中國代表為畢桂芳、陳籙，俄方代表為亞力山大米勒，蒙方代表為達喇嘛達錫札布。由於蒙人的不肯就範及俄人的百般刁難，費了九個月的時間，開了四十八次會，最後才決定了一份《中俄蒙協約》，於民國四年六月七日簽字。依此協約，外蒙承認中國宗主權，俄國承認外蒙為中國領土，中國則承認外蒙的自治地位以及《俄蒙協約》中俄人所取得的一切權利。所謂中國的宗主權，亦僅限於冊封外蒙活佛、公文用中國年曆、中國可在庫倫設辦事大員及在科布多等數處設置專員等幾項權力而已。民國四年六月十六日，北京政府特任陳籙為駐蒙都護使，擾攘五年之久的外蒙問題暫時告一段落。

　　與俄國對於外蒙的企圖大致相似，英國對於西藏的侵略於辛亥革命之時，亦告轉急。清宣統二年（1910年），川軍平定了藏亂後就留一部分軍隊駐在拉薩，達賴十三世逃亡到了印度。清廷任聯豫為駐藏大臣，駐軍統領為鍾穎。鍾的部屬則多為四川哥老會分子，訓練紀律都不很好。武昌革命之消息傳抵西藏後，川軍譁變，搶掠寺廟及藏民，於是釀成了藏人與漢人間的衝突，藏人仇殺漢人，並驅逐了駐藏官吏。達賴十三在印度聞訊後，即返回拉薩，宣布西藏獨立。達賴因有英國的餉械之助，不僅控制了西藏，且進兵西康，直薄川邊，連陷裏塘、巴塘及鑪城等要地，對四川、雲南均已形成威脅。

　　時已民國元年四月，臨時大總統袁世凱除聲明西藏為中國領土外，並派四川都督尹昌衡為征藏總司令，並令雲南都督蔡鍔亦出兵應援。六月十六日，四川西征軍自成都出動，英國駐華公使朱爾典 (John Jordan) 亦於同日會見袁世凱，對藏事表示關切。川軍於七月五日首敗藏軍，克復了裏塘。尹昌衡也親至康定督戰。七月下旬，藏軍不支，退回藏邊。川滇軍有意略事整補後追擊入藏，英使卻於此際以奉有英國政府訓令，向北京政府提出

照會，表示「不能承認中國有干預西藏內政之權」，並以中國如不能與英政府「訂成條約」，英政府即不能承認中華民國相要挾。

　　時袁世凱方於平定「二次革命」之後，應可據理力爭。但由於他一向依恃英使朱爾典為政治上的奧援，不願與英為敵，且蒙事亦尚未解決，遂決定接受英使提議，與英、藏談判。元年十月六日，袁電令尹昌衡部萬勿過江達以西。十月二十九日，又明令恢復了達賴十三的名號，「仍請主持黃教」。但達賴態度極頑強，不願到北京來商談「如何恢復藏中舊制」。外交部與英使間自民國二年元月八日至七月二十九日之間，經過九次磋商，始決定接受以中、英、藏三方代表地位平等的立場，各派全權，至印度西姆拉 (Simla) 舉行會議。

　　西姆拉會議，係於民國二年（1913 年）十月十四日開始，中國代表為陳貽範，副代表王海平；英國代表為麥克馬洪 (A. H. McMahon)，西藏代表為西藏「總理大臣」倫興香托拉（Long Chen Shatra，亦譯作廈札）。會議的過程，甚為艱苦，直到民國三年（1914 年）四月二十七日，才依據英國方面的「調停案」，訂一暫時草約，內容大要是：分西藏為內藏與外藏二部分，以青海南部及四川西部為內藏，以南及以西之地為外藏，內藏由中國管理，外藏自治；中國應允不在西藏駐兵、設官、殖民，僅可於拉薩駐一大員，英國亦派一商務專員，並各置衛隊；英國承認中國對西藏之宗主權，中國則擔保不將西藏劃為行省。陳貽範在草約上簽了字，但向北京政府請示時，得到的答覆是「政府不能承認，應即聲明取消」。北京政府也同時致電駐英公使劉玉麟，令其轉告英政府，中國政府對西姆拉會議之條件不能承認。

　　西姆拉會議中爭執最烈者，為劃界問題。七月二日，英國逕與西藏簽訂正約並換文，麥克馬洪並順手以紅筆劃定藏印東界，無端劃去了西藏的一片土地，這就是所謂「麥克馬洪線」，中國政府一直都拒絕承認。其後十數年間，達賴十三屢次興兵東犯，西藏事實上等於脫離了中國，直到民國

十七年國民政府統一全國後，中央與西藏間的關係才略見轉機。

五、日本趁火打劫——苛毒的二十一條

　　日本是俄、英而外，利用中國辛亥革命民國初建的不穩定時期對華侵略的第三個國家。俄國志在攫取外蒙，英國企圖控制西藏，日本的野心則在把全中國置於其支配之下。辛亥革命時，日本對中國北方的清廷和南方的革命政府，施行兩面政策，企圖造成中國分裂以便日本分別予以控制。日本是不希望中國成為統一的民主國家的，曾經提議國際干涉，並曾有意阻撓各國對中華民國政府的承認。但日本的計劃失敗了，中國南北終於成立了統一的民主共和政府。日本乃於民國元年七月八日與俄國簽訂第三次密約，把南滿東蒙劃為日本勢力範圍，處心積慮的力謀擴張其經濟與政治勢力。

　　日本的第一步，是提出韓滿通商減稅三分之一的要求。袁世凱答應了由總稅務司安格聯與日本駐華公使伊集院彥吉於民國二年（1913年）五月二十九日簽訂了一份《中日朝鮮南滿往來運貨減稅試行辦法》，准減關稅三分之一，日本在南滿的貿易遂居於絕對優勢的有利地位。

　　日本的第二步，便是藉口民國二年九月一日張勳的辮子兵攻占南京時，曾有三個日本人被殺害，因而要求懲兇、賠償、道歉；並利用袁世凱有意拉攏日人的弱點，乘機勒索，提出了建築滿蒙五路的要求。袁世凱又滿足了日本的欲望——訂立《中日滿蒙鐵路借款預約辦法大綱》，亦稱《中日滿蒙五路換文》。五條鐵路是：(1)四平街至鄭家屯（遼源），(2)開原至海龍，(3)長春至洮南，(4)洮南至承德，(5)海龍至吉林（永吉）。五路合計一千六百公里，均與南滿及安奉鐵路銜接，將南滿、東蒙及朝鮮聯為一體，形成一個鐵路網，來榨取東北的豐富資源。

　　民國三年（1914年）七月二十八日，第一次世界大戰爆發。日本以英日同盟關係，於八月二十三日對德宣戰，進攻青島。中國已於八月六日宣

布中立，但日本毫無忌憚的登陸龍口，進占濟南。十一月七日，日軍攻陷青島。中國以戰爭告一結束，要求日本撤出山東，日本不惟不理，且於民國四年（1915 年）一月十八日由其駐華公使日置益親向袁世凱大總統提出了舉世震駭的二十一條要求。這是亡人之國的條件，內容分為五號：

第一號四條，目的在占有山東全省。要求中國承認日本承繼德國在山東的全部權利外，並承諾沿海土地島嶼概不讓與或租借給他國。

第二號七條，係進一步攫取南滿、東蒙的權利，使日本居於長期獨占的地位。要求將旅順大連及南滿、安奉兩路的租借期限展期為九十九年，日人在滿、蒙有土地租借權、所有權、設廠權、耕作權、自由居住往來權、經營工商業權、開礦權、建築鐵路權。

第三號兩條，漢冶萍公司作為中日合辦，屬於該公司各礦的附近礦山，不准他人開採。

第四號一條，中國政府允准所有沿海港灣及島嶼，概不讓與或租借於他國。

第五號七條，目的在控制中國全國的政治、財政與軍事，中國政府聘日人為政治、財政、軍事顧問，日本在中國內地之病院、寺院及學校均享有土地所有權，中國警察作為中日合辦，中國所需軍械半數以上採購日本軍械或由中日合辦軍械廠，允日本建築武昌至九江、南昌至杭州、南昌至潮州間之鐵路，日本對福建籌辦鐵路、礦山、及整理港口、船廠，有優先投股權，日人在中國有宣教權。

這是日本大隈重信內閣處心積慮的侵華計劃，也是世界外交史中最苛毒的一件文書。日置益不循正常的外交途徑送達中國政府，竟直接交與身居元首地位的袁世凱，且以「嚴守祕密，不得洩露」相威脅，尤屬狂妄無禮。然而，袁世凱竟亦未曾拒絕接受此一文件，他令外交總長陸徵祥、次長曹汝霖和日使日置益，參贊小幡西吉談判。陸不諳日情，僅居名義而已，實際主持二十一條交涉的則是臭名昭彰的親日派曹汝霖。

日本使節日置益（右二）與袁政府外交總長陸徵祥（左二）簽訂
「二十一條」

　　談判於民國四年二月二日開始。日本擺出張牙舞爪姿態，聲言如談判
不成，即行出兵，事實上日本海軍艦艇已經在渤海海面游弋示威。至四月
十七日，雙方已開會二十四次，由於日本絲毫不肯讓步，交涉暫告停頓。
二十六日，日本提出二十四條修正案，說這是最後的條件，不允再作變更。
五月七日，日本即向中國送出了最後通牒，要求中國在四十八小時內——
即五月九日午後六時以前，必須將「第一號、第二號、第三號、第四號之
各項，及第五號中國關於福建省公文互換之件，照四月二十六日提出之修
正案所記載者，不加以何等之更改，速行允諾」。

　　收到了日本的最後通牒，袁大總統召開了緊急會議，最後的決定卻是
忍辱承認。中國政府承認二十一條的覆文於五月九日在日人規定的時限內
送出，中國的國恥史上又增加了一項「五九國恥」。日置益在接到中國的覆
文之後，立即電奏日本天皇：「兵不血刃，獲得了外交上的輝煌勝利！」

研究與討論

一、民國元年我國試行政黨政治，何以失敗？

二、宋教仁被暗殺事件，對民國政治有何不良影響？

三、對民初的蒙藏交涉，中國有那些失策之處？

四、就「二十一條要求」的內容，批判日本侵華野心。

第二節　討袁運動

一、二次革命與中華革命黨成立

　　「二次革命」，亦稱「贛寧之役」，或曰「癸丑之役」。這是國民黨人於辛亥革命之後，發動的另一次武裝革命行動。辛亥革命以推翻清廷，創建民國為目標，二次革命則以討袁為號召，亦即舉兵討伐當時的臨時大總統

宋教仁被殺後孫中山（前排中）、黃興（前排左二）在上海召集會議

袁世凱。

　　實在說來，國民黨之討袁是一種被動的反擊行動，袁世凱本人才是挑起「討袁」的主動者。早自民國元年十一月間，袁已對國民黨人發出警告，表示如有「亂黨」搗亂，必將嚴辦。民國二年三月二十日之購兇刺殺宋教仁，乃是袁氏決心不惜以任何手段對付國民黨的先聲。孫中山這時正在日本訪問，他於聞變之後即行返國，於三月二十五日與黃興等商討對付袁世凱的辦法，主張先發制人，以武力討伐。但黃興不同意，主張靜候法律解決。國民黨人因此延緩了應付袁氏挑戰的行動，使袁有了更充裕的時間來完成其武力鎮壓國民黨的部署。

　　四月二十六日，袁政府的財政總長周學熙擅行與英、法、德、俄、日五國銀行團簽訂了所謂《善後大借款合同》，借款二千五百萬鎊，合二億五千萬元。不經國會同意，係以非法的手段簽約。借款的條件又苛刻無比：年息五厘，八四折交款，以鹽稅作擔保，收稅開支均受外國人審定、監督，嚴重損害了中國的主權。消息傳出，國人無不視之為倒行逆施，反對之聲浪有如潮湧。國民黨人反對尤烈，國會更提案彈劾。湘、贛、皖、粵四省都督譚延闓、李烈鈞、柏文蔚、胡漢民於五月五日聯名通電反對，要求袁世凱「立罷前議」，希望副總統、國會及各省各黨「協力抗爭」。袁世凱也斷然還以顏色。於六月九日，斷然下令將江西都督李烈鈞免職。五天後又下令免了粵督胡漢民，三十日，袁又下令免除了安徽都督柏文蔚的職務。同時期內，袁已密令北洋嫡系的第六師李純部進入皖贛，並派人將湖南長沙的軍械庫爆炸，使譚延闓不敢輕舉妄動。

　　袁世凱步步進逼，國民黨人也只有以兵戎相見了。七月十二日，李烈鈞在江西湖口宣布獨立，通電討袁，揭開了二次革命的序幕。接著黃興在南京（七月十五日）、柏文蔚在安慶（七月十七日）、陳其美在上海（七月十八日）、陳炯明在廣州（七月十八日）、許崇智在福建（七月十九日），先後宣布討袁。參議院院長張繼發表宣言斥袁罪狀，孫中山亦發表宣言並致

電袁氏，勸其辭職。七月二十五日，湖南宣布獨立，至八月四日，熊克武又在重慶起兵討袁。討袁軍事先後興起於贛、蘇、皖、粵、閩、湘、川七省，聲勢亦頗能轟動一時。但討袁軍係倉卒起兵，力量薄弱，上海討袁軍屢攻製造局而不能下，黃興又以南京不穩而離去，安慶發生兵變，陳炯明、許崇智又均被迫出走，討袁軍很快就都失敗了。九月十二日，重慶的討袁軍為擁袁的滇、川軍所逐，二次革命遂告完全失敗。

袁世凱決心完全摧毀國民黨的勢力。他先已下令拏辦李烈鈞，褫奪黃興、陳其美、柏文蔚等人官職及榮典，並於七月二十三日下令撤消孫中山的「籌辦全國鐵路全權」。及十月六日，袁威脅國會選他為正式大總統，並於十月十日就職後，遂於十月十五日由北京總檢查廳明令通緝孫中山、黃興、張繼等國民黨領袖及二次革命之發動者二十餘人。十一月四日，袁終於下令解散了國民黨，並取消了國民黨籍的國會議員。八天以後，袁再下令各省省議會中之國民黨籍議員資格，也一律取消。

二次革命失敗後，國民黨的領袖孫中山及主要領導幹部，又都亡命到海外。孫中山、黃興、陳其美等到了日本，李烈鈞、陳炯明、柏文蔚等去了南洋。大家檢討這次失敗，看法未盡一致；對今後進行計劃，亦有急進、緩進之分。孫中山則深以此次討袁行動中事權不統一，黨員太散漫為戒。他決定創立一個新的革命黨──中華革命黨，繼續進行討袁革命。

中華革命黨雖在民國二年九月即已開始接納黨員入黨，但遲至民國三年六月二十三日始舉行選舉大會，選舉孫中山為總理。七月八日，孫中山宣誓就職，同時頒布《中華革命黨總章》，宣告中華革命黨正式成立。中華革命黨的首要目標，為進行討袁。黨本部於民國三年九至十二月間召開革命方略討論會，制訂「革命方略」一種，為組織中華革命軍在國內進行討袁的最高依據。民國二年至五年間，中華革命黨曾分別在江蘇、浙江、江西、廣東、湖南、湖北、山東、奉天等省發動討袁軍事，負主要責任者則為陳其美、范光啟（鴻仙）、朱執信、鄧鏗、莊中正、夏爾璵、夏之麒、楊

王鵬、吳藻華、居正等人，范光啟、楊王鵬、陳其美、夏爾瑪、夏之麒等
且以身殉。

二、袁世凱成為「變相的君主」

　　袁世凱一生最大的弱點，便是思想落伍。他的封建意識濃厚，權力慾
特強。他不喜歡約法，也不想要憲法，只想集全國大權於一身，由臨時大
總統成為正式大總統，由任期大總統變為終身大總統，最後的打算則是把
自己由中華民國的大總統變成「中華帝國」的「大皇帝」。

　　袁討厭國會，也不喜歡內閣。趙秉鈞以袁的私人出任國務總理時，袁
即令他把唐紹儀所設的國務會議移至總統府，內閣制的精神已完全喪失。
民國二年十一月四日解散國民黨，並收繳國民黨籍國會議員的證書後，國
會事實上已無法開會。到民國三年一月十日袁乾脆就把國會解散了。隨後
又停辦各省自治會，解散各省省議會，使中華民國這個民主共和國除了「中
華民國」四個字的國號外，再也沒有半點民主共和的氣息。

　　當然，袁世凱也需要個御用機構，作為他建立獨裁統治的墊腳石。這
個機構叫做「中央政治會議」，政治會議建議袁另設一個「造法機關」，照
袁的意思來另造一部「約法」。民國三年三月十八日，所謂「造法機關」的
「約法會議」正式在北京開幕。為袁制訂了一種《中華民國約法》，由袁以
大總統名義於五月一日公布。時人稱之為《新約法》或《袁記約法》。

　　《新約法》的最大特點，是把大總統的職權提高到和君主國的君主差
不多相同的地位，總攬全國的「統治權」。大總統為「行政首長」，廢除了
國務院和國務總理，另於總統府內設一「政事堂」，以國務卿為首領，下設
左、右兩丞來協助國務卿。袁世凱特任徐世昌為國務卿，而由袁的兩位親
信楊士琦、錢能訓為左、右丞，實際上不過是袁的家僕而已。袁又改訂了
地方官制，裁撤了各省都督，改由中央將軍府派將軍駐省為軍政最高長官，
原來的民政長改稱巡按使，建立了充滿封建色彩的中央集權制度。

　　袁建立其獨裁地位的另一步工作，便是把一些不屬於北洋系統，或是在二次革命時態度曖昧的封疆大吏，內調北京加以監視，另派其北洋將領接替。第一個被內調的是湖北的黎元洪，袁要他去北京專任副總統，湖北都督一職由段祺瑞接替。湖南的譚延闓和福建的孫道仁，曾在名義上參加二次革命，當然免職。浙江的朱瑞和雲南的蔡鍔也因在二次革命時持中立立場，而被免職內調。尤其是蔡鍔，袁實在不放心他，因此調他到北京去做「昭威將軍」以便於監視。袁自己清楚，蔡也心裡明白。蔡虛與委蛇一年又半，最後還是設計脫出了袁的掌握，成為討袁的健將。

　　被袁玩弄於掌上的政治人物，還有梁啟超及其領導下的進步黨一系人士。袁於平定二次革命後，曾於民國二年九月特任熊希齡為國務總理，組成了包括梁啟超在內的所謂「人才內閣」——實際上可說是進步黨內閣。梁啟超「名義上主持司法，實則與熊希齡共決大計」。此時梁的得意，是可以想像得到的，他建議袁「挾國會以號召天下」。但梁啟超錯了。袁並不需要國會，他解散了國會。進步黨人本係以國會為活動場地，國會解散，進步黨人也就不再有利用價值，熊內閣倒臺，梁啟超也就被袁閒置一邊。

三、洪憲帝制一幕醜劇

　　袁氏《新約法》規定立法機關為「立法院」，由大總統召集；另又規定設一「參政院」，其職務為「應大總統之諮詢審議重要政務」。「立法院」始終未曾成立，而由參政院代行其職務，參政院成立於民國三年五月二十六日，由黎元洪、汪大燮分任正副院長，參政員七十三人都是袁世凱聘任的，大半是前清舊臣，但也包括梁啟超和蔡鍔等少數進步黨人士。參政院的職責，在為袁世凱的擴大權力開路。民國三年八月，修改了原由國會制訂的大總統選舉法，把大總統的任期由五年改為十年，期滿參政院得議決繼續連任，連任屆次並無限制，如須改選，現任大總統得推薦三人為候選人，等於大總統繼任人由現任大總統指定。這一來，袁世凱就成了有「法律」

依據的終身大總統，且可指定繼承人，與世襲的君主毫無二樣。但袁尚不以此為滿足，他要做一個實質上的大皇帝。

民國三年這一年，袁世凱一方面恢復帝制時代的政制，一方面起用滿清政府的遺臣，因此有人誤以為袁有意要清帝復辟。勞乃宣、宋育仁這般頭腦冬烘的復辟論者，都犯了這個毛病，經肅政史夏壽康一彈劾，宋育仁就被「遞解回籍」，並被扣上一個「邪詞惑眾」的罪名。到了民國四年袁接受日本的「二十一條」後，帝制自為的野心已是路人皆知。於是善於投機的「六君子」──楊度、孫毓筠、嚴復、劉師培、李燮和及胡瑛，就於四年八月十四日發起組織一個「籌安會」，甘心作袁氏帝制運動的馬前卒。

八月三日，袁政府的憲法顧問美國政治學教授古德諾 (Frank J. Goodnow) 發表了一篇〈共和與君主論〉的文章，認為中國在目前情形下，「君主體制較共和體制為宜」。於是籌安會就以這句話做根據，於八月十六日在各報大登啟事，作帝制鼓吹。雖然古德諾次日對新聞記者加以聲辯，說是籌安會誤解了他的話，但民間的印象已經形成，沒法抹掉了。袁的另一法律顧問日本人有賀長雄，也發表了幾篇文章，旁推側敲的為帝制張目。楊度本人也於八月二十六日發表了他的「君憲救國論」，公然宣傳帝制，袁世凱絲毫不加干涉。

籌安會於八月十四日發起，二十三日正式成立，楊度為理事長，孫毓筠為副理事長，其餘四個「君子」為理事。籌安會的進行辦法是發動各種公民團體，向參政院請願變更國體。袁的祕書長梁士詒卻嫌其迂緩，又爭著立擁立之功，因於九月十九日組成「變更國體全國請願聯合會」，推沈雲霈為會長，向參政院建議以「國民代表大會」來解決國體。參政院遂指派梁士詒等起草召集「國民代表大會」的辦法，梁士詒遂代替楊度而成為帝制運動的先鋒人物。楊度於失望之餘，於十月十五日將籌安會改組為「憲政協進會」。

在梁士詒、朱啟鈐等一干帝制分子推動下，變更國體的行動加速度的

進行。所謂「國民代表大會」的代表選舉，於十月二十五日至十一月五日
的十天內辦竣，同時在當地舉行國體投票。投票時並同時具呈「推戴書」，
文字是規定好的，一字也不能更改。朱啟鈐、周自齊、梁士詒等於投票前
密電各省：

> 國體投票解決後，應用之國民推戴書文，內有必須照敘字樣，曰：
> 國民代表等謹以國民公意，恭戴今大總統袁世凱為中華帝國皇帝，
> 並以國家最上完全主權奉之於皇帝，承天建極，傳之萬世。此四十
> 五字，萬勿絲毫更改為要。

果然，全國「國民代表大會」代表投票數一千九百九十三票，全部贊
成帝制，推戴書文字完全照錄朱電中的四十五字。這種自欺欺人，掩耳盜
鈴的做法，只有利令智昏的人才能做得出來。參政院於十二月十一日向袁
世凱呈遞了這些推戴書，十二日袁就接受了。他並接受文武官員的祝賀，
並設立了「大典籌備處」，準備於民國五年元旦登基。十二月二十一日，袁
世凱申令改明年為「中華帝國洪憲元年」，中華民國的命運就這樣被袁世凱
斷送了。

可是袁世凱沒有想到，皇帝的美夢雖甜，但不可能長久。因為國內的
反袁勢力以及國際間的壓力，都不允許他長此倒行逆施。從「洪憲」元年
元旦開始，到三月二十二日被迫撤消承認帝位案，二十三日正式廢止「洪
憲」年號，一共為八十三天，袁的帝制迷夢終於破滅了。又過了七十三天，
他終於在極不名譽的情形下羞憤而死！

四、護國之役

袁世凱洪憲帝制之失敗，一方面由於國內反袁勢力之強大——尤其是
中華革命軍與護國軍的軍事力量，一方面也是由於列強的干涉——尤其是

日本，施展了先縱後擒的伎倆，構成了帝制運動的致命傷。

　　就國內而言，袁世凱面對著五部分反對的勢力：一是中華革命黨，二是雲南護國軍，三是國會議員，四是社會名流，五是袁的一部分北洋將領。這五種反袁力量逐漸形成了聯合行動，使袁陷於眾叛親離的悲慘境地，洪憲帝制就難逃覆亡的命運了。

　　最先發難，且反袁意志最堅決的是革命黨人。被認為是激進派的中華革命黨，固然是武裝討袁的先鋒，即以溫和派自許的「歐事研究會」，民國五年以後也成為反袁運動的主要力量。從民國三年六月至五年五月的兩年間，中華革命黨人先後在國內發動十多次討袁行動，其中以下開九次規模較大：

一、三年六月二十八日，李國柱起討袁軍於湖南郴縣，苦戰兩月，死難官兵兩千餘人。

二、四年七月十七日，鍾明光謀炸廣東將軍龍濟光，不成，遇難。

三、四年十一月十日，陳其美命王曉峯、王明山刺殺上海鎮守使鄭汝成。

四、四年十二月五日，陳其美、蔣中正等在上海策動肇和軍艦起義，並進攻製造局、警察局、工程總局，歷時兩日，甚為壯烈。

五、五年一月六日，陳炯明、鄧鏗等起討袁軍於廣東，進攻惠州，與龍濟光軍激戰五日。

六、五年二月十八日，蔡濟民等發動武昌南湖馬隊起義討袁，不成。

七、五年二月十九日，廖湘芸、楊王鵬等率眾進攻長沙省署，楊王鵬等二十八人死難。

八、五年四月十四日，蔣中正等率革命軍占領江陰炮臺。

九、五年五月四日，居正舉兵於山東濰縣，稱中華革命軍東北軍，擁有兩師之眾，占領魯中十數縣，一度進攻濟南。

　　當然，勢力最強大，具有決定性影響的討袁力量，是民國四年十二月

二十五日在雲南昆明以討袁義師號召全國
的護國軍。這一全面性的討袁行動，包括了
三派力量：一是雲貴兩省的軍人，以唐繼堯
為首，劉顯世和之；一是進步黨人，以蔡鍔
為首，影響蔡鍔頗力的人是梁啟超；一是被
稱為溫和派的老國民黨人，即李烈鈞和方聲
濤。其中以唐繼堯、蔡鍔、李烈鈞三人為
首，國人共認為「護國三傑」。

蔡　鍔

　　籌安會公然宣傳帝制後不久，梁啟超發
表一篇〈異哉所謂國體問題者〉的文章，公
開反對帝制，轟動一時。梁的反帝制意志很
堅決，他說即令全國四萬萬人中三萬萬九千九百九十九萬九千九百九十九
人贊成帝制，剩他一人也「斷不能贊成」。蔡鍔在北京亦祕密與滇黔聯絡，
滇黔亦派戴戡、王伯羣北上謁蔡密商。再經梁啟超的說動與策劃，蔡鍔遂
離京赴津，旋經日本、臺灣及越南，潛返昆明。蔡與黃興有聯絡，蔡的祕
書長周鍾嶽於稍後返滇時，繞道東京，亦曾晉見孫中山，有所請示。以是
雲南起義與中華革命黨亦非毫無關係，且雲南軍中的中級幹部鄧泰中、楊
蓁、田鍾穀、董鴻勳等人，亦均為中華革命黨黨員。

　　護國軍於四年十二月二十五日起義後，蔡鍔任第一軍司令官，進兵四
川、貴州，李烈鈞為第二軍司令官，進兵廣西，以圖廣東，唐繼堯以雲南都
督兼第三軍司令官，留守雲南。五年一、二月間，貴州雖響應，護國軍在川
作戰，並不順利。三月十五日，廣西陸榮廷宣布獨立，護國軍聲勢始為之一
振。其後，廣東、浙江兩省相繼獨立。五月一日，成立兩廣護國軍都司令部
於肇慶，八日擴大為護國軍軍務院，以唐繼堯為撫軍長，岑春煊為撫軍副
長，梁啟超為政務委員會委員長，李烈鈞等為撫軍，是為西南各省護國軍的
統一指揮機構，軍務院且宣稱代行國務院職權，反袁但仍擁護黎元洪。

　　國會議員谷鍾秀、張耀曾、孫洪伊等在上海組成「共和維持會」，創刊《中華新報》，呼籲反袁，唐紹儀、伍廷芳甚至張謇等人，亦不值袁氏所為，勸袁引退。最後迫使袁世凱取消帝制的壓力，還是來自北洋系內部。五年三月二十日，袁發現了馮國璋、張勳、李純、靳雲鵬、朱瑞等聯合各省要求取消帝制的密電，因而有二十二日取消帝制的宣布。及五月間，馮國璋發起南京會議而陝西又宣布獨立，袁遂把「政事堂」改稱國務院，任命段祺瑞為國務總理，表示恢復民國官制。但已經沒法挽救其命運了，十九省公民代表宣言否認袁的總統地位，中華革命黨和護國軍軍務院又堅持非袁下野不可。五月二十二日，四川將軍陳宧宣布與袁斷絕關係，七天後，湖南將軍湯薌銘也宣布獨立。這兩個袁的爪牙一一離袁而去，袁乃於五月二十九日宣布了帝制案始末，表示認輸了，一病竟不起！

　　國際間對洪憲帝制的厭棄及日本的反臉成仇，也為袁世凱所始料不及。他於發動帝制之初，曾與英使朱爾典，美使芮恩施 (Paul S. Reinsch) 透露過，朱爾典表示贊成，芮恩施認為這是中國內政，不加干涉。日本當局，更是或明或暗的對袁懲恿，甚至表示於必要時予以協助。及至帝制運動真的成為事實，列強卻都改變了態度。四年十月二十八日，英、俄、日三國首次對袁提出勸告。十二月十五日，英、俄、法、意、日五國公使再度對袁提出警告。袁世凱迫於壓力，所以決定採對內用洪憲，對外仍稱民國之兩面態度。

　　袁世凱也曉得挑起國際干涉的主動者，是日本。他想派農商總長周自齊為特使以慶賀大正天皇正位為名去疏通，日本政府本也同意了，不料忽於五年一月十六日改變了態度，拒絕接待，使袁大感狼狽。三月間，日本內閣正式決議反對袁的帝制，並公然支持中華革命軍與護國軍，袁進退失據，就只有宣布取消帝制了。袁於四年五月接受日本二十一條要求，本在換取日本對他稱帝一事的支持，事實卻又為日本所賣，袁真是有口難言，這也反映出這個媚外賣國之「一代梟雄」的悲哀。

一、何謂「二次革命」？其失敗的原因何在？

二、袁世凱「洪憲帝制」失敗的主要原因是什麼？

三、雲南護國軍對民國法統有何貢獻？

四、吾人於日本對袁世凱的政策中，獲得些什麼教訓？

第三節　法統之爭

一、貌合神離的一年

袁世凱於民國五年（1916 年）六月六日死亡，洪憲帝制的醜劇遂告落幕。但一個新的問題——中華民國的法統問題，卻又形成了南北爭執的焦點，發展為長達六年的護法運動。

袁世凱死後，由副總統黎元洪繼任大總統，自然是順理成章的。各方面都不反對。但黎元洪繼任大總統的法理依據——係依據民元的舊約法還是民三的新約法？卻成了問題。根據民元約法，黎是「繼任」大總統，任期直至滿了袁的五年任期（民國二年十月至七年十月）為止。若是根據民三約法，黎僅是「代行」大總統職權，期限依規定只有三天，三天之內就要辦理新總統的選舉。兩種情形截然不同，黎元洪本人卻弄不清楚，一任國務總理段祺瑞的擺布。

段祺瑞於袁死之日，以國務院名義發表的通電說，副總統黎元洪係依據民三約法第二十九條，代行大總統職權，黎的就職誓詞則謂「當依據民國元年頒布之臨時約法接任大總統之職權」。就法理言，依據民元約法才是對的。對段來說，民元約法採行內閣制，對他是有利的，但他反對民元約法，是因為他不願意恢復被袁世凱解散過的國會。段這個人在北洋軍人中，

黎元洪　　　　　　　　　段祺瑞

無論能力和人品都是很不錯的，但他倔強成性，剛愎自用，這次的約法之爭完全是由於段一個人固執成見。

　　護國軍軍務院、中華革命黨及國會議員們，函電交馳，堅持恢復民元約法，召開國會並懲辦帝制禍首，岑春煊、孫中山、黃興、唐繼堯等數度致電黎元洪促其表明立場。黎是同意恢復民元約法的，但他要看國務總理段祺瑞的臉色行事。段仍執迷不悟，於六月二十二日通電反對民元約法，堅持以民三約法為行政標準。第二天，孫中山致電段祺瑞，警告他「不為蓍言所惑，重陷天下於糾紛」，梁啟超等也電段氏，提醒他身為國務總理，國務院這一機關就是根據民元約法而設立的，反對民元約法，自己就先喪失了立場。但段仍託詞狡辯。六月二十五日，駐滬海軍總司令李鼎新，第一艦隊司令林葆懌等宣布加入護國軍，要求恢復民元約法及召集民二國會，段祺瑞這才軟化下來。六月二十九日，黎元洪申令仍然遵行民國元年三月十一日公布之《臨時約法》，並定八月一日繼續召集民國二年四月八日開幕，三年一月為袁世凱解散之國會。袁死後的法統之爭，才算告一段落。

　　五年七月六日，北京政府下令將各省將軍改稱督軍，巡按使改稱省長。

十四日，下令通緝楊度、孫毓筠、梁士詒等十數名帝制禍首，算是接受了
南方的要求。於是護國軍軍務院也就在七月十四日這一天，宣布撤消，國
家在名義上復歸於統一。八月一日，國會正式復會。十月十日國慶日，黎
元洪令授孫中山大勳位，蔡鍔等勳一位，以表示真誠合作之意。政治上暫
時出現了令人欣慰的和諧氣氛，只可惜這只是表面現象，實際政治圈裡卻
依然在波濤詭譎，黎段間固同床異夢，南與北亦貌合神離！

　　首先，北京政府內部就有府院對立，互相傾軋的現象。國務院的祕書
長徐樹錚跋扈專擅，與總統府祕書長丁世嶧兩人成積不相能之勢。國會復
會後，也仍然是派系凌轢，紛然雜陳。舊進步黨人與舊國民黨人都又組成
了若干小派系，經過一段醞釀與演化，就又形成了兩派對立的形勢：一派
是國民黨籍國會議員等組成之「憲政商榷會」，主張憲法中規定省憲大綱，
省長民選；一派是進步黨人組成的「憲法研究會」──習稱「研究系」，支
持段祺瑞之主張，力主中央集權、省長官派。六年二月以後，對德奧參戰
問題發生，政潮就一發而不可收拾，終又導致了國會第二度被解散的悲劇，
為復辟分子製造了為禍民國的機會。

二、參戰案與溥儀復辟

　　民國六年（1917 年）二月一日，德國宣布以潛艇實施海上封鎖，美國
遂於二月三日對德絕交，並希望中國政府採取一致行動。國務總理段祺瑞
與研究系領袖梁啟超相互結納，認為這是個發展勢力的好機會，不僅主張
對德絕交，且進而加入協約國，對德、奧宣戰。二月九日，北京政府對德
抗議；三月十四日，對德絕交。但到五月間，參戰案提出於國會時，卻導
發了軒然大波。

　　堅決主張參戰的人，一個是段祺瑞，一個是梁啟超。段主張參戰，是
想藉參戰的機會向日本借款和購買軍械，以增強其武力，作為對付國內反
對派的資本。梁之熱衷於參戰，一方面是出於政治的動機想巴結段祺瑞，

一方面藉參戰獲得近利——如收回德、奧租界，延期交付庚子賠款等，並提高中國的國際地位。但身為大總統的黎元洪不贊成參戰，在野的政黨領袖和社會名流孫中山、唐紹儀、章炳麟等，反對尤烈。孫中山曾為參戰問題，著成《中國存亡問題》一書，詳析參加協約國的有害無利，主張嚴守中立。

　　國會中的議員，屬於研究系者均贊成參戰，代表中華革命黨之丙辰俱樂部派堅決反對，屬於舊國民黨系之益友社派和政學會派，則又贊成。以是段祺瑞提出之參戰案，並非不可能通過。無如段祺瑞不明政情，一開始就採用了威脅手段，先於六年四月二十五日召集各省督軍開會，組成督軍團，通電主張對德宣戰，繼於五月十日眾院開會審查宣戰案時，竟嗾使一批所謂「公民請願團」的亂民包圍該院，威脅議員必須於當日通過該案，並毆打反對派議員，百端辱詈。段祺瑞錯了，弄巧成拙。不但眾院議員憤恨，其內閣外交、司法、農商、海軍四總長伍廷芳、張耀曾、谷鍾秀、程璧光亦引以為恥，提出辭職；孫中山、岑春煊等又電請黎元洪嚴懲滋擾眾院之暴民，辭語嚴峻；而國會眾議院則以內閣閣員多數已辭職為理由，於五月十九日決議暫緩討論對德宣戰案，並要求內閣先行改組。

　　一方面是國會堅欲段祺瑞內閣改組——迫段去職，一方面則是以段為首的督軍團藉口憲法草案議決的條文不適於國情，要求黎元洪解散國會，身為大總統的黎元洪應當怎樣應付這一困局呢？黎最後採取了行動，他於五月二十三日以外交總長伍廷芳副署的命令，免除段祺瑞的國務總理職務。段也不甘示弱，他於當日到天津去發出通電，說他被免職的命令未經他本人副署，不能發生效力，並聲言「將來地方國家因發生何等影響，祺瑞概不能負責」。

　　果然，段派的那批督軍們開始行動了。首先是安徽省長倪嗣冲宣布「獨立」，繼之為陝西、河南、浙江、奉天、黑龍江、山東、直隸、福建、山西等省的督軍或省長，也宣布與黎政府脫離關係。就政府體制和法紀而言，

這些督軍的行為是背叛,所以有的史學家稱之為「督軍團叛變」。安徽督軍張勳沒有宣布獨立,他卻以「十三省區聯合會」的名義,電請黎元洪退職。黎處在這些軍閥的武力威脅下,真的狼狽不堪了。他任命李經羲為國務總理,李不敢就職。他寄望梁啟超調停,梁卻離京赴津,幫段拆黎的臺。黎束手無策,最後決定召張勳來京調停。誰料得張勳帶兵進北京後,首先就威脅黎元洪於六月十三日,用步兵統領江朝宗以代理國務總理副署的命令,宣布「將參眾兩院即日解散」。又過了十七天——六年七月一日,張勳就在北京導演了溥儀復辟的一幕醜劇。黎元洪逃進了日本公使館,通電各方要求出兵討伐張勳等一干國賊,「以期復我共和,而救危亡」。

張勳自然是「復辟」醜劇的渠首,但倡之者並非他一人,徐世昌、倪嗣冲、康有為等均為祕密活動者,日本人亦脫不了干係。七月一日,北京城內又出現了滿清政府的龍旗,這一天又變成了大清帝國宣統九年五月十三日,一般滿清遺臣劉廷琛、沈曾植、勞乃宣、阮忠樞、梁鼎芬、康有為等,又都爭著向溥儀大叩其頭了。但北京以外的人——包括段祺瑞一系的北洋軍人,卻正準備討伐這班危害民國的叛逆。

七月三日,段祺瑞在天津南郊的馬廠就任討逆軍總司令,誓師討賊。副總統馮國璋則在南京宣布代行大總統職務,與段一致行動。徐世昌見風轉舵,拒至北京就任「太傅」。七月十二日,討逆軍攻入北京,張勳逃入荷蘭公使館,溥儀又表演一次「退位」。張勳認為他被出賣了,心有未甘,曾通電痛斥北洋軍人之賣友背盟,竟也說什麼「翻雲覆雨,出於俄頃,人心如此,實堪浩歎」。

三、護法運動

自參戰案以迄督軍團叛變的紛擾過程中,孫中山一直堅持維護國會與約法的立場。在上海的岑春煊、章炳麟、唐紹儀等與孫先生同一主張。倪嗣冲等軍閥倡言「獨立」之際,各省督軍省長中又有以「中立」為標榜者,

孫中山均嚴詞斥責，認為「脫離總統政府，亦與叛逆不殊」。及聞倪嗣冲等欲在天津另組政府，孫中山即預見其「為復辟先聲」，因致電粵、桂、黔、湘、滇、川各省當局，促請出師討逆。孫中山說：

> 國會為民國中心，憲法為立國根本，公等既忠誠愛國，擁護中央，即應以擁護國會與憲法為惟一任務。今日法律已失制裁之力，非以武力聲罪致討，殲滅群逆，不足以清亂源，定大局。

雲南唐繼堯於六月九日通電擁護黎元洪並維持共和國體，表示響應孫先生的號召。廣西陸榮廷亦通電擁護共和，然態度尚不夠明朗。孫中山因於六月十四日派胡漢民至粵、桂，與桂系諸將領商討逆護法，粵督陳炳焜、桂督譚浩明遂於六月二十日宣告自主。至是西南各省在原則上已同意採取護法立場，主張維持國會，進行討逆，「逆」就是陰謀破壞共和國體——亦即主張解散國會，弁髦約法的人，據孫中山、章炳麟六月十日致黎元洪的電報，列為禍國罪魁者為徐世昌、段祺瑞、張勳、梁啟超、湯化龍、熊希齡等人。

護法運動的發動，海軍的支持為一重要因素。海軍總長程璧光於六月四日曾勸黎元洪暫離北京以免受叛督要挾，並表示擁黎討逆，但黎畏首畏尾，不敢有所決定。程乃與外交總長伍廷芳計商，決赴上海助孫中山。程於六月九日抵滬，當日即謁孫中山商進行步驟，孫中山助以經費，駐滬海軍遂決定擁護孫中山討逆護法。

七月一日復辟醜劇發生，伍廷芳於四日到滬，參與護法討逆之策劃。段祺瑞雖復以國務總理名義討伐張勳，但解散國會本係段的主張，孫中山以段亦毀壞民國法統之一，不可信任，遂決定由上海前往廣州，電邀國會議員南下開會，倡導護法。

孫中山係七月十七日抵達廣州，粵督陳炳焜，省長朱慶瀾均表示歡迎。

他致電段祺瑞，勸其誅戮群逆，以功贖罪，當然得不到結果。七月二十一日，程璧光在上海發表宣言，要求段祺瑞擁護約法，恢復國會，懲辦禍首，程同日即率海軍艦隊自滬駛粵，參加護法陣營。

國會議員亦陸續應邀至粵，於八月十九日舉行談話會，決定採用國會非常會議名稱，二十五日起在廣州開會。三十一日，國會非常會議通過《中華民國軍政府組織大綱》，規定以「戡定叛亂，恢復臨時約法」為軍政府的任務。軍政府設大元帥一人，元帥三人，主持一切。九月一日，國會非常會議選舉孫中山為大元帥，翌日再選唐繼堯、陸榮廷為元帥（另一元帥本預定為程璧光，程不願，故是日僅選二人）。十日，孫大元帥就職，同時任命外交、內政、財政、交通、陸軍、海軍各部總長。國人習慣上稱之為護法政府，或稱革命政府，亦稱南方政府。軍政府以戡伐毀法亂紀之北京政府，以期恢復國會與約法為目標，自然要對北方用兵，故稱之曰護法戰爭，或護法之役。孫中山的說明是：「自五年至於今（十二年），國內之革命戰爭，可統名之曰護法之役。」

護法事業，堂堂正正，但進行並不順利。孫中山以廣州為護法基地，但卻兩度遭受挫折，不能不離開廣州。

孫中山護法事業的第一次挫折，不是敗於段祺瑞的武力進攻，而是挫於桂系武人陸榮廷與政學會政客岑春煊等人的政治破壞。陸氏之桂軍據有桂、粵兩省，不欲孫中山建立以護法大義相號召的政府，因而橫加壓迫摧殘，而雲南唐繼堯則又妄自尊大，抱隔岸觀火政策。桂系軍人初藉「護法各省聯合會」名義對抗軍政府，繼又收買國會中的政學會議員提案改組軍政府，並刺殺了海軍總長程璧光。七年五月四日，國會通過了改組軍政府案——改大元帥制為七總裁合議制，並於五月二十日選舉孫中山、伍廷芳、陸榮廷、唐繼堯、林葆懌、劉顯世、岑春煊為總裁，其後又推岑春煊為主席總裁，這無異是排孫擁岑的政治把戲。孫中山因而辭去大元帥職，離開廣州，經臺灣、日本回到上海。他在上海先後著成《孫文學說》、《實業計

劃》等建國方略方面的專著，並創辦了《建設》雜誌，於國民心理的啟發及革命理論的闡揚，極著功效。

　　孫中山離開後的廣東軍政府，係由桂系及政學系把持，雖仍以護法政府自命，實則已放棄護法宗旨，一意與北方妥協，先於七年六月賄使北軍吳佩孚部自湖南撤防言和，繼於八年二月至五月間與北京政府在上海舉行南北和議。但和議失敗了，內部又糾紛迭起。孫中山憤而辭去政務總裁職務，唐繼堯亦因駐粵滇軍統率權被岑、陸所奪，而與岑、陸反目。伍廷芳、唐紹儀及國會領袖林森、吳景濂等先後離粵，宣言廣州軍政府已失去合法地位。九年八月，駐閩粵軍陳炯明部奉孫中山命誓師討桂，於十月二十九日占領廣州，岑春煊之軍政府因而瓦解。

　　民國九年十一月二十九日，孫中山偕伍廷芳、唐紹儀等回到廣州，恢復軍政府。雲南唐繼堯宣稱與孫中山一致行動，湖南譚延闓則隨孫先生至粵，以實際行動贊助護法。

　　孫中山此次回粵重建軍政府，他的護法事業進入了第二階段。為了改善對外關係，孫先生主張建立正式政府。這一建議為國會非常會議採納，於十年四月七日議決《中華民國政府組織大綱》，選舉孫中山為大總統，於五月五日正式就職，史稱非常大總統，孫中山旋即移師西征，先後攻占南寧、桂林，迫陸榮廷退入越邊。孫中山設大本營於桂林，計劃出師北伐以完成護法宗旨。十一年二月，孫中山下令李烈鈞部出江西，許崇智部出湖南，但北伐軍甫抵湖南，問題便發生了。先是湖南趙恆惕拒絕北伐軍入境，繼之陳炯明公然阻撓，於三月二十一日嗾人刺殺粵軍參謀長兼第一師師長鄧鏗於廣州，並拒絕供應北伐軍餉糈。孫中山因免陳炯明粵軍總司令兼廣東省長職，並回師廣州鎮懾。初不意陳炯明密令所部於六月十六日發動叛變，使孫中山的北伐計劃為之中輟。這是孫中山護法事業的第二次挫折，其嚴重性遠超過七年五月之軍政府改組。

　　六月十六日之變，孫中山脫險後先登楚豫軍艦，繼於二十三日移駐永

豐軍艦，指揮海軍艦艇及一部分陸軍抵抗叛軍，他下令北伐部隊許崇智、李烈鈞、朱培德等部回師廣州討逆，但北伐軍敗於陳部，許部退入福建，李、朱等部則進入廣西。二十九日，蔣中正赴難來粵，隨侍孫中山指揮策劃，「而籌策多中」。孫中山在艦中支持五十六日，至八月九日始偕蔣中正等離粵經港北上，於八月十四日抵達上海。

陳炯明之叛變，對孫中山的護法事業發生兩方面的影響：一是鑒於中國國民黨的組織和紀律尚有缺點，孫中山到滬後即著手黨務的改進，並接受蘇俄代表的建議開始聯俄的談判，接納中共黨員以個人身分參加國民黨，是為「聯俄容共」政策的起源。一是直系軍閥吳佩孚、孫傳芳等與陳炯明勾結，通電要求召集民國六年國會以「恢復法統」，並要求北方的徐世昌、南方的孫中山同時下野，徐世昌以其總統的地位本不合法，因而宣布下臺，舊國會議員吳景濂等一百五十餘人便於六月一日在天津開會，宣稱法統恢復。這就使孫中山無法再作護法的號召。因此，十二年一月，孫中山於命令滇桂聯軍及粵軍驅逐陳炯明再度回到廣州後，改建大元帥大本營，以大元帥名義號召中外，不再以護法為旗幟。護法運動至此已告結束。

四、軍閥干政及其混戰

清末由袁世凱編練的新軍，稱為北洋軍，是袁氏自民國開國以來攬權當政的最大政治資本。袁在世的時候，北洋軍有共同的統帥，派系的分野並不明顯。民國五年六月袁死之後，馮國璋、段祺瑞兩派軍人便形成直、皖兩系，相互傾軋，終至以兵戎相見。綠林出身的張作霖則以東北為禁臠，崛起而為奉軍的渠帥，且抱問鼎中原之野心。三系軍閥各具實力，各有地盤，均以排除異己以控制中央政府為目標。以是直系的馮國璋、曹錕做過總統，皖系的段祺瑞歷任陸軍總長、國務總理、參戰督辦以及臨時執政，奉系的張作霖則以東北巡閱使、東北保安總司令，最後自封為軍政府的大元帥。自民國五年至十六年（1916～1927年）這段時期，北京政府的權力

大部分時間都操之於軍閥之手，故稱北洋軍閥統治時期。

當然，軍閥係以直、皖、奉三系為主要派系，但非僅限於這三系。次要的軍系如山西閻錫山、西北馮玉祥，以至雲南唐繼堯、廣西陸榮廷、湖南趙恆惕及四川劉存厚、劉文輝、楊森等人，亦被視為軍閥。只是他們各有固定的地盤，各依扶於大軍閥的旗幟下，其興趣在做地方的「土皇帝」，無力甚至亦無意與直、皖、奉三系渠帥，一爭雌雄。

軍閥並不一定都是粗人，如段祺瑞、馮國璋、吳佩孚、孫傳芳等，都有很好的軍事學歷。軍閥也並非完全沒有國家觀念，其實大多數的軍閥都以愛國軍人自命，吳佩孚、馮玉祥等也都有愛國事蹟的表現。軍閥的最大缺點是觀念錯誤，亦即思想落伍——他們沒有遠大的政治理想和世界眼光，僅著眼於現實權力與個人虛榮，因而無法推進國家建設的進步與人民生活的改善。

五年六月袁世凱死後，黎元洪繼任為大總統，實權卻操在國務總理段祺瑞手裡。馮國璋是副總統，但兼江蘇督軍，常駐南京。六年七月討伐復辟之役過後，黎退馮繼，但段仍為國務總理，馮身為大總統，但處處受段掣肘。地方督軍中，馮之直系僅有蘇督李純、贛督陳光遠、鄂督王占元及直督曹錕，其餘各省多為段系將領或依扶皖段之人。七年十月，皖段操縱之安福國會選出徐世昌為大總統，權力仍歸段氏。一直到九年七月直皖之戰爭落敗為止，可稱為皖段掌權時代。

段祺瑞嘗以繼承袁世凱的衣鉢自任，他在北洋將領中也確為翹楚，更自詡有「三造共和」之功，但他在掌權期間，卻犯了兩項嚴重錯誤：

其一，不尊重國家法統，一味植黨營私，毀法亂紀。復辟之役過後，他拒不恢復國會，另外成立一個「臨時參議院」，最後又製造一個「新國會」。選出王揖唐為眾議院議長，梁士詒為參議院議長。這個「新國會」的議員，絕大多數為徐樹錚、王揖唐等皖系人物所組織之「安福俱樂部」成員，故國人稱之曰「安福國會」，南方護法人士則視之為非法國會。九月四

日，這個新國會選舉徐世昌為大總統，南方同樣視徐的大總統係非法產生。

其二，段祺瑞迷信武力，對內「戰而不宣」，要以武力摧毀護法政府；對外於六年八月十四日對德、奧「宣而不戰」，卻藉口參戰，向日本訂約借款，殘害民命。計自六年八月至七年九月間，先後與日本簽訂《中日陸軍共同防敵軍事協定》及《中日海軍共同防敵軍事協定》，將中國陸海軍及軍械，訓練均置於日本控制之下，並由曹汝霖等經手與日本代表人西原龜三先後簽訂八筆借款，稱之為「西原借款」。連同西原借款之外的其他借款，合計在十五次以上，數達五萬萬元之鉅。這些借款，都附有嚴重損害中國主權的條件，故國人稱之為「賣國借款」。段祺瑞最不能見諒於國人者，乃係於七年九月二十四日令駐日公使章宗祥與日本外相後藤新平成立高(密)徐（州）及濟（南）順（德）二路換文及山東問題換文，對後藤所提有關山東權利條款，竟表示「欣然同意」。這使日本所得到的權利，遠超過了它原先所強行繼承的德國在山東的特權。

民國九年七月，直皖戰爭爆發，這是北洋軍閥內部第一次公開而全面的軍事衝突。直系軍閥的主將是曹錕，實際指揮作戰的則是第三師師長，臨時稱為「討賊軍」前敵總司令的吳佩孚。皖系方面，段祺瑞自任「定國軍」總司令，徐樹錚為副總司令兼參謀長，段芝貴為前敵總指揮，頗有先聲奪人氣慨。戰爭於七月十四日開始，分東西兩線，不到三天，皖軍就打了敗仗。段祺瑞兩年來在日本扶植下編練的參戰軍竟不堪一擊，他只有解除一切職務。徐樹錚、王揖唐等皖系分子被通緝，安福俱樂部被解散，新國會也因之解體。

直系在直皖之爭中獲勝，一方面是由於吳佩孚部的善戰，一方面是由於奉軍張作霖的支持。因之直皖戰後的北京政府，就成為直、奉兩系所共同控制的局面，曹錕、張作霖取代了段祺瑞的地位，兩人協議由靳雲鵬回任國務總理，徐世昌這個大總統只不過發布名義上的一紙命令而已。

直系的三大首領——曹錕、吳佩孚、李純，在直皖戰後都有了巡閱使

或副使的頭銜，管理兩省以上的地盤：曹錕是直魯豫巡閱使，仍兼直隸督軍；吳佩孚是直魯豫巡閱副使，民國十年以後又兼了兩湖巡閱使，開府洛陽，權勢最重；李純是蘇皖贛巡閱使，仍兼江蘇督軍，他於民國十年十二月自殺後，由齊變元繼其職。另一位直系將領王占元，本也是兩湖巡閱使，還不斷的搞什麼「七省聯防」的名堂，野心也不在小，但他不爭氣，民國十年被兩湖地方勢力驅逐了，吳佩孚令蕭耀南為鄂督以接替王占元。孫傳芳則於此時脫穎而出，受任為長江上游總司令。奉系的張作霖則以東三省巡閱使兼蒙疆經略使的兩大職銜，據有東三省及熱河、察哈爾兩特區，其兵力號稱二十萬之眾，駸駸乎有睥睨中原之勢。

　　直、奉兩系軍閥的衝突，在直皖戰後不久即已開始了。張作霖看不起吳佩孚，偏偏吳佩孚又得到輿論的稱許與英國的支持，建立了繼袁世凱、段祺瑞之後被稱為北方「第三大軍閥」的地位與霸業，張吳間的衝突就沒法避免。十年十二月，張作霖支持帝制禍首的梁士詒代靳雲鵬為國務總理，吳佩孚乃指梁擅行借日款以贖回膠濟路為媚外賣國，函電交斥，非迫梁下臺不可，梁士詒在位不到一個月，就被吳佩孚及其他直系將領逼迫去職。

吳佩孚

張作霖

張作霖不甘受辱，遂決心向直軍「興師問罪」。民國十一年四月，直、奉兩系間的首次戰爭就爆發了，歷史上稱之為「第一次直奉戰爭」。

　　直奉之戰較直皖之戰，規模為大，但也不過只打了六天（十一年四月二十八日至五月四日）的仗，奉軍就戰敗出關了。北京政府令將張作霖「免職查辦」，他卻否認北京政府的命令，退回東北去以「東三省保安總司令」的名義，宣布東三省自治。事實上他在東北整軍經武，並聯絡皖段及廣東的孫中山，準備捲土重來，與直系再決雌雄。

　　第一次直、奉戰後，直系的勢力迅速擴大，尤其吳佩孚的威勢，如日中天。但內部卻有了津保派（曹錕與直隸省長王承斌）與洛陽派（吳佩孚）的裂痕。十一年五月，吳佩孚和孫傳芳發動了一次政治謀略，以召集舊國會恢復法統相號召，要求南北兩總統同時下野。徐世昌被逼下臺了，孫中山亦因陳炯明叛變而去職。直系把黎元洪找回北京，莫名其妙的「復任總統」，但不到一年，又把黎逼走，賄賂國會議員選出曹錕為總統。全國為之側目，孫中山立即通電討伐。又由於十二年五月「臨城劫案」發生，國際間醞釀對中國干涉，對直系更是不利。原為直系賣命的馮玉祥等軍人，也因吳佩孚的剝奪其實權，而暗懷異謀。及十三年九月，江浙戰爭發生，因而促成了第二次直奉戰爭的爆發，張作霖經過兩年多的養精蓄銳，力量大增，再加段祺瑞和廣東孫中山的遙相聲援，更加馮玉祥、胡景翼等人的班師倒直，終於逼使吳佩孚從海上南遁，曹錕被囚，直系勢力為之解體，代之而為北京政府之主宰者乃為奉系渠帥張作霖。

　　第二次直奉戰爭，促成了全國政局的大變化。其一、馮玉祥反戈倒直後，所部改稱為國民軍，成了一派新力量，馮並驅逐溥儀出宮，完成了辛亥革命未完成的一項工作，所以他稱他這次反直行動是「首都革命」。其二、奉軍大舉入關，張作霖雖同意擁段祺瑞為臨時執政，控制權卻在他的手裡，奉系勢力不久又侵入山東和江蘇，掩有半個中國。其三、馮玉祥、張作霖、段祺瑞同意電請孫中山北上，共商國是。孫先生到了北京，卻不

幸於十四年三月十二日逝世。其四、段祺瑞以臨時執政主持北京政府，但他無權無謀，不洽民意，張、馮都想利用他，也都想推翻他，他終於在十五年四月被逐，北京從此沒有正式的政府。總之，第二次直奉戰後的北方局面，是政局的混亂與軍閥的混戰。

民國十四年，是軍閥大混戰的一個年度。先是東南地區孫傳芳的反奉戰爭——驅逐奉軍於蘇、皖兩省之外後，孫自稱浙、閩、蘇、皖、贛五省聯軍總司令。繼之是吳佩孚在武漢重整旗鼓，自稱十四省討賊聯軍總司令，他所要討的「賊」，就是張作霖。馮玉祥的國民軍也與奉軍兵戎相見，馮並暗結奉軍郭松齡部倒戈反奉，郭卻兵敗身死。到了年底，吳佩孚與張作霖竟又化敵為友，聯合討赤——赤，指的是馮玉祥，終於把馮部逼到西北的綏遠地區，馮於是到蘇俄去求援。這一混戰的局面繼續到十五年十月，國民革命軍的北伐部隊攻占武漢後，才有了變化。吳佩孚退入四川，張作霖乃以北京政府實際操縱者的地位，來與士氣如虹的國民革命軍對抗。

研究與討論

一、段祺瑞於「溥儀復辟」事件，有何功過？

二、護法運動的本義為何？有些什麼波折？

三、陳炯明叛變，對孫中山先生的革命事業有何影響？

四、北洋軍閥的主要派系及其混戰情形如何？

第四節　邊政與外交

一、從巴黎和會到華盛頓會議

民國七年（1918 年）十一月十一日，第一次世界大戰結束。我國國民

興奮異常，尤其是教育學術界，視之為公理戰勝強權，學校曾放假三天慶祝。八年（1919 年）一月八日，美國總統威爾遜 (Woodrow Wilson) 在國會講演時提出十四點主張 (*The Fourteen Points*) 提出公開外交及民族自決的口號，並提議創立國際組織以確保各國的政治獨立與領土完整，這些都給予中國朝野極大的鼓舞。

一月十八日，巴黎和會開幕。有二十七個代表團參加。中國派出了五位代表，他們是：外交總長陸徵祥、駐美公使顧維鈞、駐英公使施肇基、駐比公使魏宸組及廣東軍政府所派出的王正廷，都是一時之選。但到巴黎，就失望了。發現和會規定只有五強——英、美、法、意、日，才可有五位代表，次等國家為三名，再次者為兩名，中國被通知只能有兩名代表出席，亦即被列為三等國家。日本則以五強之一的地位，在「十人會」、「五人會」中都有一席，在形勢上對中國已居於「以強凌弱」的優勢。

日本預料中國將在巴黎和會中提出日本在戰爭期間強逼中國所訂的密約，其駐華公使小幡酉吉竟於二月二日對中國外交部次長陳籙提出恫嚇，要求不得宣布中日密約，並謂中國的主張如不得日本同意，即不得提出和會，否則日本將取消去年的參戰借款合同，這就是極為卑劣下流的「小幡事件」。北京政府懍於全國民氣，不理會小幡的威脅，仍於二月十二及十五日，在巴黎和會發表了各項中日密約，要求收回山東權利，並廢除二十一條。當然，中國全力以爭的，是德國在山東權利的歸還。在議場中中國的代表顧維鈞與日本的代表牧野伸顯，針鋒相對。顧氏年僅三十歲，首度在國際會議中展露其外交才華。大會主席法國總理克里孟梭 (Georges Clemenceau) 事後批評說：顧維鈞之對付日本，有如貓之弄鼠，盡其擒縱之技能。

然而，中國在巴黎和會中仍然失敗了。四月三十日，英、美、法三大國決定允許日本的要求，把德國在山東的權利轉讓於日本，中國力爭無效。中國之所以失敗，原因有二：一是英、法、意等國戰時與日本有祕密承諾，

祖護日本；二是北京政府對日本關於山東密約的換文中有「欣然同意」字
樣，致美國亦無法協助。此一失敗，激起了五月四日的學生愛國運動。六
月二十八日對德和約簽字時，中國代表亦拒絕簽字，向世人表示出不再聽
任強國任意擺布的立場和決心。

　　九月十日，協約國簽訂對奧和約，中國順利簽字。因此可以取消《辛
丑條約》內奧國在華的權利，收回了奧國在天津的租界，並因此取得國際
聯盟原始會員國的地位。同月十五日，北京政府宣布結束對德戰爭狀態。
德國態度亦甚良好，主動派代表來華訂約。民國十年（1921 年）五月二十
日，中德協約簽字，重新建立兩國平等互利的關係，被認為是中國自鴉片
戰爭以來第一次簽訂的平等條約。

　　由於中國拒簽《凡爾賽和約》（*Treaty of Versailles*），山東問題仍是中
日兩國間的懸案，美國國會也因此而拒絕批准此一條約。美英兩國復感受
日本於戰後在太平洋地區的擴張，已形成對兩國的威脅，因謀召集國際會
議予以限制。美國新任總統哈定 (Warren G. Harding) 因於 1921 年（民國十
年）11 月發起召開華盛頓會議，邀請五強（英、美、法、意、日）及與太
平洋有關係之中國、比利時、荷蘭、葡萄牙參加。討論限制軍備及太平洋
與遠東問題。

　　華盛頓會議於民國十年（1921 年）十一月十二日開幕，美國首席代表
即美國國務卿許士 (Charles Evans Hughes) 被推為主席。中國朝野非常重視
這次會議，抱了很大的希望。北京政府派施肇基、顧維鈞、王寵惠及代表
廣東政府的伍朝樞為代表，民間團體則推舉余日章、蔣夢麟為國民代表，
前往華府協助，並有監視政府代表之意。中國代表團總人數超過一百三十
人，留美學生團體亦積極活動。

　　中國代表團向華會提出了「十項原則」，要求各國尊重中國的獨立國地
位並給予公平待遇，廢除或修改列強與中國間的不平等條約。這十項原則，
經美國代表羅脫 (Elihu Root) 歸納為四條，先經大會於十二月一日通過接

中國代表在華盛頓會議上發言

受，其後並容納於九國公約的第一條中。其主要精神在尊重中國主權獨立與領土的完整，各國在中國有平等發展的機會。

華盛頓會議於 1922 年（民國十一年）2 月 6 日閉會，其主要成就為簽訂了三項國際條約：一為英、美、法、日四國公約——互相尊重太平洋區域主權，取消英、日同盟；一為英、美、日、法、意五國海軍條約——規定主力艦比率，英美與日本為五與三之比；三為英、美、法、意、日、中、荷、比、葡九國公約——1922 年 2 月 6 日簽訂，於尊重中國領土主權完整的前提下，各國謀門戶開放，機會均等的發展。

中國向華會提出的其他問題，如關稅自主、撤消領事裁判權、撤退駐華軍警、退還租借地、取消在華客郵等，雖都曾討論，但未能獲得全部的圓滿解決。比較而言，客郵的取消獲得各國的一致同意，中國真正於十二年（1923 年）一月取消了外國在華的郵局。

最重要的問題——收回山東利權問題，英、美不願在會議中討論，建

議由中、日兩國作會外商談，英、美兩國代表亦願協助。中、日兩國接受了此一建議，於 1921 年 12 月 1 日起至次年 1 月 31 日止，經過三十六次會議，終於獲得協議：膠州德國舊租借地交還中國，膠濟鐵路由中國出資贖回，日本仍在膠濟路保留若干權利，日本拋棄建築濟順、高徐兩路權利。中國政府依此協議，派王正廷與日使小幡酉吉進行交涉，終於在民國十一年十二月十日，正式收回青島。膠濟路則由中國政府出資日金四千萬元，於十二年一月一日收回。民國三年以來爭持達八年之久的山東問題至是遂告完全解決。

二、外蒙撤消自治及其再度獨立

外蒙於辛亥革命時，受俄人慫恿宣布脫離中國，是為第一次獨立。民國四年六月七日，中俄蒙條約簽字。兩天以後，外蒙哲布尊丹巴宣布撤消獨立，乃進入自治時期。北京政府派陳籙為都護使，充駐紮庫倫辦事大員，並任命陳毅、劉崇惠、張增壽為副都護使，充烏里雅蘇臺、科布多、恰克圖三地的佐理專員。五年七月八日，北京政府正式行使了冊封外蒙哲布尊丹巴的權力，中國對外蒙的宗主權復告完全確定。

陳籙於完成外蒙冊封後，即行辭職，北京政府任命駐烏里雅蘇臺佐理員陳毅繼任。兩陳在外蒙的成績都不錯，陳毅的政績，尤其可觀。如大成汽車公司的創設、中國銀行庫倫分行的設立、阿爾泰區之改歸新疆稱阿山道，以及以武力收復唐奴烏梁海等，不僅國人稱譽，蒙人亦無間言。尤其重要者，為陳毅於民國六年俄國革命發生後，因應環境，開始勸導外蒙王公撤消自治一事。

俄國因挫敗而發生革命，因革命而釀成白黨與赤黨之爭，於是中東路總辦霍爾瓦特 (D. L. Horvath) 聯合哥薩克人謝米諾夫 (G. M. Semenov) 起兵西伯利亞，並在日本的陰謀支持下，進圖誘使外蒙聯合，獨立建國。陳毅處此情形下，一方面建議北京政府準備派兵入蒙，一方面勸說外蒙取消

自治，聽命中國中央政府之保護。陳毅與外蒙外務大臣車林多爾濟等懇商，蒙人亦深懼日本侵略，對俄人亦無好感，因決定召開喇嘛會議，決定拒絕謝米諾夫的誘騙，並具呈北京政府，妥議善後條例，以期撤消自治。八年五月，陳毅已與外蒙當局商擬《外蒙取消自治後中央待遇外蒙及善後條例》六十三條，不意北京政府為皖系之參戰軍謀出路，於六月十三日特任徐樹錚為西北籌邊使，二十四日又令徐為西北邊防總司令，徐率領其參戰軍第三混成旅褚其祥部進駐庫倫，情勢立刻就發生了急劇的變化。

　　徐樹錚急欲獨成「外蒙撤治」之功，乃指陳毅與外蒙當局所商條件為不當，並不顧國務總理靳雲鵬之反對，逕行迫令外蒙官府及活佛上呈北京政府，請求撤消外蒙自治。八年十一月二十二日，北京政府大總統徐世昌發布《大總統令》，正式核准外蒙撤消自治。同日，明令冊封哲布尊丹巴為外蒙翊善輔化‧博克多‧哲布尊丹巴‧呼圖克圖‧汗；並冊封女佛為外蒙昭敏靜覺‧額爾德尼‧車臣‧敦都木‧喇木。北京政府外交部並於同月二十四日照會俄國駐華公使，取消了民國四年的《中俄蒙協約》。

　　八年十二月一日，北京政府派徐樹錚兼督辦外蒙善後事宜，又派徐為冊封專使。呼倫貝爾副都統貴福也請求取消自治特區，外蒙的「撤治」遂告一段落。徐樹錚無異為「外蒙王」，大有不可一世之概。但國人對他的功過，還是譽毀參半。譽之者站在整個中華民國的立場立言，認為徐收回外蒙，籌邊有功，即孫中山亦稱其媲美班超、傅介子。毀之者認為徐徒逞個人英雄主義，以強制手段取消了外蒙自治，卻喪失了外蒙已趨內向的民心，於後日歷史留下了惡劣影響。

　　其實，外蒙政局劇變的主要影響力，在於俄國。無論白俄與赤俄，都想捲土重來。因此，徐樹錚於民國九年七月回北京與直系作戰（直皖戰爭）戰敗之後，白俄恩琴 (Baron von Ungern-Sternberg) 即率部進犯庫倫。守軍經半年苦戰，彈盡援絕，庫倫終於在民國十年二月三日陷於恩琴之手。同月九日，哲布尊丹巴再度宣布外蒙獨立。同年七月七日，蘇俄紅軍進攻庫

倫，恩琴敗逃，外蒙的共黨政權——「蒙古人民革命政府」成立。十一月
五日，外蒙與蘇俄訂立條約，互相承認，然俄人得在外蒙取得土地以辦理
郵電鐵路，並將唐奴烏梁海另立為獨立國，改稱唐奴拓跋 (Tannu Tova)，
顯然外蒙已為蘇俄的附庸。民國十三年（1924年）五月二十日，哲布尊丹
巴死。七月一日，外蒙改稱「蒙古人民共和國」，庫倫改名烏蘭巴都（Ulan
Bator，意為紅色英雄城），為蘇俄在亞洲建立的第一個傀儡政權，但沒有
其他國家承認外蒙的獨立地位。即蘇俄雖與外蒙簽訂了條約，但於民國十
三年（1924年）五月與中國簽約時，仍公開承認「外蒙為完全中華民國之
一部分，及尊重在該領土內中國之主權」。

三、中俄談判與訂約

　　1917年革命以前的俄國，為沙皇統治時期，中國人在習慣上稱之為帝
俄。1917年十月革命以後，以列寧 (Vladimir Iiyieh Lenin) 為統治者的共產
黨政權建立，是為蘇俄，其正式國號後來定為蘇維埃社會主義共和國聯邦，
簡稱蘇聯。

　　共產黨自始即是一個國際性的政治組織。蘇俄建國後，更以推動「世
界革命」為目標。但當時的蘇俄，受到協約國的干涉，其力量亦尚未豐。
因而以偽裝親善為其東進政策的外衣。

　　蘇俄對華外交的第一步行動，係於民國八年（1919年）七月二十五日
由其外交委員加拉罕 (Lev Karakhan) 署名發布了第一次對華宣言，聲稱無
條件放棄沙皇時代攫自中國的一切利益與特權。這一宣言，企圖利用中國
朝野因巴黎和會失敗而湧起之憤激情緒，以甜言蜜語博取中國的好感。民
國九年　（1920年）　四月蘇俄設計了一個　「遠東共和國」，派遣由優林
(Ignatius L. Yaurin) 率領的一個代表團前來中國。同年九月二十七日發表第
二次對華宣言，重申第一次宣言的承諾，要求恢復商務並立派外交官。事
實上，北京政府已於民國九年初，開始收回中東路，並已停付俄國庚子賠

款，停止帝俄使領館人員待遇，接收天津、漢口俄租界，蘇俄第二次宣言中所謂放棄之特權，事實上已不復存在。

民國十年（1921 年）三月，蘇俄的勢力已發展至西伯利亞中部，並已進軍外蒙，十月，優林奉召回俄。次年六月，蘇俄政府正式派遣越飛 (Adolf A. Joffe) 為全權代表，來華談判。

北京政府派外交總長顧維鈞與越飛交涉。顧維鈞堅持蘇俄須徹底實踐其在兩次宣言中所作之諾言，越飛則毫無誠意，一味狡賴威脅，因而談判毫無進展。十二年一月，越飛藉口生病南下上海，與孫先生發表「聯合宣言」後轉赴日本，中俄交涉遂告停頓。

民國十二年（1923 年）八月，蘇俄政府宣布改派加拉罕為全權代表，來華談判。加拉罕於民國十二年九月二日到達北京，次日即代表蘇俄政府發表了第三次對華宣言——亦稱加拉罕宣言，大談其「中俄兩大民族親善之利益」。加氏自詡其到京之際，受到中國國會代表、政府當局、各界團體尤其是青年學生之歡迎，因而「使予從速解決中俄關係之希望增強」，這倒不失真實。蓋此時蘇俄在華的親善外交與赤化宣傳已發生效果，我國國民對俄心理已趨於友好，對加拉罕的對華交涉構成一種助力。

北京政府特派王正廷與加拉罕進行交涉。加拉罕要求中國政府先行給予蘇俄以外交承認，再開始政治談判，中國的民間團體與輿論亦對北京政府施加壓力，王正廷因而接納了加拉罕的請求。民國十三年（1924 年）二月，英國和意大利承認蘇俄政府，加拉罕的地位亦為之加強。至三月中旬，談判已獲致協。但於呈經北京政府國務會議審查時，國務員提出修正意見，幾使談判為之破裂。北京政府改以外交總長顧維鈞與加拉罕進行祕密協商，蘇俄稍作讓步，終於獲致協議，於民國十三年（1924 年）五月三十一日在北京簽訂了《中俄解決懸案大綱協定》、《中俄暫行管理中東鐵路協定》及七種聲明書，一種換文——總稱之為中俄協定，為此後中華民國與蘇俄間正式外交關係的基本約束。

　　依據《中俄解決懸案大綱協定》，蘇俄承諾以 1919、1920 年兩次對華宣言的承諾為基礎，廢除在華的一切特權，以真正平等互惠的精神，重建兩國關係。蘇俄並承諾兩點：一為承認外蒙為中華民國領土，允另行議商俄軍自外蒙撤退之條件；一為承認在中國境內「不准有為圖謀以暴力反對對方政府而成立之各種機關或團體之存在及舉動」，並「允諾不為與對方國公共秩序社會組織相反對之宣傳」——即共產組織及赤化宣傳。

　　條約簽訂後，蘇俄即派加拉罕為首任駐華大使——為外國駐華使節中之第一位大使，但不久即發現蘇俄大使館乃是支持中國共產黨進行破壞活動的大本營，其大使館武官室則是指揮遠東密探活動的總機關，北京政府因於十五年七月三十一日要求蘇俄政府召回加拉罕，十六年四月六日，張作霖搜查蘇俄大使館獲得了甚多蘇俄政府的陰謀文件，蘇俄的偽善面具才被戳開了。

研究與討論

一、北京政府在巴黎和會中何以遭受失敗？

二、華盛頓會議於何時召集？有何成就？

三、俄國革命於何時爆發？對中國政局有何影響？

四、蘇俄政府如何對中國實施兩面外交？

◆第七章◆
新思潮的激盪

第一節　五四運動與新文化運動

一、五四運動的界說及其本質

　　民國六年至十二年（1917～1923 年）這段時間，中國在政治上呈現出南北因法統之爭而尖銳對立，軍閥干政而又相互混戰的紛亂局面；文化及社會思想方面卻是一個洶湧澎湃、廻旋激盪的高潮時期，其顯著的標幟乃是五四運動和新文化運動的發生。

　　五四運動，其本來意義係指民國八年五月四日在北京發生的青年學生反日遊行示威請願，及以後在各地相繼發生的學生與工人支援被捕學生的各種行動。本質上，這是一次規模最大的學生愛國運動，或稱為青年救國運動。其起因係由於巴黎和會的外交失敗及北京政府賣國密約的揭露，其中心主張為「外爭主權，內除國賊」，其基本信條則是：「中國的土地，可以征服，而不可以斷送；中國的人民，可以殺戮，而不可以低頭。」毫無疑問的，這是民族主義思想和愛國情緒的發揮。這一運動，由五月四日開其端，六月三日和四日達到最高潮——將近七百名學生被捕，因而激起各大都市之工人罷工、商人罷市，來向北京政府抗議。北京政府屈服了，於六月十日下令罷除三個賣國賊——交通總長曹汝霖、駐日公使章宗祥、幣制局總裁陸宗輿——的職務。六月二十八日，中國出席巴黎和會的代表拒

五四運動中被視為賣國賊的曹汝霖、章宗祥

絕簽字於對德和約。七月二十二日，全國學生聯合會宣告停止罷課。五四運動到此就算結束了，結果是「學生獲得了最後勝利」。

　　誠然，五四運動是中國現代史上的一個大事件。但由於五四運動發生的時代背景，甚為複雜，五四運動發生後的政治變化，至為劇烈，五四運動與新文化運動的關係，又糾結不清，因此時人對於五四運動的意義、本質與評價，亦見仁見智。

　　提到五四，不少人聯想到胡適。實則胡氏為文學革命的始倡者，也是提倡新文化運動的一員健將，但他與五四學生愛國運動，「毫不相干」。五四運動發生的時候，胡氏正在上海迎接來華講學的杜威 (John Dewey)。也正由於胡適並未親身參與這一運動，他的評論是比較持平的。他不否定五四運動是「青年學生愛國運動」，但認為五四不是一件孤立的事，他也並不認為五四運動是「近代革命運動」的起點，而認為「辛亥革命是後來一切社會改革的開始」。

　　五四運動就「外爭主權」的對外意義而言，不是突發事件，而是自民

國四年日本提出二十一條無理要求後所激發之學生反日運動的延長與擴大。民國四年的反日活動，以國內青年學生為主體，但在袁世凱政府的壓迫下，未能繼續擴大。及民國七年，因北京政府與日本訂立陸軍和海軍的《共同防敵協定》而引起的反日運動，則以留日學生為先鋒，聲勢就盛大得多。留日學生得到各省旅日同鄉會的支持，曾成立救國團，並有二千五百多人回到國內，呼籲反日。回國學生一部分到上海，發動抵制日貨運動，並創刊《救國日報》；一部分則到天津和北京，聯絡各校學生組成「救亡會」，並曾向北京政府請願，要求取消中日軍事密約。北京政府採壓制政策，迫令回國學生返日復學，但不少人仍留國內活動，在上海組成學生救國會，發刊國民雜誌，從事於反日救國宣傳。八年五四運動的發生，乃是數年來學生反日運動的再度擴大，而其行動較民國七年之反日活動更為激烈。

　　五四愛國運動以五月四日北京十三校學生的遊行請願為起點，但運動的醞釀在四月間即已開始。蓋出席巴黎和會之專使王正廷曾致電報界，要求「全國輿論對於該賣國賊群起而攻之」，於是群眾的憤怒如觸湯火。山東

北京各校大學生在街頭示威遊行

各界以事關切身之痛，情緒尤為憤激。四月二十日，山東濟南即有國民請願大會的舉行，通電各方嚴斥「賣國奸人」，要求政府當局及和會代表「恢復國權，保全領土」。梁啟超於四月下旬，亦自巴黎致電北京國民外交協會，警告政府及國人，和會將把山東權利直接交給日本。五月二日，北京《晨報》刊出林長民「山東亡矣」一文。同一天，山東工人已在濟南舉行收回青島大會，到三千餘人，氣勢高昂，被認為是五四運動的先聲。北大學生段錫朋等於五月三日集會決定於四日下午舉行學界大示威，五四運動因而產生了。

二、胡適、陳獨秀與文學革命

文學的形式和內容，是隨了時代的需要而演變的。清代末年，革命黨人為了使革命思想的傳佈能夠普遍而有效，開始使用白話文，辦了一些白話報，乃是文學革命最早的信號。民國初年的國語文運動，也構成文學革命的一種助力。但真正喊出文學革命的口號，並大力鼓吹，蔚成全面性的大運動，則是民國六年（1917 年）以後的事。首先倡導者為胡適，積極宣傳推動並使其內容具體化者則是陳獨秀。

早在民國四年九月，尚在美國留學的胡適寫給梅光迪的送行詩中，用了「新潮之來不可止，文學革命其時矣！」的句子，為胡氏首次使用「文學革命」名詞。同月內，他又在一首短詩裡，用過「詩國革命」一詞。但這時胡適僅有改革文學的想法，卻還沒有考慮到具體的做法。五年二月，他與陳獨秀通信，表示有「今日欲為祖國造新文學」之意。同時也開始與梅光迪等通信，討論宋、元時代的白話文學，並填了一首〈沁園春〉的詞，表達了「文學革命何疑」的決心以及「為大中華造新文學」的豪氣。六月間，常常和任鴻雋、楊銓等談論改良中國文學的方法，開始用白話作文、作詩、作戲曲，顯然他文學革命的思想接近成熟了。他寫了一篇〈文學改良芻議〉寄給陳獨秀，陳把這篇文章發表在六年一月一日出版的《新青年》

二卷五號，是為胡適正式向社會宣告主張文學革命之始。胡在〈芻議〉中，提出了文學改良的八事：

一、須言之有物，二、不摹仿古人，三、須講求文法，四、不作無病之呻吟，五、務去爛調套語，六、不用典，七、不講對仗，八、不避俗字俗語。

陳獨秀對胡適的主張，引為同調，說是「今得胡君之論，竊喜所見不孤」。二月份的《新青年》（二卷六號）上，便刊出了陳獨秀的〈文學革命論〉，正式揭出了「文學革命」的旗幟。陳獨秀提出了他的文學革命三大主義：

一、推倒雕琢的、阿諛的貴族文學；建設平易的、抒情的國民文學。

二、推倒陳腐的、鋪張的古典文學；建設新鮮的、立誠的寫實文學。

三、推倒迂晦的、艱澀的山林文學；建設明瞭的、通俗的社會文學。

繼胡適、陳獨秀之後，熱烈鼓吹文學革命的學者，有錢玄同、劉復、周樹人、周作人等人。北京大學學生傅斯年、羅家倫、康白情等也創刊《新潮》雜誌，為主張文學革命的生力軍。胡適於民國六年六月自美回國至北大任教，七年四月又發表〈建設的文學革命論〉一文，以「國語的文學，文學的國語」為建設新文學的宗旨，文學革命的內涵和方向遂告確定。

文學革命包含兩方面的意義：一是文體的改革，即以白話文代替文言

胡　適　　　　　陳獨秀　　　　　周樹人（魯迅）

文，建立白話文學——胡適所謂「活的文學」；一是內容的蛻變，亦即文學
本質與功能的趨向實際。就文體改革而言，文學革命是成功的，於知識的
普及與文化的傳佈有著最大的貢獻，教育部於民國九年令將中小學的教科
書採用語體文，社會輿論也多接受以白話文為通行的傳播工具，北京的《晨
報》和上海的《民國日報》也都採用了白話文。就文學內容的改變而言，
卻是經歷了不少曲折和爭論，利弊互見。周樹人以魯迅筆名發表《狂人日
記》，獨倡諷刺文學或反叛文學的風格，對社會及人性都加以無情的嘲弄與
攻擊。文學研究會於民國十年成立後，揭櫫「為人生而藝術」的主張；另
一個文學團體創造社，卻高談「為藝術而藝術」的浪漫主義。至於所謂「普
羅文學」則已淪為煽動階級意識和政治叛亂的工具，成為文學發展史上的
一大悲劇。

三、反傳統與新思潮

　　民國初年文化與社會思想的劇變，民國三年（1914 年）即已開其端。
這時正是袁世凱當權時代，初則實行獨裁政治，繼則明目張膽的籌備帝制，
革命黨人固然反對他，明瞭世界潮流的人也表示不滿。就在三年五月，章
士釗等人在日本創刊了《甲寅雜誌》，鼓吹民主憲政，有人甚至認為「《甲
寅雜誌》可說是新文化運動的先河」。同年六月，留美學生任鴻雋、趙元
任、胡明復、楊銓等發起「中國科學社」，出版《科學》雜誌，以介紹科學
技藝為宗旨，為民國以來提倡科學之言論的先驅。民國七年，中國科學社
遷到國內，設總社於南京，於新思想的鼓吹深具影響力。《甲寅》倡民主，
《科學》談科學，這兩份雜誌乃民初首先提倡民主與科學思想，比《新青
年》的言論要早兩三年。

　　《新青年》是陳獨秀創辦的一份鼓吹新思想最力的雜誌。陳氏先於民
國四年九月十五日在上海創辦了一份《青年雜誌》，呼籲青年人改造思想，
加強修養，以負起國家的責任。從五年九月出刊的第二卷第一號起，改稱

為《新青年》，成為新文化運動中旗幟鮮明，言論激烈的雜誌。

陳獨秀本是個革命黨人，但其思想由於對於政治現狀的不滿，不免有走極端的毛病。五年八月國會恢復開會並籌備制訂憲法，康有為等一干守舊派極力要求政府於憲法中定孔教為國教，陳獨秀大加駁斥，並攻擊孔子學說為封建君主的護符，反對忠、孝、節、義，認為都是片面的義務與不公平的道德，主張倫理革命。於是打出了反傳統標誌。

八年一月，北大學生傅斯年、羅家倫創刊了一份《新潮》，為新思想的鼓吹增加了生力軍。五月，五四愛國運動發生，更多的青年學生要求改造政治和思想解放，所謂新思想遂成為一股浪潮。陳獨秀提出「德先生」和「賽先生」作為新思想的兩面旗幟，並說為了擁護「德先生」和「賽先生」便不得不反對舊傳統。

陳獨秀所謂「德先生」，即民主 (Democracy)；所謂「賽先生」，即科學 (Science)。其實民主與科學已不是新發明，提倡民主與科學者亦不自陳獨秀始。但民主與科學確為西方近世文明的精義所在，而為中國文化所缺乏者，因此被認為是「新思想」。「新思想」來自西方，因此提倡新思想的

民國四年陳獨秀創辦的《青年雜誌》，翌年改名為《新青年》

人，一方面主張西化，一方面反對傳統。主張西化過了火，就是全盤西化論者。流弊所及，就是盲目的破壞傳統，崇拜西方。民國八年以後，新文化運動的倡導者們，幾乎是傾其全力於西方思想的介紹與宣揚。凡是中國所無或前所未聞的西方人物與學說，無不視為救治中國社會病根及改造中國政治的救世良藥，幾乎是不加思考，毫無選擇的一律歡迎，一律稱之為新思潮。事後證明，這實在是一種膚淺而又危險的看法。

四、國民黨人與新文化運動

討論新文化運動，不能忽略了國民黨人與新文化運動的關係。孫中山對五四愛國運動和新文化運動給予甚高的評價，若干國民黨人如蔡元培、吳敬恆、朱執信、戴季陶（傳賢）、葉楚傖、廖仲愷、蔣夢麟、陳炯明等，都曾直接參與了新文化運動的發起與推動。

孫中山是民國七年五月辭去廣州軍政府的大元帥，來到上海專心從事於著述工作的。他是想從國民思想上作改革的工夫，這一工作在本質上就屬於文化建設的範圍。他在八年四月一日——五四運動前三十三日曾說「今日欲維持民國，須於地方上開通民智，振起民氣」，並謂他的著書立說，就是為了「以開民智」，這一重視「民智」與「民氣」的工作，就是思想革命或文化革命的起步。

孫中山在上海著成的第一本書，是《孫文學說》，其要旨在闡明「知難行易」的道理。這本書是發生了相當大的影響力的。五四運動發生後，各地黨人及學生代表有不少人寫信給孫先生，問他的態度，他的答覆都是鼓勵與協助，表示「此間有一分之力，當盡一分之力」。孫中山認為「數月來全國學生之奮起，何莫非思想鼓盪陶鎔之功」，主張「灌輸學識，表示吾黨根本之主張於全國，使國民有普遍的覺醒」。

孫中山的行動亦至為積極。八年六月八日，他命戴季陶等人在上海創辦了一份《星期評論》，用白話文宣揚新思想。同時，葉楚傖主持的上海

《民國日報》也改用白話文發行，討論思想和文化問題。

孫中山最重要的一步行動，是指派胡漢民、汪兆銘、戴季陶、廖仲愷、朱執信等五人組織「建設社」，於八月一日創刊了《建設》雜誌。孫中山親撰發刊詞，並將他的英文原著《實業計畫》譯為中文，分期發表。雜誌之名為「建設」，是具有積極性之啟發意義的。五四以後，各種雜誌如雨後春筍，率多以破壞社會秩序為立論的基點，《建設》雜誌則主張於「大破壞」後必須繼之以「大建設」，才有意義，才有進步。

《建設》雜誌為月刊，採用白話文，新式標點，其內容除實業計劃外，尚討論婦女問題、井田制度、革命意義等問題。胡適稱道《建設》是五四時期「能做研究文章的好雜誌」，傅斯年也認為在當時眾多的雜誌中，《建設》是唯一具有這種能夠研究問題並解決問題之風格的雜誌。

在全國青年高喊「民主」之時，孫中山提出了「全民政治」的主張。他發表了一篇標題為〈三民主義〉的專文，以林肯的「民有、民治、民享」(A Government of the People, by the People and for the People) 主張來說明三民主義的精義。他要廖仲愷把威爾確斯 (Delos F. Wilcox) 的「全民政治」(*Government by All the People*)，孫科把羅威爾 (A. L. Lowell) 的「公意與民治」(*Public Opinion and Popular Government*)，朱執信把泊爾尼 (J. D. Barnett) 的「創制權、複決權、罷官權之作用」(*The Operations of the Initiative, Referendum and Recall in Oregon*) 及威廉辣白 (William E. Rappard) 的「瑞士之直接權」(*Initiative, Referendum and Recall in Switzerland*) 都翻譯過來，在「建設」雜誌上發表，因而「建設」雜誌之大力輸入全民政治理論，形成新文化運動中的一大特色。

孫中山與戴季陶等不時談論勞工問題與社會問題，他反對共產主義者在兵士和工人中散布其一知半解的學說，要求廢除二十一條，收回山東，並剷除北方政府的官僚、武人和政客。九年一月二十九日孫中山寫一封長信給海外同志，倡議創辦一種英文雜誌及「最大最新」之印刷機關。他在

這封信中，再度對五四運動和新文化運動作如下之評價：

> 此種新文化運動，在我國今日，誠思想界空前之大變動，推原其始，不過由於出版界之一二覺悟者從事提倡，遂至輿論大放異彩，學潮瀰漫全國，人皆激發天良，誓死為愛國之運動。倘能繼長增高，其將來收效之偉大且久遠者，可無疑也。吾黨欲收革命之成功，必有賴於思想之變化，兵法攻心，語曰革心，皆此之故，故此種新文化運動，實為最有價值之事。

孫中山以外的國民黨人中，以朱執信和葉楚傖對新文化運動的貢獻為大。朱是《建設》雜誌的主編，也是主要的撰稿人之一，同時也在《星期評論》、《民國日報》、上海《晨報》發表文章。他提倡白話文學，號召詩界革命，重視群眾，主張女權。葉楚傖主持上海《民國日報》，介紹新思想和討論婦女解放等社會問題，亦被視作是上海的言論重鎮。

研究與討論

一、五四運動的本質為何？

二、白話文運動於國民教育的推廣有何貢獻？

三、陳獨秀在五四前後的主張，有些什麼缺失？

四、孫中山先生對新文化運動，有什麼評價？

第二節　新黨社的出現

一、少年中國學會及其分化

　　五四時代，有不少的團體出現。有些是學術性的，有些是社會性的，有些是政治性的。其中「少年中國學會」是純粹知識分子的結合，是以「學會」的面貌出現，會員們也曾約定不參加實際政治，他們實際上所做的卻無一而非與政治有關，最後也因為政治意見的不同而起了分化，一部分會員成為共產黨的發起者，一部分會員則又組成了反共的青年黨。

　　曾琦等人起意組織少年中國學會，是民國七年六月間的事。曾琦於六月中旬到達京、津，本意乃在籌設留日學生救國團分部，經與王光祈等研議後，認為北京政府不能容許留日學生救國團活動，因決定組織一個學會。七月中旬，就成立了少年中國學會的籌備會。發起人有七位：曾琦、王光祈、陳淯（愚生）、周無（太玄）、李大釗（守常）、雷寶菁（眉生）、張夢九（尚齡）；王光祈被推為籌備會主任。稍後，在南京讀書的左舜生等人也參加了這一新成立的學術團體。

　　少年中國學會成立未久，會員即達百餘人，多為學術界之新銳之士。學會的宗旨是：「本科學的精神，為社會的活動，以創造中華民國。」會員的信條是：奮鬥、實踐、堅忍、簡樸。發起之初，七位發起人即曾約定只從事社會事業，不參加實際政治。

　　少年中國學會的發起人約定不參加政治活動，事實上，李大釗一開始就具有政治的欲望和企圖，他歌頌蘇俄的共產主義革命。這一立場，自然與曾琦等人的主張不合，因而發生爭辯。繼而曾琦、李璜、周太玄等前往法國留學，王光祈前往德國習音樂，李大釗、鄧康（中夏）等日益傾向於共產主義。會員間雖屢次集會辯論，但均無法克服思想分裂的危機，終於

「各行其是」。

二、中共的產生

　　中共是中國共產黨的簡稱,其創始人是李大釗和陳獨秀。不論是李大釗,或是陳獨秀,其最初之對蘇俄革命發生好感,並寄予幻想,只是認為蘇俄是一個新興的革命力量,或可對於中國惡劣政治的改造有借鑑之處。他們組織「馬克斯主義研究會」或「社會主義研究會」,亦只是想對這種「新思想」加以學理上的探討,他們自己對馬克斯主義尚無比較深入的認識,更談不上組織共產黨的事。及至蘇俄操縱下的第三國際派胡定斯基 (Gregory Voitinsky) 來華。便誘使由李大釗和陳獨秀開始發展共產組織。九年八月就有上海社會主義青年團的成立。十年七月,中共的首次全國代表大會便在上海舉行,宣布了中共的成立。

　　中共成立之初,就決定實行蘇維埃式的無產階級革命——無產階級專政,階級鬥爭,推翻私有財產制度,沒收一切生產工具及土地,並且要「與第三國際聯合」。就其原始文件的精神和實質而言,中共一開始就沒有自己的獨立路線,完全抄襲蘇聯十月革命的老路,因此蔣中正先生判定「中國共產黨不是中國的產物,乃是蘇俄共產帝國的螟蛉」。

三、青年黨的成立

　　中國青年黨(以下簡稱青年黨)是少年中國學會會員中堅持國家主義主張的知識分子的結合,首任黨魁為四川人曾琦(慕韓)。青年黨係於民國十二年(1923年)十二月二日在巴黎創黨,但對外保守祕密,一切主張都用中國國家主義青年團的名義發表,直至十八年(1929年)九月舉行第四次全國代表大會後,始發表公開黨名宣言,正式揭出了中國青年黨的招牌。

　　曾琦等於創立青年黨以前,提倡國家主義的理論,號召國家主義運動。國家主義的目的在求中國的獨立與自由,這與孫中山先生的三民主義民族

主義的意義是相通的，這也是後來青年黨終於與國民黨合作的理論基礎。鼓吹國家主義的人，多半是參加五四運動的人，他們繼承了五四運動愛國主義的傳統而又作了廣義的解釋與應用。

　　青年黨人反對中共，但也反對國民黨之「聯俄容共」政策。若干國民黨黨員如謝持等，則與青年黨人保持良好的友誼。青年黨的領導人對孫中山先生和蔣中正先生也甚為尊重。

研究與討論

一、少年中國學會組成的背景為何？

二、中共何以是「蘇俄共產帝國的螟蛉」？

第三節　反帝國主義運動

一、反日浪潮

　　中國人的反日抗日情緒，是由於日本無限制的對華侵略行動刺激而生的。民國四年二十一條的無理要求，使中國民間普遍對日本懷恨。尤其是青年學生，他們於發動抵制日貨及救國儲金等運動外，並在心底裡埋下了與日人一拼的念頭。只是袁世凱以及袁死後繼起執政的武人段祺瑞等一味親日媚外，對國民的反日情緒一味制壓，國人因之益痛恨北京政府，把一批甘心媚日的官僚稱之為「賣國賊」。

　　民國七年至九年間，日人的侵凌有增無已，國人的反日浪潮此落彼起。七年八月，日軍擅行由哈爾濱進駐黑龍江省中東路各要地，直迫滿洲里並與駐防華軍衝突；日人且片面宣稱接管哈爾濱至長春之鐵路。八年五月，五四運動發生，日本是國民心理中的頭號敵人。七月，日人在濟南搗毀中

國商店；九月，日軍在長春向華軍挑釁；十一月，又發生了日本浪人在福州擊傷中國學生、市民及警察的「福州事件」，及天津日領事干涉天津商會會長選舉的「天津事件」。九年一至三月間，各地學生反對與日本直接交涉山東問題，發動遊行演說，天津學生並因而有數十人被捕。日人則在吉林越界捕人，日艦擅入南通天生港，又復進軍廟街（日人稱為尼港），製造事端，扣留中國軍艦，提出無理要挾，是為「廟街事件」。十月，日人又藉口朝鮮革命黨人朴東明、金永植等在吉林琿春起事，焚毀日本領事館，因而出兵琿春，占領六縣，並私自設置日警，竊占至一年之久，是為「琿春事件」。此外，如日人在蘇州槍殺中國士兵，在海參崴傷害華僑，在上海迫害工人等情事，亦不斷發生。中國民間之反日情緒亦趨激烈，長沙且有恨殺日人大津來德情事。國內輿論則一致譴責日人暴行及北京政府之媚日賣國，嚴正要求廢除二十一條，孫中山在上海就曾對來華訪問的美國國會議員們鄭重的說：

> 我已經看出了如何才能彀停止中國現在的混亂，這個問題解決的關鍵，就是廢除二十一條款。如果這二十一條款能夠廢除，就再沒有混亂了。……我們對於留存二十一條的條件，萬不承認。……我們革命黨一定打到一箇人不賸，或者二十一條廢除了才歇手。

　　民國十一年四月，舊國會在直系軍人吳佩孚、孫傳芳等人的幕後支持下，在北京復會。眾、參兩院先後決議二十一條無效，並咨請政府對中外宣布。十二年三月十日，外交部即正式照會日本駐華公使小幡酉吉，取消民國四年五月二十五日所締結之中日協約二十一條及其換文，並要求日本交還旅順大連租借地。

　　但日本政府拒絕中國之照會，中國民間遂再度掀起反日運動，上海市民於三月二十五日舉行遊行大會，主張廢除二十一條並如約收回旅大，並

以經濟絕交為手段，對日人反制。全國各省各埠先後響應，北京、天津之學生尤為激烈，留日學生且壓迫駐日使館人員集體辭職，以示對北京政府抗議。至六月一日，長沙市民與日輪「武陵丸」搭客衝突，日兵艦「伏見號」之水兵竟登岸槍擊長沙市民，致三人死亡，四十餘人受傷，湖南各界遂組織外交後援會要求北京政府對日交涉，同時實行罷工罷市罷學，是為「長沙事件」。日人不但不認錯，反增派兵艦前來，並於六月二十一日擅捕在江岸散步學生。各地激於義憤，反日之浪潮再度遍及各省，中日兩國間之關係一時頗告緊張。日本新任駐華公使芳澤謙吉到職時，且不向中國政府呈遞國書，其傲慢無禮可見一斑。

二、反宗教與收回教育權

中國知識分子的反教行動，於十八世紀六十年代時即異常激烈，各地反基督教的教案不斷發生。庚子（1900 年）拳變亦以反教為其特徵，此乃近代中國第一次全面性的反教運動。

不過，中華民國開國之初，政府是不允許反教的。《中華民國臨時約法》規定人民有信教之自由，孫大總統本人即是一位基督教徒。袁世凱任大總統時期，雖曾計劃定「孔教」為國教，對基督教亦未曾明示反對。袁氏帝制告終之後，「新思潮」代之而興，反教思想才又形成民初思想界的一項特徵，這一思想與民族主義思潮相結合，終於發展為民國十一至十六年間在各地普遍展開的反基督教運動。

民初反基督教運動的思想基礎，是多方面、多層次的。實在說來，清末基督教在中國的捲土重來，係與帝國主義的侵略行動相伴而至，其所舉辦的教育事業亦係以「變夏為夷」為宗旨，對於中華民族的傳統、尊嚴以及獨立自主的地位，都構成某種程度的傷害，因而在民族主義者的心目中，基督教實為帝國主義的幫兇，民初知識分子之反教實不足為奇。

最早對基督徒採取隔離態度，並主張向教會學校收回教育權的團體，

是少年中國學會。至全面性的反基督教運動，係於民國十一年（1922年）展開。蔡元培、李煜瀛、汪精衛、陳獨秀、李大釗、蕭瑜（子昇）等人都支持這一運動，甚至梁啟超也認為這是國民國家意識覺醒的象徵，他並指斥基督教的獨占性以及利用教育來實現宗教目的的做法。

上海、北京而外，廣州、南京、杭州等地，也相繼出現了反基督教的組織。這一運動，至民國十三年秋季，已遍及安徽、浙江、湖南、湖北、四川、江西、山東、山西、河南、陝西等省，反基督教的出版品也隨處可見，十三年十二月二十五日耶誕節前後的幾天，也被定為「反基督教運動週」。十四年五月「五卅慘案」發生後，反基督教運動開始與反帝國主義運動合流，成為新興的民族主義的洪流，至民國十六年達到高潮，這一年內就有三千名以上的傳教士離開了中國。

與反宗教運動同時發生的收回教育權運動，則是完全基於民族主義的立場，幾乎是除少數傳教士外全體中國人一致的願望。教會學校在中國辦教育，教育對象是中國人，但教育制度和主持人卻完全聽命於教會，教育科目和方法則以外國語文和宗教思想為中心，既不重視中國文化，也不接受中國教育主管機關的監督，這種教育被認為是「奴化」。這是一個具有獨立主權的國家所無法忍受的，即如土耳其，於革命成功後即行全面封禁了外國人開辦的所有學校。故名流學者蔡元培、胡適、丁文江、陶行知、鄒魯及少年中國學會諸人，無不主張宗教應退出學校，政府應向教會收回教育權。教育團體如中華教育改進社、全國教育聯合會等也都於其年會中，作成排除宗教課程並收回教育權的決議，建議政府執行。各省教育會也時常向政府提議取締教會學校或禁止外人在國內辦學。

民國十四年十一月十六日，北京政府教育部在各方要求下，曾經擬訂了一種外國人所辦學校的管理辦法，但未能有效執行。國民政府在廣州建立之始，即決定教育為國家事業，教育權當然收回。因此，美國教會在廣州所辦的嶺南大學，遂成為第一所交還教育權的教會學校。十七年全國統

一後，國民政府屬行收回教育權運動，嚴令各教會學校向政府立案，並依中國政府教育法令之規定進行董事會之改組與課程之調整，至民國二十年，收回教育權的目標乃告完成。

三、五卅慘案

民國十四年五月三十日，上海學生為抗議日本紗廠於五月十五日慘殺中國工人之暴行，並聲援罷工工人及被捕學生，特舉行盛大之遊行講演，卻為南京路公共租界英國巡捕開槍射擊，造成死亡十一人，重傷二十餘人，被捕四十餘人的慘劇。這就是「五卅慘案」，全國民眾的情緒為之激動而悲憤，反帝國主義運動的聲浪因而瀰漫於每個角落。

外國人根據不平等條約，得在中國設置工廠從事製造，遂行對中國的經濟侵略。其中以日本人在中國設立的工廠最多，僅上海一地，即有二十二家紗廠，占上海紗廠總數的三分之二。日本廠主對中國工人的待遇，較任何外廠為苛，每人每日工作時間規定為十二至十三小時，所得工資僅一角五分，最低者為一角二分，尚不及其他國家工廠工資之三分之一。所以有些工人，一有機會便轉入他廠。日本廠主為防止工人轉廠，特規定一種儲金辦法，將工人工資每月扣百分之五存儲於廠中，必至工作滿十年後發還，中途輟工離去者，此項儲金即被沒收。工人工作期間，又經常遭受毒打或開除之不人道待遇。

上海二十二家日本紗廠中，以內外紗廠規模最大，有十一處廠房，工人在萬人以上。民國十四年二月，內外紗廠的堆紗房間裡，發現了一具被管理員用鐵錘毆擊致死的童工屍體，全體工人乃憤而罷工，形成廠主與工人間之對立。五月間，日本各紗廠以男工屢起風潮，決定將粗紗間之男工全部革退，代以女工，二十二家紗廠的男工遂聯合罷工，以為抗議。日本廠主在上海各團體之調停下，口頭上答允改良工人待遇以誘使工人復工，實際上卻僅將儲金領取期限由十年減為五年，且又開除了工人數十人。工

人不服，推派代表顧正洪等八人於五月十五日與廠方交涉，不料日本廠主竟開槍射擊，將顧正洪擊斃，其他七人亦均受傷。上海學生決定於五月三十日舉行遊行，並在公共租界講演，要求釋放被捕工人及學生，卻遭到英國巡捕的武裝攻擊，造成了舉國為之震憤的空前慘案。

慘案發生之次日——五月三十一日，上海公共租界捕房宣布戒嚴，禁止中國人在街上結隊行進。上海的商會和工會不甘示弱，決定罷市罷工以聲援學生，上海交涉員陳世光也向領事團提出抗議。六月一日，上海公共租界中中國人全面罷學、罷工、罷市。南京路的中國人欲阻止電車行使，又遭到英捕的槍擊，三人死亡，十八人受傷。工部局藉口自衛，召外艦陸戰隊登陸，並召集「義勇隊」，據守要點，如臨大敵。

六月二日，上海總工會成立，擴大罷工行動。六日，上海工商學聯合委員會成立，召開市民大會，宣布對英國與日本實行經濟絕交。中國國民黨中央執行委員會先於六月二日發表通電，支持學生與工人，上海執行部亦於六月一日及四日兩度宣言，要求英日賠償、懲兇、撫卹、道歉，並廢除一切不平等條約，在未達目的以前，呼籲全國與英日經濟絕交。中華全國商會聯合會，更通告中外：「我內外商人，為國家地位計，為國民人格計，為生命自衛計，對於加我危害之國家，不得已而出最後之經濟絕交，縱犧牲至若何程度，在所不惜。」

「五卅慘案」的消息傳出，各省各埠隨即響應，北京學生於六月二日舉行罷課遊行，要求收回全國英日租界及取消領事裁判權。武漢、長沙、九江、鎮江、青島、天津、重慶、南京、廣州等城市，繼之有聲援滬案之集會，並舉行示威遊行；因之與外人間的衝突也不斷發生，於是有六月十一日的「漢口慘案」，十三日的「九江事件」，以及二十三日的廣州「沙基慘案」。其中廣州為革命政府所在地，沙基慘案的犧牲亦最大，因而觸發了規模至大，手段極為徹底的香港中國工人罷工運動——史稱「省港大罷工」，持續至一年六個月之久，使香港工商幾乎為之癱瘓。不料這一罷工運

動，卻被中共利用為發展力量的溫床。

研究與討論

一、民初中國青年的反日情緒何以特別強烈？

二、「五卅慘案」是怎樣發生的？於國民心理有何影響？

◆第八章◆
新局面的開創──北伐

第一節　中國國民黨改組

一、再舉革命

　　民國七年（1918 年）六月，孫中山於辭卸廣東軍政府大元帥職務後，回到上海，從事著述。同年十二月，《孫文學說》書成，提出了知難行易的主張。八年（1919 年）春初，開始撰寫《實業計畫》，詳舉六大建設計畫的內容，歷時近兩年始告藏事。前者為心理建設，後者為物質建設，合民國六年（1917 年）出版之《民權初步》──稱為社會建設，統稱為「建國方略」，為孫中山關於國家建設之重要著作。

　　七年十一月第一次世界大戰結束後，國內外的情勢均因之改變。尤其是國內，由於巴黎和會的外交失敗及五四運動的發生，全國民情激昂，社會開始動盪起來了。孫中山在此一情勢下，自不能無動於心，他派廖仲愷去四川，派蔣中正訪日本，認為「非實行吾黨主義，不足救國」。要求他的同志們「互相奮勉提攜，切實負救國之責」。

　　要負救國之責，就要重組革命陣營，再舉革命。九月一日，致函于右任時就已透露改組革命團體的初意：「欲謀根本救國，仍非集吾黨純潔堅貞之士，共任艱鉅，徹底澄清不為功。」

　　十月八日，孫中山應邀對上海青年會以「改造中國的第一步」為題發

表演說，認為改造中國的第一步，只有革命，並主張剷除三種阻礙國家建設的「陳土」：官僚、武人、政客。這是自民國五年袁世凱死亡以來，孫中山首次提出再舉革命的主張。兩天以後——十月十日，中華革命黨即正式發出通告，改組為中國國民黨。黨名為中國國民黨，與民國元年之國民黨有別，蓋民國元年之國民黨為一普通政黨，中國國民黨則為「純粹的革命黨」。

　　定名為中國國民黨的同時，孫中山亦公布了「規約」，規定「本黨以鞏固共和，實行三民主義為宗旨」。民國九年十月二十九日，陳炯明部粵軍攻克廣州，岑春煊、陸榮廷把持之軍政府瓦解。十一月二十九日，孫中山自上海回至廣州恢復軍政府。十年（1921 年）五月，孫中山在廣州就任非常大總統，此後即進軍廣西，並策劃北伐。此後一年間，孫中山忙於政治軍事，黨務工作之進行未有突出之發展。及十一年（1922 年）六月十六日陳炯明叛變，孫中山於八月十四日自粵返滬後，始復召集同志共商黨務之改進。經半年之研商，完成了新的《黨綱》及《總章》。十二年（1923 年）一月一日，中國國民黨發表《改進宣言》，宣布政綱政策；次日再公布《黨綱》與《總章》，完成了黨務組織的改進——亦即中國國民黨改組的第一階段。

　　這次黨務「改進」，無論精神上實質上都顯示出若干進步。其一，重新確定國民革命的全民性，宣言中說明：「今日革命則立於民眾之地位而為之嚮導，所關切者民眾之利害，所發抒者民眾之情感」，「革命事業，由民眾發之，亦由民眾成之」。其二，公布了以三民主義為綱領的新政策，充實了三民主義的內容，表現出新的時代精神，尤其強調民生問題之圓滿適當之解決。其三，擴大黨本部的組織為總務、黨務、財務、宣傳、交際五部，及法制、政治、軍事、農工、婦女五個委員會，其活動將擴及社會之全面。其四，建立中央會議制度以發揮民主精神，規定每年「開國內外全體代表大會一次」，本部設中央幹部會議，每月開會一次，以規劃黨務，決定政策。

　　孫中山於改進黨務的同時，也在積極部署討伐陳炯明的軍事行動。他

所憑藉的武力有兩支：一是進入福建的粵軍許崇智部，稱為東路討賊軍；一是駐屯桂粵邊境的滇軍楊希閔與桂軍劉震寰兩部，是為西路討賊軍。十一年十二月，孫中山令東西兩路討賊軍進逼廣州，十二年一月十六日廣州便為滇、桂聯軍攻克，陳炯明率部退據東江。孫中山於是派胡漢民為廣東省長，其本人亦於二月十五日自上海啟程赴粵，在廣州設立大本營，稱陸海軍大元帥。惟中國國民黨本部仍設於上海，委謝持為全權代表，主持黨本部之黨務組織與活動。

二、聯俄與容共

中國國民黨在進行改組的過程中，發生了一項新的因素，即是與蘇俄及中共間的關係。這項關係，發展為一項政策，史稱「聯俄容共」。係於民國十一年八月開始，十七年二月結束。

十一年六月陳炯明叛變後，孫中山於八月十四日到達上海，蘇俄派來和北京政府談判外交的越飛也碰巧於同一天到達北京。月底，越飛就派了一位代表到上海見孫中山，表示願援助孫先生革命，於是開始了有關「聯俄」的談判。十二年一月，越飛也來到上海與孫中山會談，終於得到了協議。一月二十六日，孫中山和越飛發表了一份《聯合宣言》，全文共四段，首段文字是：

> 孫逸仙博士以為共產組織甚至蘇維埃制度，事實上均不能引用於中國，因中國並無可使此項共產主義或蘇維埃制度實施成功之情形存在之故，此項見解，越飛君完全同感。且以為中國最重要最急迫之問題，乃在民國的統一之成功，與完全國家的獨立之獲得。關於此項大事業，越飛君並向孫博士保證，中國當得俄國國民最摯熱之同情，並可以俄國援助為依賴。

　　第一段的第一句話最重要，也是孫中山的基本立場，但當時蘇俄發表的文字以及今日中共有關孫中山的書刊，都把這句話刪除了，竄改歷史，莫此為甚。第二段孫中山要求越飛重申蘇俄兩次對華宣言的承諾，放棄包括中東路在內的一切在華特權。第三段說明中東路問題再召集一次中俄會議解決，其辦法應與張作霖商洽。第四段越飛切實聲明「俄國現政府決無亦從無欲在外蒙實施帝國主義政策，或使其脫離中國之意思與目的」。孫中山表示「對於此層完全滿意」，惟同意「俄國軍隊不必立時由外蒙撤退」，蓋中國北京政府庸弱無能，深恐俄軍撤退後白俄侵入釀成紛亂局面，對中國更為不利。

　　此一《聯合宣言》，為孫中山聯俄政策的基本精神所在。孫中山嚴正的拒絕共產組織與蘇維埃制度，堅持國家領土完整與主權獨立的原則，而在以實現民國統一與國家完全獨立的目標下，接受蘇俄的同情與援助。實在說來，孫中山的聯俄，目的不外防制俄患與獲取俄援而已。且聯俄並非專以蘇俄為友，聯俄的同時復有聯德的交涉，對其他各國的外交活動亦從未放棄。

　　至於容共，其本義係容納共產黨員參加國民黨，以國民黨員身分信仰三民主義，努力國民革命。共產黨員如不服從國民黨，便予以制裁。陳獨秀言，孫中山的態度是非常嚴正而堅決：

> 孫中山屢次向國際代表說：共產黨既加入國民黨，便應該服從黨紀，不應該公開的批評國民黨；共產黨不服從國民黨，我便要開除他們；蘇俄若袒護中國共產黨，我便要反對蘇俄。

　　中共的領導者李大釗在國民黨內的姓名是李守常。也曾向中國國民黨第一次全國代表大會提出親筆保證說：

我等之加入本黨，是為有所貢獻於本黨，以貢獻於國民革命的事業而來的，斷乎不是為取巧討便宜，借國民黨的名義作共產黨的運動而來的。

三、第一次全國代表大會

民國十二年冬，孫中山決定改組國民黨。他於十月十一日致電上海國民黨本部，指示各部不再設正副部長，只設主任一人，總理全權代表及總理辦公處，一併裁撤。這一緊縮編制，裁撤人員的行動，是全面改組的開端。十七日，孫中山電告上海黨本部幹部會議：「章程可修改，將有大改革及擴張。」兩天以後──十九日，孫中山就又電告上海：已委廖仲愷、汪精衛、張繼、戴季陶、李大釗為國民黨改組委員。十月二十四日，孫中山令派廖仲愷、鄧澤如召集特別會議，商改組問題。第二天──二十五日，孫中山更發布命令，組織一新的機構，名曰國民黨臨時中央執行委員會。他委派胡漢民、鄧澤如、林森、廖仲愷、譚平山、陳樹人、孫科、吳鐵城、楊庶堪等九人為臨時中央執行委員；汪兆銘（精衛）、李大釗、謝英伯、古應芬、許崇清等五人為候補執行委員；臨時中央執行委員會的職責是：起草黨綱章程、辦理各地分部登記、籌備召開第一次全國代表大會。

中國國民黨廣東支部諸人對於參加國民黨的中共分子，懷有深憂。支部長鄧澤如本為臨時中央執行委員之一人，他認為中共首領陳獨秀實有幕後操縱之嫌，因於十二年十一月二十九日與廣東支部其他負責人十一人聯名上書孫中山，對中共不法企圖提出糾舉。孫中山逐段詳加批復，並表明他的嚴正態度：「陳（獨秀）如不服從吾黨，我亦必棄之。」

民國十三年一月二十日，中國國民黨第一次全國代表大會在廣州高等師範學校禮堂正式開幕。出席代表一百六十五人，由孫中山親自主持，並由孫中山提名胡漢民、汪兆銘、林森、謝持、李大釗為主席團。會期十天，

中國國民黨第一次全國代表大會

至一月三十日閉幕。除通過黨綱、宣言及「組織國民政府之必要案」等十
一項決議案外，並選舉第一屆中央執行委員二十四人，中央監察委員五人，
候補中央執行委員十七人，候補中央監察委員五人。中央執行委員及監察
委員名單如下：

中央執行委員：

胡漢民　汪兆銘　張靜江　廖仲愷　李烈鈞　居　正　戴季陶
林　森　柏文蔚　丁惟汾　石　瑛　鄒　魯　譚延闓　覃　振
譚平山　石青陽　熊克武　李守常　恩克巴圖　王法勤　于右任
楊希閔　葉楚傖　于樹德

中央監察委員：

鄧澤如　吳敬恆　李煜瀛　張　繼　謝　持

以上二十九位中央執、監委員中，有二十四位是同盟會籍，新人只有
五位：恩克巴圖來自蒙古，楊希閔是滇軍總司令，譚平山、李守常、于樹
德則是新加入國民黨的共產分子。可見中國國民黨仍以同盟會人為正統，

新人只占六分之一。以籍貫論，則含十四省區：廣東六人，直隸五人，四川四人，江蘇二人，湖南二人，江西、福建、安徽、山東、陝西、雲南及內蒙各一人。以年齡論，最長者為吳敬恆，五十九歲，最少者為戴季陶，三十四歲，平均年齡則為四十二歲，均為年富力強而又具有相當革命經驗之士。

四、新政治局面的開端

政治學者李劍農說：「十三年一月，中國國民黨在廣州開第一次全國代表大會，宣告改組，可說是中國政治新局面的開始。」這是非常客觀公正的評價。就歷史發展的史實觀察，任何人都不能否認：因為有了中國國民黨的改組，才能有兩年後的國民革命軍北伐，四年後的完成統一，結束了北洋軍閥僭政混戰的局面，開始了國民政府主持國家大計的時代。

新局面的造成，是因為中國國民黨在改組之後，有了適合全國民心的政治號召和充沛強大的新生力量。分析言之，中國國民黨的改組有四項明顯的重大成就：

其一，制訂了新的黨章，擴大了組織基礎，健全了地方黨務組織系統，使中國國民黨成為一個真正代表全民利益的黨。其組織遍布了國內各省及海外各地，凡有中國人居住的地方，就有中國國民黨的組織、宣傳和活動。

其二，孫中山於一月二十七日開始講演三民主義，並於四月十二日制訂了建國大綱，對革命主義有了正確而又淺易宜懂的詮釋，對建國程序和工作亦作了具體而明確的規劃，為中華民國的前途展現出光明的遠景，國人無不為之鼓舞興奮，而深具信心。孫中山於講述民生主義時，嚴正的批判了馬克斯學說的謬誤，更是對純正愛國人士的一大鼓勵。

其三，發布宣言，公布了革命建國的基本政綱，尤其主張「一切不平等條約，如外人租借地、領事裁判權、外人管理關稅權、以及外人在中國境內行使一切政治的權力，侵害中國主權者，皆當取消，重訂雙方互尊主

權之條約」。更是全國國民一致的願望，亦是五四運動時代愛國青年追求的
目標，自然獲得全國各界的一致擁護。對內政策十六條，如採行均權制度，
省縣自治，普選，保障基本完全自由權，徵兵制，改良農村，保障勞工，扶
植女權，教育普及，土地使用，國營事業等，處處充滿了進步與民主精神。

　　其四，革命武力的建立，亦即黃埔軍校的創辦與國民革命軍的建立。
孫中山在早年革命時代，即曾先後建立「青年軍事學校」、「浩然廬」等機
構，培植軍事人才。然規模甚小，組織亦欠完善。民國十一年六月陳炯明
部的叛變，使孫中山深受刺激，他認為必須建立一支真正具有革命思想的
武力，始足以擔當革命的任務。十二年八月，孫中山派蔣中正率團赴俄考
察，軍事亦為其考察項目之一。十一月，臨時中央執行委員會在孫中山親
自主持下，即曾作成創立「國民軍軍官學校」、「校長定為蔣中正」的決議。
學校名稱最後確定為「中國國民黨陸軍軍官學校」，校址設於黃埔。十三年
一月二十四日，孫先生令派蔣中正為軍校籌備委員會委員長，五月二日正

黃埔軍校開學典禮（左起為廖仲愷、蔣中正、孫中山、宋慶齡）

式特任蔣中正為校長，九月再派廖仲愷為黨代表。六月十六日，黃埔軍校正式開學，孫中山親臨主持，他語重心長的告訴全體師生：

> 我們今天要開這個學校，是有什麼希望呢？就是要從今天起，把革命的事業重新來創造，要用這個學校內的學生做根本，成立革命軍，諸位學生，就是將來革命軍的骨幹，有了這種好骨幹，成了革命軍，我們的革命事業，便可以成功。

由於黨務組織的改進，使中國國民黨結合了民眾。由於三民主義、建國大綱及第一次全國代表大會宣言的宣布，使中國國民黨喚醒了民眾，鼓舞了民眾並在思想上武裝了民眾。由於黃埔建校及建軍的成功，使中國國民黨有了新生命和新力量。在主義與武力相結合的情形下，國民革命運動形成了空前澎湃的高潮，接著而來的便是國民革命軍的大舉北伐——開啟了中國現代史上的新階段，由分裂而歸於統一，由破壞而進入建設。

研究與討論

一、孫中山先生何以要再舉革命？

二、「聯俄容共」政策的本義為何？

三、中國國民黨第一次全國代表大會有那些重要成就？

第二節　革命領導的傳承

一、孫中山北上與逝世

民國六年以後，孫中山領導的革命政府在南方，他的目標卻是統一中

國。只要有相當的力量和適當的時機，他就要舉兵北伐。民國九年直皖戰
爭之後，北京政府係在直系軍閥的掌握之下，因此孫中山北伐的對象就是
直系。十一年五月，孫中山為策應北方的直奉戰爭——助奉系討直，以陸
海軍大元帥名義在韶關誓師北伐。但正面遭到湖南省長趙恆惕的阻撓，後
方又有陳炯明的掣肘，李烈鈞、許崇智等部北伐軍雖已攻入贛南，但卻無
力北進。及陳炯明叛變發生，北伐軍前後受敵，只有分兵退入閩、桂境內。
孫中山的第一次北伐就這樣失敗了。

　　十三年九月，江浙戰爭及第二次直奉戰爭相繼爆發，孫中山的立場是
與浙奉呼應，共同討直。因於九月五日，決定督師北伐，並移大本營於韶
關，親自指揮北伐軍事，而命總參議胡漢民留守廣州，代行大元帥職權。
北伐軍包括建國湘軍、建國粵軍、建國滇軍等單位，而以譚延闓任北伐總
司令。恰於此時，廣州發生商團事件。及事變敉平，北伐軍大舉出動之際，
北方政局卻發生了劇烈的變化：原為直軍第三路總司令的馮玉祥忽於十月
二十三日自前線班師回京，與胡景翼、孫岳聯合組成國民軍，發動政變，
囚禁了直系渠帥賄選總統曹錕，並將清廢帝溥儀驅逐出宮。

　　由於馮玉祥的班師，直系乃告瓦解，吳佩孚從海上逃至上海，旋去武
漢。奉系張作霖以戰勝者姿態進駐天津，馮玉祥等則又擁護段祺瑞為大元
帥，主持全局。惟馮、張、段均因反直同盟關係，先後電請孫中山北上，
共商國是，孫中山為謀國家和平統一，允即北上。十一月十日，孫中山發
表北上宣言，提出召開國民會議與廢除不平等條約兩大主張，作為解決國
是的途徑。

　　孫中山係於十一月十三日登艦離粵北上，十七日到上海。然後繞道日
本，前往北京。經神戶時，曾於二十八日發表了有名的也是最後的一篇講
演：〈大亞洲主義〉。孫中山於十三年十二月一日離開日本，四日到達天津。
久經勞頓，身體已感不適，及聞段祺瑞並不接受他的兩項主張，且發表「外
崇國信」的對外政策——即承認不平等條約，孫先生的病勢乃更加劇。十

二月三十一日，孫中山扶病入京，段則已於前一日發出通電決定於十四年二月一日召開善後會議，孫中山召開國民會議的主張遂被棄置。

民國十四年三月十二日，孫中山因肝癌病逝於北京，一代偉人，從此離開了他的同胞和同志。五月十六日，中國國民黨中央執行委員會在廣州召開第三次全體會議，決議接受孫中山的遺囑，繼續為三民主義的國民革命而奮鬥。

二、蔣中正早年革命經歷

孫中山是中國國民黨的總理。孫氏逝世後，繼任領導人的問題遂為各方面所重視。但中國國民黨中央執行委員會全體會議的決議是：

> 除全體黨員正式投票選舉之中央執行委員組織中央執行委員會任執
> 行之責外，不能更有總理。吾黨全體一致奉行總理之遺教，不得有
> 所特創。蓋中華民國之獨立與自由，惟有完全繼承中華民國創造者
> 本黨總理孫先生之意志，為能實現耳。

依此項宣告，國民黨不容再有新人任總理，亦即不再有與孫中山居於同等地位之領袖。在當時的實際情況下，這一決定是明智的。但革命必須要有推動的中心，政府必須有法理上或實際上的負責者。事實的發展，證明蔣中正乃是孫中山革命事業的繼承者，他於孫中山逝世後一年，消滅了陳炯明的叛軍，尚不及三年，即完成了孫中山在世時念茲在茲的一項大計劃——北伐。孫中山其他的遺志，也次第由蔣中正大部實現。

蔣中正早年留學日本，專習軍事。但他的學問，並不局限於軍事，對於哲學、外交及政治也都有深厚的修養。留學時代，曾與黃郛等創辦過《武學雜誌》，民國元年又曾在日本創辦過《軍聲雜誌》，他親自撰寫的發刊詞，是一篇充滿愛國情操與強國宏論的開國文獻，他也同時發表過討論國防與

外交的五篇論文。他對學問的追求是中西兼顧，對於中國的陽明哲學及曾（國藩）、胡（林翼）學述以及西方的巴爾克戰術與克勞塞維次的戰爭論，都體會至深。

　　蔣中正的革命思想，萌芽於少年時代。參加同盟會從事實際的革命活動，則在 1908 年，係受陳其美的影響。1911 年辛亥革命發生，蔣中正自日返國，在陳其美的策劃下，以敢死隊總指揮的身分，參加了光復杭州之役。並曾出任滬軍第五團團長。民國二年至五年間（1913～1916 年）的討袁活動，蔣中正幾乎是無役不與。他曾深入中國東北活動，大部分時間則在上海協助陳其美部署長江下游各省的革命行動。五年夏初，曾到山東濰縣擔任中華革命軍東北軍的參謀長。

　　孫中山初識蔣中正可能在民元前二年（1910 年），單獨召見他並賦予重要的革命任務，則是民國二年的事。民國七年至九年間（1918～1920 年），孫中山已視蔣中正為重要親信幹部之一，他欣賞蔣中正的軍事長才，更稱讚蔣中正的品格和志節。

　　民國九年十月二十九日孫先生在復蔣先生的信中，稱讚蔣先生「知兵事而且能肝膽照人」、「勇敢誠篤與執信比，而知兵則又過之」。民國十年十一月並讚揚蔣中正為「昂昂千里之資」，「雖夷險不測，成敗無定，而守經達變，如江河之自適，山嶽之不移」。

　　民國十一年陳炯明叛變後，蔣先生赴難去粵，與孫中山在永豐軍艦共患難者四十日，孫中山對蔣中正自更為倚重。十二年二月，孫中山回粵後，任蔣中正為大本營參謀長，主持軍事樞機。八月，派蔣中正訪俄，其寄望之殷，已不言而喻。

　　黃埔軍校成立，蔣中正被特任為校長。兼任粵軍總部參謀長，長洲要塞司令，軍事委員會委員，各軍軍事訓練籌備委員會委員長，軍事部祕書等職，舉凡軍事教育與訓練，幾皆界之。十三年十一月三日，孫中山北上到軍校視察並辭行時，曾對蔣中正微露託孤之意，他說：「我所提倡的三民

主義，將來能希望實行的，就在你們這個黃埔陸軍軍官學校的學生了。凡人總要死的，不過要死得其所，我今天能看到黃埔的官長學生士兵們這樣奮勇的精神，可以繼續我的生命，所以我雖死也能安心。」

三、廣東基地的鞏固

黃埔軍校開學後尚未及兩個月，便面臨著初試啼聲的考驗：應付廣州商團的威脅。蓋廣州商團團長陳廉伯為廣州英國匯豐銀行買辦，一向在英國的挑唆與利用之下，對革命政府採取敵視態度。他們企圖在香港英國當局的支持下，推翻革命政府而代之以商人政府。十三年五月，廣州市政府宣布統一馬路業權案，要向商人抽取「舖底捐」，商團遂據以為藉口，發動總罷市。陳廉伯並組織了商團軍，暗向香港德商順全隆洋行購買了九千枝槍械，租用了一艘挪威商輪「哈佛號」祕密輸入。八月四日，商團曾向政府請得購械護照一紙，但謂四十日後始可運到，不意發照僅五日，哈佛輪已進入廣州外海。孫大元帥獲知商團此一偷運槍械陰謀，乃致函軍校蔣中正校長，率海軍江固艦將哈佛輪緝獲，將船上私運的槍械扣留。商團要求發還軍械及軍火。政府在未調查清楚前不允發還，商團遂發動總罷市，政府亦宣布長洲要塞區域內戒嚴。

孫大元帥對於商團，再三曉諭。滇軍將領范石生、廖行超等亦調停其間，革命政府終於同意釋放哈佛輪，並將商團自行集資購入之槍械發還。不意商團趁孫大元帥即將出師北伐之際，於十月九日再度發起罷市，並對十日慶祝國慶遊行之軍校學生開槍射擊。孫大元帥忍無可忍，乃令蔣校長率軍校學生並指揮廣州各軍，迅即平亂。蔣校長於十月十五日開始敉亂行動，不半天即將商團之亂全部敉平。陳廉伯等九名禍首逃赴香港，革命政府遂下令通緝。此為黃埔軍校之第一仗。商團繳械之後，黃埔軍校就利用這批軍械，成立了一個教導團，以何應欽為團長，稱為校軍。

這時廣州革命政府的最大威脅，自是盤踞東江的陳炯明叛部。陳自稱

救粵軍總司令，號稱十萬之眾，企圖趁孫大元帥北上之機會，一舉攻占廣州。革命政府為先發制人，乃於十四年一月決定東征：以滇、粵、桂軍組成聯軍，任楊希閔為總司令，黃埔校軍受命隨粵軍行動，參加右翼作戰。二月一日校軍出發，所向披靡。首下淡水要地，繼於三月十三日在棉湖大勝陳炯明叛部主力林虎部，是為棉湖大捷。黃埔革命軍英勇善戰之威名，乃遠播宇內。東征勝敗，實以此役為關鍵，而捷報傳出於孫中山逝世之次日，其於黨人心理上之影響，尤為重大。

此次東征途中，發現擔任中路與左翼之滇、桂軍並不努力作戰。楊希閔與劉震寰且有與雲南唐繼堯祕密勾結，聯合寇粵的嫌疑。蓋孫大元帥在北伐之前，曾任唐繼堯為副元帥，令其東出川鄂以響應之，但唐拒不就職。及孫中山逝世，唐忽聲明以副元帥代行大元帥職權，拔隊東來，其欲兼併廣東革命政府之陰謀，極為顯明。革命政府派兵拒之，並通電討唐，劉震寰、楊希閔則拒不同意。劉、楊顯已與革命政府為敵，革命政府遂決計鎮壓之。四月二十七日，許崇智、廖仲愷赴汕頭與蔣校長密商，決定回師討伐楊、劉，推蔣中正校長為黨軍總指揮，於六月六日開始回師，於十四日完全占領廣州。先二日，大本營已任命蔣總指揮兼任廣州衛戍司令。

蔣總指揮中正認為討伐楊、劉反革命勢力，「是本黨的一個生死關頭的紀念」。因為推倒楊、劉，唐繼堯等犯軍始知難而退，而盤踞高雷地區的鄧本殷部亦次第被肅清。廣州基地穩固後，大本營始決定改組為正式政府——國民政府，並統一整編各部建國軍為國民革命軍。十四年七月一日，國民政府成立。三日，軍事委員會成立。蔣中正以軍事委員會委員身分，提出「軍事委員會六大革命計畫」，主張發展西南革命勢力，革除軍隊積弊、統一財政、整理軍隊、利用罷工工人建築道路，及統一兩廣。八月二十日，廖仲愷被刺案發生，中央成立特別委員會對涉嫌軍官進行清理。二十六日正式編定國民革命軍五個軍的編制，計：

第一軍——原黨軍改編，軍長蔣中正

第二軍——原建國湘軍改編，軍長譚延闓

第三軍——原建國滇軍改編，軍長朱培德

第四軍——原建國粵軍改編，軍長李濟琛

第五軍——原福軍改編，軍長李福林

　　方黨軍從潮梅回師平定楊、劉之際，東江陳炯明殘部復叛，且有捲土重來之勢。國民政府既已統一了軍政，乃決定發動第二次東征。九月二十八日，蔣校長受任為東征軍總指揮。十月一日，東征軍各部即陸續出發。十三日進薄惠州城郊，經過兩晝夜的血戰，於十四日攻克了號稱天險的惠州堅城。惠州既下，陳炯明殘部已為之喪膽。東征軍分兵追擊，於一個月內即將東江完全肅清。

　　第二次東征前後，又有南北兩路的討逆靖難。北路係熊克武軍的謀叛。熊係率部由四川開至粵北，與陳炯明勾結密圖廣州，國民政府於查悉此一陰謀後，乃扣留熊克武，並將其部隊繳械。南路係指鄧本殷的進犯。鄧為陳炯明黨羽，盤據高雷及瓊崖一帶。鄧並接受北京政府「粵南八屬督辦」的名義，趁革命軍東征時進犯廣州。國民政府乃派軍征討，終將鄧本殷叛軍消滅，收復高雷及瓊崖。

　　繼廣東全境肅清後，國民政府又完成了廣西的歸附，亦即兩廣的統一。廣西自李宗仁崛起而為新桂系的領袖，對廣東革命政府即有歸附之意，蔣中正亦力倡兩廣統一。十五年一月二十六日，國民政府由譚延闓、汪兆銘與廣西李宗仁、黃紹竑會面於梧州，作初步商談。李宗仁旋派白崇禧到粵晉謁蔣中正等首長，作進一步的磋商。二月二十四日，國民政府成立了兩廣統一委員會，三月十五日確定了兩廣統一的方案，廣西政治、軍事及財政均置於國民政府直接管轄之下。三月二十四日，軍事委員會改編廣西軍隊為國民革命軍第七軍，任命李宗仁為軍長，兩廣統一遂告完全實現。

四、中山艦事件與黨務整理

　　第二次東征勝利結束後，廣東革命基地從此穩固，蔣中正的聲望如日初昇，被認定為國民黨的新領袖。十五年一月，中國國民黨第二次全國代表大會在廣州召開，蔣中正當選為中央執行委員並被推選為中央常務委員，真正立於決策者地位，為中國國民黨最具聲望和實力的一位領導人。

　　早在容共聯俄之初，即有不少國民黨人懷有憂慮。鄧澤如等曾向孫中山具呈彈劾共產分子，蔣中正訪俄回國後亦曾向孫中山報告考察所得的印象，認為俄共中共均無誠意。蔣中正並曾致書廖仲愷，提出忠告：中國國民黨第一次全國代表大會於十三年一月二十八日討論《黨章》時，方瑞麟、黃季陸等曾主張加入限制跨黨之條文，但未獲通過。蓋多數國民黨人，均深信孫中山必能控制全局，且李大釗既在大會席上公開作了「服從國民黨的主義，遵守國民黨的黨章以參加國民革命事業，絕對不是想把國民黨化為共產黨」的承諾，因此未能堅持限制共產分子跨黨，亦未重視其行動。及至十三年六月，共產黨破壞國民黨的陰謀文件被發現後，中央監察委員謝持、張繼、鄧澤如始再提案彈劾，各地黨員黨部亦紛紛向中央執行委員會報告共產分子之不法行動，要求嚴懲。

　　十四年八月二十日廖仲愷被刺案發生後，鮑羅廷以其顧問身分操縱汪兆銘於手掌中，大肆排除異己，共產分子的氣燄大為囂張。於是林森、鄒魯、張繼、謝持、居正等遂在北京西山碧雲寺孫中山靈前，召開中國國民黨第一屆中央執行委員會第四次全體會議——即通常所稱「西山會議」，決議開除共產分子黨籍，解除鮑羅廷顧問職務，懲戒汪兆銘，並將中央黨部移設於上海。

　　由於蔣中正堅守三民主義的立場，他已是公認的中國國民黨的中心領導人物，蘇俄顧問集團及中共分子遂策動倒蔣，情勢已甚為嚴重。蔣中正一度想離粵出國，但幾經考慮，終以革命責任不可放棄，決心於「四面皆

敵，肘腋生患」的困境中，「奮鬥決戰，死中求生」。就在此一背景下，發生了中外震驚的「中山艦事件」——外人多稱之為「三月二十日事件」。事情的發生經過是這樣的：

三月十八日傍晚，海軍代局長李之龍擅令中山艦開抵黃埔軍校門外，李向軍校教育長鄧演達謊稱係奉校長命令開來守備，實則蔣校長不在黃埔，亦未下令。十九日，蔣校長在廣州，有位同志連續三次電話問他何時回黃埔，蔣校長表示不一定。李之龍又以電話向蔣校長報告，說要把中山艦開回廣州，預備給參觀團參觀。該艦駛返廣州後，仍升火待發，形同備戰。蔣校長判定該艦將有不法行動，因李之龍係共產黨員，顯然聽命於俄顧問。蔣校長因決定採取斷然措施，於二十日晨宣布廣州戒嚴，派虎門要塞前任司令陳肇英及海軍學校副校長歐陽格拘押中山艦，逮捕李之龍，並將共產分子操縱之省港罷工委員會糾察隊繳械，且派兵包圍蘇俄顧問公館，以防不測。

蔣中正說，他當時就聽人說，這次事件是季山嘉的陰謀，是想乘他由廣州搭艦回黃埔途中，強行劫持直駛海參崴，送往俄國。蓋中山艦之駛往黃埔及次日駛返廣州，都是奉了蘇俄顧問團的命令。毫無疑問的，中山艦事件是一次「倒蔣」陰謀。最令人難以置信的，是那位一連打三次電話詢問蔣校長回不回黃埔的人，竟然是汪兆銘的妻子陳璧君。這說明汪兆銘也可能參與逆謀。汪因此而不自安，託病請假離粵赴歐，中央政治委員會乃推譚延闓代理國民政府主席。

蔣中正不僅以非常手段制壓了共黨的陰謀，且於事變過後立即採取必要措施以恢復黨權並準備北伐。四月三日，他向中央執行委員會提出一項「整軍肅黨準期北伐」的建議，要求中央於短期內召開第二次中央執行委員全體會議，以決定重大的黨政決策。五月十五日，中央執行委員會第二

次全體會議正式揭幕，通過了有名的「整理黨務案」——把共產分子逐出
於中國國民黨最高黨部之外，並予以嚴厲的限制：

> 共產黨員對孫中山先生及三民主義，不得加以懷疑或批評；共產黨
> 應將其參加國民黨之黨員名冊交出；共產黨員不得擔任國民黨中央
> 黨部部長，在各級黨部任執行委員人數不得超過總數之三分之一，
> 共產黨對參加國民黨之共產分子所發訓令，應先提交聯席會議（國
> 民黨五人，共產黨三人組成）通過；國民黨員不得加入共產黨。

大會並通過中央常務委員會設主席一人，並選舉張人傑（靜江）擔任。
蔣中正則被推為中央組織部長，陳果夫為祕書。葉楚傖、邵元沖、丁惟汾
等反共委員均被延至中央任職，逐漸改變了黨務由共產分子把持操縱的局
面，而重新建立起中國國民黨人自己的黨權。

研究與討論

一、蔣中正早年的革命經歷如何？

二、黃埔建軍與國民革命成敗有何關係？

三、何謂「中山艦事件」？蔣中正如何處理此一事件？

第三節　北伐與清黨

一、國民革命軍出師北伐

民國十五年（1926 年）六月五日，中國國民黨中央執行委員會臨時全
體會議通過國民革命軍出師北伐案，國民政府於同日任命蔣中正為國民革

命軍總司令,主持北伐軍事。中央為加強蔣總司令之指揮效能,先後任命蔣氏為國民政府委員、中央軍人部部長。七月六日並經中央全體會議推選為中央常務委員會主席,惟在北伐期間,仍由原任主席張人傑代理。

七月一日,蔣中正總司令以軍事委員會主席身分,發布北伐部隊動員令。九日,在廣州東校場舉行國民革命軍總司令就職及北伐誓師典禮,由國民政府代主席譚延闓授印,中央黨部代表吳敬恆授旗,中央執行委員孫科則奉中國國民黨總理孫中山之遺像。蔣總司令於同日發表就職通電與北伐宣言,申明北伐的目的與決心。

國民革命軍於十四年八月初編成時,有五個軍,即第一至第五軍。十五年一月,軍事委員會改編程潛所部為第六軍,以程潛為軍長。三月,編廣西軍隊為第七軍,李宗仁為軍長。六月,再改編湖南唐生智部為第八軍,唐為軍長,且被任為北伐軍前敵總指揮。上述八軍,人數不過十萬左右。而北洋軍閥中之三大集團——號稱十四省聯軍總司令的吳佩孚,自稱五省聯軍總司令的孫傳芳,以及掩有東北及冀魯等省的奉軍總司令張作霖,總兵力則在八十萬人以上。以是國民革命軍之北伐,實為以寡擊眾,以少勝多,以戰略勝戰術的革命戰役,而所採各個擊破的戰略,尤為致勝的一項主要因素。

北伐係由援湘開始——即由第四、七兩軍支援唐生智自衡陽反攻長沙。援湘部隊於六月下旬即已出發,故北伐軍得以誓師北伐後第四日——七月十二日,克復長沙,得先聲奪人之勢。八月十二日,蔣總司令在長沙召開軍事會議後,開始第二期作戰計劃。十八日,蔣總司令下達總攻擊令。二十二日克岳州,二十八日至三十日與吳佩孚部勁旅鏖戰於汀泗橋,旋乘勝進圍武漢。九月六日克漢陽,七日克漢口,武昌於圍城逾月後,終於在十月十日國慶日完全克復,北伐軍的初步目標遂告達成。

國民革命軍對於孫傳芳,採取政治與軍事雙管齊下政策。初欲說服其服從三民主義,參加國民革命。孫初時亦持觀望態度,及見北伐軍勢如破

竹，底定湘鄂，乃下令查封江浙國民黨省黨部，並致電蔣總司令不允革命
軍入贛，蔣總司令乃決定對孫作戰，由其本人親督攻贛之軍，同時令東路
軍總指揮何應欽進取閩浙。孫傳芳亦派盧香亭為援贛總司令，率重兵入贛；
並令周蔭人由閩圖粵。贛省戰爭於九月中旬開始，戰況極為激烈，南昌之
爭奪戰為北伐戰爭中最為激烈者。奮戰近兩月，革命軍終於十一月四日克
九江，八日克南昌。

　　江西既底定，國民革命軍總司令部進駐南昌。隨軍事之進展，國民政
府及中央黨部亦決定北遷武漢。惟中央常務委員會代主席張人傑及國民政
府代主席譚延闓等抵達南昌後，即在南昌召集中央政治會議，南昌一時成
為軍事與政治中心。

　　東路軍之攻擊行動係於十五年十月初旬開始。總指揮何應欽運用高妙
戰略，於松口之役大破周蔭人軍，然後乘勝北進，於十二月二日收復福州，
底定全閩，周蔭人敗逃入浙。

　　十六年一月一日，蔣總司令在南昌召開軍務善後會議，旋即決定以攻
取南京、上海為目標之東南作戰計劃。於二月初旬開始攻擊。二月十八日，
杭州為革命軍攻克，旋即進兵上海，於三月二十一日克復上海，海軍艦隊
司令楊樹莊響應革命，就任國民革命軍海軍總司令。中路革命軍於三月初
旬由江西東下，先占有皖南。旋於三月二十三日攻克南京。至是長江流域
悉為北伐軍底定，第一期北伐目標乃告達成。中央政治會議旋即決定以南
京為首都。

二、清黨驅共與寧漢對立

　　十五年三月中山艦事件發生後，俄共應諾撤走或更換若干不受歡迎的
顧問人員，中共亦接受了國民黨對他們的多重限制。但他們的策略是「以
退為進」，及國民革命軍出師北伐，共黨即轉守為攻，要利用北伐這一階
段，進行破壞。中共中央於北伐誓師後第三日──七月十二日，召集其第

二次擴大會議，通過進行分化，破壞國民革命的政策：「現在我們在國民黨的政策應當是：擴大左派，與左派的密切聯合，和他們共同應付中派，而公開的反對右派。」

鮑羅廷利用國民政府在北遷途中不能行使職權的機會，嗾使徐謙在武漢成立所謂「中國國民黨中央執行委員暨國民政府委員臨時聯席會議」，執行所謂「最高職權」，並進而與南昌形成對立。十六年一月，鮑公然發動「反蔣」，並於三月間召開「三中全會」，建立了在武漢的左派政權——名義上仍為國民政府與中央黨部，實際上卻是左派與共產分子的結合體。四月，汪兆銘經俄回國，去武漢出任武漢國民政府的主席。

共黨破壞北伐的陰謀是多方面的。除控制武漢左派分子以國民政府名義發號施令外，並提出所謂「提高黨權運動」以壓制國民革命軍總司令的統帥權，製造所謂「三大政策」以混淆三民主義理論，煽動農工暴亂以破壞後方社會與經濟，利用唐生智等之政治野心以分化革命陣營，製造南京事件與上海暴動，企圖招致外國的干涉。至十六年四月，中共與左派分子的破壞活動，已嚴重威脅到中國國民黨的生存和三民主義國民革命路線的持續。

面對中共篡竊黨權的嚴重威脅，中國國民黨中央監察委員會於四月二日在上海舉行全體會議，以謀應付。出席中央監察委員吳敬恆、張人傑、陳果夫、蔡元培、李宗仁等八人，由蔡元培主席。吳敬恆即席提出共產分子企圖叛黨禍國的文證，要求予以嚴厲處置。全會接受吳敬恆的提議，咨請中央執行委員會採取行動，經中央執行委員會及政治委員會討論後，決令國民革命軍總司令部執行，蔣總司令因令東路軍前敵總指揮兼上海戒嚴司令白崇禧於四月十二日採取行動，將共產黨徒控制之上海總工會糾察隊繳械，並限制共產分子活動。這一行動，當時名之為「護黨」，稍後中央執行委員會定名為「清黨」，四月十二日遂為中國國民黨的清黨紀念日。上海清黨後，四川、安徽、南京、浙江、福建、廣東、廣西等省區亦分別採取

行動，東南清黨遂發展為全面性的反共運動。

　　十六年四月十八日，國民政府依中央政治會議之決議，正式在南京開始辦公，由蔡元培代表中央黨部授印，胡漢民代表國民政府接受。國民政府首先發表命令，通緝共黨首要分子鮑羅廷、陳獨秀等一九七人。

　　十六年四至八月這段期間，南京與武漢各有一個國民政府和中央黨部，立於對立狀態，史家因而稱之為「寧漢分裂」。但就地位、形勢及民心歸趨而言，南京代表獨立的及正統的中國國民黨，獲全國絕大多數省區的支持；武漢則在俄共鮑羅廷及中共分子的操縱下，已失去國民黨的本來面目，其政令僅及鄂、湘、贛三省，居於被四面包圍的劣勢。武漢的致命傷尚在其倒行逆施的所謂「農工政策」，使人民飽受蹂躪，形同地獄，湖南尤甚。五月以後，鄂、湘、贛三省內國民革命軍開始反共行動；夏斗寅與楊森配合進兵武漢，功敗垂成；許克祥在長沙發動「馬日事變」，開始剿共；朱培德亦遣送重要共產分子離開江西。外受包圍，內部不穩，汪共合作的武漢政權註定是一幕悲劇。

民國十六年四月，廣州街頭懸掛「殺絕共產黨」的布條

武漢當局希望在西北方面打開一條通往外蒙和蘇俄的生路。他們拉攏業經率部進據陝西的馮玉祥，也成功的派軍北上與馮部在河南會師。汪兆銘率領武漢中央政治委員會主席團到鄭州與馮玉祥舉行「鄭州會議」，對馮無論在軍權或政權方面均做了極大的讓步。但馮卻於鄭州會議後前往徐州與蔣總司令及胡漢民、吳敬恆等舉行「徐州會議」，會後致電武漢汪兆銘，要求驅逐鮑羅廷。

六月五日，新到武漢不久的第三國際代表魯易 (M. N. Roy) 轉給汪兆銘一份莫斯科的電報，內容有五項：

一、沒收土地不要國民政府下令，須由下級沒收；二、中央委員會中，增加「工農領袖」；三、國民黨現在的構造必須改變；四、武裝兩萬共產黨員及五萬「工農分子」組織新的軍隊，消滅舊的軍隊；五、以知名的國民黨員組織特別法庭，處分反革命派。

汪兆銘說：「綜合這五條而論，隨便實行那一條，國民黨就完了。」汪始於七月十五日宣布「分共」。但共產黨已決定與汪決裂，它的黨員已退出武漢政府，鮑羅廷亦於七月二十七日離漢返俄。八月一日，共黨發動「南昌暴動」，以武裝叛亂答覆了汪兆銘「和平分離」。汪到此時始如大夢初醒，於八月八日開始清黨。

三、由分而合

中國國民黨之中央執、監委員們，因容共、反共意見之爭執，先後分成上海、南京與武漢三個中央黨部及武漢、南京兩個國民政府，誠然是一大不幸。上海反共在先，南京清黨最力，武漢汪兆銘等亦終於從痛苦的經驗中獲得教訓，宣布反共。三方面既一致反共，分立的因素已不存在，合作的醞釀乃於八月初旬開始。然由於汪兆銘私心自用，於磋商合作的過程中，同時派遣唐生智率部「東征」，並以蔣中正總司令下野為合作之條件，李宗仁不明事理，竟附和汪說，致使蔣中正總司令於八月十一日幡然辭職出

京，胡漢民、蔡元培、吳敬恆等人亦隨之引去，南京遂出現了無政府狀態。

由於武漢的「東征」，原已北伐至徐州一帶的國民革命軍部隊不能不撤退以拱衛南京。孫傳芳遂藉此機會，捲土重來。更兼蔣總司令下野後，人心不穩，孫傳芳乃傾其全力——十一個師六個混成旅，於八月二十五日渡江南犯，進占龍潭一帶，將上海、南京間的交通截斷，一時情勢危急，南京震撼。所幸何應欽、白崇禧分別督隊進擊，和衷共濟，經六日夜之鏖戰，終於八月三十日將孫部擊潰，孫傳芳僅以身免，從此一蹶不振。這是革命戰史中有名的「龍潭之役」，革命軍獲得了決定性的勝利，使寧、滬轉危為安。

八月下旬，南京與武漢間開始在九江商談合作。九月十一日，寧、漢、滬三個中央黨部之主要負責委員在上海開談話會，一連三天，終於決定由三方面數額相等之中央委員及三方面共同推出若干人，組織中央特別委員會代行中央執監委員會職權，並改組國民政府及軍事委員會，以使寧、滬、漢之黨務、政治與軍事重趨於統一的領導。

九月十六日，中國國民黨中央特別委員會成立。二十日，國民政府及軍事委員會改組完成。中央特別委員會在性質上為一過渡時期的統一機關，未能發揮預期中的效能。

經過三個多月的動盪不安，各方將領及國民政府常務委員蔡元培、李烈鈞等，乃體會到非蔣總司令復職，北伐殆無成功之望。汪兆銘由於廣州發生其嫡系張發奎驅逐桂系勢力之事變而受到指責，亦希望蔣總司令出而穩定政局，並提議召集第二屆中央執行委員會第四次全體會議，重建中樞。此一提議獲得接納，蔣總司令亦訪日歸來，於是先在上海舉行四中全會預備會議。十二月十一日，共黨在蘇俄領事的策動下在廣州暴動，燒殺至慘。四中全會預備會議遂決議與蘇俄絕交，並交國民政府於十二月十四日正式宣布，並下令關閉各地的蘇俄領事館與商業機構。

十七年（1928年）一月四日，蔣總司令自滬赴寧，七日正式宣告繼續執行國民革命軍總司令職權。二月二日，四中全會在南京舉行，作出了深

具歷史意義的決定：

一、凡與聯俄容共政策有關之決議案，一律取消。

二、凡因反共關係開除黨籍者，一律無效。

四中全會並決議重新推定中央執行委員會，國民政府及軍事委員會委員。中央執行委員會採常務委員共同負責制，五位常務委員是：蔣中正、譚延闓、丁惟汾、于右任、戴季陶。國民政府設主席，推譚延闓擔任，蔣中正則被推任為軍事委員會主席，兼北伐全軍總司令負策劃繼續北伐之全責。

四、北伐告成

四中全會於二月七日閉募。兩天以後，蔣中正總司令即到徐州前線視察，旋赴開封與馮玉祥研商北伐計劃。山西閻錫山願接受國民革命軍番號，參加北伐行動。蔣總司令因將國民革命軍全部武力，編組為四個集團軍，其番號及總司令是：

北伐全軍總司令　　蔣中正

參謀總　　　　　　何應欽

第一集團軍總司令　蔣中正兼

第二集團軍總司令　馮玉祥

第三集團軍總司令　閻錫山

第四集團軍總司令　李宗仁

海軍總司令　　　　楊樹莊

國民革命軍第二期北伐的攻擊對象，是山東的張宗昌和北京的張作霖。張作霖為奉系軍閥首領，自稱為安國軍總司令，其部隊編組為七個方面軍團，以孫傳芳、張宗昌、張學良、楊宇霆、張作相、吳俊陞、褚玉璞分任軍團長，有六十萬眾。十六年六月十八日，張作霖又在北京就任大元帥，組織軍政府，儼然以「元首」自居。及國民革命軍再度北伐，而山西晉軍已歸向革命陣營，張作霖雖欲力挽頹勢，事實上則已無力與革命軍抗衡。

十七年四月七日，中國國民黨發表北伐宣言，蔣總司令同時對各集團軍下達動員令：第一、二集團軍為主力，分別沿津浦、平漢兩路指向京津。五月一日，北伐軍進入濟南，不意於五月三日即發生日軍無理慘殺中國軍民的「濟南慘案」，戰地政務委員會外交處長兼山東交涉員蔡公時慘被日軍殺害。但蔣中正為竟北伐全功，乃忍痛下令各軍退出濟南，繞道北上。五月二十八日，蔣中正下令全線總攻，三十一日占保定，六月一日克滄縣，再分三路向天津、北京急進。張作霖

蔣中正率各集團軍總司令祭告孫中山靈

知大勢已去，於六月二日下令退卻，乘北寧路專車返回奉天，不意於六月四日為日人炸斃於奉天附近之皇姑屯車站。

六月六日，北京正式為國民革命軍克復，國民政府任命閻錫山為京津衛戍總司令。二十日，張學良在奉天發表通電，聲言停止軍事行動，擁護國家統一。新疆楊增新亦於同日起懸掛青天白日滿地紅國旗，通電服從國民政府。北伐軍事事實上已告勝利結束。國民政府旋依中央政治會議之決議，改北京為北平，直隸於行政院；改直隸省為河北省，省會由天津移設保定，天津亦升格為特別市。

七月六日，蔣中正總司令代表中國國民黨中央執、監委員會及國民政府，親率第二、三、四集團軍總司令馮玉祥、閻錫山、李宗仁，赴北平西山孫中山靈前，祭告北伐大功之告成。東北張學良亦表示服從中央統一全國。惟日人百般阻撓，張學良妥為因應，直至十七年十二月二十九日，東

北始發出易幟通電。此時，除了臺灣尚在日本統治之下外，中國全部領土上均飄揚著青天白日滿地紅的國旗，十數年來國人夢寐以求的國家統一終告實現。

研究與討論

一、國民革命軍北伐，何以能以寡擊眾，以少勝多？

二、「寧漢分裂」的局面是怎樣形成的？

三、何謂「龍潭之役」？有何重要性？

四、國民革命軍第二期北伐完成統一的過程為何？

◆第九章◆
訓政時期的憂患與建設

第一節　訓政的實施

一、建國程序

　　民國前六年——清光緒三十二年（1906年），同盟會在東京發表《軍政府宣言》，把革命建國的程序劃分為三個階段：軍法之治、約法之治、憲法之治。民國三年，中華革命黨建立時，孫中山手訂《總章》，明訂「本黨進行程序分為三時期：一、軍政時期，二、訓政時期，三、憲政時期」。其後，孫中山於《孫文學說》、《中國革命史》、《建國大綱》等著作中，也都重申軍政、訓政、憲政之建國三階段的意義和內容，這一程序可說是孫中山始終一貫而且十分堅持的主張。

　　北伐告成，全國在形式上已告統一。中國國民黨認為軍政時期已告結束，乃依據建國大綱的規定，於十七年八月決議實施訓政，其期限初步決定為六年：十八年開始，二十四年結束；國民政府計劃在此六年期間內，完成地方自治的建設，並制訂憲法，開始憲政。

　　對於訓政，孫中山曾作淺易顯明的解說。其主要精神，可綜合為三點：

　　其一，訓政的作用，在「訓導」人民會做民主國的主人。孫先生說：「須知共和國的皇帝，就是人民。以五千年來被壓迫作奴隸的人民，一旦抬他作起皇帝，定然是不會做的。所以我們革命黨人應該是教訓他，如伊

尹訓太甲樣。我這個訓字，就是從伊訓上『訓』字用得來的。」

　　其二，訓政是建國過程中的「過渡時期」，是為憲政打好基礎的一個時期。孫中山嘗謂：「此訓政之時期所以為專制入共和之過渡所必要也，非此則必流入亂也。」「有訓政為過渡時期，則人民無程度不足之憂也。」

　　其三，訓政時期的工作為建設。孫中山亦曾明言：「要用革命手段去建設，所以叫做訓政。」「在破壞時則行軍政，在建設時則行訓政。」

　　十月三日，中央常務委員會通過了《訓政綱領》——是為中國國民黨實施訓政的第一種基本法。條文有六，其要義可歸納為三點：

一、訓政期間，中國國民黨代表國民大會，領導人民行使政權；並訓練人民行使政權之能力，以奠立憲政根基。

二、國民政府在中國國民黨指導之下，執行行政、立法、司法、考試、監察五項治權。

三、中國國民黨中央執行委員會政治會議（簡稱中央政治會議）負指導監督國民政府重大國務之執行，居於黨政關係最高樞紐地位。

二、政制及法制之確立

　　依據孫中山遺教，中央政制採五權分立制。惟國民政府於民國十四年七月一日在廣州成立時，以統治權尚未及於全國，組織與事權均從簡，故未設五院。十六年遷設武漢及奠都南京時，亦以北伐軍事尚未結束，未能擴大。十七年八月十四日，二屆五中全會決議國民政府應依據建國大綱之規定，「應設立立法、司法、行政、考試、監察五院，逐漸實施。」十月三日，中央常務委員會通過《中華民國國民政府組織法》，並由國民政府於十月八日正式公布，依據《組織法》，國民政府總攬中華民國之治權，行委員制；設委員十二至十六人，其中一人為主席委員，稱之為國民政府主席，兼陸海空軍總司令。設行政、立法、司法、考試、監察五院，分別為國家最高行政、立法、司法、考試、監察機關。

　　十月八日，中央常務委員會通過國民政府委員、主席及五院院長人選，並於十月十日宣誓就職。名單如下：

　　委員：蔣中正、譚延闓、胡漢民、蔡元培、戴傳賢、王寵惠、

　　　　　馮玉祥、孫　科、陳果夫、何應欽、李宗仁、楊樹莊、

　　　　　閻錫山、李濟琛、林　森、張學良

　　主席：蔣中正

　　五院院長：

　　　　　　　　行政院：譚延闓

　　　　　　　　立法院：胡漢民

　　　　　　　　司法院：王寵惠

　　　　　　　　考試院：戴傳賢

　　　　　　　　監察院：蔡元培

　　十月八日至十二日，中央政治會議先後通過五院組織法，由國民政府於十月二十日明令公布。依據《行政院組織法》，行政院設內政、外交、軍政、財政、農礦、工商、教育、交通、鐵道、衛生等十個部；建設、蒙藏、僑務、勞工、禁煙等五個委員會。部長、委員長人選亦經國民政府正式任命。另設中央研究院直轄於國民政府，特任蔡元培為院長，為國家學術研究最高機關。

　　與中央政制確立之同時，地方政制亦有所改革。省設省政府，採委員制，由國民政府任命九至十五人為委員，其中一人為主席。下設各廳及祕書處，分別掌理各項省政。北京政府時期之督軍、督理、督辦、省長、總司令、經略使等名號，完全革除。縣為自治單位，以推行地方自治為主要任務。省、縣系統之外，另設特別市，直隸於國民政府，不入省縣行政範圍。其條件為：首都，人口百萬以上之都市，及其他有特殊情形之都市。省（市）縣（市）均設參議會，為民意機關。

三、國民會議

召開國民會議，為孫中山晚年的重要政治主張。這一名詞，首見於孫中山民國十三年十一月十日發表的北上宣言中，他主張在北京召開國民會議，以共謀國是。由於當時已就任臨時執政的段祺瑞反對，未能召集，故孫中山遺囑中乃仍以「召開國民會議及廢除不平等條約」囑託於國民黨人。北伐告成之後，中國國民黨中央本有意籌備召開國民會議，二屆五中全會且曾作成訓政時期制訂約法的決議。不意十八、十九兩年間，不法軍人及失意政客與黨人相繼煽亂，中央自無暇計及召開國民會議之事。討逆軍事結束，蔣中正主席於十九年十月三日自前方致電中央，建議召開國民會議，以實現孫中山遺囑，且以副全國人民之望。中央接受了蔣中正的建議，於十一月十二日在南京召開三屆四中全會，十五日決議於民國二十年五月五日召集國民會議，其召集方式由中央常務委員會制訂，由國民政府頒布施行。

二十年五月五日，國民會議在南京開幕。蔣中正主席致開幕詞，隨即於預備會議中推張繼、戴傳賢、吳鐵城、于右任、張學良等九人為主席團，葉楚傖為大會祕書長。會期十二日，共開正式會議八次，至十七日閉幕。其主要成就有二：其一為通過《中華民國訓政時期約法》，其二為發表廢除不平等條約宣言。五月十六日第八次會議並通過國民會議宣言，向中外宣告：

> 本會議爰代表全體國民，敬謹接受中山先生全部遺教，以全力促其實現。

《中華民國訓政時期約法》計含八章、八十九條，於二十年六月一日由國民政府正式公布。這是訓政時期的最高法典，其效力等於憲政時期的憲法。約法於第一章〈總綱〉中，規定中華民國永為統一共和國，以青天白日滿地紅旗幟為國旗，國都定於南京。第二章規定人民之權利義務，賦

予人民以充分的民權。第三章為〈訓政綱領〉，第四章為〈國民生計〉，第五章為〈國民教育〉，均有其獨到與進步之特點，尤以教育機會平等及義務教育之推行，允為建立完全民主政治之始基。第六章規定〈中央與地方之權限〉，基本上採均權制度。第七章〈政府之組織〉，分別就中央制度及地方制度，予以條列。第八章〈附則〉，則說明《約法》的最高性——「凡法律與本約法牴觸者無效」，《約法》之解釋權屬於中國國民黨中央執行委員會，憲法草案由立法院本於建國大綱及訓政與憲政時期之成績而議訂，並隨時宣傳於民眾。

研究與討論

一、依據孫中山的解說，訓政的主要精神是什麼？

二、國民政府於何時在何地成立？何時奠都南京？何時設立立法、司法、行政、考試、監察五院？

三、國民會議於何時召開？有什麼重要的成就？

第二節　內爭與內亂

一、國軍編遣

北伐告成之後，國民政府必須履行軍政與財政之統一，第一步工作即是實施國軍編遣。十七年六月九日，蔣中正總司令以軍事告終，呈辭國民革命軍總司令及軍事委員會主席職，並以「裁兵」為請。國民政府不接受蔣氏之辭職，惟接受其「裁兵」建議，於六月十二日發表宣言，以「裁減兵額」為五項施政措施之一。七月九日，國民政府明令實施裁兵。

十七年七月十一日，蔣中正總司令約第二、三、四集團軍總司令馮玉

祥、閻錫山、李宗仁及其他黨政負責人會於北平湯山,討論整理軍事方案,
決從整理、編遣兩方面著手,並作成計劃,提交二屆五中全會討論。二屆
五中全會於八月十四日決議各地政治分會限本年底前取消,軍事整理須使
軍政軍令及教育統一,軍費不超過全國收入百分之五十,化兵為工等原則,
令由蔣中正、馮玉祥、閻錫山、李宗仁、李濟琛、楊樹莊等六委員本此原
則,妥為規劃,由國民政府核定施行。國民政府依據六委員建議,決定於
十八年一月一日召開國軍編遣會議。

　　國軍編遣會議於十八年一月一日在南京正式開幕。吳敬恆代表中央黨
部致開幕詞,國民政府蔣主席中正於答詞後,發表一篇標題為〈關於國軍
編遣委員會之希望〉的講詞,希望中國軍人效法日本明治維新時,長、薩、
土、肥四藩歸政中央的精神,並沉痛的說:「是想把日本的鏡子,來照照我
們的面孔。」出席人員四十餘人,包括閻錫山、馮玉祥、李宗仁、何應欽
等高級司令官在內,惟張學良由王樹常代表,楊樹莊由陳季良代表,白崇禧
則因病未參加。會議至二十五日閉幕,共開大會五次。其最重要的決議,為
一月十四日第四次大會通過之《國軍編遣委員會進行程序大綱》,其要點為:

　　一、成立國軍編遣委員會主持編遣,將國民革命軍總司令部,各集團軍
　　　　總司令,海軍總司令,各總指揮及其他高級戰時編制,一律撤消。

　　二、全國軍隊,劃分為六國編遣區,實行編遣:
　　　　第一編遣區——編遣原第一集團軍各部隊。
　　　　第二編遣區——編遣原第二集團軍各部隊。
　　　　第三編遣區——編遣原第三集團軍各部隊。
　　　　第四編遣區——編遣原第四集團軍各部隊。
　　　　第五編遣區——編遣東三省各部隊。
　　　　第六編遣區——編遣川、康、滇、黔各部隊。

　　三、編遣目標,全國陸軍不超過六十五師,約八十萬人,軍費開支不
　　　　超過全國總收入百分之四十。

國軍編遣會議之召開及國軍編遣委員會之成立，自然為國人帶來希望。不料事實的演變適得其反，一部分高級將領仍抱持實力主義，未脫落後的割據觀念與封建思想，把國軍編遣視作是中央政府的「削藩」行動，不惜對中央出以武力對抗。編遣工作甫經開始，就引發了一連串的武裝叛變。

二、可恥的內戰

第一個公然向國民政府挑戰的集團，是以李宗仁為首的桂系軍人。北伐勝利之後，李宗仁是第四集團軍總司令，亦是武漢政治分會主席，他的勢力分布在廣東、廣西、湖北，白崇禧的一部分軍隊則駐於冀東。湖南亦在武漢政治分會轄區內，但湖南省主席魯滌平，忠實奉行南京國民政府命令，桂系欲將武漢與兩廣聯為一氣，因而謀逐魯滌平，竟於二月二十一日以武漢政治分會名義令免魯滌平職，且派葉琪率兵入湘強逼，魯滌平退往江西。中央令桂系收回成命，李宗仁拒絕，中央乃明令討伐，於四月五日攻占武漢，桂系部隊退往廣西。李宗仁、白崇禧亦先後回桂，繼續以廣西為基地反抗中央。

第二個揭起叛幟的集團，是馮玉祥的國民軍勢力，亦即第二集團軍的部隊。馮在第二期北伐中，頗有貢獻，對北伐以後中央實行編遣，只畀以行政院副院長兼軍政部長的位置，感到失望。且又不肯交出軍權。編遣開始不久，他就離開南京回到了西北，向中央討價還價。又炸毀平漢鐵路之武勝關隧道，無異自暴其叛跡。及中日間交還山東膠濟鐵路問題談判成功，馮欲接收青島以便於對外購運軍品，但政府將青島升格為特別市，由行政院接收，馮乃令其部將山東省主席孫良誠撤兵河南，並盡扣津浦路車輛以去。五月，馮部將領宋哲元等通電擁馮為「護黨救國西北軍總司令」，公開向政府挑戰，政府乃亦下令褫奪馮氏本兼各職。十月，馮軍由陝西東攻河南，一度威脅武漢。中央派兵討伐，經月餘苦戰，始將馮部逐回陝西，馮本人亦被山西閻錫山幽禁於太原晉祠。

白崇禧（左）、李宗仁　　　　　馮玉祥

　　馮玉祥部醞釀叛變期間，意外的導發了張發奎的抗命。張為勇敢善戰的革命軍將領，時任第四師師長，率部駐於宜昌。中央為防堵馮玉祥部東竄，令張發奎率部沿江而上，轉津浦路增防隴海路東段。張為奸人所讒，認為此次調動係將其部隊繳械之先聲，因而決定抗命，率部南下廣西，與李宗仁部組成聯軍，反抗中央。

　　十八年十二月初，又有兩個次要的將領叛變。一個是奉命南開援粵的石友三，於十二月二日在浦口叛變後焚掠北去，一個是唐生智於十二月五日在鄭州叛變。石、唐叛變後均聲稱就任「護黨救國軍」第四、五兩路總司令，與廣西李宗仁等聯為一氣，但不久即被中央軍擊潰。石向閻錫山輸誠，唐則密赴香港伺機再動。

　　十八、九年間的亂局，閻錫山實為主要的關鍵人物。十八年秋冬間，馮、張、石、唐諸人稱叛時，國民政府實寄望閻氏擁護中央，並協助解決西北問題。十月政府又特任閻為全國陸海空軍副司令，閻亦表示盡力維護

國家統一。事實上，閻氏陽奉陰違，馮、唐
之叛，閻均密與其事。及聞石、唐失敗，馮
之部下又有恨閻之首鼠兩端而移師討伐之
意，閻乃送馮回陝，並與李宗仁等發表聯合
通電，反抗政府。十九年二月十日，閻通電
要求蔣主席與其同時下野，二十三日通電提
出中國國民黨黨統問題——不承認第三次
全國代表大會之合法性。三月十五日，則受
鹿鍾麟等叛將擁為「陸海空軍總司令」，公
然稱叛，國民政府五院院長再三規勸無效，
於四月五日令免閻錫山本兼各職。

閻錫山

支持閻錫山叛變的人，除馮玉祥、李宗仁等軍人外，尚有以汪兆銘為
首的「改組派」分子，及謝持、鄒魯等不慊於中央的老黨人。十九年七月
十三日，汪兆銘等在北平召開所謂「中央擴大會議」，發表宣言，詆毀南京
中央及蔣中正。九月一日，則又決定成立所謂「國民政府」，推閻錫山為國
民政府主席，唐紹儀、汪兆銘、馮玉祥、李宗仁等為委員。九月九日，偽
「國民政府」在北平成立，叛亂集團的氣燄至是達於最高潮。

國民政府面臨強大的反叛勢力，除執行國家綱紀，出師討伐之外，別
無其他選擇。大規模的戰爭，係於三月末開始，主戰場在河南及山東，粵、
桂、湘、鄂亦均燃戰火。蔣中正自兼討逆軍總司令，親自指揮主戰場作戰，
何應欽以武漢行營主任坐鎮武漢，終使李宗仁、白崇禧部叛軍無法應援閻、
馮。因主戰場在中原地帶，規模又相當大，論者每喜稱之為「中原大戰」。
中央討逆，歷時半年，始告敉平。國家遂得重告統一。

討逆戰爭勝敗的因素中，東北邊防司令長官張學良的態度，極為重要。
這位年輕氣盛的張學良，開始時卻是抱著「坐山觀虎鬥」的態度，直到入
湘桂軍敗退廣西，山東境內中央軍於八月十五日克復濟南，勝敗之局已見

端倪之後，張學良才於九月十八日發表籲請各方即日罷兵之通電，于學忠部東北軍卻已開進冀東，於九月二十三日接收了北平。張學良的出兵關內，提前結束了討逆戰爭，但也因此而使東北防務空虛，難免引起日本軍閥的染指之心了。

三、中共叛亂與五次圍剿

中共的武裝叛亂開始於十六年八月一日的南昌暴動，但當時仍然以「中國國民黨革命委員會」的名義號召。「八七會議」後，採行暴動路線，先後發動兩湖秋收暴動、海陸豐暴動及廣州暴動等，雖極盡燒殺能事，結果終歸失敗。毛澤東於兩湖秋收暴動失敗後，來到湘贛兩省交界處羅霄山脈中段的井岡山，與土匪王佐、袁文才會合，成立了一團「紅軍」，建立了中共叛亂的第一個根據地。

中共開始叛亂之初，政府並未予以重視，僅由湘、贛地方當局監視之。且國民革命軍正從事第二期北伐，無暇顧及。十八、九兩年，又因不法軍人的叛變，國軍全力討逆，亦未遑分兵剿共。中共因此獲得將近三年的時間，幾乎可以自由發展其武力，其活動範圍已擴及贛、湘、閩、鄂、皖等省，在江西南部建立了「中央蘇區」，且曾於十八年七月，一度攻陷岳州和長沙，國人為之震驚。

十九年十月，討逆戰爭即將結束，蔣中正立即決定以「肅清共匪」為今後施政重要方針之一，並開始部署江西剿共軍事。全國陸海空軍總司令南昌行營成立了，由江西省主席魯滌平兼主任，於十二月間派出兩個師的兵力對共軍發動了第一次的圍剿。但十二月三十日的龍岡之役國軍失利，第一次圍剿可謂毫無斬獲。

二十年四月，第二次圍剿開始。蔣中正任軍政部長何應欽為南昌行營主任兼剿匪軍總司令，指揮各部，向贛南共區分進合圍。開始時連戰皆捷，於商城、咸寧等地擊敗共軍，收復土地縱橫三百餘里，惟以深入共區，補

給困難，共軍於五月初發動反攻，國軍於東固、廣昌兩役失利，為檢討戰略，乃全線撤退。至五月三十日，第二次圍剿宣告結束。

第二次圍剿徒勞無功，而兩廣方面又醞釀異動。蔣中正深以共禍為憂，決定進行第三次圍剿。蔣中正於六月二十一日前往南昌親自主持剿共軍事，任命何應欽為前敵總司令兼左翼集團軍總司令官，陳銘樞為右翼集團軍總司令官，七月一日開始總攻擊，總兵力近三十萬人。士氣旺盛，攻勢凌厲，連克黎川、廣昌、石城、寧都、龍岡、東固、雩都等地，並曾攻克瑞金。然共軍採避實擊虛戰法，從國軍間隙中竄至後方，再發動攻擊。幸國軍戰力甚強，左翼軍第十九路軍戰果尤為輝煌。但因九一八事變爆發，蔣中正星夜回京，剿共軍隨即撤退，致第三次圍剿功敗垂成。

日本侵略東北，造成了我國空前國難，卻為中共製造了趁機發展、擴大叛亂的機會。二十年十一月七日——九一八事變後第五十日，亦係蘇俄十月革命紀念日，中共在瑞金成立了「中華蘇維埃共和國」，是為中共叛亂以來首次成立的全國性政權。毛澤東自任蘇維埃政府的主席，朱德自任為紅軍總司令。至二十一年五月淞滬戰爭結束時，中共的勢力已擴展至贛、湘、鄂、豫、皖、閩、浙等七省，其所謂「蘇區」的總面積已及二十萬方里以上，成為中華民國的心腹大患。

中日上海停戰協定於二十一年五月五日簽訂後，政府乃復致力於剿共，而由新任軍事委員會委員長蔣中正主持之。蔣委員長於六月九日在江西廬山召集豫鄂皖湘贛五省剿匪會議，宣布攘外必先安內政策，決定對共軍實行第四次圍剿，其方針則為「七分政治，三分軍事」。第四次圍剿共軍，分兩個階段。第一階段為清剿豫鄂皖邊區之共軍張國燾、徐向前等部，至九月中旬完成，徐向前西竄川、陝。第二階段為對江西共軍總攻擊，於二十二年一月發動，由陳誠任前敵總指揮，分中、左、右三路分頭進擊。共軍主力林彪、董振堂等部由朱德統一指揮，與國軍戰於南豐、南城等地，戰況至為激烈。三月初旬，因日軍進攻長城，華北情勢危急，蔣委員長北上

保定指揮，江西剿共軍隊亦後撤，第四次圍剿亦因日軍之入侵致半途而輟，國軍曾蒙受相當損失。

　　第五次圍剿，係一次決戰性的軍事行動，政府於二十二年五月即已開始策劃。蔣委員長在南昌設立行營，主持贛、粵、閩、湘、鄂五省剿共事宜。政府任陳濟棠為南路總司令，何鍵為西路總司令，顧祝同為北路總司令，對江西共區採大包圍態勢。蔣委員長於七月十八日設立廬山軍官訓練團，訓練軍官講求剿共戰法，同時訓練地方行政人員，嚴密地方組織，並構築碉堡，實行經濟封鎖。由於十一月間福建發生十九路軍叛變事件，第五次圍剿的總攻擊延至二十三年二月開始。國軍穩紮穩打，步步進逼。三個月後，即將共軍壓縮至贛南山岳地帶，其占領區面積已縮至二十一年時之五十分之一。十月初，國軍發動最後階段之總攻擊，共軍不支，遂於十月十六日突圍西竄，開始了兩萬五千里的亡命行軍，中共卻美其名曰「長征」。經過三百六十八日的死亡性進軍，其殘部於二十四年十月十九日抵達陝北保安與土共劉志丹部會合。政府乃設立西北剿共總司令部於西安，繼

「長征」到達陝北的共軍殘部

續進剿。

四、西安事變

　　民國二十五年（1936 年）十二月十二日，西北剿匪副司令代行總司令職權之張學良，與陝西綏靖主任兼第十七路總指揮楊虎城，合謀發動政變，劫持軍事委員會委員長兼行政院長蔣中正於西安，要求停止剿共，改組政府，出兵抗日。此一中外震驚的事變，史稱「西安事變」。

張學良

　　釀成西安事變的主要因素，乃是中共倡行「抗日民族統一戰線」所造成的效果。中共於二十四年七、八月間流竄至川、康、甘、陝邊境時，已到走投無路之絕境，適當此時，第三國際在莫斯科舉行第七次會議，總書記季米特洛夫 (G. M. Dimitrov) 提出了「建立廣大的反法西斯主義的人民陣線」的建議，並獲得通過。人民戰線，亦稱作統一戰線。中共代表王明（本名陳紹禹）以中共中央名義發表了《八一宣言》，放棄推翻國民政府的口號，而主張建立抗日聯軍和國防政府的抗日民族統一戰線。《八一宣言》，乃是中共於困境中改變政策以求生存的起點。

楊虎城

　　第三國際決議採行「統一戰線」策略後，派張浩（本名林毓英）前來中國向中共傳達此一決定。張浩於二十四年十二月抵達陝北，中共中央即召集政治局會議，作成

蔣中正與張學良在西安

(William H. Donald) 飛陝探詢。事變發生後，張學良的心情甚為矛盾。他看過蔣中正日記後，憬悟於蔣氏準備抗日之決心，至感惶愧；朝野一致口伐筆誅，使他深感悚懼；更加宋子文偕蔣夫人宋美齡入陝商談，張學良有所省悟，遂不顧楊虎城的反對，決定於十二月二十五日親自護送蔣中正飛返南京，並自請處分。

關於西安事變之解決，中共方面堅持蔣中正曾有「承諾」，但卻未曾發現蔣氏簽字承諾的證據。然由於西安事變之發生，國民政府因而停止剿共軍事行動，與中共進行談判，則係事實。因而有歷史學者認為：「西安事變救了共產黨。」

蔣中正委員長脫險，舉國歡騰，民眾欣喜若狂。即西安市內，亦鞭炮聲連夜不絕。吳佩孚認為此一全民擁戴之熱誠，「實無異歐美之總投票」。西安亂局擾攘至三月之久，終能圓滿解決，共軍亦開始接受改編，全民團結準備抗日的基礎乃告形成。

一、北伐告成，國軍何以要實施編遣？又何以不能成功？

二、民國十八、九年間的軍人叛變，對國家有何危害？

三、國軍五次圍剿共軍的大致過程為何？

四、西安事變對民國政治有何影響？

第三節　蘇俄寇邊與日本入侵

一、中東路事件

　　早在清光緒二十二年（1896年）李鴻章訪問俄國時，與俄國簽訂密約，允許俄國修築一條穿過中國東北境內的戰略性鐵路，當時稱為東清路，民國建國後改稱中東路——意即中國東北鐵路。抗戰勝利後改稱中國長春鐵路，簡稱中長路，一直是插入東北心臟地帶的一把利劍。

　　俄國於1917年（民國六年）發生了革命。新成立的蘇維埃政府曾於1919年（民國八年）發表對華宣言，承諾願將中國中東鐵路無條件歸還中國，但次年就改變了主意，把交還一切特權的承諾，由「無條件」轉變為「有條件」。1923年（民國十二年），蘇俄政府派加拉罕前來北京與中國政府代表王正廷談判建交，次年（1924年）五月三十一日由加拉罕與中國新任外交總長顧維鈞簽訂了《中俄解決懸案大綱協定》和《中俄暫行管理中東鐵路協定》，把中東路置於中俄共同經營的地位，並認定該鐵路純係商業性質。依據協定，中東路設理事會為決議機關，理事十人，中俄各半，理事長為中國人，但議事必須有理事六人之同意始得決議；設路局局長一人，由俄人擔任；副局長二人，華俄各一；各級人員之任用，應以兩國人民平均分配為原則。就此項規定而言，蘇俄在理事會中已握有否決權，且以負

責實際管理鐵路的局長為俄人之故,鐵路管理權實仍操於俄人之手,所有文書亦用俄文。尤其違約背信者,中東路竟成為俄人在華散布共產思想毒素與從事間諜活動的溫床。

十八年五月二十七日,東北邊防司令長官張學良據東三省北部特警管理局報告悉北滿共黨組織在哈爾濱蘇俄領事館內祕密集會,遂下令派兵搜查。當場捕獲共黨人員數十名,陰謀文件及赤化書籍數萬件。其陰謀文件無不以破壞中國政治與社會秩序為目標,其計劃在南京、遼寧間及其他要地實行暗殺,尤屬駭人聽聞。

搜查哈埠俄領館,為東北當局決心收回中東路之第一步行動。蘇俄一方面提出抗議,一方面又肆行逮捕海參崴等地的華人。東北當局於獲得中央政府的支持下,於七月十日採取了進一步行動:呂榮寰以理事長身分命令俄籍局長葉穆善諾夫 (Yemshanov) 即日起,所有發布之文件均須會同華籍副局長簽字,葉氏抗不遵命,呂榮寰遂於次日下令免其局長職,由華籍副局長范其光代理局長,並查封蘇維埃職工會等赤化機構,將拒不遵命之俄共人員五十餘人逐出國境。

蘇俄政府於是在七月十三日先向中國政府提出了最後通牒,繼於七月十七日宣布與中國斷絕國交。八月中旬,俄軍即開始攻擊行動,東北當局亦任張作相為總司令,率王樹常、胡毓坤兩部拒敵。全面性的激烈戰鬥於十一月間開始,滿洲里、札賚諾爾等要地均於激烈戰鬥後陷落,旅長韓光第殉國,另一旅長梁忠甲於彈盡援絕之際不幸被擄。吉林、黑龍江兩省邊境,無一處不受俄軍侵擾。東北艦隊損失亦大,同江一役,即有九百餘人死傷。此一戰役,為俄國庚子(1900 年)進兵東北以來對中國的另一次大規模侵略行動。蘇俄承襲帝俄時代對中國的侵略政策,至此更是表面化了。

東北當局在抵抗俄軍入侵方面,顯然居於不利的地位:其一,中央政府正忙於應付馮玉祥部的反叛,不能派兵出關支援;其二,日本與蘇俄狼狽為奸,拒絕中國軍隊利用南滿路運輸,並曾武力拆毀瀋陽附近之北寧鐵

路;其三,遼寧大水為災,各路線均不能通車。既不能戰,只有談和。美、英、法等國亦願促成和平解決,於是張學良派蔡運升先赴雙城子與蘇俄領事交涉,繼赴伯力與蘇俄代表薛曼諾夫斯基 (Semanovsky) 於十二月二十二日簽訂了《伯力議定書》,允諾蘇俄要求恢復七月十日前中東路原狀,並定期舉行中俄會議於莫斯科,討論兩國間有關問題。

國民政府對《伯力議定書》於路事之外涉及其他問題,不能接受,另派中東路新任督辦(即理事長)莫德惠為全權代表,赴莫斯科出席中俄會議。由於蘇俄毫無誠意,莫氏在俄滯留近年,未獲任何結果。及「九一八事變」發生,情勢突變,莫斯科會議也就無限期擱延下來了。

二、慘痛的九一八和悲壯的一二八

民國二十年(1931 年)九月十八日晚十時三十分,日本關東軍派人把瀋陽城外柳條湖車站附近之路軌炸毀,誣為中國軍隊所為,遂即開始進攻瀋陽的行動,次晨即將東北政治中心的瀋陽完全占領,並同時攻占了長春、

九一八事變日方發現的槍枝、軍帽,誣為中國軍隊所為

鞍山、撫順、營口、遼陽等十八座城市，這就是歷史上慘痛的「九一八事變」，是日本大舉侵略中國的開端。

侵略東北，是日本明治以來的一貫政策。九一八事變的發動，更是日本關東軍的預謀行動。二十年五月至七月間發生的萬寶山事件和六月至八月間發生的中村事件，就是九一八事變的前奏。

萬寶山是吉林長春縣屬的一個農莊。當地居民郝永德租得土地三百零七公頃，未經縣府核准即擅行租與韓人李昇勳等耕種。韓人因有日人支持，竟擅行開渠引伊通河水灌溉，因而損害了溝渠兩岸的中國農民耕地。農民請求縣府出面制止，日警亦出面支持韓人，七月一日農民憤而將水渠填平，次日即受到日警的武裝攻擊，是即「萬寶山事件」。日本報紙故作激憤韓人的不實報導，致韓國全境爆發了排華運動，華僑死傷近千，被迫返國者超過二千五百人，財產之損失尤為慘重。

中村震太郎是日軍大尉，卻冒稱為黎明學會幹事，率日、俄、蒙人各一，於二十年六月進入洮南，名為遊歷，實則刺探地形及軍情，但為當地駐軍發覺，被拘。中村企圖逃亡，復被捕殺。日軍於探得其情後，即由駐瀋陽總領事森島守人等人向東北當局提出交涉，並藉此一事件為口實，在日本國內作危言聳聽之宣傳，激動日人反華情緒，作為發動侵略的準備。

促使日本關東軍急於吞併東北的另一因素，則是東北的內向與建設的進步。平心而論，東北易幟後的局面是令人樂觀而可喜的。張學良擁護國家的統一，於十九年十一月把東北的外交、交通、財政移歸中央，並修建了大致和南滿路平行的打通路（打虎山到通遼），築成了葫蘆島軍港，一意想擺脫日本勢力的束縛。這在日本關東軍的少壯派野心軍人看來，是不容坐視的，於是以石原莞爾、坂垣征四郎、土肥原賢二等人為中心的參謀人員，自十九年七月開始便祕密策劃「滅亡滿蒙」的行動。二十年七月間即偷運攻城大炮進入瀋陽外郊，並瞄準了北大營、飛機場等軍事目標，九月十八日晚上就開始轟擊北大營的中國駐軍。

　　事變發生時，東北是空虛的。東北的精銳部隊王樹常、于學忠兩軍駐於河北，身為最高軍政長官的張學良也在北平。瀋陽的守軍僅只王以哲的第七旅，下轄三個步兵團，而且毫無準備。及日軍開始進攻後，守軍向上級請示，張學良的指示是「不得抵抗」。只有六二〇團團長王鐵漢不甘受辱，作了「不抵抗的抵抗」，但也無法挽救瀋陽陷敵的厄運了。

　　「九一八事變」發生後，全國民情激昂，抗日的聲浪高徹雲霄。國民政府卻深知國力薄弱，尚不足以與日本一拚，因而向國際聯盟提出申訴，寄望於國聯的仲裁。國聯也確於九月三十日決議限日本撤兵，但日本不加理會。十一月初，日本悍然向黑龍江進攻，黑省代理主席馬占山雖奮力抵抗，力戰二十餘日，但終因彈盡援絕，被迫退入俄境。其他抗日義勇軍李杜、丁超等部，也只能抗拒於一時，無法支持於長久。十月末，日軍不顧國聯的警告，開始轟炸錦州。政府雖決議令張學良全力抵抗，但錦州終於在二十一年元月二日為日軍攻占。二月六日，哈爾濱陷敵，東北三省遂完全淪陷於日本鐵蹄蹂躪之下，歷時十四年之久！

　　國際聯盟兩次決議令日本撤兵，日本並不遵守。二十年十二月二十日，國聯決定由英、美、德、法、意五國委員組團前來調查，日本勉強同意。這個調查團由英國的李頓 (Lytton) 為團長，稱李頓調查團，於二十一年二月到日本，三月到中國。日本卻於此際——二十一年（1932 年）三月九日，宣布其傀儡組織偽滿洲國的成立。倒是美國國務卿史汀生 (Henry Stimson) 洞悉日本的侵略野心，他於二十一年一月七日發表了有名的「不承認主義」(The Non-recognition Doctrine)，聲言概不承認日本違背條約所造成的一切情勢！

　　「九一八事變」為中華民國帶來了空前嚴重的國難，時任國民政府主席之蔣中正為促成全國的統一以應付國難，毅然於二十年十二月十五日辭卸本兼各職——是為蔣氏之第二次下野。中央四屆一中全會因推林森為國民政府主席，孫科為行政院長，但孫科就院長職尚不及一月，即深感無力

統馭軍政全局以應付危難，乃復電請蔣中正重返南京。汪兆銘代孫科出任行政院長，於二十一年一月二十八日就職。就在這一天晚間，日軍在上海發動了瘋狂進攻的行動——「一二八事變」。

「九一八事變」是日本陸軍發動的侵華行動，「一二八事變」則是日本海軍發動的侵華行動。但兩者並非沒有關聯，而是同一侵略計劃下的兩個互相策應的步驟。

日本一方面在上海進攻，一方面派軍艦至下關，炮轟南京，目的在迫使中國政府作「城下之盟」。並曾數度派飛機轟炸杭州，企圖摧毀中國新建的筧橋空軍基地。但他們的判斷錯了。在上海的第十九路軍英勇抵抗，寸土必爭，國民政府則暫遷洛陽辦公，軍事指揮部則在南京。蔣中正以在野之身，號召國軍堅決抵抗。政府並將最精銳的警衛部隊第八十七、八十八兩師合編為第五軍，開赴上海，在十九路軍總指揮蔣光鼐指揮下，與日軍展開血戰。二月八日的閘北血戰及二十日的廟行血戰，國軍均以血肉之軀與日軍精銳部隊鏖戰，悲壯慘烈。日軍雖三度增兵，三易主帥——由野村吉三郎，而植田謙吉，最後派來了大將白川義則，卻仍無法擊退英勇的中國守軍。直至三月二日日軍增援部隊登陸瀏河後，中國守軍始行後撤。

上海為一國際都市，其情勢之發展自為各國所關切。英、美、法、意四國於淞滬戰爭一開始，即調停其間，英海軍司令凱禮 (H. Kelley) 對促成停戰，極為熱心。在英人調停下，日本駐華公使重光葵與中國外交部次長郭泰祺自三月十日起開始談判，幾經折衝，終於在五月五日在上海簽訂了《中日上海停戰及日方撤軍協定》，日軍撤退至一二八事變前的原駐地，中國軍隊則留駐現駐地，上海治安由中國憲警負責維持，另由中、日、英、美、法、意組成共同委員會，監視停戰及撤軍協定之執行。

正當停戰交涉期間的四月二十九日——日皇誕辰，上海的日本文武官員集會慶祝，卻被韓國獨立黨員尹奉吉投進了一顆炸彈，炸死了「上海派遣軍」司令官白川義則大將，重光葵公使也受了重傷，後來鋸掉了一條腿。

日本發動一二八事變的結果，除了受盡譴責和奚落外，實在是一無所獲。

三、日本侵逼華北與政府對策

　　日本於發動淞滬戰爭的同時，在東北加速了製造傀儡組織的行動。二十一年三月十日，一個自稱為「滿洲國」的偽組織出現了。溥儀就職為「執政」，年號「大同」，定長春為偽都，改稱「新京」，偽旗則為「新五色旗」。兩年以後的二十三年三月一日，偽滿改稱「帝國」，溥儀做了「皇帝」，年號「康德」。這是日本人在中國領土上樹立的第一個傀儡組織。二十二年二月，遂展開了進攻熱河的軍事行動。

　　然而，日本在國際外交上卻遭到失敗。李頓調查團來中國實地調查過後，向國際聯盟提出了調查報告書，確認日本在東北的行動並非「自衛」，偽滿只是日本傀儡，主張不予承認。國聯大會於二十二年（1933 年）二月二十四日投票表決。參加大會者四十四國，贊成者四十二國，暹羅棄權，反對者僅日本一國，大會主席遂宣布：「該報告書一致通過。」日本代表松岡洋右遂退出會場，三月二十七日，日本政府正式宣告退出國際聯盟，在國際間遂逐漸陷於孤立。

　　二十二年一月三日，日本關東軍進占山海關，二月二十二日，日軍開始分三路進攻熱河，承德遂於三月四日失守，日軍長驅直入，進攻長城各隘，因而爆發了為時兩月有餘，戰況至為慘烈的長城戰役。

　　政府是有決心抵抗的。將北方各軍及中央增援部隊編組為八個軍團，分別在長城各口迎敵。蔣委員長亦曾親至保定指揮。國軍奮勇血戰，宋哲元部第二十九軍在喜峰口，關麟徵部第二十五師及黃杰部第二師在南天門，都曾有可歌可泣的戰績，獲得勝利。但由於武器裝備的不足及後勤補給的困難，仍無法抵禦日軍的攻勢。五月上旬，日軍已攻陷灤東，直薄北平近郊的通州。政府為保全華北，遂決定成立行政院駐平政務整理委員會，以黃郛為委員長，會同軍事委員會北平分會代委員長何應欽妥為肆應。黃郛

等與日方交涉的結果，就是五月三十一日由熊斌和日軍參謀副長岡村寧次簽訂的《塘沽停戰協定》。協定第一條規定：

中國軍即撤退至延慶、昌平、高麗營、順義、通州、香河、寶坻、林亭口、寧河、蘆臺所連之線以西以南地區，不再前進。又不行一切挑戰擾亂之舉動。

這一規定，使冀東一大片土地淪為「中立地帶」，亦即所謂「戰區」，中國收回行政權，但正規軍隊不得進入，這自然是領土主權的損害。塘沽協定的唯一作用，是使日軍退返至長城之線。誠如胡適所說「是一種不得已的救急辦法」，目的在保全華北，以爭取備戰的時間。

日本的挑釁，並未停止。二十三年（1934 年）四月十七日，日本外務省情報部部長天羽英二發表聲明，阻止外國對中國的軍事與技術援助，直視中國為其保護國。中國政府外交部對所謂「天羽聲明」，力予駁斥，美英兩國也對日本有意實行「亞洲門羅主義」，深表關切。六月八日，南京又演出了日本副領事藏本英明奉命出走自殺以製造事端的一幕，但他捨不得死，於六月十三日為中國軍警尋獲送還給日方，日本駐京總領事須磨彌金郎遂亦改變面容，勉強向中國政府申謝。

由於日本的蓄意尋釁，兩國關係在逐漸惡化中，蔣中正委員長希望能提醒日本人及時覺悟，於二十三年十二月發表了〈敵乎？友乎？〉一文，希望日本懸崖勒馬，放棄侵略，歸還東北，可惜日本當局未能接受勸告，又提出所謂「三原則」，分別由駐華日軍與外交人員向中國進行壓迫。所謂「三原則」，即：中國放棄以夷制夷政策，承認並尊重偽滿，共同防共。儘管經過了兩任日本大使〔中日兩國間的公使於二十四年（1935 年）五月十七日相互升格為大使〕有吉明和川越茂的馬拉松式談判，國民政府則始終不予承認。

華北的局面卻是空前的危急。日本關東軍先於二十四年一月進擾察東，天津駐屯軍則於五月開始，先後向冀、察當局提出了苛刻的無理要求。冀

察當局委曲求全，於是有《秦土協定》的簽訂，及何應欽致函梅津美治郎說明自主允諾實行其要求的文書——日本人稱之為《何梅協定》，實則僅係一封簡單的信件。依據此一協定與信件，中央部隊撤出冀察，國民黨黨部停止活動，抗日團體則受到限制與取締。八月以後，日本人開始策動所謂「華北自治」，計劃分離華北五省——河北、山東、山西、察哈爾、綏遠——於中央政府統治權之外。至十一月底，華北危機達到了高潮，所幸國民政府當機立斷，一方面為不惜一戰之準備，一方面派軍政部長何應欽北上與宋哲元等會商，最後決定撤消軍事委員會北平分會，另設立冀察政務委員會，由國民政府任命宋哲元為委員長，來支持冀察兩省的特殊局面。

與侵逼冀察兩省的同時，日本關東軍也策動內蒙的傀儡組織。先是利用李守信成立「察東特別自治行政區」，繼復利用德穆楚克棟魯普（德王）在綏遠百靈廟成立「內蒙自治政府」，並由卓什海、王英等匪部在日軍支援下，於二十五年十一月向歸綏、集寧等地發動攻擊，但綏遠省政府主席傅作義在晉軍與中央軍的支援下發動反攻，一舉攻克百靈廟，日軍支援偽蒙西犯的企圖始告破滅。中國外交部並因此取消了與日本之間「調整國交」的談判。

四、知識分子對日本侵略的反應

「九一八事變」為中華民國帶來了空前嚴重的國難，知識分子的反應是最敏感，也最強烈的。他們組織抗日救國團體，發表宣言通電，舉行遊行請願，要求政府宣戰，主張嚴懲不抵抗主義者，並廣泛的發動抵制日貨運動，實行經濟絕交，形成了洶湧澎湃的抗日救國浪潮。

當然，絕大多數知識分子的要求抗日救國，係基於純潔的愛國熱誠，但也有少數野心或陰謀分子，利用抗日救國運動作為政爭甚至反對政府的工具。中共更以推動所謂「抗日民族統一戰線」為幌子，企圖藉抗日博取同情與支持，以挽救其瀕臨被完全消滅的厄運。

　　從二十年九月至二十六年七月的六年期間，知識分子對於日本侵略很明顯的表現為三種類型。一是支持政府長期抵抗的政策，從教學、言論、著述、論政、從政等方面，督促政府和民眾作抗日禦侮的準備，胡適、傅斯年、蔣廷黻、丁文江、陳之邁等人屬之。他們的言論，普遍受到政府和民間的重視。一是以各大學學生為主體的青年知識分子，情緒最激昂，行動最激烈，遊行請願，奔走呼號，形成國難期間的所謂「學生民族主義」的一股激流。還有第三種類型的人，是一般失意的學閥和政客，企圖組織全國性政治性的抗日救國團體，在政治上有所活動。沈鈞儒、黃炎培等人可為代表，沈所組織的「全國抗日救國聯合會」（簡稱救國會）實際上就是一個為中共張目的政治團體。他們的活動，到二十五年十一月二十三日沈鈞儒等所謂「七君子」被捕達到高潮，中外人士為之側目。

　　學生運動的蓬勃，是國難時期的一項特色。隨著日本侵略的緩急，學生運動出現了兩次高潮；一是「九一八」至「一二八」時期，為時半年，北平和上海的學生最為激烈，曾到南京請願，潛伏其間的共黨分子曾有暴烈行為；一是二十四年因日本策動「華北自治」而觸發的「一二・九」與「一二・一六」學生運動，其餘波則延長至二十六年七月。「一二・九」學生請願時的口號，是反對華北特殊化並要求日本撤兵，是以北京大學學生為主體而發動的，初與中共無關。中共潛伏分子見有機可乘，乃滲入了「一二・一六」大遊行，次年一月並組成了「中華民族解放先鋒隊」，成為中共的外圍團體。但傾向於中共的學生畢竟還是少數，絕大多數的青年知識分子是站在國家民族的立場上。北平大學各學院學生聯合會發表的宣言中，就曾宣稱：「凡破壞國家統一之一切舉動及脫離中央之一切特殊政治機構，均認為全國民眾的公敵。我們要求政府集中全國力量，維持國家領土之完整與行政之統一。」

第四節　艱苦中的建設

一、外交成就與政治建樹

　　自北伐完成至抗戰開始的十年間，國家雖在內憂外患交相侵逼的困難情境下，卻能大力推動各項建設，有日新月異之勢。以是國際人士如卜凱 (John L. Buck)、楊格 (Arthur N. Young) 等都對中華民國這艱苦建國的十年給予很高的評價，魏德邁 (Albert C. Wedemeyer) 則曾向美國國會指出：「1927 年至 1937 年之間，是許多在華很久的英美和其他各國僑民公認的黃金十年 (Golden Decade)。」

　　艱苦建國的成就中，外交上的建樹甚為突出。國民政府依據中國國民黨第一次全國代表大會對外政綱的決議，採取主動的攻勢外交，以廢除不平等條約、收回國家利權為目標。國民政府定都南京之後，外交部亦明白宣告：「國民政府以取消不平等條約為己任，將採正當的手續以達到此目的。」從十六年至二十年九一八事變的四年間，國民政府在外交上的主要成就有五方面：

　　一、租界與租借地的收回：如漢口、九江英租界（十六年一月）、鎮江英租界（十八年十月）、天津比租界（十八年八月）、廈門英租界（十九年九月）及威海衛英國租借地（十九年十月）是。

　　二、關稅自主的實施：國民政府自十六年七月二十六日宣告關稅自主，隨即頒布國定進口稅暫行條例，與各國分別交涉，至二十年一月一日起關稅完全自主。

　　三、平等新約的簽訂：國民政府廢除不平等條約的步驟，是廢約與改約──即條約期滿者一律作廢，重訂平等新約；未期滿者亦要求修改，剔除有害我國利權條文。至二十年止，已簽平等新約的國家為比利時、意大利、丹麥、葡萄牙、西班牙、希臘和捷克斯拉夫等七國。

　　四、取消領事裁判權的交涉：在中國有領事裁判權的國家有十九國之多，北伐前已取消者有德、奧、俄三國，北伐後取消者有比、意、丹、葡、西、墨、瑞典、秘魯等國，惟英、美、法、日等強國不願放棄。國民政府屢次宣言，強國均不尊重。政府因於二十年五月四日公布《管轄在華外人實施條例》，規定自二十一年一月一日起實施，屆時各國領事裁判權即自動取消。但因「九一八事變」發生，政府乃又宣告延期實施。

　　五、上海臨時法院的收回：外交部於十八年五月起，即與公共租界及法租界當局交涉收回上海臨時法院，以維護中國司法權的獨立，至十九年一月十七日達成初步協議，中國得在租界內設立地方法院及高等法院分院各一所，並廢除外國領事官員的觀審權。十九年七月二十八日，復與法國簽訂《收回上海法租界會審公廨協定》，中國可在法租界內設立法院，使租界內中國居民得到中國法律的保護。

　　「九一八事變」發生後，國際情勢亦發生變化，國民政府以爭取國際助力並抵制日本為外交目標，故採取彈性外交政策，其主要舉措有四：

　　一、與蘇俄復交（二十一年十二月），以箝制日本。

　　二、加強與國際聯盟關係，接受其經濟與技術援助。

　　三、公使升格，以提高國際地位：先後有意（二十三年九月）、日、英（二十四年五月）、德、美（二十四年六月）、法（二十五年二月）等國，同意將公使相互升格為大使。

　　四、派遣特使訪問各國：如孫科之訪俄，蔣方震之訪意、德，孔祥熙之訪美、英等，均獲得良好的反應與成果。

　　就政治建樹而言，如促進全國逐步統一，加強中華民族意識，充實國防軍事力量，實施訓政時期約法，樹立中央五權政制，推進初步地方自治，改進行政司法事項等，均著績效。其最大成就，厥有三端：

　　一、各種民主法典的制頒：如民法、刑法、公司法、勞工法、商法、考試法、土地法、兵役法、國籍法等是，其中不乏進步精神和長遠考慮。即如民法一項，胡適即曾稱譽「其中含有無數超越古今的優點」，認為「可說是一個不流血的絕大社會革命」。

　　二、憲法草案的制頒：立法院羅致專家，先後在胡漢民、孫科兩任院長的主持下，歷時近五年，終於制成中華民國憲法草案一種，一四八條，由國民政府於二十五年五月五日公布，是為《五五憲草》。

　　三、國家統一的完成：二十五年秋季以後，國家出現了真正統一的局面。除東北四省及冀、察一部分領土為日本強占，新疆受蘇俄控制，陝北及隴東一小部分為中共盤踞外，其餘各省悉奉中央政令。

二、交通與國防建設

　　國民政府於十七年二月，即設立建設委員會，規劃並推動全國交通建設。同年十月，設立交通部與鐵道部，二十年又設立全國經濟委員會，共同致力於交通事業的發展，軍事委員會對於剿共各省區之公路建設，尤多貢獻。以是交通建設的成績極為突出，為抗戰前十年間國家建設中的一大特色。

　　交通建設的項目，應包括鐵路與公路的興建，航運的發展，築港與建橋，以及郵政的收回與擴張等項。茲分別作一簡述。

　　一、鐵路：十年間先後建成粵漢路株州韶關段、隴海路西安寶雞段、杭江路（杭州至江山）並又拓建為浙贛路、同蒲路、江南路（即京蕪路，

南京至宣城）、淮南路（懷遠至裕溪口）、蘇嘉路（蘇州至嘉興）等線，總里程五千餘公里，使全國鐵路由北伐前之八千公里增至一萬三千公里。

二、公路：進度最快，由北伐前之一千餘公里增至十萬公里以上。其中已完成通車者九六、五四五公里，在建設中者一六、〇〇〇公里。

三、航運：十八年四月成立中美合營之中國航空公司，經營滬平、滬蓉、滬昆、滬粵等線。二十年二月復與德人合作創設歐亞航空公司，經營滬新及平粵等幹線。廣東當局設立之西南航空公司，二十五年十月後亦歸政府管轄，飛行西南各省及河內間，行旅稱便。

四、築港：主要者為葫蘆島及連雲港，前者於十九年開築，後者於二十二年開工，均為重要之戰略港口。

五、建橋及輪渡：有名的錢塘江大橋係鐵、公路合用的雙層橋。二十二年開工，二十六年完成。南京輪渡亦早於二十二年完成，長江大橋則亦在勘查規劃中。國民政府並於二十年將招商局收歸國有，加以整頓，增購船舶，使能擔負起內河及沿海運輸責任。

六、郵政：郵政的建樹有二：一為郵權的收回，一為郵務的開拓。我國郵政建立之初，即淪為法人管理，北伐成功後，國民政府首令北京郵政總局總辦法人鐵士蘭結束郵政，另在南京建立悉由國人主持之郵政總局，郵權亦得收回。郵政的拓展至為迅速，至二十五年，全國郵局總數已增至一萬五千三百餘所，郵路達五十九萬八千七百餘里。全國各主要城市間，亦均有電訊聯絡。

國防建設的成績，主要的表現於四個方面：一是陸軍的整編與訓練——二十三年至二十五年間曾實施了「三年整軍方案」，編制及裝備大致統一；二是軍事教育系統的建立——各兵科學校的建立，陸軍大學的恢復，以及廬山、峨嵋兩訓練團的設立，均使國軍軍官的素質大為提高；三是空軍的建立——自十七年十月陸軍軍官學校成立航空隊至二十五年十月廣東空軍投效政府，空軍已建有杭州航空學校、洛陽分校、南昌航空機械學校，擁

有各型飛機數百架,為重要的新興國防力量;四是兵役法的頒布與實施——兵役法係於二十二年六月十七日頒布,二十五年三月一日生效,採徵募並行制,二十五年十二月首次征兵五萬人,抗戰開始後半年內徵兵七十萬人,使國軍兵源不虞匱乏,且提高了兵士的素質。此外,長江下游及沿海地區國防要塞的修築,亦部分完成。

三、財政改革與經濟發展

北京政府時代的財政是紊亂不堪的。國民政府於民國十六年奠都南京後,才開始樹立全國性的財政系統。整理財政的第一步,是整理稅制。十七年六、七月間,政府先後召開了全國經濟會議及財政會議,劃分中央稅與地方稅的範圍,以關稅、鹽稅、統稅(棉花稅、麵粉稅及捲煙稅等等)、煙酒稅、印花稅等歸中央,田稅、營業稅及各種執照稅等歸地方。各省須將中央稅解歸中央,因而中央的稅收得以穩定,且有大幅度增加。

由於十八年二月開始實施關稅新稅率,二十年一月後關稅完全自主,關稅的收入由十八年的一億二千一百萬元,增至二十年的三億八千五百萬元。海關行政人員逐漸改用華人,海關稅款亦由儲存於外國銀行轉存於新成立的中央銀行。民國二十年,進行了兩項重要的改革:一是完全裁撤釐金,終止了七十年來為人詬病的陋規;一是開始建立預算制度,使國家財政收支開始步入了正常的軌道。

二十一年五月淞滬停戰協定簽訂後,國民政府全力致力於內政的改革。二十二年三月八日,財政部宣布了「廢兩改元」的實施細則,同月十日由上海開始,所有交易均以新鑄造的銀元為計算單位,並成立中央造幣廠,統一鑄造新銀元,半年之內即完成了銀本位之幣制之統一。

二十四年(1935年),中國財政又面臨白銀外流的問題。蓋因美國大量收購白銀,國際銀價上漲,中國白銀因而外流,造成財政上嚴重危機。財政部長孔祥熙因於十一月三日在上海宣布了新貨幣政策——將銀本位改

民國二十四年中國銀行發行的法幣

變為匯兌本位的劇烈改革，規定自十一月四日起，採行下列措施：

一、中央銀行、中國銀行、交通銀行所發行的鈔票，定為法幣。所有
　　完糧納稅及一切公私款項收付，概以法幣為限。

二、凡銀錢行號商店及其他公私機關或個人，持有銀元及生銀者，應
　　交由發行準備管理委員會或其指定之銀行，兌換法幣。

三、中央銀行、中國銀行、交通銀行，得按照現行匯率，無限制售買
　　外匯。

此一法幣替代銀元的新貨幣政策，由於國人的愛國情緒與對政府的信
任，推行至為順利。白銀因而集中於政府手中，全國幣制因而完全統一，
工商業日趨繁榮。劉大中曾作如下的評論：「1935年成功的貨幣改革，是
一個主要的成就。中國後來能夠在1937到1941年單獨抵抗日本的侵略，
貨幣改革有重大的貢獻。」

經濟發展，亦足令人鼓舞。無論在工業、農業、礦業及資源調查與利
用方面，都有明顯的進步。民國十八年國民政府制訂的經濟建設方案，側
重於工業。國民政府設工商、農礦兩部，分別推行工、礦、農、林各業之
改良。二十年九月，全國經濟委員會成立，其業務範圍至廣，兼及交通及
水利。二十四年四月，蔣中正委員長在貴陽發起國民經濟建設運動，呼籲

全國上下，悉力以赴，以達成「盡人力、闢地利、均供求、暢流通，以保
國民經濟之健全發展」之總目標。

由於工礦事業的舉辦，對外貿易的入超逐年減低。至二十六年，且已
有出超現象。鋼鐵機器之進口量逐年增加，顯示國內需要量增多。用機器
開採的煤產量，二十五年較二十二年增百分之十，同時期內之鐵礦產量增
百分之三十二，機器冶煉之生鐵產量升高百分之三十。

他如農業改良與農村重建工作，資源的調查和利用，亦均有成就。二
十一年三月，參謀本部設立了國防設計委員會，改稱為資源委員會，對人
力與物質資源作有系統的調查與統計，以作為經濟動員的基礎。

四、教育文化與新生活運動

國民政府奠都南京後，教育方面的主要措施有二：

其一、教育宗旨的公布：十七年五月，國民政府召開第一次教育會議
於南京，於討論教育宗旨時，咸認應以三民主義為依據，並曾宣言：

> 中國國民黨以三民主義建國，也就以三民主義施教；此後中華民國
> 的教育宗旨，就是三民主義的教育，已絲毫不容懷疑。

十八年三月二十五日，中國國民黨第三次全國代表大會通過「確定教
育宗旨及其實施方針案」，交由國民政府於四月二十五日公布實施。明定中
華民國之教育宗旨是：

> 中華民國之教育，根據三民主義，以充實人民生活，扶植社會生存，
> 發展國民生計，延續民族生命為目的，務期民族獨立，民權普遍，
> 民生發展，以促進世界大同。

其二、私辦教育的監督與管理：北伐以前，我國私辦學校主要的是教會學校。這些學校，各以其教會的規定實施洋化教育，不受中國教育政策的管理，形成對中國教育權的破壞，因而有反教運動與收回教育權運動的發生。國民政府在廣州初建後，首將嶺南大學的教育權收回。國民政府並公布法令，規定私立學校必須向政府立案，施教方針不能違背中華民國教育宗旨，課程、教科書、師資、入學及畢業資格、經費、學校環境、設備等，均須符合教育法令之規定。教會學校校董會主席及校長必須為中國公民，校董會董事外人不得超過三分之一，宗教不得為必修科，禁止強迫參加宗教儀式。外國人不得辦理小學。十八年至二十年間，絕大多數教會學校校長為中國公民，董事會中華人名額亦占多數，宗教信仰與教學亦改為自由選擇。

與教育文化及民族精神最有關係者，厥為新生活運動。此一運動，係軍事委員會委員長蔣中正於二十三年二月十九日在南昌行營發起，即在南昌成立新生活運動促進會，蔣委員長自己擔任會長。各省各地熱烈響應，

蔣中正（左一）在南昌發起新生活運動

同年七月一日，便成立了新生活運動促進會總會。二十四年十一月，總會自南昌遷至南京。至二十五年，全國已有二十省及四院轄市成立了新生活運動促進會，海外各地以至國人經營之輪船職工團體中，亦建立了新生活運動促進會的組織。

就新生活運動的主旨和內容而言，是一項國民精神與生活的改造運動，也是一項深入而普遍的社會改革運動，更可說是一項結合民族文化與新時代生活規範的文化建設運動。其主旨在使民族道德復興、國民生活丕變，以禮、義、廉、恥為基本原則，以軍事化、生產化、藝術化為中心目標，以「昨死今生」的精神和決心，滌除舊染惡習，實踐合乎禮、義、廉、恥之規範的新生活，以達到整齊、清潔、簡單、樸素、迅速、確實的境界。

新生活運動由個人到團體，由家庭到社會、學校、軍隊及官署，均普遍推行，風行草偃，蔚然成風。二十六年七月中日戰爭爆發後，日本首相阿部信行亦曾指出：戰前中國有三件不可輕易看過的大事，那就是整理財政、建設軍備和推行新生活運動。

研究與討論

一、九一八事變發生後，國民政府的外交政策有何改變？

二、抗戰前十年間的國家建設突飛猛進，試就交通、國防、財經三方面扼要說明之。

三、何謂新生活運動？其成效如何？

◆第十章◆

艱苦卓絕的對日抗戰

第一節　八年奮戰的過程

一、七七事變——中國的最後關頭

　　只要日本不停止侵略中國的政策，中國遲早要和日本作戰。倘若不是國基未固，國力未充，國民政府不得不忍辱負重，百般忍讓，中日間的全面戰爭早在九一八事變時就應爆發。二十四年華北危急和二十五年綏遠戰爭時，國民政府兩度準備不惜一戰；總因為國力不夠充實，又忍耐了一段時期。國軍的整備以及機械化部隊之建立，要到二十七年終始可望完成，多爭取一段備戰的時間，自然對中國有利。

　　早在民國二十四年間，政府即決定以四川、貴州、雲南為抗日基地。同年冬，蔣中正委員長密令準備上海南京地區對日作戰的戰地工事。釐訂對日作戰的軍事部署和策略，也大體於二十五年內完成。西安事變加速了對日抗戰的來臨，但非中國政府抗日決策的起點。

　　二十六年七月七日的盧溝橋事變，是日本在華駐軍——日人稱之為華北駐屯軍，亦稱天津駐屯軍——的挑釁行為。事變發生的情形是這樣的：七月七日晚十一時許，在盧溝橋附近演習的駐豐臺日軍第一聯隊第三大隊第八中隊於收隊時，發現缺少士兵一名，中隊長清水節郎遂認為此一士兵可能為中國軍隊所擄，乃向大隊長一木清直報告。日方一面經由其駐平特

務機關長松井太久郎向冀察政委會常務委員兼北平市長秦德純提出交涉，要求派兵進入宛平城搜查，一面由一木清直率全隊由豐臺疾趨宛平外圍，成包圍態勢。秦德純拒絕日方「入城檢查」的要求，惟同意派河北省第三區行政督察專員兼宛平縣長王冷齋等，會同日軍所派代表，去宛平城外作現場調查。日軍堅持進城，守軍吉星文團以守土有責，嚴詞拒絕。日軍遂於八日午前四時四十五分發動了對宛平城的攻擊。這就是事變的實際情形，是日軍全面進攻中國的開端。

如前所述，日軍要求進入宛平城的藉口是搜查一名失蹤的士兵。二十分鐘後，這名失蹤的二等兵志村菊次郎回來了，自稱係因走路迷了向。如是日軍已經失去「入城檢查」的藉口，理應撤退。但日軍又藉口「須明瞭日兵失蹤情形」，仍要求進城。要求不遂，一木清直便下令攻擊了。

儘管七月八日與十一日二十九軍與日軍間兩度協議停戰，日本政府仍於七月十一日決定派遣三個師團開往華北，並令朝鮮及關東軍各派相當兵力向華北出動。十二日，日本參謀本部研訂了「對支作戰計畫」，並任命香月清司繼田岱皖一郎為華北駐屯軍司令官，香月當日即去天津就任。十五日，香月作成「作戰計畫策定」，以「速以武力膺懲中國第二十九軍」為首項任務。表面上，卻偽稱願與宋哲元商談「就地解決」的條款。

蔣中正委員長在七七事變發生時，正在廬山主持軍官訓練團和廬山談話會。七月八日獲知事變消息，即令宋哲元準備抵抗，要宋去保定指揮；並令外交部向日方提出抗議。九日，蔣委員長令孫連仲等返防，並派四師北上應變；同日，外交部再向日方提出抗議。十二日，政府聲明任何解決辦法非經中央核准者，概屬無效。十七日，蔣委員長對參加廬山談話會的教育領袖與社會名流發表政策性演說，聲明中國政府的立場是「應戰而不求戰」，宣布解決這次事變最低限度的條件四項：

一、任何解決不得侵害中國主權與領土的完整。

二、冀察行政組織，不容任何不法的改變。

三、中央政府所派地方官吏，如冀察政務委員會委員長宋哲元等，不
　　能任人要求撤換。

四、第二十九軍現在所駐地區，不能受任何約束。

這四項條件，是中國政府維護其領土完整與主權獨立的當然立場。但中國政府此一立場，並未得到日本政府的尊重。日軍於七月二十六日占領廊坊後，復由豐臺派兵一中隊冒稱城內日使館衛隊演習歸來，企圖混進北平，致發生廣安門中日軍衝突事件。當日晚，香月清司向宋哲元提出最後通牒，要求二十九軍撤退，限二十八日正午前答覆。不意二十七日日軍即開始向團河、南苑一帶進攻，宋哲元遂亦通電各方，決心抗日守土。副軍長佟麟閣與一四三師師長趙登禹於二十八日陣亡，宋於當日下午召集緊急會議後，決定前往保定，北平棄守。天津守軍與日軍血戰一晝夜後撤退，天津遂於三十日陷落。至是，華北兩大名城悉告陷落。中國除全面抵抗外，別無他途。蔣委員長於七月三十一日對中外聲明：「政府有保衛國土，維護主權，保護人民的責任。現在政府惟一的急務即在實施它既定的計劃，領導全國軍民為保衛國土而奮鬥到底。」

二、第一期作戰——獨力奮戰四年

為期八年的對日抗戰，分為兩期：第一期自七七事變到珍珠港 (Pearl Harbor) 事變（1937～1941 年），為時四年，係中國獨力奮戰時期；第二期係自珍珠港事變至日本戰敗投降（1942～1945 年），亦為四年，係與同盟國共同作戰時期。

中國的兵力是無法與日本相比的。就陸軍而言，日本的現役官兵雖只三十八萬人，但戰時可動員的總兵力則高達四百八十萬。中國現役官兵號稱一百七十餘萬，但無後備兵員，動員力量幾等於零。就海軍言，日本為當時世界三大海軍國之一，艦艇約一百九十餘萬噸，中國海軍艦艇合為五萬九千噸，尚不及日本三十二分之一。就空軍言，日本有飛機兩千七百餘

架，中國各型飛機合計為三一四架，兵力既相差懸殊，因此中國政府於戰爭開始後，即決定採消耗戰與持久戰的長期抵抗策略——並以空間爭取時間，以政略指導戰略，以戰略主動彌補戰力不足，來對抗日軍的「速戰速決」。

八月十三日，上海日軍藉口一名日軍軍官大山勇夫及一名日兵於八月九日在虹橋機場附近為中國警衛擊斃的事件，開始向吳淞江灣間國軍進攻，爆發了淞滬戰爭。日軍大舉增兵，中國亦將精銳部隊用於上海，因而壯烈的淞滬保衛戰進行至三個月之久。外報對我軍作戰之英勇，無不讚佩有加。閘北撤退後，謝晉元率八百壯士堅守四行倉庫的孤軍奮戰精神，尤令人感奮。倫敦《新聞記事報》十月二十八日的社論中曾稱：「華軍在滬抵抗日軍攻擊之戰績，實為歷史中最英勇光榮之一頁。」

空軍於滬戰爆發後次日——八月十四日，一方面出擊上海敵軍據點及船艦，一方面迎擊來襲杭州之日本海軍木更津航空隊，造成〇比六之光榮戰績。其後政府即以八月十四日為空軍節。其後三日內，我空軍在京滬杭地區上空，總計擊落日機四十六架。

十一月二十日，國民政府宣言遷都重慶，實際上政府各機構則係集中武漢辦公，軍事指揮中樞仍在前線。日軍乘勝西進，指向南京。十二月十三日，南京陷落。日軍入城後展開瘋狂之大屠殺，姦淫、搶劫、燒殺，無所不為，不及撤離之軍隊及民眾被害者，達三十萬人，南京頓成為人間地獄。

北戰場方面，各軍奮勇迎戰，浴血死戰，於南口、忻口等地，均曾於激烈戰鬥後始告失守。九月二十五日，第六集團軍楊愛源率部曾阻擊日軍於平型關，獲得相當戰果，為北戰場之首次勝利。然裝備不足之國軍終無法阻遏日軍攻勢，保定、石家莊、安陽、滄縣、德州等要地，先後陷落。山東省政府主席兼第三路軍總指揮韓復榘不戰而退，致日軍於十二月二十七日進入濟南，並長驅南下，青島遂不得不於十二月三十一日撤守。

二十七年三月間，北路南下日軍先後在滕縣、臨沂等地受到國軍的堅

《東京日日新聞》報導日軍進入南京後，兩名日軍少尉的「百人斬競賽」

強抵抗，損失至重。四月五、六日間，孫連仲、張自忠、關麟徵、湯恩伯等部國軍痛殲日軍於臺兒莊，使日軍精銳第五師團坂垣征四郎及第十師團磯谷廉介兩部，受到重創，是為臺兒莊大捷。南北兩路日軍雖於五月中旬會師徐州，但至開封以西卻又為黃河在花園口的決堤泛濫所阻。五月十九日，中國空軍飛機兩架，分別由第十四隊隊長徐煥昇和副隊長佟彥博駕駛，飛臨日本九州長崎、福岡等地上空投下了大批傳單，成功的作了一次「人道遠征」，為日本建國以來其領空第一次被外國飛機侵入。

　　第一期抗戰過程中，最重要的一次戰役為武漢會戰。自二十七年六月十五日日軍占領安慶起，即已進入武漢會戰的前哨戰鬥。國軍防守武漢的司令官，是武漢衛戍總司令陳誠。日軍則動員了陸海空軍，並於進攻馬當、湖口等要塞時，施放了毒氣。經過將近四個月的苦戰，日軍死傷在二十萬人以上。日軍為策應武漢作戰，於十月十二日登陸廣東大亞灣進襲廣州，廣州不幸於十月二十一日陷落。豫南重鎮信陽亦告不守，日軍得以越武勝

關南下。我決策當局遂決定放棄武漢，各部隊分別順利轉進，日軍於十月二十五日進占武漢。蔣中正委員長於十月三十一日發表《武漢撤退告全國軍民書》，呼籲國人認清「持久抗戰與全面抗戰」之真諦，以「更哀戚、更悲切、更踏實、更刻苦、更勇猛奮進」的精神，以爭取抗戰最後的勝利。

三、珍珠港事變後的第二期作戰

民國三十年（1941 年）十二月八日（美國時間為十二月七日），日本海空軍突襲美國太平洋海軍基地珍珠港，太平洋戰爭爆發。中國的抗日戰爭至此成為第二次世界大戰的一部分，稱為「中國戰區」。國民政府軍事委員會委員長蔣中正為盟國推為中國戰區最高統帥，國軍開始在世界反侵略戰爭中扮演一個重要角色。

國民政府於珍珠港事變的次日──三十年（1941 年）十二月九日，正式布告對日宣戰並同時對德、意兩國立於戰爭地位，廢止一切條約協定與

珍珠港內的美國軍艦遭到日軍炮火猛烈攻擊

合同。蔣中正委員長又分別照會美、英、蘇三國元首，建議由中、美、英、蘇、荷五國，訂立聯盟作戰計劃，由美國領導執行。蔣委員長的看法是：「世界大局，必為一整個之總解決，斷不容分別各個之媾和；否則，雖成亦敗矣。」

日本於突襲珍珠港後，立即對南洋攻擊，所向披靡，月餘之間，連占關島、香港、馬尼剌、新加坡，暹羅已屈服，日軍直趨緬甸。此時同盟國惟一之勝利，為中國湖南之第三次長沙大捷，國軍追奔逐北，日軍傷亡慘重，英、美等國將領及輿論，均歡欣稱道。指揮此一光榮戰役之指揮官為第九戰區司令長官薛岳，國人譽之為抗日名將，士氣民心均為之大振。

中國抗日戰爭與世界大戰合一，中國之國際地位為之提高，在美國政府的善意提議下，中國列為四強之一。中國派遣遠征軍進入緬甸作戰，曾救出被日軍包圍於仁安羌 (Yenang yaung) 的英軍，蔣委員長並前往印度訪問，與印度民族領袖甘地（Mohands Karamchand Gandhi, 1869～1948 年）會晤，於印度對於盟國的態度自有良好的影響，蔣委員長並曾建議英政府給予印度自治地位。

美國對中國的援助，自然是中國抗戰最大的助力。尤其是陳納德 (Claire L. Chennault) 率領下的飛虎航空隊——其後擴編為第十四航空隊，足以彌補中國空軍力量之不足，是有不可忽視的功績的。但美國軍事及外交人員在中國，有其利，亦有其弊。最顯著的例證，乃是中印緬戰區美軍總司令兼中國戰區參謀長史迪威 (Joseph W. Stilwell) 之狂傲、自私與野心，終使蔣委員長不得不請羅斯福總統將其撤換，另由魏德邁 (Albert C. Wedemeyer) 接替其職務。史家稱此事為「史迪威事件」，於中美戰時及戰後關係均有不良的影響。

軍事上，國軍除印緬遠征外，先後有三十一年的浙贛會戰，三十二年的中條山諸役、常德會戰，三十三年的豫中會戰及湘衡會戰，三十四年的湘西會戰與桂柳反攻作戰。國軍的戰鬥序列亦重作調整，計分為十個戰區，

「十二月決議」，開始以抗日救國作號召，對各階層進行統戰。中共的統戰工作有兩個重點：一為向國軍進行分化與策反工作；一為滲入並控制平津學生因反對華北特殊化而發動的學潮，並廣泛的向學術界、文化界進行抗日救國宣傳藉以爭取同情與支持。

張學良年輕氣浮，認識不清，在西安事變發生前一年，便因東北軍剿共失敗蒙受損失，而心志動搖。二十五年二月至五月間，他已和中共黨人接觸，並曾與周恩來在延安祕密晤談，達成東北軍與共軍祕密合作的諒解。張妄想與中共進行「西北大聯合」，進而建立「西北國防政府」。依據俄共及中共文件，張學良且曾請求加入共產黨，中共方面同意，卻為共產國際所拒絕。張答應中共說服蔣中正停止剿共，並給予共軍以金錢及物資援助。但當張向蔣請求停止剿共一致對外時，卻受到蔣的嚴屬責備。張心懷怨忿，乃商之於楊虎城。楊亦與中共間有祕密接觸，提議對蔣採劫持行動以強迫其改變剿共政策，因而有西安事變之發生。

實則在二十五年秋間，中共已由周恩來和潘漢年祕密到上海，和國民黨代表張冲會商「合作」。政府提出四項條件：一、遵奉三民主義；二、服從蔣委員長指揮；三、取消「紅軍」，改編為國軍；四、取消蘇維埃，改為地方政府。周恩來原則上已接受四項條件，及其回陝北請示時，西安事變即告發生。中共並未將與南京進行接觸事告知張學良，致張氏不明就裡而採取魯莽行動。

十二月十二日西安事變發生之日，中央委員邵元冲及憲兵團長蔣孝先遇難，在陝中央將領亦被扣留。同日蘭州第五十一軍于學忠部亦同時叛變，洗劫殺戮，較西安尤甚。

張、楊曾數度請求蔣中正委員長採納其主張，但為蔣峻拒。政府則態度果決，於十二日當晚決議將張學良免職查辦，十六日明令討伐，任何應欽為討逆軍總司令，令國軍分東西兩路進逼西安，空軍亦出動。然政府亦未關閉商談之門，同意由曾任張學良顧問且又為蔣委員長友人之端納

駐印軍及四個方面軍。戰區司令長官依次為胡宗南、閻錫山、顧祝同、張發奎、李宗仁、孫連仲、余漢謀、朱紹良、薛岳、李品仙；方面軍司令官依次為盧漢、張發奎、湯恩伯、王耀武。國軍官兵均英勇作戰，常德保衛戰中，師長許國璋、彭士貴、孫明瑾均戰死，其慘烈可知。日軍欲打通自華北至越南的陸上通路，於三十三年一月起對河南、湖南及廣西作孤注一擲的進攻，終於攻陷了洛陽、許昌、長沙等要地，衡陽於經過四十七天的鏖戰後亦陷敵手，日軍乘勝進攻廣西，連陷桂林、柳州，至十二月二日攻占貴州獨山，後方為之震動，所幸國軍援軍適時發動反攻，擊退日軍，局勢始告穩定。而知識青年從軍運動則在各地熱烈展開，中外觀感均為之一新。

三十三年十二月，中國陸軍總司令部在昆明成立，何應欽任總司令。三十四年春，國軍開始在印緬及桂粵發動反攻，捷報頻傳。一月，滇西國軍與由印度入緬之遠征軍在緬北會師，中印公路全線貫通。五月，國軍在湘西大捷，並攻克福州、南寧等要地。六月攻克柳州，七月收復桂林，正擬乘勝合圍廣州，而日本則因美國於八月六日、九日兩次投擲原子彈及蘇聯於九日對日宣戰，不得不於八月十四日正式宣布接受中、英、美三國《波茨坦宣言》(Potsdam Declaration) 的條款，向同盟國無條件投降。歷時八年一個月又七天的對日抗戰，乃告勝利結束，自甲午（1894 年）戰敗以來的國恥為之湔雪，臺灣、澎湖均重歸中國版圖。

四、勝利與受降

依據盟軍總部規定之接受日軍投降區域劃分，中國戰區之受降範圍為中國（東北除外，歸蘇軍受降）、臺灣及越南北緯十六度以北地區。日軍投降代表為日軍「支那派遣軍」總司令官岡村寧次，中國戰區受降代表為最高統帥蔣中正特派代表何應欽。同盟國盟軍總部之受降典禮，係於民國三十四年（1945 年）九月三日在停泊於東京灣之美艦米蘇里 (S. S. Missouri) 號甲板上舉行，中華民國政府特派徐永昌代表參加。中國戰區受降典禮係

何應欽（左）接受日軍代表岡村寧次呈遞的降書

於九月九日在南京舉行，何應欽以「中國戰區最高統帥特級上將蔣中正特派代表」身分，接受了日軍投降代表岡村寧次簽署之降書。

　　日本投降，是我國歷史上的一件大事。國立西南聯合大學在昆明所樹抗戰勝利紀念碑碑文中，一開始就作了如此莊重的記載：

　　　中華民國三十四年九月九日，我國家受日本之降於南京；上距二十六年七月七日盧溝橋之變，為時八年；再上距二十年九月十八日瀋陽之變，為時十四年；再上距清甲午之役為時五十一年。舉凡五十年間日本所鯨吞蠶食於我國家者，至是悉備圖籍獻還。全勝之局，秦漢以來所未有也。

　　各戰區之受降主官及地點及日軍投降主官與部隊番號，至九月四日始作最後確定，如下表所示：

區　號	中國受降主官	受降地點	日本投降主官
一	第一方面軍司令官 盧　漢	河　內	土橋勇逸
二	第二方面軍司令官 張發奎	廣　州	田中久一
三	第七戰區司令長官 余漢謀	汕　頭	田中久一
四	第四方面軍司令官 王耀武	長　沙 衡　陽	坂西一良
五	第九戰區司令長官 薛岳	南　昌 九　江	笠原幸雄
六	第三戰區司令長官 顧祝同	杭　州	松井太久郎
七	第三方面軍司令官 湯恩伯	上　海 南　京	松井太久郎 十川次郎
八	第六戰區司令長官 孫蔚如	漢　口	剛部直三郎
九	第十戰區司令長官 李品仙	徐　州	十川次郎
十	第十一戰區司令長官 孫連仲	北　平	根本博
十一	第二戰區司令長官 閻錫山	太　原	澄田徠四郎
十二	第一戰區司令長官 胡宗南	鄭　州	鷹森孝
十三	第五戰區司令長官 劉　峙	鄖　城	鷹森孝
十四	第十一戰區副司令長官 李延年	濟　南	細川忠康
十五	第十二戰區司令長官 傅作義	歸　綏	根本博

十六	英海軍少將哈考脫 (Rear Admiral Cecil Harcourt)	香　港	田中久一
十七	臺灣行政長官 陳　儀	臺　北	安藤利吉

　　上項受降區中，情形特殊者為香港。香港在中國戰區範圍內，盟軍總部最初亦規定由中國戰區統帥受降，但英國政府反對，並表示重占香港的決心。最後中國政府讓步，僅在名義上由中國戰區最高統帥授權英國海軍少將哈考脫 (Cecil Harcourt) 主持受降，中國則有軍事代表團駐於九龍，並派潘華國參加受降典禮。至三十六年，中國軍事代表團結束。香港復落入英人殖民統治之下。

　　中國大陸、臺灣及越南北緯十六度以北地區日軍，總計有一百三十萬人向中國戰區最高統帥投降，連同日僑則為二百一十三萬八千人。此等日俘日僑，均由美國協助中國政府陸續遣返日本。主要戰犯如谷壽夫、酒井隆等則由國防部軍事法庭判處死刑。

┌─ 研究與討論 ─────────────────────────

一、七七事變，何以是中國的最後關頭？

二、抗戰初期，國軍有那些英勇壯烈的事蹟？

三、何謂「珍珠港事變」？對世界局勢有何影響？

四、我國戰勝日本的主要因素是什麼？試分析之。

└────────────────────────────────

第二節　戰時內政

一、《抗戰建國綱領》

　　抗戰一役，本為中華民族存亡絕續的重要關鍵。國民政府以全民團結相號召，各黨派亦以共赴國難而支持政府。二十六年七月，政府在廬山舉行談話會時，已邀請中國青年黨、中國國家社會黨及無黨派之社會與文化人士參加，形成舉國團結的現象。七月十五日，中共代表周恩來赴廬山晉見蔣中正委員長，提出服從政府共赴國難之保證。八月二十二日，軍事委員會明令改編共軍為國民革命軍第八路軍，任朱德為總指揮，彭德懷副之。九月九日，政府設置國防參議會，聘各黨派領導人士及社會名流曾琦、張君勱、胡適、傅斯年、周恩來等二十四人為參議員，並以汪兆銘為議長，是為戰時初期的諮議機構。九月二十二日，中共發表共赴國難宣言，保證實行三民主義，取消暴動及赤化活動，取消蘇維埃政府及改編共軍為國軍參加抗戰，全國軍民無不振奮。

　　二十七年一月，行政院之組織與人事再作調整，由孔祥熙任院長。三月二十九日，中國國民黨在武昌召開臨時全國代表大會，作了四項重大的決議：⑴設置總裁，為黨的最高領袖，推舉蔣中正為總裁；⑵制訂抗戰建國綱領；⑶結束國防參議會，另設國民參政會；⑷設立三民主義青年團。蔣中正以總裁身分於四月一日對全體代表講話時，公開宣稱這次抗戰，必須以「恢復臺灣失土為我們的職志」。

　　抗戰建國綱領，為戰時全國共同遵守的最高準則。其內容包括外交、軍事、政治、經濟、民眾運動、教育等六項，共三十二條。其主要精神在於抗戰與建國同時並進，而其基本前提為「總則」中之兩條：

　　一、確定三民主義暨總理遺教為一般抗戰行動及建國之最高準繩。

二、全國抗戰力量應在本黨及蔣委員長領導之下，集中全力，奮勵邁進。

《抗戰建國綱領》公布後，各黨各界均表示擁護。中國國民黨為適應戰時需要，亦作了幾項重要的舉措：其一，改進黨務並調整黨政關係，使黨政軍能密切配合；其二，設立中央訓練團，有計劃的訓練各級黨政幹部；其三，三民主義青年團於二十七年七月九日正式成立，推行青年組訓與戰時服務；其四，二十八年一月二十八日，決定停止二十六年九月成立之國防最高會議，另組織國防最高委員會，推中國國民黨總裁為委員長，統一黨政軍之指揮，為戰時最高決策機構。至是，蔣中正最高領袖的地位更形確定。

二、國民參政會之地位及其功能

《抗戰建國綱領》第十二條規定：「組織國民參政機關，團結全國力量，集中全國之思慮與識見，以利國策之決定與推行。」中國國民黨中央執行委員會乃擬定國民參政會組織法草案，提付五屆四中全會於二十七年四月七日通過。當即進行籌備，繼於七月一日發表首屆參政員名單，至七月六日第一屆第一次大會遂在武漢正式開幕。

國民參政會是國民政府在抗戰期間，為「集思廣益，團結全國力量」而設立的機構，設議長、副議長。首任議長為汪兆銘，副議長為張伯苓。二十七年十二月汪兆銘脫離政府繼之叛國降敵後，由蔣中正繼任議長。首屆參政員為二百人，分別來自各省市、蒙藏、海外僑民及社會名流，係由遴選方式產生。其中屬於社會名流者一百人，均係各黨派之領導人物與文化及經濟團體領導人，其言論與行動最受社會與政府所重視。

國民參政會成立之初，對政府施政具有三種權力：一為決議權——即政府對內對外之重要施政方針，於實施前應提交國民參政會決議；二為建議權——參政會得提出建議案於政府；三為詢問權——參政會有聽取政府的施政報告及向政府提出詢問案之權。第二屆參政會以後，又增加了調查

權及預算審議權，卻有相當的限制，如調查權僅適用於政府委託考察之事項。國民參政會儘管不具備國會的充分權力，但其五種權力如能聯貫使用，仍發生監督政府的相當作用。

第一屆國民參政會，自二十七年七月至二十九年四月，共開大會五次，大體上能發揮其功能，對政府及人民均發生鼓舞與激勵作用。第二屆參政員名額擴充為二百四十人，其產生來源亦有變更。更加共產黨籍七名參政員秦邦憲、吳玉章等藉口「皖南事件」——即新四軍叛變被敉平事件，拒絕出席，參政會的前途乃蒙上陰影。及三十年十月中國民主政團同盟成立，參政會乃成為政黨權力角逐的場所。三十三年十月，中國民主政團同盟改組為中國民主同盟，共黨分子及野心政客遂得以個人身分加入，張瀾、沈鈞儒等又以中共同路人自居，參政會的性質有了劇烈的轉變。

國民參政會共歷四屆，開大會十三次，歷時九年，至三十六年六月二日結束。參政員人數由第一屆的二百名，擴大至第四屆的三百六十人。其功能雖未能盡如理想，然在中華民國憲政史上，畢竟有其重要的地位與作用。

三、教育、交通與經濟建設

由於日軍的節節進逼，也由於中國政府「以空間換取時間」之長期抗戰決策，戰爭一開始就將機關、學校、工廠有計劃的向後方遷移，形成了中國歷史上從未有過的大遷徙的壯舉，充分發揮了中華民族的堅忍精神與無比潛力。

四川、雲南、貴州三省是戰時的大後方，陝西、甘肅則為戰時西北的心臟地帶。政府機關多遷移至川、滇，教育文化機關及工廠則遍設西南及西北各地。重慶、昆明、成都、西安、蘭州五地成為戰時後方的中心都市，重慶陪都在國際間更成為戰時中國的象徵，國人迄今亦嘗以「重慶精神」自慰與自豪。

大學的遷移，最令人感動。據教育部民國二十八年的統計，戰前專科

以上學校共一百零八校，戰爭爆發後遷至後方者五十二校，遷至上海租界或香港暫時續辦者有二十五校，停辦者十七校，其餘十四校或是原設後方，或是原設於租界內，或是教會大學可以暫時維持下去，沒有一校願留於日敵占領區內。原設後方的專上學校亦因避免敵機轟炸，亦多移至較偏僻地區。當時全國專上學校未曾遷移而在原地上課者，只有新疆學院一校而已。

各校遷移的過程亦備歷艱辛，充滿血淚。遷校次數最多的是浙江大學，遷校最迅速而完整的為中央大學，遷校路程最遠而名聲最著者為北京大學、清華大學和南開大學三校。先由平、津遷長沙，再由長沙遷昆明，三校合組為國立西南聯合大學，為戰時後方的學術重鎮。

大學之外，隨政府遷移後方及集體流亡後方的中等學校程度青年，為數亦夥，政府設立了各類國立中等學校共七十所收容之，並予以全部公費，是為中國教育史上的創舉。教育部並特別注重邊疆教育，除由中央政治學校附設邊疆學校及各分校外，先後創設各類邊疆學校四十三所，於邊疆之開發及民族之團結，頗具貢獻。

廠、礦的內遷，尤為抗戰初期中國人力大動員的一大特色。早在二十六年八月十日，行政院便已下令組織上海工廠遷移監督委員會，由林繼庸為主任委員，有計劃的將上海區域各大工廠遷至後方。華北的太原，華中的武漢，也分別把廠礦安全的遷出。由於運輸工具缺乏，廠礦的遷移多靠獸力和人力，跋山涉水，辛苦備至。晏陽初形容這些人員和物資的西遷，是中國實業界的敦克爾克 (Dunkirk)——法國西海岸之港口，英軍於德軍席捲歐洲大陸後，從此地撤退；吳相湘則肯定「這些行動實比英國軍隊撤退更為困難」。

自民國二十六年至二十九年，內遷工廠計六百三十九家，其中四百四十八家係由政府助遷者，工業移民達十萬人。這些廠礦，在經濟部的支持下，逐漸復工生產，並增廠擴建。政府並推行工礦、交通、農牧三方面的建設，其中如甘肅玉門油礦的開採，西康會理鋁礦和鋅礦的發現，四川天

然氣的開發與利用，均有成效，且聞名國際。

　　交通建設，最為重要，但亦最為困難。蓋修建鐵路的材料與機器均需仰賴外國，民國二十九年以後對外陸上交通幾完全斷絕。西南、西北均為崇山峻嶺，鐵路公路之建築均屬事倍而功半。工具缺乏，人才亦感不足。交通部主管全國交通，於極端困難的情形下，一方面尋求可能而有效的運輸方法，如恢復驛運、採行水陸聯運等是；一方面修建鐵路、公路及航空，以維持國際間之對外交通。鐵路方面，重要建設為湘桂路、桂黔路、滇越路、敘（州）昆（明）路、隴海路寶（雞）天（水）段、綦江路之整段及部分新建，與渝（重慶）蓉（成都）路的勘察與築基。公路建設的主要成就，為滇緬、中印、甘新三條重要國際路線的完成。其中滇緬路，由昆明經保山至緬甸畹町，全長九百四十公里，歷時四年始完成，工程艱鉅而浩大，為戰時最重要的一條國際通路。中印公路即雷多公路，於民國三十四年一月完成，於戰爭末期之運輸發揮了不小的功能。西北的甘新公路聯接蘇俄境內鐵路，為戰時初期中蘇間重要的交通動脈，由蘇俄購運物資均沿此路運抵蘭州。

　　農牧方面的推廣與改良，亦為戰時建設具有成效之項目。政府於二十九年設立農林部，三十年設立糧食部，其職能均為職掌農牧之推廣與農食之調節。農林部與中國農民銀行合作設立中國農業機械公司，製造農具；又設病蟲藥機製造實驗廠，提煉農藥。於貴州遵義設柞蠶試驗廠，於雲南開遠木棉之改良與推廣，成績均著。政府於西北農牧之開發，尤為重視。二十九年設西北羊毛改良廠於蘭州，三十一年設西北役畜改良繁殖廠於武功，於牧草之試驗，人工授精交配之指導，新疆種馬品質之改良與繁殖等，均有成果。

　　戰時為一非常時期，然政府仍秉持平時施政的常軌，且多所改善與進步。其一，國民精神總動員的實施，確定「國家至上，民族至上；軍事第一，勝利第一；意志集中，力量集中」的共同目標，於國民心理與民族精

神的培養具有積極的激勵力量。其二，新縣制的實施與行政三聯制的推行，都是新制度的實驗，頗能促進行政效率並端正政風。其三，省縣參議會的設立，使各級民意機構自中央至地方均能貫通，為憲政之實施奠定了基礎，並有利於地方自治的推動。其四，西康於二十八年的建省與新疆於三十一年的內附，大有助於主權的統一、民族的團結及國際信譽的提高。其五，蔣中正於三十二年發表《中國之命運》一書，對不平等條約廢除後建國工作的重心，有所提示，對國家前途描繪出光明的遠景，堅定了國民的信心，加強了國民的責任。

當然，戰時的內政並非沒有缺點和困難。由於生產量不足而又消耗量過鉅，致物資的供應難期充分，公務人員及國軍官兵的待遇菲薄，生活極為艱苦，物價的上漲，始終無法控制，通貨膨脹的結果，嚴重影響到國計民生。政府實施「田賦徵實」的辦法，穩定了軍需，卻不能減輕民間的負擔。部分野心政客和左傾學者的挑撥與中共潛伏分子的煽動，亦無有效的抑制辦法。

四、新疆內附

新疆是中華民國的一省，卻一直在蘇俄的間接控制下，立於半獨立的狀態。民國二十二年（1933 年）四月十二日新疆發生政變，新疆省政府主席金樹仁被推翻。盛世才乘機取得了新疆統治權，稱新疆邊防督辦。盛世才這個人本就中馬克斯邪說之毒，公然以「親蘇」、「反帝」相標榜，蘇俄的控制於是進了一步。二十四年，蘇俄假借「蘇新貿易公司」名義，與盛訂立了五百萬盧布的借款合同。無論在軍事或經濟方面，新疆都已在蘇俄的掌握之下。二十六年抗戰軍興，盛世才竟於二十七年赴莫斯科，加入俄共，蘇俄並同時派其紅軍第八團進駐哈密。二十九年十一月，史達林又強迫盛世才簽訂所謂《租借新疆錫礦條約》，名為開採錫礦，實則把新疆全省之設置鐵路、公路、電話、電臺、測量、採礦、建築、居住、駐兵等權利，

都攫取去了。期限長達五十年，盛世才並未向中國政府提出報告。

　　三十年六月，德國開始進攻蘇俄。十二月，珍珠港事變爆發。這兩件事，都在盛世才的心理上有所影響，而蘇俄對盛的壓迫和監視，則更加強。三十一年四月，蘇俄在新疆策動了企圖推翻盛世才的政變，盛世才的弟弟盛世騏（新疆機械化部隊旅長）被刺殺，盛乃決心與蘇俄反目，上書蔣中正詳陳過去「親蘇」經過，決心聽命中央。

　　三十一年七月十四日，蔣中正決派朱紹良為第八戰區（含新疆省）司令長官，赴新疆協助盛世才，並派經濟部長翁文灝赴新辦理與蘇俄間的經濟交涉。八月間，蔣中正巡視西北各省，並派蔣夫人同朱紹良飛往迪化晤盛，商歸政中央問題。盛表示服從中央。國軍旋即進駐安西、玉門，並於同年十月進駐新疆。

　　三十二年一月十六日，中國國民黨新疆省黨部成立。三月一日，國防最高委員會決議設立監察院新疆監察使署，特派羅家倫為監察使。政府的勢力既進入新疆，蘇俄乃於四月間宣布撤退其紅軍第八團及「錫礦考察團」人員，連同飛機製造廠及其他廠礦器械，皆一律撤走。

　　但盛世才性格多疑，陰險反覆。三十三年八月間，盛又藉口中央駐新人員有參與政變之嫌，將建設廳長林繼庸等近二百人逮捕繫獄。政府乃令調盛世才為農林部長，新疆軍政始完全由政府統轄。然蘇俄卻又煽動維吾爾族人叛變，占據伊犁，成立了所謂「東土耳其斯坦」的叛亂組織。

　研究與討論

一、抗戰建國綱領是如何制訂的？其主要精神為何？

二、國民參政會的地位及其作用為何？

三、抗戰時期，我國在內政方面有那些重要的建樹？

四、抗戰期間，新疆情勢有何變化？

第三節　戰時外交與國際會議

一、戰爭初期的國際反應與國聯的處理

中國對日抗戰，是為了中華民族的生存和自由，同時也是為了世界的和平與安全。中國是世界反侵略戰爭的先鋒，但國力未足，自然希望取得國際間的同情與援助。政府於盧溝橋事變後第五日——二十六年七月十二日，即將事變的經過照會各國，希望各國政府重視日本的侵略行動並予以制止。

二十六年七月十六日，國民政府正式以一份備忘錄分別照會除日本之外的九國公約簽字國——美、英、法、意、荷、比、葡及德、俄兩國，說明日本在華北的侵略行動，已違反了九國公約、非戰公約和國際聯盟的憲章，促請各國政府採取適當的行動。

各國的反應不一。德國主張調停，意國有意袒日，美國採袖手旁觀態度，英國有意聯合法、美採聯合行動，但美、法均表示冷淡，英使許閣森(Hughe Knatchbull-Hugessen)通過英駐日使館向日本政府提議中日雙方同時停止軍事行動，但為日本所拒。

抗戰初期，西方國家中惟一表現關注態度的國家是蘇俄，七月二十二日的《真理報》(Izvestia)曾有長文分析日本的陰謀，八月二十一日，一項《中蘇互不侵犯條約》，便由外交部長王寵惠和蘇俄駐華大使鮑格莫洛夫(Dmitri V. Bogomolov)在南京簽字。條約要點是：

兩國約定不得單獨或聯合其他一國或多數國家對於彼此為任何侵略。倘兩締約國之一方受一個或數個第三國侵略時，雙方締約國約定：在衝突全部期間內，對於該第三國不得直接或間接予以任何協助，並不得為任何行動，或簽訂任何協定，致該侵略國得用以施行不利於受侵略之締約國。

誠然，蘇俄在我抗戰初期，曾有人員與武器的援助。然蘇俄之侵華野心，並未因援華抗日而稍戢。二十七年之派遣「紅軍第八團」進駐哈密，並誘迫盛世才至莫斯科加入共產黨即為實例。

我國為國際聯盟會員國，向國際聯盟提出申訴自不失為正常而必要的手段。二十六年九月十二日，我國正式向國聯提出申訴。國聯提交顧問委員會討論。顧問委員會建議召開九國公約會員國會議討論中日之爭端。十月六日國聯遂決議在比利時首都布魯塞爾召開九國公約會議，並邀日本參加，但遭拒絕。

九國公約會議於十一月三日在布魯塞爾開幕，實際參加的國家為九國公約簽字國、補簽約國家及在遠東有特殊利益之德、俄，合為十九國。由於英、法等國之怕事，意、德等國之袒日，會議幾經討論，終未能獲到制止日本侵略的具體協議，僅於十一月十五日發表宣言，空洞的宣稱不得以武力干涉別國內政，對中國表示精神上之同情而已。

布魯塞爾會議雖告失敗，我國仍在國際外交方面作各方面的努力。國民政府已於二十六年九月派胡適赴美，派蔣方震（百里）赴意，派孫科赴俄，從事國民外交；顧維鈞在國聯方面繼續奮鬥。但由於英、美、法等強國均不願開罪於日本，我國在外交上因此經歷了一段低沉而苦悶的時期。二十八年（1939 年）九月歐戰爆發，但英國首相張伯倫 (Neville Chamberlain) 主張採取綏靖政策 (Appeasement Policy)，對日本無條件讓步。二十九年（1940 年），英國於七月十八日至十月十八日間封閉滇緬公路三個月，使我西南國際交通為之中斷。法國則於同年六月間戰敗，貝當 (H. P. Petain) 政府向德國投降，日本乘機迫越南承諾日軍進駐。九月二十九日，德、意、日三國軍事同盟成立，局勢益趨嚴重。所幸美國此時的對日政策已有改變，於二十八年（1939 年）二月開始貸款給中國，二十九年（1940 年）十月禁止廢鐵輸日，三十年（1941 年）三月通過《租借法案》(Lend-Lease Act) 並宣稱適用於中國，提供二千六百萬美元的援助，八月美

國空軍志願隊即飛虎隊 (The Flying Tigers) 在陳納德 (Claire L. Chennault) 的指揮下參加中國空軍作戰，由馬格魯德 (John A. Magruder) 率領的美國駐華軍事代表團 (American Military Mission to China) 也於同年十月間來到中國。此時太平洋的形勢已是「山雨欲來風滿樓」了。

二、廢除不平等條約

不平等條約，始於清道光二十二年（1842 年）的《中英南京條約》（舊稱《江寧條約》），至民國四年（1915 年）的「二十一條」，為數當在三十種以上。這些不平等條約，像一條條的鎖鍊，把中華民族束縛得奄奄待斃。故自中華民國建國以後，無論政府或人民均致力於要求廢除不平等條約的努力。民國八年（1919 年）的巴黎和會，十年（1921 年）的華盛頓會議，中國政府均曾提出廢除不平等條約的要求，但都沒有得到列強的同意。中國國民黨於十三年召開第一次全國代表大會後，更以廢除不平等條約為對外政綱的首要要求，北伐至九一八事變期間且已獲致了相當的成就。然全面廢除不平等條約的任務，至抗戰期間始告完成。

民國二十七年三月，中國國民黨召開臨時全國代表大會於武昌，閉會時發表的宣言中曾重申廢除不平等條約的決心。三十年（1941 年）四月，國民政府任命駐英大使郭泰祺（1890～1952 年）為外交部長，中國國民黨中央常會決議「訓令外交部新任部長郭泰祺於返國就任新職時，便道前往美國進行訂立中美平等新約」。郭氏五月經美返國後即照會美國國務卿赫爾 (Cordell Hull) 表達重訂新約的願望，赫爾亦即覆文，原則上雖不反對，惟謂美國政府認為此事應在中國境內和平恢復以後，始可由中美雙方協商解決。

三十年十二月珍珠港事變發生後，中國的國際地位有了改善，美國政府的態度也有了轉變。蔣中正委員長已被羅斯福總統推為盟國中國戰區（包括越南和泰國）最高統帥，三十一年一月在華盛頓發表的二十六國反侵略共同宣言中，中國首度被列為四強之一，而美國政府官員與社會輿論也開

始討論美國是否立刻放棄在華特權一事。八月，美國已作成主動宣布放棄在華特權的決定，並商得英國同意採一致立場。中國於九月二日，改任魏道明繼胡適為駐美大使與美協商新約，終於達成協議，並約定於 1942 年 10 月 10 日即中華民國三十一年國慶日正式發表。中國十月十日，在美國為十月九日，美、英兩國因於十月九日分別通知中國駐美及駐英大使館，兩國願與中國協商訂立平等新約以廢棄舊約中之治外法權。十日，蔣中正即於國慶紀念大會中宣布了此一興奮可喜的消息。

　　美、英兩國繼之均向中國政府提出新約草案，經中國政府懇切談商，至三十二年（1943 年）一月上旬達成完全定稿。一月十一日，中美平等新約由我駐美大使魏道明與美國國務卿赫爾在華盛頓簽字，同年五月二十日在華盛頓互換批准書後即日生效；《中英平等新約》亦於一月十一日由我外交部長宋子文與英國駐華大使薛穆 (Sir Horace J. Segmour) 在重慶簽字，並於五月二十日在重慶互換批准書後即日生效。一百年來的民族枷鎖至是獲得解除，實為中華民族發展史上最為光榮的一件大事，亦全國軍民在蔣中正領導下艱苦奮鬥所獲得的結果。

民國三十二年，外交部長宋子文在《中英平等新約》上簽字

　　中美、中英之平等新約內容，分別將兩國在華的治外法權取消，使我國此後與兩國完全立於平等地位，然亦有其美中不足之處。中英新約於談判期間，為九龍租借地收回問題，英國堅不承諾，幾至決裂。最後中國從整個大局著想，決定先行簽約，而

將九龍問題保留於日後提出。外交部長宋子文曾於三十二年一月十一日，
以正式照會通知英國駐華大使薛穆：

> 關於交還九龍租借地問題，英國政府不以現時進行談判為宜，本代
> 表認為憾事。1898 年 6 月 9 日許予英國租借九龍條約之早日終止，
> 實為中國國民素所企望，而本日簽訂條約之意義，為開兩國之新紀
> 元，中國政府以為若該約能於此時終止，則新紀元之精神當更為顯
> 著。因此之故，本代表通知閣下，中國政府保留日後重行提請討論
> 此問題之權。

中美、中英簽訂平等新約後甫月餘——三十二年二月十七日，日軍進
占廣州灣，國民政府因於同月二十四日照會法國維琪政府廢止廣州灣租借
條約，收回廣州灣租借地。戰後我國直接由日軍手中接收廣州灣。惟因中
法間尚有越南關係之談判，法國全面放棄在華治外法權之新約遲至三十五年
（1946 年）二月二十八日，始在重慶簽字，同年六月八日互換批准書生效。

德國在華特權早於民國十年 （1921 年） 放棄，俄國特權於十三年
（1924 年）取消，日本特權及意大利特權由於我國對其宣戰而廢止，至是
中美、中英、中法新約相繼簽訂，主要國家間的不平等條約，遂告完全廢
除。政府並於戰時及戰後，分別與比利時、挪威、加拿大、瑞典、荷蘭、
丹麥、瑞士、葡萄牙等國簽訂平等新約。

三、四強宣言與開羅會議

民國三十二年（1943 年）一月，羅斯福和邱吉爾在摩洛哥的海港卡薩
勃蘭加 (Casablanca) 舉行會議。蔣中正委員長未被邀請參加，會後羅、邱
兩氏都曾派代表到重慶向蔣氏報告會議情形。羅斯福深以未能獲晤蔣氏為
憾，蔣夫人於六月間三度訪問白宮向羅斯福夫婦辭行時，羅斯福即告以計

劃與蔣氏會晤之意。六月三十日，羅斯福致電蔣委員長，希望年底可以相晤。七月八日，蔣氏電覆羅斯福同意其邀晤之約。

八月一日，國民政府主席林森逝世。中國國民黨中央常務委員會選任蔣中正代理國民政府主席，九月十四日再由中央全體會議正式選任蔣中正為國民政府主席，蔣氏至是無論在法理上、事實上均為中華民國的最高領袖。羅斯福甚願確立美、英、蘇、中四強合作的基礎，中國在同盟國陣營中的地位益受重視，惟邱吉爾對中國之參與國際性高階層會議，並不熱心支持，蘇聯則持反對態度。

八月二十四日，羅斯福和邱吉爾會於加拿大之魁北克 (Quebec)，會議主題為對日作戰及有效援華，宋子文應邀自美至魁北克陳述意見。羅斯福提議召集四強外長會議，並發表四強聯合宣言，邱吉爾勉強同意。但徵詢蘇聯意見時，史達林表示中國與歐洲事務無關，反對中國與美、英、蘇三強並列。結果演變為美、英、蘇三外長會議。

民國三十二年（1943 年）十月十九日至三十日，美、英、蘇三國外長會議在莫斯科舉行。美國國務卿赫爾親往莫斯科參加，他並堅持要發表美、英、蘇、中四強宣言，以加強同盟國團結。蘇聯外長莫洛托夫 (Vyacheslav M. Molotov) 雖有異議，但由於蘇聯正需要美國援助，亦不便過於堅持，最後他同意如果中國駐蘇大使傅秉常可以簽署四國宣言。在赫爾的熱心協助下，傅秉常於十月三十日與美、英、蘇三國外長共同簽署了四國宣言，中國的四強地位遂在國際間獲得再一次的肯定。

四國宣言發表後尚不及一月——1943 年 11 月 22 日至 26 日間，中、美、英三國元首在非洲埃及尼羅河畔的開羅 (Cairo)，舉行了三國有史以來的第一次高峰會議，史稱開羅會議。對中國而言，開羅會議的主要成就在於同年 12 月 3 日發表的宣言，其要點如下：

我三大盟國此次進行戰爭之目的，在制止及懲罰日本之侵略，三國決不為自己圖利，亦無拓展疆土之意思。三國之宗旨，在剝奪日本自 1914 年

開羅會議（左起為蔣中正、羅斯福、邱吉爾、宋美齡）

第一次世界大戰開始後，在太平洋上所奪得或占領之一切島嶼，及使日本在中國所竊取之領土，如東北四省臺灣澎湖列島等歸還中華民國。其他日本以武力或貪慾所攫取之土地，亦務將日本驅逐出境。我三大盟國稔知朝鮮人民所受之奴隸待遇，決定在相當時期使朝鮮自由獨立。基於以上各項目的，三大盟國將繼續堅忍進行其重大而長期之戰鬥，以獲得日本無條件之投降。

　　開羅會議在第二次世界大戰過程中，是惟一的一次以亞洲局勢為中心的國際高峰會議。蔣主席也是中國有史以來，第一位與西方強國以完全平等身分討論世界事務的國家元首。不幸，羅、邱於開羅會議後，立即飛往德黑蘭與史達林會議，開羅會議的若干軍事決議案不幸遭到修改或否決。

四、中華民國與聯合國的創立

　　聯合國組織之醞釀，可上溯於民國三十年（1941 年）八月十四日美總統羅斯福與英首相邱吉爾在紐芬蘭之普雷森謝灣 (Placeentia) 軍艦上會晤

後，發表的《大西洋憲章》(*The Atlantic Charter*) 中，其第八項曾提及建立「較廣泛永久之普遍安全制度」。聯合國一詞，則首先於三十一年 （1942年） 一月一日在華盛頓發表之二十六國反侵略宣言——此一宣言的正式名稱即為《聯合國宣言》(*Declaration by the United Nations*)。宣言發表前，美國國務卿赫爾曾告知在美之外交部長宋子文及駐美大使胡適，宋、胡均曾電告國民政府，發表時由美、英、蘇、中四國領銜，其餘二十二國按其國名之英文字母順序依次排列。是中國於聯合國創立之初，即以四強之一的地位居於領導階層。

中國政府對於聯合國作為世界組織的理想，一向熱心支持，蔣中正的態度尤為積極，且具遠見。三十一年（1942年）十一月十七日，紐約《先鋒論壇報》舉行其第十一年時事問題討論會，蔣氏應邀發表一篇專論，從孫中山的三民主義談到《大西洋憲章》，主張促進世界的合作。紐約《先鋒論壇報》於十一月十八日發表社論，讚譽蔣氏的論文可與《大西洋憲章》媲美，認為是「未來世界之一基石」。

民國三十二年（1943年）十月三十日，美、英、蘇、中四外長在莫斯科發表的四國宣言中，宣布及早組織「一個普遍性的國際組織」之必要。十一月開羅會議中，中國及美國都有由四強積極籌備聯合國的提案，德黑蘭會議中對此提議，再加重申。

民國三十三年（1944年）八月二十一日至十月七日間，美、英、中、蘇四國在華盛頓舉行敦巴頓橡園會議 (Dunbarton Oaks Conference)，商擬聯合國憲章草案。由於蘇俄藉口尚未對日作戰，不便與中國同席，故會議分兩個階段舉行：第一階段為美、英、蘇三國參加，自八月二十一日至九月二十八日；第二階段為美、英、中三國出席，自九月二十九日至十月七日。中國政府派顧維鈞為首席代表，朱世明、浦薛鳳、張忠紱、宋子良、劉鍇、李幹為專門委員，前往出席。行政院並提出《國際組織憲章基本要點》，供英、美代表參考。其內容除了與英、美兩國方案相同者外，尚有中

國著眼於康濟天下的獨特主張。處理國際爭議應重視正義與國際公法原則，國際公法之發展與修改，應由（聯合國）大會提倡研究並建議，經濟社會理事會應促進教育及其他文化合作事業等建議，十月九日，中、美、英、蘇四國政府即同時將敦巴頓橡園會議通過之《聯合國組織草案》公布。

　　民國三十四年（1945 年）二月四日至十一日，羅斯福、邱吉爾、史達林會於克里米亞之雅爾達 (Yalta)。二月八日，三人決定於四月二十五日在美國舊金山召開會議，以決定聯合國的憲章，三國並決定由美、英、蘇、中、法五國發函邀請。中國政府接受三國的提議，並派宋子文為出席舊金山聯合國會議代表團首席代表，顧維鈞、王寵惠、魏道明、胡適、吳貽芳、李璜（青年黨）、張君勱（國社黨）、董必武（共產黨）、胡霖為代表，施肇基為高等顧問，剋期前往舊金山出席此一盛會。

　　四月二十五日，舊金山會議如期開幕，至六月二十五日閉幕，為期共六十二日。各方矚目之問題為主席問題。美國原主張以地主國資格始終擔任主席，蘇俄反對。嗣經中英兩國磋商，決定以中、美、英、蘇四國首席代表輪流擔任，而由中、英、蘇三國授權美方擔任實際決定議程之指導委員會暨執行委員會主席。會議期間，中國代表表現優越，對重大問題多所獻替。尤其對託管問題，曾提建議十四點，備受重視。六月二十五日，聯合國憲章最後通過，次日由各國代表簽署，中國由顧維鈞代表率先簽字，繼依次簽字者計五十國。三十五年（1946 年）一月十日，第一屆聯合國大會在倫敦舉行，宣告聯合國正式成立。依憲章規定，中國為安全理事會之常任理事國，中文亦被定為聯合國使用之五種官方語言之一。

五、《雅爾達密約》及其後患

　　民國三十四年（1945 年）二月十一日——羅斯福、邱吉爾、史達林在雅爾達會議之最後一日，作出了犧牲中國權益以換取蘇俄對日作戰的祕密協定，是即《雅爾達密約》。其要點如下：

一、外蒙人民共和國之現狀應加以保存。

二、蘇聯應恢復以前俄羅斯帝國之權利，此種權利因 1904 年日本之詭譎攻擊而受破壞者：

　　㈠南庫頁島及其毗連各島應歸還蘇聯。

　　㈡大連商港應闢為國際港，蘇聯在該港之優越權利應獲保障，旅順仍復為蘇聯所租用之海軍基地。

　　㈢中東鐵路以及通往大連之南滿鐵路，應由中蘇雙方共組之公司聯合經營，蘇聯之優越權利應獲保障，中國對滿洲應保持全部主權。

三、千島群島應割於蘇聯。

這一密約，不僅違反九國公約、《大西洋憲章》、《開羅宣言》，且與美國對華傳統的門戶開放政策不符。中、美當時是並肩作戰的盟邦，在中國缺席的情形下，羅斯福竟允諾史達林對中國權益的無理要求，無異是一項出賣朋友的行為，在世界政治史上亦不多見。

羅斯福對 《雅爾達密約》，極為保密，直到六月十五日始由赫爾利 (Patrick J. Hurley) 通知中華民國政府。事實上，中華民國政府亦早於二月二十一日接獲駐蘇大使傅秉常報告，證實美、英、蘇簽有「密約」。三月十二日，駐美大使魏道明亦上電蔣主席報告羅、史在雅爾達談話情形，對「密約」內容已大致瞭解。

羅斯福於 1945 年 4 月 12 日逝世，副總統杜魯門 （Harry S. Truman, 1884～1972 年） 就任總統，表示仍遵守羅斯福對史達林的承諾。史達林要求杜魯門轉告我政府，邀新任行政院長宋子文赴蘇訪問，並談判一項依《雅爾達密約》為依據之友好條約。宋子文於六月二十日自美國回到重慶向蔣主席請示後，於六月二十七日銜命前往莫斯科，直接與蘇聯進行交涉。由於史達林態度惡劣，堅持外蒙獨立並企圖控制中國東北旅、大兩港及中東、南滿兩路四十至四十五年之久，談判極為艱苦。我代表秉承中樞決策，盡力維護東北權益。八月六日，美國在廣島投擲首枚原子彈，蘇俄乃急急於

八月八日對日宣戰。蘇軍既攻入東北，日本又已開始洽降，國際情勢驟變，我政府乃忍痛訓令新任外交部長王世杰於八月十四日與莫洛托夫 (Vyacheslav Molotov) 簽訂了《中蘇友好同盟條約》。依此條約及各項附屬文書，我國承諾：

一、如外蒙古經人民投票證實其獨立之願望時，中國政府當承認其獨立。

二、中東鐵路與南滿鐵路合併稱為中國長春鐵路，由中蘇共同管理，期限為三十年。

三、大連港為自由港，中國以其港口工事及設備之一半租於蘇方，租期三十年。

四、旅順港歸中蘇共同使用，期限三十年。

蘇聯方面亦承諾：

一、給予中國中央政府即國民政府以道義上與軍需品及其他物資之援助。

二、承認中國在東三省之充分主權，及領土與行政之完整。

三、關於新疆事變，蘇聯政府重申無干涉中國內政之意。

四、進入東三省之蘇軍，應於日本投降後三個月內撤退完畢。

《中蘇友好同盟條約》，無疑的，是一項新不平等條約。由於蘇聯並未履行此一條約的義務，且支持共黨擴大叛亂，造成整個大陸淪陷的慘局，我政府乃向聯合國提出控告蘇聯違約背信助長共黨叛亂案，於四十一年（1952年）經聯合國第六屆常會通過，政府繼於四十二年（1953年）二月二十五日正式宣告：民國三十四年八月十四日之中華民國、蘇維埃社會主義共和國聯邦友好同盟條約及其他有關文件為無效；中華民國政府並保留因蘇聯違約所受損害向蘇聯提出要求之權。

一、抗戰初期的中俄關係如何？

二、我國的不平等條約是怎樣廢除的？

三、開羅會議於何時舉行？有何重要的決定？

四、我國對聯合國的創立有何貢獻？

五、何謂「雅爾達密約」？我國受到些什麼傷害？

第四節　中共問題

一、中共背信與擅行擴張

　　中共從民國二十四年（1935 年）發表《八一宣言》後，即在所謂「抗日民族統一戰線」的口號下，要求一致抗日。二十六年七月七日盧溝橋事變發生後，蔣中正委員長宣布最後關頭已到，要求全國同胞「地無分東西南北，人無分男女老幼」，一起來參加抗戰。中共因於二十六年九月二十二日發表《共赴國難宣言》，向全國人民提出為實現三民主義而奮鬥，停止暴動、赤化及以暴力沒收地主土地政策，取消蘇維埃政府，改編紅軍為國民革命軍參加抗日四項諾言，參加抗戰。軍事委員會先於八月下令將陝北共軍改編為國民革命軍第八路軍，繼於十月下令將流散江南地區的共軍零星殘餘武裝收編為國民革命軍新編第四軍，分別在第二戰區司令長官閻錫山，第三戰區司令長官顧祝同的指揮下，參加作戰。第八路軍至二十七年二月，改番號為第十八集團軍。

　　但事實卻證明中共說了騙人的謊話。所謂抗日民族戰線，所謂共赴國難宣言，都是表面上動聽的言詞，是利用民族主義作號召以達到壯大自己，奪取政權的一項詭謀。張浩在中共的「抗日大學」講授中共黨的策略路線

時，即曾坦率的說：

> 中國人不管貧富各階層，均願抗日，不願要蘇維埃，中國共產黨在
> 這種情形之下只有抗日，在抗日之下，進行加強黨的組織，增加人
> 民革命的情緒，壯大前方軍，組織和訓練後備軍，以待新的時機，
> 新的條件到來。

毛澤東則於二十六年九月，第八路軍奉令自陝北進入山西作戰前，對
其幹部們指示：

> 中日之戰，是本黨發展的絕好機會，我們決定的政策是百分之七十
> 是發展自己，百分之二十作為妥協，百分之十對日作戰。

軍事委員會於八月二十二日發布收編共軍為八路軍的命令，以朱德為
總指揮，彭德懷為副總指揮，朱、彭於八月二十五日通電就職。就在同一
天，中共中央在陝北洛川召開政治局擴大會議，通過了所謂《十大救國綱
領》，第四項竟是「改革政治機構」，要「選舉國防政府」，明示要動搖國民
政府的地位了。

第八路軍進入山西後，雖也為了「在作戰初期，爭取若干表現，以擴
大宣傳和影響」，令林彪的一一五師參加了平型關戰役，並宣稱是第八路軍
的一次「大捷」，但第八路軍僅是作策應性的游擊戰，從未參加過決定性的
大會戰。至於中共宣傳的所謂「百團大戰」，基本上是有意的渲染，並非真
正的一次戰役。第八路軍亦即第十八集團軍的真正任務並非抗日，而是違
令進入河北和山東，建立所謂「根據地」——僭立政權，破壞統一；發行
紙幣，擾亂金融；攻擊國軍及地方抗日武力，煽動叛變，組訓民兵；完全
不顧政府的法令和建制，一味的擅行擴張與破壞。二十六年十一月七日——

蘇俄十月革命紀念日，中共在華北建立了它的第一個地方政權——「晉察冀邊區政府」，二十七年八月四日，中共又在河北南宮成立了「冀南行政主任公署」，其後擴建為「晉豫魯邊區」。二十七年，八路軍違令進入山東省，中共於是設立了「山東戰時行政委員會」。自二十七至二十九年的三年內，中共實際上已控制了晉、冀、魯三省的大部分與察、豫、蘇三省的一部分地區，八路軍的兵力已由受編時的二萬二千人發展至四十萬人以上。

中共侵占的土地，並非取自日軍占領下的國土，而是取自國軍及地方政府管轄的區域。二十八、九兩年，是共軍攻擊國軍最頻繁的時期，除策動山西新軍韓鈞等部叛變投共外，山西的趙承綬部，河北的鹿鍾麟、朱懷冰、張蔭梧部，山東的孫良誠、高樹勛、沈鴻烈、于學忠部，江蘇的韓德勤部，均曾受到共軍的攻擊而蒙受重大的損失。冀察戰區總司令兼河北省政府主席鹿鍾麟被驅出河北省境，山東省政府所在地的魯村亦於二十九年八月被中共攻占，魯蘇戰區總司令于學忠其後亦被迫撤退。山東省建設廳長兼軍委會別動隊第五縱隊司令秦啟榮旋被共軍追擊殺害。

二、新四軍事件

新四軍事件——中共稱之為「皖南事件」，發生於民國三十年（1941年）一月，地點在安徽南部涇縣以南約八十里的茂林一帶。起因是新四軍受中共中央的密令，違抗北調的命令並襲擊國軍第四十師，第三戰區司令長官顧祝同為維持軍令與軍紀，乃予以制裁，從一月六日至十四日經過八天的戰鬥，終將新四軍叛部解決。一月十七日，國民政府軍事委員會下令取消新四軍番號，並將拿獲的新四軍軍長葉挺革職，交軍法審判，並通緝在逃之副軍長項英。這本是個單純的軍事處置事件，但因新四軍為共軍，中共又刻意把此一事件渲染為反共的政治事件，並視之為「內戰的開始」，於是新四軍事件就變成抗戰期間最受注意的一個事件。

實在講來，新四軍事件的基本原因，是由於新四軍的非法擴張與公然

抗命。蓋新四軍於二十六年十月十二日奉令編軍時，定額為一萬二千人，實際上共黨散處江南各地的殘餘兵力尚不足三千人，經半年的招募與編組，實力亦僅達八千餘人。二十七年五月以後，發展至皖中和皖東，六月以後進軍至蘇南。二十八年夏初周恩來到浙、贛視察時，鼓勵新四軍積極發展，先後在浙、閩、湘、豫四省設立了新四軍的機構，甚至遠在海南島的土共馮白駒部也隸屬於新四軍番號。至二十九年，新四軍已蔓延至皖、贛、蘇、浙、湘、豫、粵七省，實力擴至十萬人。其裹脅民眾、強繳民槍、收編土匪、僭立政權、襲擊國軍的行徑，與華北的第十八集團軍無異。

新四軍副軍長項英，同時亦是中共中央東南局的書記，在他的指示下，中共先後在江蘇、安徽、浙江、福建等省建立了中共黨的組織。共黨組織在新四軍掩護下急劇發展，構成了政府機關與國民黨組織在江南地區的極大威脅。

新四軍與國軍間的衝突事件，二十八年六月開始便不斷發生。二十九年六月以後，國際局勢發生變化。法國於六月二十日起封閉了滇越鐵路。七月十八日起，英國又封閉滇緬路三個月。中國西南大後方的對外交通，至是完全斷絕。九月二十二日，日軍進駐越南，昆明受到威脅。五天以後——九月二十七日，日、德、意三國軍事同盟簽字，蘇俄也表示願與日本調整關係，中國的處境可謂危險極了。中共卻認為這種形勢，是他們的「時局好轉」，於是趁火打劫，於八月間進攻魯南，十月間進攻蘇北，急於要把華北和江南連結起來，建立其「華中根據地」。

中共在華北、江南「獨立自主」地擴張，已迫使政府不能不予以防範。二十九年七月，由統帥部作成提示案，一方面允許「陝甘寧邊區」十八縣的範圍，一方面命令第十八集團軍及新四軍於奉令一個月內開赴黃河以北第二戰區（原冀察戰區取消，併入第二戰區）作戰，同時准許第十八集團軍擴編為三軍六師及五個補充團，新四軍擴編為兩個師，每師轄兩旅四團。這一提示案，事實上已接納了若干中共的要求，對中共相當有利。但中共

中央並不以此為滿足，仍然漫天要價，有意抗命。

　　軍事委員會為貫徹中央指示案中共軍北調的規定，由參謀總長何應欽與副總長白崇禧聯名致電朱德、彭德懷及葉挺，令其部隊遵命於十一月底以前開赴黃河以北作戰。朱、彭、葉等於十一月十九日覆電表示江南正規部隊可以北調，江北部隊「暫請免調」，何、白於十二月八日再電駁斥。十二月九日，蔣委員長手令朱、彭、葉等人，准予展期一個月，即凡黃河以南的第十八集團軍部隊，限十二月三十一日以前移至黃河以北；在江南的新四軍，於十二月三十一日前移至江北，並於翌年（三十年）一月三十日前移至黃河以北。

　　統帥部態度堅決，新四軍卻抗命如故，不僅藉詞延宕，要索款械，且陰謀偷襲國軍，想把皖南涇縣的雲嶺變為延安第二。第三戰區司令長官顧祝同於獲悉新四軍於三十年一月四日夜悉數南移，並封鎖消息，圖謀不軌後，便不能不調集軍隊予以制裁了。

　　新四軍解散後，被俘及傷亡者不及一萬人，為新四軍總人數之十分之一。然中共中央則於三十年一月十八日發表談話，向政府提出九項要求，接著又於一月二十日，以「中共中央軍事委員會」名義，任命陳毅（1901～1972 年）為新四軍代理軍長，直接否定了前一日軍事委員會撤消新四軍番號的命令。中共中央並決定利用此一事件，在政治上開展全面進攻，由毛澤東於二月十五日致電國民參政會，提出十二項要求，請轉政府；如不獲接受，共產黨的七位參政員即拒不出席。國民參政會決議拒絕中共的政治勒索，中共遂亦退出國民參政會，開始其「軍事自衛、政治進攻」的策略，以虛偽的宣傳破壞政府的威信，騙取民眾及外人的同情。但當時的客觀環境對中共不利，三十年（1941 年）六月，德蘇戰爭爆發，迫使史達林不敢採強硬路線，毛澤東也就不敢過度囂張。中共對國民政府，表面上仍表示擁護，只是在政治要求上，卻又不斷的提高，其在華北、華中的抗命擴張，亦復變本加厲。

三、和談的過程和教訓

　　民國二十八年中共在華北的擴張與破壞行動趨向嚴重後，蔣中正委員長於當年六月十日召見周恩來和葉劍英，予以規誡。二十九年一月，參謀總長何應欽奉命與葉劍英商討制止中共違令擴張事宜。何要求中共將違令擴充之部隊及擅行設立之軍區應予取消，葉反而要求十八集團軍的兵額應當擴充為三軍九師，其「陝甘寧邊區」不僅保持，且要求再加擴張。談判一直延續到七月十六日，統帥部作成「提示案」，容納了葉劍英的大部分要求後，葉劍英和周恩來始表示同意。但中共中央拒不奉行，拒絕十八集團軍與新四軍北調，且加強了共軍在山東和江蘇兩省攻擊國軍的行動。這是戰時政府與中共間的第一次商談，可以說是毫無結果。

　　新四軍事件過後，中共受德蘇戰爭的影響，態度略趨緩和。三十一年十二月，中央派中央調查統計局設計委員鄭延卓前往延安賑災，毛澤東曾託鄭於返渝時攜函呈蔣委員長，表示對中央德意，「軍民同感」。三個月後，蘇俄已擊退德軍，中共的態度亦復趨強硬。周恩來與林彪到重慶晉見何應欽總長，提出了四項新的要求，開始了第二次的商談。周的四項要求是：⑴共黨取得合法地位；⑵其軍隊希望編為四軍十二師；⑶其陝北邊區改為行政區，其他各區另行改組；⑷黃河以南各軍開入中央指定之作戰區域，請俟戰後。何應欽拒絕這些要求，重申二十九年皓電所提條件，周、林並無接受的誠意，商談亦無具體結果。

　　三十二年（1943 年）九月，國民黨五屆十一中全會決議於戰後一年內召開國民大會，實施憲政，並認定中共問題係政治問題，應用政治方法解決，並希望中共能貫徹二十六年《九二二宣言》中所作的承諾。中共表示願派代表赴重慶商談，政府則同意與中共代表在西安會商，於是有五月四日至十一日間的西安會談——是為第三次商談，也是此後一連串政治商談的開端。

　　參加西安會談的政府代表是王世杰和張治中，中共的代表為林祖涵（伯渠）。中共一開始就提出了十七點提案，增加了「釋放政治犯」、「撤除陝甘寧邊區軍事封鎖」等新的要求。政府代表極力忍讓，終於同意將會商的紀錄各自分送上級機關請示，林祖涵並在紀錄上簽了字，但想不到延安的態度變了，不願以原提案作為進一步商談的基礎，另令林祖涵於五月二十二日提出修正的二十點提案；六月四日，林祖涵又提出中共的「關於解決目前若干急切問題的意見」，無異將歷次商談的內容推翻。中共提案中條件過於苛刻，使政府無法容忍；且由於中共提案中並不包括服從中央政府軍政法令的文字，致使政府代表拒絕接受。中共的要求，愈談愈多，愈談愈高，結果只有陷於僵局，情況也就越來越複雜了。

　　三十三年（1944年），是抗戰最為艱苦的一年。由於河南及湘桂戰場的失利及史迪威事件的發生，使中美間的關係陷於低潮。中共則利用此一時機，與美國駐華人員中之媚共分子相結納，企圖以美國政府的壓力迫使政府妥協。六月間，美國副總統華萊士 (Henry A.Wallace) 訪華時，要求蔣委員長同意美軍顧問團派遣一個調查團常駐延安，更為助長了中共的通過美國人員以取得實利的強烈欲望。

　　三十三年八月，美國總統羅斯福派遣赫爾利為特使前來中國，調處中國戰區的統一指揮問題。赫爾利成功的解決了史迪威引起的難題，但在對中共問題的處理上，卻險些上了大當。同年十一月一日，美國駐華大使高思 (Clarence Gauss) 辭職，羅斯福特任赫爾利為駐華大使，因此他獲得了直接參與國共商談的機會。

　　中共對赫爾利，開始時是極端歡迎的。三十三年十一月初，中共不斷邀約赫爾利親赴延安訪問，赫爾利亦有興趣和信心，把政府和中共的代表拉在一起，經由商談來解決問題。赫氏決定由林祖涵陪同於十一月七日飛往延安，臨行，他由中國政府方面獲得了五項條件，到延安談了三天，十日帶了中共給他的五項條件——毛澤東和赫爾利都已簽署，滿心興奮的回

到重慶來。如將政府的條件和中共的條件作一對比，就可發現政府的要求在於政權與軍權的統一，中共的目的則在改組政府和軍委會──以聯合政府來取代國民政府。國民政府是不可能接受「聯合政府」的，接受了就等於自己拆了自己的臺。事實證明國民政府是對的，東歐的波蘭和捷克都是通過「聯合政府」的過渡階段，共產黨攫得了全國的政權。

　　三十四年（1945年）一月，赫爾利再度邀請周恩來到重慶商談，是為第五次商談。周恩來除了重申「聯合政府」的要求外，又提出了召開「黨派會議」的提議，目的仍在取消國民政府以及計劃於本年內召開的國民大會。政府同意召開政治協商會議以會商國是，周恩來仍然反對召開國民大會來制憲。赫爾利至此也發現了中共慫恿美軍人員背後擬有美傘兵降落共區計劃，始知中共是不講信義的，他否決了這一計劃，於是中共也開始攻擊赫爾利。赫爾利的調處失敗，戰時的國共和談也就於三十四年五月間停頓。

四、公然抗命與阻撓受降

　　民國三十四年（1945年）八月十日，日本政府決定接受中、美、英三國波茨坦宣言，向盟國無條件投降。並託由瑞士政府以正式照會轉達於中、美、英、蘇四國政府。次日，美國政府於徵詢中、英、蘇三國政府同意後，代表盟國覆文日本，接受其投降。蔣主席即於當日召集國務最高委員會及中央常務委員會聯合緊急會議，討論日本投降有關問題。並分別電令：

　　一、全國各部隊，聽候命令，根據盟邦協議，執行受降一切規定。

　　二、淪陷區各地下軍及各地偽軍，應就現駐地點，負責維持治安，保　　　護人民，不得擅自行動。

　　三、第十八集團軍所屬各部隊，應就原地駐防待命，勿再擅自行動。

　　國軍各部隊，均遵令在原地待命。唯第十八集團軍總指揮朱德，不但抗不受命，且於八月十一日一日之內，以「中共延安總部」名義，連續發布七道命令，指示各地共軍，全面行動。這些命令的內容大要如下：

一、令各「解放區」內共軍：

　㈠向其附近之日偽軍及其指揮機關，送出通牒，限於一定時間內繳
　　出武裝。

　㈡向其附近之一切偽軍偽政權送出通牒，限其於日敵投降簽字前，
　　接受編遣。

　㈢如有拒絕投降繳械之日偽軍，即予以消滅。

　㈣進占敵偽所占之城鎮交通要道，並委任專員管理該地區之行政事宜。

二、為配合蘇聯進入中國東北境內作戰，令各部共軍：

　㈠呂正操部由山西、綏遠現地，向察哈爾、熱河進發。

　㈡張學詩部由河北、察哈爾現地，向熱河、遼寧推進。

　㈢萬毅部由山東、河北現地，向遼寧進發。

　㈣李運昌部由河北、遼寧、熱河邊境現地，向遼寧、吉林進發。

三、為配合外蒙軍進入內蒙及綏、察、熱地區作戰，令：

　㈠賀龍部由綏遠境內現地，向北推進。

　㈡聶榮臻部自熱、察現地，向北推進。

四、山西方面，令：

　㈠所有山西解放軍均歸賀龍指揮，統一行動；進占同蒲路沿線及汾
　　河流域。

　㈡前進路上如遇抵抗，即堅決予以消滅。

五、進占各重要交通線，接受敵偽軍投降，令：

　　所有沿北寧路、平綏路、平漢路、同蒲路、滄石路、正太路、白
　　晉路、道清路、津浦路、隴海路、粵漢路、滬寧路、京蕪路、滬
　　杭路、廣九路、潮汕路等鐵路線及其他解放區一切敵偽交通要道
　　兩側之共軍，統應積極進攻，迫敵偽投降。

六、為配合蘇軍進入朝鮮作戰，令：

　　朝鮮義勇隊由華北現地，隨同八路軍進入東北，並組織在東北之

朝鮮人民，準備解放朝鮮。

七、共軍進入敵偽控制之城鎮要塞處，實施緊急軍事管制。

八月十三日，朱德、彭德懷上電蔣中正主席，妄指蔣氏十一日的命令「自相矛盾」。八月十四日，日本正式宣布無條件投降。蔣主席於當日電邀毛澤東到重慶共商國事。十五日，蔣主席以中國戰區最高統帥身分，指示在華日軍最高指揮官岡村寧次六項投降原則。不意，朱德亦於同日以「中國解放區抗日軍總司令」名義致電岡村寧次，要求日軍向共軍投降，當為岡村寧次拒絕。蓋同盟國業已通知日方，中國戰區所有日軍應向中國戰區盟軍最高統帥蔣中正無條件投降也。十六日，朱德再致電國民政府，提出六項要求。至其陰謀所在，蔣主席曾予以揭穿：

> 朱德的七道「命令」和六項要求，其企圖極為顯明，就是破壞國家統一，破壞軍令系統，採取自由行動，收繳日偽武器，占據及破壞交通要道，擴大匪區地盤，特別是依附俄蒙軍隊，割據我東北及熱察綏，分裂我國家，並以「聯合政府」的口號，向國民政府展開其政治鬥爭與顛覆活動。

儘管中共蠻橫悖理，蔣中正主席仍再電中共主席毛澤東至渝商談。至於受降問題，蔣主席亦電告中共，係依據同盟國的協議辦理，中共如服從軍令政令，自可考慮其參加受降。無如日本甫決定投降，中共即四出違令竄擾；中共既不遵受軍令政令，政府自難再派中共人員參與受降工作。外人有以政府所指派之受降大員中無一共黨人員為不公平者，殊不知中共抗命竄擾在先——八月十一日朱德即已下達命令；受降人員之決定在後——八月二十一日始將受降區域及受降主持人員派定交付日方。倘中共在抗戰勝利時能接受中央政令，政府必能滿足其要求，在受降工作中有適當的人員和適當的地位。

　　八年抗戰，使中共坐大。依據朱德在三十四年八月十九日致美、英、蘇三國政府的電報，中共在抗戰勝利時，已占領了近百萬平方公里的土地，控制了一萬萬以上的人民，「組織了一百萬以上的正規軍和二百二十多萬的民兵」，「在遼寧、熱河、察哈爾、綏遠、河北、山西、陝西、甘肅、寧夏、河南、山東、江蘇、安徽、湖北、湖南、江西、浙江、福建、廣東十九省建立了十九個大塊的解放區」。總之，中共在抗戰勝利時，已有足夠的人力和物力作為資本，因而敢於稱兵作亂，向政府挑戰。日本的侵略中國，帶給中共發展壯大的機會，因而日本社會團體訪問團於民國五十三年（1964年）訪問大陸時，毛澤東對他們說：「我們應該感謝日本；沒有日本軍閥進攻中國，我們現在還在山溝裏。」

研究與討論

一、抗戰初期，中共如何向政府輸誠，偽裝抗戰？

二、共軍在戰時違反政令、擅行擴張的情形如何？

三、「新四軍事件」是怎樣發生的？

四、國人於國共和談過程中，獲得些什麼教訓？

五、抗戰勝利後，中共何以敢於公然抗命，稱兵作亂？

◆第十一章◆
和談、行憲與戡亂

第一節　戰後的困難

一、勝利聲中的俄患

　　中國是第二次世界大戰的戰勝國，勝利的到來確在全國各地騰起了狂歡的熱潮。但勝利的歡呼聲中，也同時出現了災難又將來臨的隱憂。國民政府主席蔣中正先生預見戰後國步的艱難，於八月十五日發表的抗戰勝利廣播詞中，提醒國人：

> 戰爭確實停止以後的和平，必將昭示我們，正有艱鉅的工作，要我們以戰時同樣的痛苦，和比戰時更巨大的力量，去改造，去建設；或許在某一個時期，遇到某一種問題，會使我們覺得比戰時更加艱苦，更加困難，隨時隨地可以臨到我們的頭上。

　　總而言之，戰後的中國，迥然不同於美、英、蘇等戰時的盟邦，它們戰後的唯一要務是復員，中國則又遭遇到重重難關。新起的俄患，中共的倡亂，復員的困難，制憲的波折以及美國的干預等問題，迫使中華民國政府窮於應付，人民又要忍受更多更重且更久的災禍。

　　新的俄患，肇始於三十四年二月的《雅爾達密約》。蘇俄是於三十四年

（1945 年）八月八日對日宣戰的，次日蘇軍全力進攻東北。日本雖於八月十日即已決定要投降，但蘇軍並未停止進攻，於日本宣布投降兩週之後，蘇聯占領了中國東北全境及朝鮮北部 。蘇俄遠東軍總司令馬林諾夫斯基 (Rodin Y. Molinovsky) 暫時成為中國東北的主宰者，這是有史以來，東北第二次遭受到俄人軍事占領的噩運。

依據《中蘇友好同盟條約》的規定，蘇俄承諾「尊重中國在東三省之充分主權及領土行政之完整」，同意「予中國以道義上與軍需品及其他物質之援助——此項援助當完全供給中國中央政府即國民政府」，保證「在日本投降以後，蘇聯軍隊當於三星期內開始撤退」，「最多三個月足為完全撤退之期」。中國依據條約，並組織一個軍事代表團駐於俄軍總部所在地，負聯絡之責，代表團的團長為陸軍中將董彥平。

中國政府為接收東北主權並處置善後軍政事宜，決定在長春設立軍事委員會委員長東北行營，以熊式輝為主任，並將遼寧、吉林、黑龍江三省區域，劃分為遼寧、安東、遼北、吉林、松江、合江、黑龍江、嫩江、興安九省。東北行營設政治、經濟兩委員會，政治委員會主任委員由熊式輝兼任，經濟委員會主任委員政府發表張嘉璈出任，並兼中國長春鐵路（簡稱中長路）理事長。國民政府同時任命蔣經國為外交部駐東北特派員，會同熊、張兩氏辦理對俄交涉及接收事宜。

然而，對俄交涉一開始就不順利。蘇俄不僅不履行條約義務，反而對中國派遣行政人員及軍隊到東北接收主權，屢加阻撓，自三十四年九月至三十五年四月之八個月間，先後進行了下列破壞中國主權與政府尊嚴的行動：

一、藉口大連為商港，拒絕國軍由大連灣登陸，進入東北接收主權。

二、縱容中共軍隊擅行開進東北進占葫蘆島、營口等要港，妨礙國軍登陸；並包庇共軍於三十五年一月殺害撫順煤礦接收委員張莘夫。

三、拆運及破壞東北各地之工礦設備，妄稱此等設備為「戰利品」，總值在二十億美元以上。

四、把持東北鐵路及機場，限制中國軍運及空運；並非法解散中國地方自衛團隊。

五、提出條件苛刻之「經濟合作」要求，企圖控制東北全境之工礦資源。

六、屢次違約背信，延緩撤兵；於撤退四平、長春等要地時，並先期允許共軍進駐近郊，俄軍一撤共軍即行占領。

七、拒絕中國接收旅順、大連之行政權。

八、以擄獲日本關東軍之大量武器、物資及人員，武裝中共，支持其叛亂。

九、包庇及協助中共搶奪各地地方政權。

十、軍紀敗壞，姦淫擄掠。

東北局勢如此惡劣，而中共自關內開赴東北及在當地編組之所謂「民主聯軍」，至三十五年二月已在五十萬人以上。政府為維護國家主權與領土，不能不派遣精銳部隊至東北，東北因而成為烽火遍地之戰場，東北同胞於經過日人長達十四年的壓迫之下，再度陷於俄軍侵擾及中共叛亂的戰火中，誠然是一大悲劇。

外蒙的情形更令人沮喪。民國三十年（1941年）六月德蘇戰爭爆發後，蘇俄已將唐奴烏梁海（建偽號曰「土文人民共和國」）劃入其勢力範圍，三十三年八月正式予以合併。三十四年八月，外蒙竟亦宣布對日作戰，偽蒙軍侵入察、綏，與中共賀龍、蕭克等部合流。三十四年十月，於經過虛偽的「公民投票」後，正式脫離中國獨立。這一變化，對中華民國政府和人民，都是極大的損傷。三十六年六月，外蒙軍且在俄國飛機的掩護下，進侵新疆白塔山，引起國人極大憤慨。

蘇俄對新疆的侵略，由來已久。三十一年，中國政府的軍政人員進入新疆，俄人被迫撤退。三十三年八月之後，蘇俄則又利用新疆各民族間之複雜情勢，先後策動不滿分子發動阿山—伊犁等地的叛變，成立所謂「東土耳其斯坦共和國」，一度威脅迪化。三十四年八月抗戰勝利之時，亦正新

疆邊患烽火燎原之際，蘇俄飛機公然支持叛軍，轟炸烏蘇、精河等地國軍陣地。政府除派郭寄嶠入新處理外，決採取隱忍懷柔政策再派張治中與叛軍談判。三十五年一月，簽訂所謂「和平條款」，允許叛部首領阿合買提江等參加新疆省政府，是即所謂「聯合政府」。然糾紛並未完全解決，在俄人煽動下，新疆仍是動亂不安。

二、中共的挑釁

抗戰勝利後，政府面臨的最大困難是中共問題。中共的武力在進入東北並獲得俄國的支援後，已有足夠的力量向政府挑戰；故無論是和是戰，中共都居於決定性的地位。事實上，中共在三十三年以後即對政府採取挑釁的態度。三十四年七月，左舜生、傅斯年等六位參政員前往延安訪問，毛澤東即對左說：「蔣先生以為天無二日，民無二王，我不信邪，偏要出兩個太陽給他看看。」毛澤東既然要「出兩個太陽」，戰後稱叛已是預料中的事了。

八年苦戰之後，人民需要和平，政府也需要和平。政府對中共問題，仍願由談判解決。儘管共軍到處攻城掠池，蔣主席仍於八月十四日、二十日、二十三日，三次電邀毛澤東前去重慶共商和平建國問題。毛同意了，在赫爾利的陪同下，毛澤東和周恩來於八月二十八日飛到了重慶，開始了政府與中共間為時四十三天的「重慶會談」。

會談係於八月二十九日正式開始。政府代表為張羣、張治中、王世杰、邵力子；中共代表為周恩來、王若飛。前一週，為交換一般意見階段，九月四日起，開始談到實際問題。中共提出承認「解放區」，共軍參加受降、公平合理整編軍隊，召開黨派會議及成立「民主聯合政府」等問題，政府則堅持國家軍令政令統一與和平建國的原則，要求軍隊國家化，政治民主化。國人均曾熱烈希望中共放棄武力割據政策，尚在美國的胡適亦於八月二十四日致電毛澤東，勸毛「痛下決心，放棄武力，準備為中國建立一個

不靠武力的第二政黨」。但毛堅信「槍桿子裡出政權」，無論如何不肯交出軍隊。談判甚為不洽，一度面臨僵局，數經折衝，終於十月九日達成協議，於十月十日簽署，稱之為《雙十會談紀要》，中共則名之曰《雙十協定》。

中共同意和平建國的基本方針是：

一、同意「以和平、民主、團結、統一為基礎，並在蔣主席領導之下，長期合作，堅決避免內戰，建設獨立自由和富強的新中國，徹底實行三民主義」。

二、同意「蔣主席所倡導之軍隊國家化、政治民主化、及黨派平等合法，為達到和平建國必由之途徑」。

雙方於談判中，同意「結束訓政，由國民政府召開政治協商會議，邀集各黨派代表及社會賢達，協商國是，討論和平建國方案及召開國民大會各項問題」。但對於軍隊國家化問題及「解放區政權」問題，則未得協議，雙方同意繼續商談。

關於受降問題：中共要求重劃受降區，參加受降工作；政府表示中共接受中央命令之後，自可考慮允其參加受降工作。

毛澤東在重慶時，外表上表現不錯，九月十八日在國民參政會歡迎茶會中講話時，強調和平建國，團結統一，並曾高呼三民主義萬歲，蔣主席萬歲。十月九日離開重慶前夕，又說「中國只有一條路，就是和，和為貴，其他一切打算都是錯的」。然而，他於十月十一日飛返延安後，態度就完全變了，他

重慶會談合影（前排左起為赫爾利、蔣中正、毛澤東，後排左起為蔣經國、張羣、吳國楨）

說：「已經達成的協議，還只是紙上的東西。紙上的東西，並不等於現實的東西。」事實上，毛澤東在赴重慶前二日，曾命令共軍繼續攻勢，儘可能奪取或切斷鐵路。會談期間，中共在華北地區一連攻陷了二百多座城市，和談不過是武力進攻的煙幕而已。

三、接收與復員的障礙

由於中國抵抗日本侵略的戰爭長達八年，所遭受到的破壞與損失空前慘重，因而戰後的重建問題也較任何戰時的同盟國家更為吃力。魏德邁報告中即曾指出：

> 國民政府面臨著一個近乎不可能克服的重建與復興的嚴重問題。這種善後工作，即使在工業發達而受戰火損失較少的西歐諸國，若無成千上億的美國援助也無法解決；何況中國在抗戰八年之後，還得對付莫斯科指揮的共黨的攻擊。

的確，中共的阻撓與破壞，致使戰後的接收和復員無法如期完成。共黨占領區，自然談不到接收，京、滬、平、津等心臟地帶的接收，也因交通的破壞而困難重重。至於東北，由於俄軍的阻礙問題就更嚴重了。

政府面臨的最大困難，是交通運輸問題。國軍及政府機關從西南後方運送華東、華北和東北，自然需要大量的運輸工具——火車、輪船和飛機。華北和東北的鐵路多在共軍控制或在共軍包圍之中，國軍及政府機關均無法使用。海運及空運亦均賴美國協助，但海運須花費很多時間，空運的數量又極為有限，不僅國軍無法將充足的兵力迅速運往華北和東北的收復區，即國民政府亦遲至三十五年（1946 年）五月五日，始告遷都南京。運輸遲緩，當會喪失機先，且無法保持主動，運用自如，這是剿共戡亂失利的主要原因之一。

戰時，即已有通貨膨脹的情形。戰後由於社會的一時未能安定，經濟生產大受影響，復員重建就更感困難了。

研究與討論

一、俄軍如何於戰後違約侵據東北，劫掠資產？

二、中共何以不遵守「重慶會談」的協議？

三、政府在接收淪陷區政權時，面臨那些困難？

第二節　由政治協商到制憲行憲

一、政治協商會議

三十四年九、十月間的國共重慶會談，雙方同意由國民政府召開政治協商會議，討論召開國民大會問題。儘管共軍在重慶會談後依然四處竄擾，阻撓接收與復員，國民政府仍能克服困難，於三十五年（1946 年）一月十日正式召開政治協商會議於重慶。

政治協商會議的名額定為三十八人，其分配比例如下：國民黨八人，共產黨七人，民主同盟九人，青年黨五人，社會賢達九人。協商範圍有二：一為和平建國方案，二為國民大會召集有關事項。開會時由國民政府主席為主席，並由主席指派一人為祕書長，中共要求祕書長職務不能由政府人員擔任。蔣主席接納此一建議，派原任國民參政會副祕書長雷震為政治協商會議祕書長。

政治協商會議於一月十日開幕，分政府組織、施政綱領、國民大會、憲法草案、軍事問題五組進行，共開大會十次，至一月三十一日結束。達成五項協議，其要點如下：

一、政府改組案

㈠國民政府委員名額訂為四十人；半數由國民黨員充任，餘由國民黨以外各黨及社會賢達人士充任，均由國民政府主席提任之。

㈡國民政府委員會議事時，一般議案以出席委員過半數之通過；其性質涉及施政綱領之變更者，須由出席委員三分之二之贊成，始得議決。

㈢行政院各部會首長及不管部會之政務委員，半數由國民黨員擔任，半數由各黨派及無黨派人士參加。

二、和平建國綱領案

㈠遵奉三民主義為建國之最高指導原則。

㈡全國力量在蔣主席領導之下，團結一致，建設統一自由民主之新中國。

㈢確認蔣主席所倡導之「政治民主化」、「軍隊國家化」，及黨派平等合法，為達到和平建國必由之途徑。

㈣用政治方法解決政治糾紛，以保持國家之和平發展。

三、軍事問題案

㈠建軍原則為：軍隊屬於國家，改革軍隊制度，軍隊超出黨派及個人關係以外。

㈡整軍原則為：實行軍黨分立與軍民分治。

㈢實行以政治軍：改組軍事委員會為國防部，隸屬於行政院，國防部長不以軍人為限，設一建軍委員會由各方人士參加。

㈣實行整編：軍事三人小組應即商定軍隊整編及共軍編入國軍辦法。

四、國民大會案

㈠民國三十五年五月五日召開國民大會，第一屆國民大會之職權為制訂憲法，憲法之通過須經出席代表四分之三之通過為之。

㈡區域及職業代表一千二百名照舊。臺灣及東北新增區域及職業代

表共一百五十名,增加黨派及社會賢達代表七百名。

五、憲草修改原則案

㈠提出對《五五憲草》修改原則十二項。

㈡組織憲草審議委員會,根據修改原則,參酌各方提出之意見,加以整理,製成五五憲草修正案,提供國民大會採擇。

政治協商會議閉幕後,中共分子及其同路人有意渲染其成效,在各地發動「慶祝運動」,以製造假象。三十五年二月十日,有所謂「政治協商會議協進會」者發起在重慶較場口舉行慶祝大會,由於主席臺上未掛孫中山遺像及國旗與黨旗,而僅懸一紅筆描畫之「V」字,致引起部分與會者不滿,又因為總主席之爭——有人推李德全,有人推劉野樵,因而發生衝突,相互鬥毆,致劉野樵、郭沫若、李公樸、施復亮(存統)等受輕傷。郭、施原為中共分子,李為中共同路人,劉則為反對郭、李、施等人者。此即所謂「較場口事件」。中共誣為國民黨人發動之「迫害」行動,大肆喧囂,並發起所謂「反迫害運動」,製造社會不安。

二、中共阻撓召開國民大會

民國三十五年(1946年)五月五日召開國民大會以制訂憲法,本是政治協商會議的協議。國民政府依據此一協議進行籌備,中共卻主張先改組政府再開國民大會制憲,而對於國民政府委員名額的分配,力爭中共及民盟共占十四席,即超過府委四十名的三分之一,使其對於國民政府委員會於議決重要議案時,握有否決權。三、四月間,中共又在東北發動了軍事行動,於俄軍撤退後立即進占四平、長春、濱江(哈爾濱)等要地。同時在政治協商會議綜合小組中提議國民會議於二十五年五月制訂的《中華民國訓政時期約法》——為國民政府自二十年以後行使統治權的根本法,中共要求廢止而代以政治協商會議之協議,無異在制訂憲法之前,先動搖國民政府的基礎,而將政權移交於各黨各派。這一要求,國民政府當然無法

接受。中共因而拒絕提出參加國民大會之代表名單,民主同盟亦與中共倡和,對召開制憲國民大會一事實行杯葛。

　　三十四年十二月二十日,美國特使馬歇爾抵華,進行調處。調處的範圍,有軍事,也有政治。而馬氏所奉美國政府的使華訓令中,很明顯的要壓迫中華民國政府與中共及其他黨派組織「聯合政府」。馬歇爾本人對共產主義及共產黨均缺乏瞭解,又由於史迪威事件的影響對國民政府抱持成見,中共遂曲意拉攏,期使馬氏在調處過程中予中共以支持。

　　由於中共和民盟的阻撓,國民政府無法實現國民大會於五月五日召開的協議,因於四月二十四日宣布延期。七月三日,國防最高委員會第一九七次會議決議,國民大會延期至同年十一月十二日召開,次日由國民政府明令公布。中共則抵制如故,並於七月八日向政府提出抗議,反對國防最高委員會的決定。八月十日,馬歇爾與新任美國駐華大使司徒雷登 (John Leighton Stuart) 發表聯合聲明,對調處中國政局之前途,表示悲觀。

　　八月十四日,國民政府發表文告,聲明:十一月十二日的國民大會必須如期召開,政府的基礎將予擴大並以和平建國綱領為施政準繩,共軍須撤出威脅和平和阻礙交通的地區,政治紛爭採取政治解決辦法。九月三日,蔣主席接受馬歇爾的建議,於三人小組繼續調處軍事衝突外,另成立五人小組,商談政府改組及召開國民大會問題。

　　五人小組包括:政府代表二人:吳鐵城、張厲生;中共代表二人:周恩來、董必武;美國方面則為司徒雷登。但五人小組討論國民政府改組時,中共仍堅持在四十名國府委員中握有十四名以便否決重要議案的原議,以致無法獲致諒解。旋又以共軍圍攻大同而國軍欲收復張家口的軍事行動之衝突,五人小組更不能發生作用。十月五日,蔣主席下令停戰十天,中共則又提高其條件,軍事方面要求國軍退回一月十三日以前位置,政治方面要求國民政府改組後即行改組行政院。周恩來離京赴滬,拒不出席五人小組會議。聲稱政府如不停止對張家口之軍事行動,中共即認為和談已「全

面破裂」。

十月十一日，國民政府頒布十一月十二日國民大會召集令，第三方面人員亦進行斡旋，社會賢達人士並願讓出國府委員一名給中共，但仍遭中共拒絕。中共及民盟以不提出參加國民大會代表名單為抵制國民大會的手段，企圖迫使國民大會無法召集，其破壞行憲的用心已顯然可見，蓋其目的在奪取政權而非實施憲政也。

三、《中華民國憲法》的制訂

制憲國民大會原定三十五年十一月十二日開幕，屆時再宣布延期三天，以為對中共與民盟的最後讓步——期待其代表出席，然無結果。

十一月十五日上午十時，國民大會在南京國民大會堂正式開幕。出席各省區、各職業、各黨派及無黨派代表一千三百八十一人。各黨派中，中國國民黨、中國青年黨、中國民主社會黨之代表均出席，中共及民盟則拒絕參加。大會推年齡最高之代表吳敬恆為主席，主持開幕典禮。依大會程序，代表須於開幕典禮中宣誓，其詞為：「某某某敬以至誠代表中華民國人民，接受創立中華民國之孫先生之遺教，依法行使職權，並遵守國民大會之紀律。宣誓人某某某。中華民國三十五年十一月十五日。」

繼大會主席吳敬恆致詞後，蔣中正主席代表國民政府致歡迎詞，希望國民大會制訂出兼顧理想與現實，適合國情而又完善可行的憲法，以策長治久安。次日——十六日，全體代表赴靈谷寺致祭抗戰陣亡將士。十八日至二十二日均開預備會議，討論主席團選舉辦法及選舉主席團。當選者四十六人，有國民黨之蔣中正、孫科、于右任、張羣，青年黨之曾琦、左舜生、李璜，民主社會黨之徐傅霖、李大明，無黨派之胡適、莫德惠，新疆之阿合買提江，西藏之圖丹桑批，蒙古之白雲梯，海外之黃芸蘇，分為五組，執行主席團主席職務。主席團第一次會議決定，推洪蘭友為大會祕書長，陳啓天、雷震為副祕書長。

　　國民大會於十一月二十五日起，召開第一次會議。二十八日，國民政府提出中華民國憲法草案，由大會主席胡適代表接受，提付討論。至十二月二十五日，計開正式會議二十次，終於三讀通過《中華民國憲法》全文，並決議三十六年一月一日為憲法公布日期，同年十二月二十五日為憲法施行日期。二十五日下午，國民大會舉行閉幕典禮，由主席吳敬恆代表全體國民大會代表，將《中華民國憲法》及《憲法實施之準備程序》賫呈國民政府主席蔣中正。至是，國民大會的制憲任務，遂告順利完成。蔣主席接受憲法後，於三十五年十二月三十一日正式簽署，五院院長依次副署。次日——民國三十六年（1947 年）一月一日，國民政府發布命令：

　　　　國民大會制訂《中華民國憲法》，並訂於中華民國三十六年一月一日
　　　　公布，同年十二月二十五日施行，茲公布之。此令。

　　《中華民國憲法》首列〈引言〉，文曰：「中華民國國民大會受全體國

制憲完成後，制憲國民大會主席吳敬恆（右）將《中華民國憲法》交給國民政府主席蔣中正

民之付託，依據孫中山先生創立中華民國之遺教，為鞏固國權，保障民權，奠定社會安寧，增進人民福利，制訂本憲法，頒行全國，永矢咸遵。」正文凡十四章，一百七十五條，第一條規定：「中華民國基於三民主義，為民有、民治、民享之民主共和國。」這是中華民國的立國基礎所在。中華民國憲法另有兩項特色：

其一，第二章關於人民之權利與義務之規定，其於人權之保障極為充分而有力，較之任何民主國家之憲法均無遜色。

其二，第十三章規定中華民國之基本國策，於國防、外交、國民經濟、社會安全、教育文化及邊疆地區之施政方針，均有明確而開明之提示。其於外交政策方面，明定「尊重條約及聯合國憲章」，更為世界各國憲法中所不可多見。

四、國府擴組與政黨活動

憲法公布後，國民政府即開始準備實施憲政的工作。第一步，便是擴大政府的組織，以便於各黨各派及社會賢達人士參加。三十六年一月，中國國民黨即決定國民政府委員會及行政院先行改組，中國青年黨同意參加政府，民主社會黨亦表示支持國民政府改組方案。蔣中正以中國國民黨總裁身分，於一月十九日邀晤青年黨領袖左舜生、民主社會黨領袖張君勱，會商政府改組及共同施政方針之有關問題。國防最高委員會亦及時修正國民政府組織法，增設副主席一人。三月二十四日，國防最高委員會宣告結束。四月十六日，國民黨、青年黨、民社黨及社會賢達代表共五人簽署新的《國民政府施政綱領》——亦稱《共同施政綱領》，於四月十八日與改組令同時由國民政府發表。同日，國民政府明令公布改組後之國民政府副主席、五院院長及國民政府委員人選，名單如下：

國民政府副主席：孫科

國民政府委員：張繼、鄒魯、宋子文、翁文灝、王寵惠、章嘉、邵力

子、王世杰、蔣夢麟、鈕永建、吳忠信、陳布雷、曾
琦、陳啓天、余家菊、何魯之、伍憲子、胡海門、戢
翼翹、莫德惠、陳輝德、王雲五、鮑爾漢

五院院長：

行政院：張羣

立法院：孫科

司法院：居正

考試院：戴傳賢

監察院：于右任

以上國府委員計二十八人。原訂名額四十名中之十二名，仍盼中共及
民主同盟日後能夠參加。四月二十三日，改組後之國民政府委員會正式成
立，於首次會議中，決定行政院各部會首長及政務委員人選。

擴組後的國民政府，係民國建立以來第一次由參加制憲各黨派及無黨
派人士聯合組成的政府。已發表之二十八名國民政府委員中，國民黨籍十
七人，青年黨籍四人，民社黨籍三人，社會賢達四人。行政院政務委員及
各部會首長二十二人中，國民黨籍十四人，青年黨籍四人，民社黨籍二人，
社會賢達二人。

國民政府擴組前後，政黨活動亦趨於積極。中國國民黨於三十六年三
月及九月，先後舉行兩次中央全體會議，決定撤銷三民主義青年團，歸併於
黨，是為「黨團合併」，中央執行委員會同時增設青年部和理論研究委員會。

中國青年黨在戰時原為民主同盟的成員。戰後，鑒於民盟之一意媚共
附共，乃毅然退出民盟，且持反共立場，為參加制憲之第二大黨。

中國民主社會黨（簡稱民社黨），係由張君勱領導之中國國家社會黨與
伍憲子領導之中國民主憲政黨於三十五年八月二十二日合併而成，由張君
勱任黨魁。張氏參加政治協商會議，對憲法之修正獻議至多。制憲國民大
會開會，民社黨提出出席名單，並退出民主同盟。與國民、青年兩黨同為

推動中國民主憲政而努力。惜內部成員複雜，步驟難期一致，伍憲子一派則始終未允出任公職。

　　反對召開制憲國民大會者，為中共和民盟。中共之蓄意叛國，固無論矣。民盟成員則多係左傾學者與投機政客，一經中共滲透拉攏，即黨於中共。沈鈞儒、羅隆基、章伯鈞、黃炎培乃其尤者。蓋民盟與中共已於三十四年十月，三十五年五月，兩度洽商合作，民盟盟員且公然在中共區內任職。三十六年各地發生之學潮，多係民盟分子執行中共政策而發動者。三十六年十月，內政部宣布民盟為非法團體，民盟分子遂潛赴香港活動，三十八年則又前往共區投靠中共。

五、憲政政府成立

　　民國三十六年十二月二十五日，中華民國憲法開始施行，建國工作進入憲政時期。國民政府依據《憲法實施之準備程序》第五、第八條之規定，明令定於三十七年三月二十九日召開國民大會，選舉總統、副總統，以完成憲政政府的體制。蓋國大代表及立法與監察委員之選舉已近完成，新的中央民意機關亦須及時成立。

　　三十七年三月二十九日，行憲國民大會亦即第一屆國民大會在南京揭幕。本屆代表總額為三千零四十五人，報到者計為二千八百五十九人，出席開幕典禮者二千八百四十一人。開幕典禮由國民政府蔣主席主持，並致詞勗勉。四月二日，大會選出于右任等八十五人為主席團，推洪蘭友為祕書長。計共舉行預備會議六次，大會十六次，總統選舉大會一次，副總統選舉大會四次，通過各種議案八百九十九件。歷時三十四日，於五月一日閉幕。

　　第一屆國民大會的主要任務，為選舉總統、副總統。但由於中共已公開全面叛亂，國家已面臨危急情勢，莫德惠等一千二百零二人乃依照憲法第一百七十四條第一款程序，提出請制訂《動員戡亂時期臨時條款》案，

並經大會接受。四月十八日，大會第十二次會議通過此一要案。其內容計十一條，授權總統在動員戡亂時間，為避免國家或人民遭遇緊急危難，或應付財政經濟上重大變故，得經行政院會議之決議，為緊急處分，不受憲法第三十九條或四十三條所規定之限制。

總統選舉，各方面皆敦促蔣中正主席為候選人。吳敬恆、于右任、張伯苓、王雲五等於四月一日即開始聯署，推蔣中正為候選人。但蔣中正無意競選總統，他託王世杰徵求胡適意見，欲推胡適，胡氏經慎重考慮後不願接受。中國國民黨中央執行委員會召開臨時全體會議，仍請蔣中正為總統候選人，大會因於四月六日通過決議：第一任總統選舉，仍請蔣總裁競選，但黨不提名；本黨同志並得依法聯署提名，參加競選。

出席代表中志願聯署提名蔣中正為總統候選人者，達二千四百八十九人之多。司法院院長居正亦得一百零九人之聯署提名。四月十六日，國民大會遂正式公告蔣中正、居正為第一屆總統候選人。

四月十九日，國民大會舉行第十三次大會——亦即總統選舉大會，出席代表二千七百三十四人。選舉結果，蔣中正得二千四百三十票，居正得二百四十九票，蔣中正依法當選為中華民國行憲後第一任總統，由國民大會正式公告。

副總統選舉，情形比較複雜。依國民大會四月二十日之公告，副總統候選人為孫科、于右任、李宗仁、程潛、莫德惠、徐傅霖六人。二十三日至二十八日，國民大會舉行副總統選舉會三次，各候選人皆未得法定過半數之票數。國民大會乃引用總統、副總統選舉罷免法第五條準用同法第四條第三項第二款之規定，於二十九日舉行第四次副總統選舉會，就第三次選舉得票較多之二人——李宗仁、孫科，圈選一人。結果李宗仁以一千四百三十八票之較多數票，當選為中華民國行憲後第一任副總統。

五月二十日，蔣總統、李副總統在南京宣誓就職。由國民大會主席團主席吳敬恆監誓。蔣總統於就任致詞中，宣布施政方針為：鞏固國權，保

障民權，政治自由，經濟平等，整肅吏治，樹立紀綱；對外政策：擁護聯合國並加強聯合國之組織，推動國際合作；主張對日本寬大，但不使日本軍國主義復活。

立法委員的選舉，於三十七年一月完成，共選出七百六十人。其中女性立法委員八十二人，逾總額十分之一，為我國實施民主憲政之一大特色。五月八日，立法委員集會於南京，宣告行憲後之立法院正式成立。十七日，互選孫科為院長，陳立夫為副院長，同年十二月，孫科轉任行政院長，陳立夫辭職，立法院選童冠賢為院長，劉健羣副之。

總統就職後四日——五月二十四日，總統提名翁文灝為行政院長，咨請立法院同意，立法院於同日內決議同意以翁為行政院長，總統因於二十五日正式發表任命。三十一日，總統復任命行政院副院長、政務委員及各部會首長。副院長為顧孟餘，但顧不願就職，總統改任張厲生。行政院設

蔣中正（左）、李宗仁當選行憲後第一任總統、副總統

內政、外交、國防、財政、教育、司法行政、農林、工商、交通、社會、水利、地政、衛生、糧食十四部，資源、蒙藏、僑務三個委員會。各首長中，農林部長左舜生、工商部長陳啓天為青年黨籍，財政部長王雲五、交通部長俞大維、衛生部長周詒春為無黨無派人士。餘為國民黨籍。行政院祕書長為李惟果。

　　行憲後之司法院、考試院、監察院，均於三十七年六月成立。司法院長由總統提名經監察院同意，以王寵惠出任，副院長為石志泉。考試院院長亦由總統提名經監察院同意，為張伯苓，副院長為賈景德。監察院院長由監察委員互選，于右任當選為院長，劉哲為副院長。已報到之監察委員為一百七十八人。

研究與討論

一、何謂「政治協商會議」？

二、中共何以要阻撓行憲？

三、《中華民國憲法》是如何制訂的？

四、我國何時開始行憲？有何困難？

第三節　中共叛亂

一、邊打邊談

　　中共於民國十六年八月一日發動「南昌暴動」，是其武裝叛亂的開始。十六年到二十五年的十年間，統稱之為江西叛亂時期——中共名之曰「第一次國內革命戰爭」。二十六年參加抗戰後，進入以合法地位掩護非法活動時期，表面上擁護國民政府和蔣中正，實際上卻無時無地不在從事各種不

同形式的叛亂活動。抗戰勝利，中共蓄意全面叛亂，其目標簡直是要「接收」國民政府。三十四年至三十五年間，採取的是「邊打邊談」的政策；三十六年開始全面性武裝推翻政府的行動，至三十八年竟能竊據中國大陸，建立了中華人民共和國。

中共對若干詞彙的解釋，都已超越了尋常的意義，而帶有謀略戰的動機在內。如所謂「解放區」，實際的意義就是中共占領區，與民國二十年代初期之「蘇區」及稍後建立的一些「邊區」同一意義。同樣，在中共心目中的「和談」，目的並不是要停止衝突，而是一種戰爭的形式——是欺騙敵人的手段，和掩護自身軍事行動的煙幕，是一種政治作戰——用以實現軍事行動所無法達到的目的。因此，「邊打邊談」，事實上是一體兩面：打是直接實現作戰的目的；談是為了延緩對方的攻擊和消沉對方的士氣，掩護自身的企圖和行動，造成有利的氣氛和態勢，以間接實現作戰的目的。

三十四年八月，毛澤東應邀至重慶與政府進行談判。於離開延安前，中共中央發出通知，要「繼續攻勢」。以是重慶會談期間，中共的軍事行動並未停止。毛於十月十一日回到延安後，更公開表示要「針鋒相對，寸土必爭」，中共便進占了整個膠東半島，蘇北和太湖區域的若干地區，並對大同、歸綏等地發動了攻擊；更多的中共部隊則由山東和河北，進入東北。

十月二十一日，國軍第四十軍馬法五部與新八軍高樹勳部奉命沿平漢路北上，在磁縣、邯鄲一帶受到共軍的阻擊。經四天的戰鬥，馬法五戰敗被俘，高樹勳變節降敵。這件事發生於毛澤東自重慶返回延安後半個月，誠然是對重慶會談的一大諷刺。

十月二十四日，第十二戰區司令長官傅作義發表受降後遭受共軍攻擊情形，極為沉痛。他說：「我們連續退避了幾百里，從豐鎮、集寧、涼城、武川、和林、陶林，一直退避到綏包，而共產黨軍奔馳千里，連綏、包兩個孤城，也被團團圍困，猛攻不已，這就是全國所一致反對的『內戰』。」

十一月三日，交通部長俞飛鵬公布：華北地區鐵路遭共軍破壞者，達

一千四百一十三公里。俞氏並說明鐵路破壞情形：「以平漢路遭破壞最重，計有四百公里，津浦路一百六十公里，膠濟路六十四公里，北寧路十八公里，同蒲路一百五十六公里，平綏路情況不明，假定以百分之二十計算為一百五十公里，南新泰支線六十七公里，道清線六十二公里，臨棗線一百零三公里，滄石線一百六十五公里，六門溝支線十八公里，博山線五十公里，共計一千四百一十三公里。十月份內，平漢路遭受破壞達十七次之多，津浦路遭破壞達十八次，膠濟路亦有十次。其他各支線尚未計算在內，其中尚有工程艱鉅之橋樑，蓄水池，車站及電訊等設備，亦全遭破壞。」

　　鐵路之外，晉、魯等省礦場亦時遭共軍破壞，焦作煤礦的破壞情形尤重。共軍所到之處，地方行政人員及較為富裕之戶均被鬥爭或慘殺，山東一省被殺軍民即達二十三萬人。以是人民多流離失所，湧向城市，造成嚴重的難民問題。

　　十一月三十日，中共在江蘇、安徽兩省成立所謂「蘇皖邊區政府」。十二月九日，中共又成立「華中局」。十二月十六日，中共派周恩來、葉劍英、吳玉章、董必武、鄧穎超前往重慶，準備出席政府召集之政治協商會議，毛澤東卻於同月二十八日下令中共中央東北局，積極建立東北政治根據地，以群眾工作為中心，發動清算鬥爭，減租，增加工資，組織團體，建立「黨的核心」，組織民眾武裝，以建立「人民政權」。一手以武力建立地方政權，一手又在會議桌上要求政府予以承認，此即「邊打邊談」政策的運用，其手段之奸猾令人嘆為觀止。

二、馬歇爾調處

　　馬歇爾以美國總統杜魯門特使身分，來華調處國共紛爭，對中共極為有利。一則馬氏對國民政府與國民黨的若干領導人，心存芥蒂，二則他所奉到的訓令即在壓迫國民政府與中共組織「聯合政府」；故中共對馬歇爾於三十四年十二月前來中國，極盡歡迎與拉攏之能事。馬氏於十二月二十三

日抵達重慶，當日即接見了周恩來、葉劍英和董必武，並與民盟領導人張瀾、羅隆基等相晤，聽取其不實的偏見；對蔣主席給他介紹的三位國民政府高級官員——國防最高委員會祕書長王寵惠、國民黨中央黨部祕書長吳鐵城和中央組織部長陳立夫，卻故意冷落，陳立夫說他們「從未接到馬將軍的電話或通知召見」。

表面看來，馬歇爾的調處開始時頗為順利。三十五年一月五日，政府與中共同意各派一人，與馬氏合組為三人小組，會商停止衝突，恢復交通辦法。政府代表為張羣、中共代表為周恩來，馬歇爾則為三人小組的召集人。從一月七日至十日間，三人小組舉行六次會議後達成停戰協議，由政府及中共雙方同時下達於各軍指揮官。其要點：

一、一切戰鬥行動立即停止。

二、所有軍事調動一律停止；惟對於復員、換防、給養、行政及地方安全必要軍事調動乃屬例外。而且：

　　㈠對國民政府在長江以南整軍計劃之繼續實施，並不影響。

　　㈡國軍為恢復中國主權而開入東北九省，或在東北九省境內調動不受影響。

三、破壞與阻礙一切交通線（包括郵政在內）之行動必須停止；所有阻礙交通線之障礙物，應即拆除。

四、為實行停戰協定，應即在北平設一軍事調處執行部，由政府、中共及美國三方面各派一人組成之。所有必要命令及訓令，應由三方面代表一致同意，以國民政府主席名義，經軍事調處執行部發布之。

五、本命令三十五年一月十三日午後十二時起，在各地完全實施。

這就是第一次停戰令。北平軍事調處執行部於一月十四日成立，政府代表為鄭介民，中共代表為葉劍英，美方代表為饒伯森 (Walter S. Robertson)。馬歇爾於二月間，又促使國、共雙方於二月十一日簽署恢復華

國共調停三人小組（左起為張羣、馬歇爾、周恩來）

北、華中交通的協議，二十五日又簽署了《關於軍隊整編及統編中共部隊為國軍之基本方案》。同時，政治方面，政府召開的政治協商會議，亦獲得協議。馬氏於三月五日至六日訪問延安，毛澤東告訴他中共必用全力貫徹停戰、政治協商及整軍方案。馬歇爾因而沾沾自喜，認為調處工作即將完成，乃於三月十一日返美與國務院商經濟援華事宜。

　　事實證明馬歇爾的樂觀，過於天真。他不瞭解中共之同意「停戰」，目的是在爭取時間以進兵東北。從一月到三月間，中共從山西、河北、山東三省開入東北的部隊，最少在十三萬人以上。事實上，中共的挑釁行動，從未有一天停止。第一次停戰令發布後六天——一月十六日，共軍在撫順殺害了政府所派撫順煤礦接收委員張莘夫，又過了七天——一月二十三日，共軍即在俄軍的包庇下進入長春，迫使政府駐長春人員不得不暫時撤退。三月十四日，俄軍從瀋陽撤退事先並未通知國軍，而近郊共軍則四出攻擊，與國軍發生衝突。三天以後——三月十七日，俄軍撤離四平街後，共軍立即就進占這一戰略要地。四月十四日，長春俄軍撤離，共軍大舉進攻，於

四天後占領長春，重慶大公報斥之為「可恥的長春之戰」。一週後，哈爾濱亦為共軍占領。停戰三個月，共軍幾掩有大半個東北，華北各地亦屢作攻擊，情勢是越來越嚴重了。據軍事委員會公布，東北共軍自一月十三日停戰令生效後，曾發動攻擊二百八十七次，占縣十三，車站三十；圍城二十又九。

馬歇爾於四月十七日返回北平。他對共軍在東北的破壞停戰行動竟不加制止，反而提議裝備中共設於張家口的軍事學校及共軍十個師，當為蔣主席所拒。國軍為恢復東北主權，於五月中旬從瀋陽出擊，當於五月二十日克復四平，二十三日進入長春，並開始向哈爾濱攻擊前進。馬歇爾卻於此際數度要求蔣主席下令停戰。五月二十四日，蔣主席致函馬歇爾，告以只要中共能實踐其停戰協定與恢復交通辦法，以及實行統編方案各條款，國軍可以接受停戰之請求。經與馬歇爾數度磋商後，蔣主席於六月六日頒發了第二次停戰令，令東北國軍自六月七日起，停止攻擊前進及進擊。停戰期限為十五日。期滿，再延長八日，至六月三十日中午為止。

但事實上，共軍從未停戰。在東北、魯南、蘇北及山西，都一再發動攻擊。並又集結重兵圍攻大同。六月三十日，停戰期滿。七月二日，蔣主席召見周恩來，令其必須撤出共軍於近月內攻占之熱河承德、東北安東、山東膠濟路及蘇北等地，政治問題始可協商。

七月三日，國防最高委員會決議於三十五年十一月十二日召開國民大會，制訂憲法。周恩來表示中共不能接受這一決定。中共中央於七月七日發表一篇宣言，不僅攻擊國民政府，且對美國的對華政策不滿。十一日，民盟昆明負責人李公樸被刺殞命，十五日，李之同黨聞一多復被刺殺。中共引為藉口大肆作反政府宣傳，馬歇爾與新任美國駐華大使司徒雷登亦表示不滿，馬且要求政府、民盟及美國方面各派一人前往昆明調查。此無異干涉中國內政，政府自不能接受。八月十八日，杜魯門以行政命令制止中國購買美國剩餘軍火，切斷對中國的軍援達八個月之久。

　　八月十四日，蔣主席於抗戰勝利一週年文告中，提出六項和平解決時局方針。但中共拒不接受，其在蘇北和大同的攻擊行動且更加強。九月間，爭執焦點已轉向張家口問題。政府通知中共：如中共不停止進攻大同，國軍即將進攻延安、張家口。詎中共不加理會，國軍遂有進攻張家口之部署。周恩來隨即離京赴滬，迴避交涉；馬歇爾亦要求立即停戰，否則彼即退出調人地位。

　　十月五日，蔣主席接受馬歇爾的意見，決定停戰十日。在此十日內，由三人小組商談軍事問題，由五人小組商談政治問題。馬歇爾親去上海見周恩來，邀其回京商談，周則堅持：⑴政府對張家口必須無限期停止攻擊；⑵中共與民盟在國民政府委員會中，保有否決權；⑶國民大會的日期與代表名額，要由政協綜合小組協商解決。中共既不接受停戰十日的提議，國軍遂於十月十一日收復張家口。同月二十五日，國軍收復遼南重鎮安東。

　　國軍收復張家口的次日——十月十二日，國民政府發布十一月十二日召集國民大會令，中共及民盟均強烈反對。十一月八日，蔣主席發布第三次停戰令——自十一月十一日正午十二時起，全國軍隊一律停止戰鬥，期使中共作最後的考慮；國民大會亦宣布延期三日，希望中共的代表能夠參加；中共的答覆卻是：「停開國民大會。」

　　馬歇爾的調處，至是已完全失敗。他於民國三十六年（1947年）一月八日離華返美，行前發表了一項聲明，把調處失敗的責任，歸咎於「共產黨與國民黨之間幾乎是不可抗拒的完全的懷疑和不信任」，但他承認「國民大會已經通過了一部民主憲法」，馬歇爾返美後，被任命為美國國務卿。由於他在中國調處失敗的刺激，對中國事務不再積極，對中國政府亦懷芥蒂，致中美關係更趨於暗淡。

三、政府明令動員戡亂

　　民國三十六年一月一日，國民政府公布了《中華民國憲法》及《憲政

實施之準備程序》。然政府仍希望以政治談判方式解決中共問題，曾擬派張治中去延安商洽，但中共表示必須取消國民大會制訂的憲法並恢復一年前停戰時的軍事位置，始有商談的餘地。中共的要求，是政府無法接受的，這也說明中共的立場是：只要戰爭，不要和平。事實上，陳毅、劉伯承兩部共軍業已在魯南、魯西地區，開始對國軍實行猛烈的攻擊。

中共對美國態度也轉變了，開始發動大規模的「反美運動」。本來，三十五年七月二十九日，共軍即曾在河北安平對美軍攻擊，造成美軍二十餘人的傷亡，是即「安平事件」。但馬歇爾故意淡化了此一事件。同年十一月四日，中、美商約全文公布後，中共又引為藉口，發動民眾反對。十二月二十四日，北平發生女學生沈崇被美兵強姦案，中共乃又據以煽動學潮，進行全國性的反美宣傳。後來證明沈崇乃為一共黨職業學生，其「被姦」事件乃係出於中共的蓄謀。三十六年開始，中共的反美宣傳已轉向攻擊美國對華政策，指責美國援助國民政府進行內戰。

共軍發動攻擊，國軍亦開始還擊並出擊，三十六年三月以後，國軍分別在陝西、山東發動攻勢。西安綏靖公署主任胡宗南指揮第一軍董釗與第二十九軍劉戡兩部，於三月十四日向延安發動攻擊，經五天之戰鬥，於三月十九日攻克為中共占據十三年之久的延安。由於延安是中共的首府，國軍之勝利立即傳遍中外，對中共自是一項戰略性的大打擊。

山東的情勢，比較艱苦。國軍在徐州行營的指揮下，採穩紮穩打政策，欲包圍陳毅部共軍於沂蒙山區而殲滅之。四月中，津浦、膠濟兩路均告收復通車。五月十六日，第七十四師張靈甫部為共軍圍攻於孟良崮，張氏壯烈殉職，攻勢為之頓挫。六月，國軍再發動攻擊，在南麻與共軍激戰，獲得大捷。旋出穆陵關北上，於七月下旬與共軍主力激戰於臨朐，經八晝夜之搏鬥，共軍敗退，是為「臨朐大捷」。繼臨朐戰役之後，國軍復以昌濰地區為基地發動對膠東半島之攻擊。至十月一日收復煙臺，海軍亦進駐長山列島，膠東戰爭遂告一段落。

　　東北剿共戰事，亦進行激烈。自三十五年十一月起，林彪部共軍即不斷渡松花江南犯，均為國軍擊退。五月中旬，共軍再圍四平街，守軍第七十一軍陳明仁部苦戰四十餘日，巷戰肉搏，終將共軍擊退，是為「四平之捷」。是役共軍傷亡在五萬人以上，守軍傷亡亦極慘重。

　　中共於抗戰勝利後即四處竄擾，但仍沿用「八路軍」、「新四軍」番號，東北共軍則自號為「民主聯軍」。三十六年三月五日起，共軍一律改稱為「中國人民解放軍」，並擴大其兵員與編制，顯示其叛亂到底的決心。中共既已全面叛變，最高法院檢察署遂於三十六年六月二十五日訓令全國各高等法院首席檢察官，一體通緝毛澤東。

　　七月四日，國民政府明令厲行全國總動員，以戡平共軍叛亂。同月十八日，國民政府公布《動員戡亂完成憲政實施綱要》，決定一面行憲，一面戡亂。依據此一《綱要》，行政院為達成戡亂之目的，有權依國家總動員法之規定，隨時發布必要之命令；政府為維持安寧秩序，對於煽動叛亂之集會及其言論行動，亦得依法懲處。

四、社會動盪不安

　　中共於軍事叛亂外，復施展政治作戰的謀略，在各地煽動學潮，破壞金融，以製造社會的不安，增加政府的困擾。尤以經濟問題造成的災禍最為嚴重。

　　學潮多發生於通都大邑的有名大學，如昆明的雲南大學、武漢的武漢大學、南京的中央大學、上海的交通大學、北平的北京大學等，均曾有惹人注目的事件發生。學潮的動機多半是政治性的，策動者亦多為具有教授身分的中共與民盟分子，羅隆基、沈鈞儒、黃炎培等均曾公開講演，鼓動學生罷課遊行，反抗政府。其實，真正的共產黨徒都躲在幕後，受騙者多是一些純潔幼稚不明事理的學生。

　　戰後經濟的失調與混亂，乃係政府面臨的一項主要困難，不幸終於發

通貨膨脹嚴重，金圓券堆積如山，形同廢紙

展為一項嚴重的致命傷。經濟失調與混亂的原因甚多，主要者不外四端：
一為戰時消耗過鉅，生產萎縮，物資不足；二為中共破壞交通，濫發鈔票，
攻占鄉村及礦區，使城市經濟陷於孤立；三為軍用浩繁，開支增大，而美
援又幾告斷絕；四為人謀不臧，接收人員之無能與貪婪，破壞了生產，財
政當局的因應亦有缺失，喪失民間信用。

　　三十五年初，物價已開始失去控制，至三十六年二月，通貨膨脹已成
嚴重問題。政府於二月二十六日宣布經濟緊急措置方案，禁止黃金、美鈔
買賣，重施物價管制，但亦無法戡止漲風。年初，法幣發行總額為三萬五
千億，到了十月竟增至十萬億。戰爭越延長，開支越增加，物資越缺乏，
物價越上漲，民眾的生活越痛苦，對政府的怨懟越顯著。到三十七年夏間，
經濟已經瀕臨崩潰的邊緣了。

　　三十七年八月十九日，政府為挽救經濟財政危機正式頒布了《財政經

濟緊急處分令》，決自即日起，以金圓為貨幣單位，發行金圓券，收兌法幣及東北流通券，限期為同年九月三十日。規定金圓一元折合法幣三百萬元，東北流通券三十萬元，金圓二元折合銀幣一元，金圓四元折合美鈔一元。人民所有之黃金、白銀及外幣，均須於十二月三十一日前兌換金圓券。金圓券發行總額為二十億。政府為嚴格執行此一改革令，特派大員為經濟管制督導員，分赴上海、廣州及天津，執行督導。上海督導工作由蔣經國負責，雷厲風行，極有成效。但終以各方牽制過多，管制未能徹底。不到三個月，金圓券的幣信就完全破產了。財政部長王雲五遂亦引咎辭職。

研究與討論

一、中共如何運用其「邊打邊談」戰略？吾人可獲得些什麼教訓？

二、馬歇爾使華任務何以會失敗？

三、中共如何製造社會不安？

第四節　戡亂失利與政府播遷

一、軍事的挫敗

三十六年十月以前，國軍剿共是採攻勢，在陝北和膠東都獲得勝利。十月以後，便由於劉伯承、陳毅兩部共軍的侵入河南，形勢開始逆轉。無論是東北或華北，國軍都處於據守城市，嚴密防守的地位，喪失了戰場上的主動與機動力。

十一月十三日，聶榮臻部共軍攻陷石家莊。陝北的榆林被圍，東北行轅主任雖已由陳誠代替熊式輝，然因林彪部共軍的連續攻勢，而在兵力上捉襟見肘，難於應付。蔣中正主席於十一月下旬前往北平視察後，決定成

立「華北剿匪總司令部」，任命張垣綏靖主任傅作義為總司令，統一指揮晉、冀、熱、察、綏五省剿共軍事。

三十七年一月，政府改採分區防禦戰略，黃河以南劃分為二十個綏靖區。一月十七日，政府又調整東北軍政機構，設立東北剿匪總司令部，任命衛立煌為東北行轅副主任兼東北剿匪總司令。二十六日，行政院決議各省設保安司令部，以確保各省治安。

二、三月間，東北共軍又發動大規模攻勢。二月陷遼陽、鞍山、開原，三月占四平、永吉、阜新，使長春與瀋陽陷於孤立。陝北共軍彭德懷部亦發動反攻，於三月一日攻陷宜川，延安亦於四月二十二日再度為共軍所得。東北與西北的失利，於民心士氣的影響頗大。

三月中旬，山東共軍許世友部亦對膠濟路發動總攻，連陷張店、周村、博山、淄川等地，進圍昌樂、濰縣——扼膠濟路中樞且居山東心臟地帶之昌濰地區。濰縣經鏖戰月餘，於四月二十七日陷落。兩個月後，共軍又攻陷津浦路重鎮兗州。政府在山東只剩下濟南、青島、煙臺、臨沂四個據點。

河南情勢亦混亂而悲觀。共軍於四月五日陷洛陽，六月十八日陷開封，國軍雖又將兩城收復，但未能擊潰共軍主力，而黃泛地區激戰十數日，雙方傷亡均重。黃泛共軍雖未得逞，卻於七月九日攻陷湖北襄樊，武漢為之震動。政府設立華中剿匪總司令部於武漢，任白崇禧為總司令，屏藩長江。

八月間，山西太原、東北長春均在共軍優勢兵力的圍攻之下。九月初，陳毅部傾其全力圍攻濟南，並於九月二十四日攻陷。濟南之陷落為國軍一次重大挫敗，損失近十萬人。

濟南陷後，東北情勢亦迅速惡化。十月十四日，錦州被攻陷，十月十九日，長春失守。十月遼西會戰失敗。共軍乘勝進圍瀋陽，衛立煌棄城出走，瀋陽遂於十一月二日陷落。至是東北全境淪入中共之手。

十一月初，國軍與共軍都準備在徐州附近作一次主力決戰。中共把共軍改編為西北、中原、華東、華北、東北五個野戰軍，分別由彭德懷、劉

伯承、陳毅、聶榮臻、林彪任「司令員」，並以劉伯承、陳毅之全部及聶榮臻之一部兵力投注於徐州戰場。國軍則在總司令劉峙，副司令杜聿明的指揮下，集中黃百韜、邱清泉、胡璉、李彌、孫元良、李延年、黃維等兵團，合力禦敵。但由於指揮系統不一貫，軍事情報又有洩露之嫌，戰爭一開始，即立於不利地位。黃百韜、邱清泉均勇敢善戰，但黃又在碾莊苦戰兼旬後，自戕殉國。十一月三十日，國軍放棄徐州，轉進時被共軍包圍。邱清泉自殺，杜聿明被俘，李彌化裝脫險後經山東轉往青島。這是政府戡亂戰役中規模最大的一次決戰，國軍稱之為徐蚌會戰，中共名之曰淮海戰役；國軍輸了這次戰役，政局亦呈危疑震撼之勢了。

　　徐蚌會戰之同時，林彪部共軍進關與聶榮臻部共軍合圍平津。十二月初，平津外圍城鎮盡失，已臨決戰階段。由於傅作義猶疑不決，政府令其轉進，已不可能。乃決定撤退張家口，保衛平津。林彪部進攻天津，天津守軍陳長捷奮勇抵抗。經二十餘日之戰鬥，不幸於三十八年一月十五日城陷被俘。傅作義終亦決定降敵，北平名城於一月三十一日淪入中共之手，毛澤東其後以之為首都，復稱北京。

二、蔣中正下野與李宗仁求和

　　三十七年十一月東北撤守後，人心即開始浮動。幣制改革即金圓券政策失敗，行政院院長翁文灝辭職，美國對華採取觀望，亦均影響社會秩序。投機分子及失敗主義者遂有「和平談判」的醞釀。及徐蚌會戰失敗，少數軍政人員及民意代表亦開始醞釀「和平」。中共乘機放出口號：「蔣總統不下野，中共不和談」，於是以李宗仁、白崇禧為中心的舊桂系將領，遂開始直接間接的要求蔣中正下野，理由是：「蔣總統不下野，中共不肯言和，美援將更無望。」

　　十二月三十日，白崇禧自漢口發電，主張與中共言和。長沙綏靖公署主任程潛、河南省政府主席張軫亦發電附和。美國駐華大使司徒雷登以私

人身分告訴新任行政院長孫科，他「確實忠誠贊助和議運動」。李宗仁、甘介侯輩宣布的「和平主張」有五項要求：(1)蔣中正下野；(2)釋放政治犯；(3)言論集會自由；(4)兩軍各自撤退三十里；(5)劃上海為自由市，政府撤退駐軍；並任命各黨派人士組織上海聯合政府，政府與共黨代表在上海舉行和談。事實證明這只是李、甘等人一廂情願的想法，中共要求的是投降，而非和談。

蔣中正並不戀棧，但他關心國家命運和反共奮鬥的前途。他在三十八年元旦文告中，聲明：「個人進退出處，絕不縈懷，而一惟國民的公意是從。」三十八年一月二十一日，蔣中正發表《引退謀和文告》，宣布下野。總統職務依據憲法第四十九條之規定，由副總統李宗仁代行。蔣氏於同日下午離京返浙，李宗仁亦同時宣告代行總統職權。

李代總統宗仁本為「謀和」的主要發動者。他於代行總統職權後之次日——一月二十二日，即宣告願接受毛澤東一月十四日宣布之條件為和談的基礎。這八項條件，未經中央政治委員會決議亦未獲得行政院同意，李宗仁即行宣布接受，致中央政治委員會代理主席兼行政院長孫科深表不滿。孫亦不待李之同意，即將行政院遷往廣州。李宗仁因決定更換閣揆，孫院長於三月八日辭職，李氏於徵得立法院同意後，於三月十二日任命何應欽為行政院長。

李代總統宗仁急於與中共談和，於三月二十四日，正式派張治中、邵力子、黃紹竑、章士釗、李蒸、劉斐六人組成代表團，以邵力子為首席代表。中共亦於二十六日宣布以周恩來、林伯渠、林彪、葉劍英、李維漢五人為和談代表，周恩來為首席代表。約定談判於四月一日開始在北平舉行。周恩來提出所謂《國內和平協定》草案，共分八條二十四款，無異要政府全面投降，黃紹竑將此一「協定」送至南京，黨政各方面均一致反對。十九日，政府決定拒絕中共之無理要求。二十日，距中共最後通牒期限之前七小時，共軍開始炮轟江南國軍陣地，當夜，即分頭在荻港和江陰要塞地

區大舉渡江。

三、危急存亡之秋

　　三十八年四月二十一日，朱德和毛澤東下達總攻擊命令，其五個野戰軍遂同時開始行動。劉伯承、陳毅兩部分別在安徽、江蘇渡江南侵，於二十三日攻陷南京，繼於五月三日攻陷杭州，進而包圍上海。林彪部由平漢路直攻武漢，白崇禧部國軍主動撤退，共軍於五月十六日占領武漢。彭德懷部攻西安，於五月十二日陷之。胡宗南部國軍向漢中、成都轉進。六月間，馬繼援部國軍曾自蘭州東攻，初有斬獲，稱隴東大捷，然蘭州亦終於八月二十六日陷落。聶榮臻部圍攻太原已數月，至四月二十四日被攻陷，代理山西省政府主席梁敦厚，國大代表閻慧卿等五百餘人巷戰到最後，壯烈殉國，稱為「太原五百完人」。湯恩伯部國軍守衛上海，鏖戰三十餘日，至五月二十七日撤退。青島國軍劉安祺部亦奉命棄守，於六月二日離青島直撤海南，十餘萬人毫無損失，為各城市撤退之最為成功者，蔣經國先生認為是「不幸中之大幸」。

　　共軍開始渡江南侵之次日——四月二十二日，蔣中正以中國國民黨總裁身分召集李宗仁、何應欽、白崇禧、張羣、吳忠信、王世杰等在杭州，舉行會議，決定繼續作戰，並在中國國民黨中央常務委員會下設一非常委員會代替政治委員會，並由何應欽兼任國防部長，統一指揮。但李宗仁代總統對蔣總裁不憚，對行政院長何應欽亦不能推誠合作。何因於五月三十一日辭職，李宗仁經立法院同意後，以閻錫山為行政院長兼國防部長，政府在廣州始略呈安定。七月，政府明令成立東南軍政長官公署，以陳誠為長官，統一指揮蘇、浙、閩、臺之作戰。政府同時亦下令關閉中共占領下之所有港口。

　　七月十日，蔣中正應菲律賓總統季里諾 (Elpidio Quirino) 之邀請，赴菲訪問，舉行碧瑤會議，倡組遠東國家聯盟。蔣氏於同月十二日返國，十四

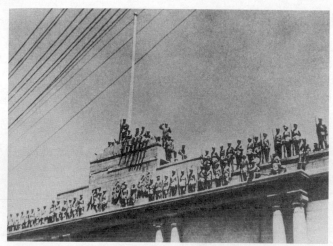
中共軍隊進入南京

日即去廣州與李、閻會商，並向中央政治委員會報告訪菲經過。十六日，中國國民黨中央非常委員會成立於廣州，蔣中正任主席，李宗仁為副主席，孫科等十二人為委員，開始進行黨務改造。二十一日，蔣中正離穗返臺。八月三日，自臺北飛定海轉赴韓國訪問。正當蔣中正啟程訪韓前夕，卻又有兩件不祥事件發生。一是八月四日，長沙綏靖公署主任程潛暨湖南省政府主席兼第一兵團司令官陳明仁突發表附共宣言，政府雖立即下令將程、陳免職查辦，任命黃杰為湖南省政府主席兼第一兵團司令官，但湖南全局因此敗壞，白崇禧未幾亦撤離衡陽，退入桂境。另一件不祥事件是美國國務院於八月五日發表了《對華關係白皮書》，把中國局勢惡化的責任完全諉之於中華民國政府，無異落井下石。

　　八月十六日，贛州失守。次日，共軍又攻陷福州。蔣中正為挽救危局，遂於八月二十三日由臺北飛往廣州，與李宗仁、閻錫山、顧祝同等會商保衛廣州戰略。二十四日，再飛重慶，召集西南軍政人員會議。蔣中正於九月十二日再飛成都，略作部署後返重慶，繼又冒險經昆明飛赴廣州。十月三日自廣州飛臺北，九天以後——十月十二日，廣州即告陷落，國民政府

宣布遷往重慶辦公。李宗仁卻飛往桂林；桂林失守，即去南寧；不再與政府一致行動。

東南共軍於十月十六日，攻占廈門，二十一日，攻占汕頭。二十四日夜，廈門共軍發動對金門的登陸戰，卻為國軍高魁元等部全部殲滅，是為「金門大捷」，為三十八年一年內國軍惟一之大勝利，對臺灣本島之安全影響至大。十一月三日，定海國軍又將進犯登步島之共軍全數殲滅，是為「登步大捷」，舟山群島因得確保。

共軍劉伯誠部於十月間進軍廣西時，白崇禧放棄大陸作戰，將其總部移於海口，共軍未遭受任何抵抗。自湖南退入廣西之黃杰部，最後乃退入越南，被解除武裝。黃部官兵及義民學生近三萬人，羈越近四年，至四十二年始由政府接運來臺。

桂、黔變色，四川告急。閻錫山院長自重慶致電蔣中正懇赴重慶，有「非鈞座蒞渝，難期挽救」之語。張羣亦數度電請，謂李宗仁亦將至渝，共扶危局。蔣中正因於十一月十四日由臺北飛重慶。這是蔣中正三十八年內第二次的西南之行，也是最後的一次西南之行。蔣中正到重慶的當日，即電邀李宗仁來渝，但李宗仁並不奉召，反於十一月二十日飛往香港，旋又以「醫病」為名，於十二月四日舉家飛往美國。以代總統地位於時局危急之際，棄職遠颺，誠屬無勇無義。蔣中正在蔣經國隨侍下，主持軍政，應付危局，直至共軍逼近重慶近郊時，方於十一月三十日離開重慶，飛往成都。同日，重慶、南寧均告陷落。

成都的情形，較重慶更為複雜而險惡。鄧錫侯、劉文輝、熊克武等已萌叛意。所幸胡宗南部奉命於十二月七日接防成都，由第三軍軍長盛文兼任成都防衛總司令，秩序乃得暫時維持。然劉文輝、鄧錫侯、盧漢等人決定叛變，局勢已不可為，蔣中正經與張羣、閻錫山等研商後，決定中央政府遷設臺北，大本營設於西昌，令胡宗南以西南長官公署副長官兼參謀長身分，指揮各部，支持危局。

從十二月七日起，成都保衛戰即已展開。胡宗南部與共軍及叛軍苦戰兼旬，一度收復康定，但終以寡不敵眾，分途突圍向西昌轉進。共軍於十二月二十六日占領成都。胡宗南率部在西昌艱苦支持，直到三十九年三月二十七日始告棄守。

四、政府遷設臺北

中央政府自三十八年四月撤離南京後，一遷廣州，二遷重慶，三遷成都。同年十二月七日，行政院決議遷設臺北。八日，閻錫山院長抵臺，宣布行政院於次日即在臺北正式開始辦公，召開首次院會。同月十一日，中國國民黨中央黨部亦遷至臺北。

十二月八日，臺灣省參議會議長黃朝琴（1897～1972 年）於三十九年度行政會議中，鄭重表示：「臺省民眾一向擁護中央，當一致歡迎中央政府來臺。」參加會議之各縣市參議會正副議長及各界代表四百餘人，亦熱烈鼓掌，表示歡迎政府遷臺之意。

政府遷臺後，除積極支援西昌和海南的軍事需要外，並對有關人事作局部調整。十二月十五日，行政院決議改組臺灣省政府，原任主席陳誠專任東南長官，任命吳國楨為主席；同時將西康省政府主席劉文輝撤職，以賀國光繼任。行政院各部會首長，多數已來臺執行職務，惟內政部長李漢魂赴美，經濟部長劉航琛、交通部長端木傑滯留香港，劉航琛且涉及貪污叛國罪案，行政院決議即行免職，由嚴家淦接掌經濟部。其他各部則俟於三十九年三月行政院改組時，重新任命。

研究與討論

一、國軍在戡亂戰爭中失利，有些什麼教訓？

二、李宗仁於戡亂戰役中有些什麼錯誤？

三、金門大捷對戡亂局勢有何影響？

◆第十二章◆
臺海兩岸的對峙

第一節 光復初期的臺灣

一、臺籍志士參加抗戰

　　臺灣是中國人開闢的疆土，絕大多數的臺灣居民都是來自中國大陸的移民。清政府因甲午戰敗（1894 年）迫訂《馬關條約》，把臺灣割讓給日本人，然而「臺灣同胞因不甘淪於異族統治起而反抗，其後五十年間的反日運動可說是史不絕書」。

　　臺灣同胞的抗日行動，有兩個方向：一是在臺灣島內推動議會請願運動與保存中華文化運動；一是回到中國大陸參與中國的革命與復興工作，希望於中國強大後湔雪國恥，達到抗日復臺的目的。回到大陸去的臺灣同胞，多為有愛國懷抱的志士，如連橫（雅堂）、謝東閔、黃朝琴、翁俊明、丘琮（念台）、洪炎秋、宋斐如（文瑞）、連震東、陳漢平、鄒洪、黃國書、王民寧、李友邦、李萬居、游彌堅、謝掙強等，都曾先後參加國民政府領導下的抗日救國行列。

　　民國二十六年（1937 年）七月抗日戰爭爆發後，全國同胞無分省籍、性別和職業，無不一致奮起，為維護民族生存與國家獨立而戰。原在大陸倡導反日復臺的臺籍志士，亦無不奮臂而起。臺灣被視為是中國的「老淪陷區」，收復臺灣乃成為抗日戰爭的主要目標之一。民國二十七年（1938

年）四月一日，領導抗戰的蔣中正委員長以新任中國國民黨總裁身分，在中國國民黨臨時全國代表大會席上宣告：「臺灣是我們中國的領土」，「恢復臺灣失土為我們的職志。」無異向世界宣布中國要收復臺灣的決心。

繼蔣中正總裁的宣告之後，臺籍志士立即開始各革命團體的團結行動，並且更加明確的宣示其抗日復臺的決心。當時在大陸的各個臺灣革命團體，臺灣民族革命總同盟等，先於民國二十九年三月二十九日組成臺灣革命團體聯合會，繼於民國三十年二月十日組成臺灣革命同盟會，在中國國民黨的領導下，團結臺籍志士進行抗日復臺的工作。其會章明定其組織宗旨：

> 本會在中國國民黨領導之下，以集中一切臺灣革命力量，打倒日本帝國主義，光復臺灣，與祖國協力建設三民主義新中國為宗旨。

另一個臺籍志士組成，參加抗日的團體，是活躍於浙、閩沿海的臺灣義勇隊，負責人為李友邦。這是一支小型的武裝組織，直屬於國民政府軍事委員會。民國二十八年一月成立籌備處，設本部於浙江金華。隊員人數不足二百人，另附設醫院、少年團等單位，總人數不會超過四百人。其力量雖微不足道，所代表的意義卻甚重要，因為這是在抗日戰鬥序列中唯一代表臺灣同胞參加抗戰的地區性武裝力量，而且也確曾於三十二年六月間，配合國軍對廈門發動過突擊日軍的行動。

抗戰期間，中國國民黨也設置了臺灣黨部，其全稱為：中國國民黨直屬臺灣黨部。係於民國二十九年奉准設立籌備處，設於香港，由翁俊明負責。三十年十二月香港淪陷後，遷設於廣東曲江，旋又遷江西泰和，後又遷移至福建漳州。民國三十二年（1943 年）三月，正式改稱為臺灣黨部，直屬於中央組織部。主任委員為翁俊明，書記長為林忠，委員有謝東閔、丘念台等人；曾於泰和設立幹部訓練班，培訓臺籍黨務幹部。

這些代表臺灣同胞參加抗戰的團體，於配合抗戰國策發展組織及從事

戰地心戰活動外，更努力於敵情的研究與宣傳。臺灣革命同盟會創刊《新臺灣》、《臺灣民聲報》，編刊之系列《臺灣問題叢書》，臺灣義勇隊編刊之《臺灣先鋒》、《臺灣青年》及《臺灣革命叢書》，直屬臺灣黨部編印之《臺灣問題參考資料》等，都是立場明確，內容充實的優良宣傳教材，也是臺灣同胞在大陸參加抗日戰爭的最佳文證。

二、臺灣的光復

　　民國三十二年（1943 年）十二月三日，美、中、英三國開羅會議宣言公布，中華民國於戰後收復臺灣已獲得主要盟國政府的承認，國民政府遂即開始策劃戰後接收事宜。三十三年（1944 年）三月中，蔣中正主席令於中央設計局內設立臺灣調查委員會，從事調查臺灣實際狀況，儲訓幹部人才，並研擬戰後接收臺灣的各項計劃。籌備就緒，臺灣調查委員會遂於同年四月十七日——臺灣割於日本之第四十九週年紀念日，正式成立。是為自甲午（1894 年）戰敗以來，中國政府設立專責機構研擬臺灣接收事務之始。

　　國民政府令派陳儀（1883～1950 年）為臺灣調查委員會主任委員，沈仲九、王芃生、錢宗起、周一鶚、夏濤聲等委員，臺籍人士李友邦、李萬居、謝南光、黃朝琴、林嘯崑、游彌堅、宋斐如、林忠等人，先後被延攬為專任或兼任委員或專門委員。

　　臺灣調查委員會之工作，其主要者有三：

　　一為設計臺灣接收計畫：該會曾先後擬定《臺灣接收及復員計畫綱要》及《臺灣接管計畫綱要》兩項草案，提供政府參考。後者內容至為完備，計含十六節，共八十二條，分別規定通則、內政、外交、軍事、財政、金融、工礦商業、教育文化、交通、農業、社會、糧食、司法、水利、衛生、土地各方面之接管辦法，呈由國民政府主席於民國三十四年（1945 年）三月十四日修正核定後公布實施。

　　二為儲訓有關部門之幹部人才：臺灣調查委員會奉准先後與中央警官

學校舉辦臺灣警察幹部講習班，與中央訓練團合辦臺灣行政幹部訓練班，與四行聯合總辦事處合辦臺灣銀行人員調訓班。

三為就調查所得，分類編輯臺灣概況叢書：計次第編成行政制度、財政、金融、貿易、交通、教育、衛生、戶政、社會事業、警察制度、農業、林業、礦業等十三種，均交由中央訓練團陸續出版。該會並曾分類翻譯日人治臺有關法令，交中央訓練團印發臺灣行政幹部訓練班學員研參。

民國三十四年（1945 年）八月十四日，日本政府宣布向同盟國無條件投降，國民政府遂即展開準備接收臺灣的實際行動。八月二十七日，國民政府主席蔣中正手令陳儀為臺灣行政長官，連同陳儀提出之《臺灣行政公署組織綱要》送交國防最高委員會審議。蔣主席令於臺灣下加一省字，復經國防最高委員會決議，咨復國民政府於八月二十九日當日明令特任陳儀為臺灣省行政長官。至《臺灣省行政長官公署組織大綱》，至九月二十一日始由行政院修正後正式公布。

民國三十四年九月一日，臺灣省行政長官公署暨臺灣省警備總司令部在重慶成立。同月三日，陸軍總司令何應欽致送備忘錄給日軍駐華總司令岡村寧次，轉達中國戰區盟軍最高統帥蔣中正命令，令其轉令臺澎地區日軍最高指揮官，臺灣總督兼第十方面軍司令官安藤利吉，即行準備向陳儀投降。

陳儀決定派出先遣人員，在臺北設立前進指揮所。他派臺灣省行政長官公署祕書長葛敬恩為前進指揮所主任，率同幕僚人員及新聞機構特派員等八十餘人，於十月五日進駐臺北。十日──中華民國國慶日，臺北正式升起青天白日滿地紅的國旗，臺北各界首次舉行中華民國雙十國慶慶祝大會，林獻堂以臺灣省國慶慶祝大會暨臺胞代表名義，上電國民政府主席蔣中正，表達敬意。

首批受降部隊國軍第七十軍於十月十七日登陸基隆，陳儀長官則係於十月二十四日飛抵臺北。受降典禮安排於十月二十五日上午十時，在臺北

公會堂（今中山堂）舉行，由陳儀
親自接受日軍投降代表安藤利吉簽
署之降書。從此日起，臺灣重歸中
國版圖，成為中華民國的一省。十
月二十五日，也就成為臺灣光復節。

三、不幸的二二八事件

　　臺灣光復，大部分的臺灣民眾
都感到興奮鼓舞，以為從此解除了
日本人的殖民統治，可以安享幸
福，因而熱烈歡迎國軍的到來，並
積極學講國語，學讀漢文。有人把
這種心情稱之為「祖國意識」。也

臺灣受降典禮

有一小部分日化程度很深以及曾為日本軍人戰敗返鄉後失業的人，對中國
並不認同，甚至想發動抗拒的行動，這就是「臺獨思想」的最早根源。

　　一位臺籍知識分子很冷靜的說：「日本統治臺灣最大的成功，是使臺灣
人對中國不大瞭解；也使中國人不大瞭解臺灣。」這是很正確的評述。臺
灣同胞在心理上，具有「因民族精神所引發對祖國熱烈強韌的向心力」，實
際上，卻對祖國的政治制度、社會狀況、國民心理及戰爭造成的苦難和災
禍，所知不多。另一方面，中華民國政府和人民，雖對臺灣土地和人民具
有深度的認同感和同胞愛，但對臺灣當時的政情民情缺乏瞭解，有些措施
甚至與臺灣民意大相違背。尤其對臺灣當時的日化現象，急欲矯正，如大
力推行國語等政策，也不無操之過急之失。總之，五十年的日本統治，造
成了祖國和臺灣之間不少差異和隔閡，更加光復後省政措施的失當，致使
民怨沸騰，人心背離，終於在光復一年又四個月之後，於民國三十六年
（1947 年）二月二十八日爆發了臺灣民眾反抗省政當局的變亂——是即

「二二八事件」。開始是臺灣群眾不分青紅皂白的攻擊政府機關，毆打劫殺大陸在臺公教人員，及軍隊來臺鎮壓，實施「清鄉」，又肆行濫捕濫殺，致使不少臺籍知識分子及社會人士，沉冤難雪。這一慘痛的不幸事件，加深了省籍隔閡，破壞了民族情感，於臺灣政治社會的發展發生了相當程度的負面影響，也留下了至今難以撫平的社會傷痕。

此一不幸事件的發生，背景至為複雜。當時奉命前來臺北查辦此一事件的閩臺監察使楊亮功氏，在其調查報告中指出事件的主要原因有十項：

一、臺灣人民對於祖國觀念之錯誤；二、日人之遺毒；三、物價高漲與失業增加之影響；四、政府統制政策之失當；五、一部分公務員貪污失職及能力薄弱之影響；六、輿論不當之影響；七、政治野心家之鼓吹；八、共產黨之乘機煽動；九、治安防衛武力之薄弱；十、廣播無線電臺為暴民控制之影響。

近年來，歷史學者亦有對此一不幸事件進行學術研究者，其使用的史料範圍更見擴廣，論述的態度亦更為客觀，其對造成此一不幸事件的因素，已能作多角度的觀察與分析。當事人有的已發表了回憶文字，史政機關也從事過口述史的訪問，對此一事件的澄清自有其某種程度的幫助。行政院設立了財團法人「二二八事件紀念基金會」，對臺籍受難家屬給予適當的補償，各地亦有二二八紀念碑、紀念館的設立，受難人士及家屬亦多能走出悲情，共同致力於社會的和平與族群的和諧。然亦有若干主張臺灣獨立之人，藉此事件煽動反中華民國的傳播，言詞難免流於武斷而偏激。

二二八紀念碑

身為臺灣省最高軍政長官，陳儀對

此事件的發生與處理，自難逃避其應負的責任。然由於此項錯誤而視其為罪大惡極之人，亦失其平。平心而言，陳儀當時的施政方針，消極方面要解除人民痛苦，積極方面為人民謀福利，大原則並非不正確，問題在於舊弊未能革除，新弊又紛至沓來，制度人事都有了問題，終至民怨爆發，不可收拾。

四、陳誠與臺灣新政

　　二二八事件發生後，除閩臺監察使楊亮功、監察委員何漢文來臺查辦外，國民政府主席蔣中正亦派新任國防部長白崇禧來臺宣慰。楊、白均有報告呈送政府，臺籍人士亦多所建議，國民政府遂決定撤換陳儀，並撤銷臺灣省行政長官公署，另成立臺灣省政府，行政院於三十六年四月二十二日作成決議，並任命魏道明為臺灣省政府主席；各廳增設副廳長，延攬臺籍人士出任。

　　五月十五日，臺灣省政府正式成立。主席魏道明處事態度和平穩重，與臺籍人士相處融洽。省府委員中臺籍人士已占半數，民政廳長丘念台，教育廳副廳長謝東閔等聲譽素著，頗洽輿情。省府從事於省政復員重建工作，採取若干放寬限制的措施，冀能「從安定中求繁榮」，情況雖漸好轉，但基本危機並未消除。事實上，臺灣社會人心深受大陸戡亂情勢變化的影響，中共在臺又有地下組織從事煽惑，臺灣人民心理上自然充滿了焦慮和不安。

　　民國三十七年（1948年）十二月徐蚌會戰失敗後，人心動搖，李宗仁、程潛、白崇禧等軍政大員主張與中共和談，並要求蔣中正總統下野。蔣氏於決定下野前，考慮要選擇一地區作為最後的基地，以圖恢復。他選定的基地就是臺灣，曾說：「只要有了臺灣，共產黨就無奈我何。」

　　基於這一考慮，蔣中正授意行政院於十二月二十九日任命陳誠為臺灣省政府主席，中央常務委員會亦於次日舉行之第一七四次會議決議，以蔣

經國為臺灣省黨部主任委員。蔣經國並未到臺就職。陳誠接獲臺灣省政府主席之任命後，於民國三十八年一月五日視事。同月十六日，國防部任命陳誠兼任臺灣省警備總司令，彭孟緝為副總司令。陳氏自知責任重大，且局勢已岌岌可危，因而凡所措施，「自不可不從遠處大處著眼，而不能以經常的省政自囿」。

　　陳誠在以後一年的省政措施中，確實是以革命的精神，作大刀闊斧的改革，以英國工黨執政的政績為借鑑，以「人民至上，民生第一」為號召。蔣中正總統並曾親筆致電陳誠，指示治臺方針，原電謂：

> 今後治臺方鍼：一、多方引用臺灣學識較優，資望素孚之人士參加政府；二、特別培植臺灣有為之青年與組訓；三、收攬人心，安定地方，以消弭二二八事變之裂痕；四、處事穩重，對下和藹，切不可躁急，亦不可操切，毋求速功速效，亦不必多訂計劃，總以腳踏實地做事，而不多發議論；五、每日特別注重各種制度之建立，注意治事方法，與檢點用人標準，不可專憑熱情與個人主觀；六、勤求己過、用人自輔，此為補救吾人過去躁急驕矜疏忽，以致今日失敗之大過。望共勉之。

　　陳誠自東北失敗，頗受責難。此次主臺，乃全心全意以保此反共基地。所定主要軍政措施是：

一、實施「三七五減租」。

二、疏運及搶運各種物資。

三、增產糧食。

四、整頓公營事業。

五、實施入（出）境管制。

六、宣布戒嚴。

七、改革幣制。

八、召開行政會議。

九、成立地方自治研究委員會，準備實行地方自治。

十、推行計劃教育。

上開各項措施中，以實施「三七五減租」、入出境管制及戒嚴、幣制改革三者，最具成效，於臺灣之安定與發展最具影響力，然亦最具挑戰性。蓋實施「三七五減租」，乃打破當時的租佃制度，大地主並非情願；實施入出境管理，致使大陸若干機構及人員無法自由進入臺灣，因而引起一部分立法委員的抗議與質疑；實施幣制改革，亦因由於大陸實施金圓券失敗的慘痛經驗，及當時財政狀況的惡劣，亦被認為是一項冒險。陳誠懲前毖後，斷然為之，他以穩實做法將負作用減至最低限度，終於獲致了令人滿意的成功，中外人士大為稱頌，視為陳氏一生最光榮的政績。

三七五減租乃土地改革的第一步。民國四十年起，政府復實施公地放領，及耕者有其田政策，逐步實現民生主義平均地權的理想。

臺灣之實施入境管制，始自三十八年二月十八日臺灣省政府公布之《軍公人員及旅客入境暫行辦法》，三月一日起開始實施。依此「辦法」，任何人從大陸來臺灣，必須先行申請經審查核准後乃可入境。據陳誠自述其決心實施此項辦法的用意：「入境辦法最大的作用，即在一方面防止共諜的潛入，使中共的滲透戰術，無法施展於臺島，同時並預防人口的過分增加，以減輕臺民的負擔。所以這個辦法，實無異是臺灣在政治上與經濟上的一個重要防波堤。」

五月中旬，上海保衛戰全面展開，東南各省亦均備戰，臺灣因於五月二十日，由臺灣省政府、臺灣省警備總司令部聯銜發布戒字第一號布告：「為確保本省治安秩序，特自五月二十日零時起，宣告全省戒嚴。」臺灣省政府復依據《戒嚴法》第三條第四項及第十一條第九項之規定，於繼續嚴格執行入境辦法外，並再訂頒出境辦法一種。兩種辦法合併一起，即後

舊臺幣（右）和新臺幣（左）

來實施三十餘年的《臺灣省出入境辦法》。

臺灣的幣制改革，係將光復初期奉准發行流通的舊臺幣，改為新臺幣。臺灣在日據時代，通行日幣，光復後日幣禁止使用，中國法幣亦暫不准流行，另由臺灣銀行發行臺幣供過渡時期使用。

民國三十七年（1948 年）十月以後，由於大陸金圓券的失敗，連帶影響到臺幣的幣值貶低，致造成通貨膨脹的危機。陳誠決定以自上海運臺之黃金為準備金，即行實施幣制改革。六月十五日，臺灣省政府宣布實施改革幣制。

改革幣制的重要規定，有下述七點：

一、由臺灣銀行發行新臺幣總額二億元。

二、為求新臺幣幣制穩定，以美金為計算標準。

三、新臺幣對美金之匯率，以新臺幣五元折合美金一元，較戰前之幣值略低，足以刺激生產增進出口。

四、新臺幣對舊臺幣之折合率，定為舊臺幣四萬元，折合新臺幣一元。並限於三十八年十二月三十一日以前限制兌換新臺幣。在兌換期間，舊臺幣亦可照上列折合率流通行使。

五、黃金、白銀、外匯及可換外匯之物資，作為十足準備金。

六、新臺幣在省內，得透過黃金儲蓄辦法兌換黃金；在省外，得透過進出口貿易兌換進口所需之外匯。故新臺幣之發行，係以金銀外匯十足準備，以五元兌一美元之比率聯繫於美金，對外放棄與金圓券之聯繫，以免受金圓券貶值之影響。

七、由臺灣省政府聘請省參議會、審計處、高等法院、財政部派駐臺灣銀行監理，財政廳、會計處、省商聯會、銀行商業同業公會及

臺銀代表各一人，組織新臺幣發行準備監理委員會，負責新臺幣發行準備之檢查保管及發行數額之監督事宜，以昭大信於全民。

臺灣幣制改革，進行極為順利。社會乃得維持穩定，物價亦沒有大波動。此項成功，陳誠認為其主要原因為基金充足。他說：「新臺幣的發行基金，非常充足。我們預定發行二億，至今還沒有達到這個數字，相反地，我們的準備卻超過二億。」計畫的周詳與各項措施的密切配合，也是成功的必要條件。

三十八年八月十五日陳誠就任東南軍政長官後，對於東南軍隊的整理更有充分權力。凡獲准許退駐臺灣的軍隊，都經過淘汰和縮編，以核實真正的人數和裝備，從而加以整訓。董顯光記述此事，謂陳氏「把老弱無能的軍官裁撤了幾萬人」、「撤消了軍隊中六十個番號」，經此番整頓後，「自由中國的軍隊便構成每單位員額充滿的堅強核心」。

研究與討論

一、何以有人說「對日抗戰，臺灣沒有缺席」？

二、從「二二八事件」中，得到些什麼教訓？

三、何謂「三七五減租」？實施成功的因素是那些？

第二節　內政建設與外交奮鬥

一、蔣中正復職後的新局面

武力侵占臺灣，乃中共既定政策。早在民國三十八年三月間，即李宗仁代總統正與中共磋商進行和談之際，中共即已決定了進攻臺灣的計畫。三月十五日，新華社發表了〈中國人民一定要解放臺灣〉的時評，宣稱：

「中國人民解放鬥爭的任務就在解放全中國，直到解放臺灣、海南島和屬於中國的最後一片土地為止。」同年四月，共軍渡江南進，幾乎未遭遇到抵抗即已席捲大半個江南。九月四日，《人民日報》再發表〈打到臺灣去，解放臺灣同胞〉的時評，表示其必將攻占臺灣的決心。十月，中共政權建立，於同年十二月三十一日發表《告前線將士和全國同胞書》，復以堅定的語氣聲言：「1950 年的光榮戰鬥任務，就是解放臺灣、海南島和西藏。」

　　共軍步步進逼，決心要攻占臺灣，中華民國政府則決心保衛臺灣，以留日後反攻大陸的基地。蔣中正於民國三十八年十二月二十五日——臺灣光復四週年之日，發表《告全省同胞書》，亦申言：「只要我們中華民族能夠確保臺灣，就是我們中華民國整個領土主權光復的保證。」

　　民國三十九年（1950 年）上半年，中共侵臺戰爭已是箭在弦上，實為臺灣命運的最危險時期。中華民國新敗之際，有沒有力量抵抗中共優勢兵力的入侵呢？由於代總統李宗仁棄職赴美，中樞主持無人，國軍士氣低落，社會人心不安，國人對國家前途，無不深感憂慮。各界人士，咸認為非敦促蔣中正復行總統職務，將無其他生路可尋，因競相籲請蔣氏以國家前途為重，即行恢復行使總統職務，以濟時艱。中國國民黨中央常務委員會於三十九年一月二十三日決議在先，國民大會代表於二月一日決議在後；中央非常委員會並於二月二十一日致電李宗仁請其於三日內返回臺北，否則即應放棄代總統職權。但李仍支吾其詞。二月二十四日，立法院正式決議請求蔣中正復職。次日，監察院提出「彈劾李代總統案」。至是李氏自絕於國人，蔣中正遂亦決定不計毀譽，於三月一日，在臺北復行視事。他發表一項簡短文告，切盼國內外愛國同胞、三軍將士及政府官員，「為恢復中華民國之領土、主權，拯救淪陷同胞之生命、自由，維護世界之和平、安全，同心同德，奮鬥到底」。

　　三月三日，蔣中正總統在招待國民大會在臺代表的茶會中，宣布復職後的四項施政方針：

一、軍事上，先要鞏固臺灣基地，進圖光復大陸。

二、國防上，先要盡其在我，自力更生；同時要聯合世界上民主國家，
　　共同反共，一致奮鬥。

三、經濟上，以勞動為第一，提倡節約，獎勵生產。

四、政治上，尊重民意，屬行法治。

三月五日，蔣中正總統開始重新安排政府的人事。次日，他接受行政院長閻錫山的辭職，提名陳誠為行政院長，經獲得立法院的同意。十二日，正式發表行政院各部會首長及政務委員人選，並任命王世杰為總統府祕書長。軍事方面，特任周至柔為參謀總長兼空軍總司令，孫立人為陸軍總司令，馬紀壯為海軍總司令，蔣經國為總政治部主任；稍後並責成蔣經國，屬行政工改制，重建國軍的政治訓練系統。

蔣中正總統為確保臺澎為反攻大陸的基地，戰略上採取了及時而明智的行動：於五月間，下令將海南島和舟山群島的國軍撤退到臺灣本島。臺灣的防衛力量因此大為加強，終使共軍不敢貿然作進攻臺灣的冒險。及六月二十五日，北韓共軍進攻南韓的戰事爆發。美國總統杜魯門宣布派遣第七艦隊巡弋臺灣海峽，暫時隔絕大陸對臺灣及臺灣對大陸的攻擊，臺灣的安全始暫時獲得保障。

韓戰爆發後，中美關係隨之有了顯著的改善，美國先派藍欽 (Karl L. Rankin) 為代辦常駐臺北，駐韓聯軍統帥麥克阿瑟 (Dauglas MacArthur) 亦於七月二十一日來臺北訪問，與蔣總統共商遠東情勢之應付方針。美國雖未接受我國派兵援韓的建議，杜魯門總統的對華態度雖亦未必十分堅定，但卻恢復了對中華民國的軍經援助，並派遣一個軍事顧問團進駐臺北，由蔡斯少將 (William C. Chase) 為團長。四十二年（1953年）二月，美國新任總統艾森豪 (Dwight D. Eisenhower) 宣布解除臺灣中立化，不再限制中華民國武裝部隊對大陸的行動。三月，並正式任命藍欽公使為駐華大使。四十三年（1954年）十二月二日，中美間更在華盛頓簽訂了《中美共同防禦

條約》，奠定了此後二十七年間中美合作抗拒中共侵略的基礎。

　　美國對華的另一項友好表現，是促成了《中日和平條約》的簽訂。自三十九年六月韓戰爆發後，美國即決心締結對日和約，杜魯門總統乃派杜勒斯 (John F. Dulles) 為對日和約專使，與有關各國洽商，因有四十年（1951 年）九月四日舊金山和會的召開。中國對日作戰最早，時間最久，犧牲最重，貢獻亦最大，參加對日和會乃理所當然的事。美國初亦有意邀請中華民國參加，但由於英國反對，我國竟未被邀請。九月八日，金山對日和約簽字，中國亦未參加。幸杜勒斯已於五月間取得日本首相吉田茂的承諾，日本於批准多邊和約後，即單獨與中華民國洽訂和約。四十年十二月一日，我國允許日本在臺北設立海外事務所，由木村四郎七為所長。杜勒斯同時赴東京力促吉田茂實踐五月間所作諾言，日本遂於四十一年（1952 年）一月十六日發表致杜勒斯函，表示願與中華民國簽訂和約。二月十二日，日本派河田烈為全權代表，木村四郎七為首席團員，共十七人，組成「使華談判全權代表團」。同月十五日，蔣總統特派外交部長葉公超為商訂對日和約代表，政務次長胡慶育為副代表，薛毓麒等為代表，準備談判。日本代表團於二月十七日飛抵臺北，中日和會於民國四十一年（1952 年）二月二十日在外交部會議室開幕。經過六十七天的談判，中間經過不少周折，終於在四月二十七日達成協議，於四十一年四月二十八日下午三時——金山和約生效前七小時，中日和約正式在臺北簽字。雙方依法定程序批准，於同年八月五日在臺北互換批准書後，即時生效。同月，中日兩國互派董顯光與芳澤謙吉為復交後首任特命全權大使。

　　另一件外交要案，是我國向聯合國提出的「控蘇案」——向聯合國大會控訴蘇俄違約侵略，以求判定蘇聯的罪責。本案係三十八年八月三十一日經行政院會議決定，由我國駐聯合國代表團向聯合國大會提出。經首席代表蔣廷黻（1895～1965 年）近三年的奮鬥，與聯合國第一委員會即政治及安全委員會、過渡委員會即俗稱小型聯大的數度討論與表決，終於在民

國四十二年（1953 年）二月一日，經聯合國第六屆大會表決通過，判定蘇聯「自日本投降後，在其對待中國的關係上，實未曾履行 1945 年 8 月 14 日《中蘇友好同盟條約》」。

　　四十二年二月十五日，蔣中正總統頒布命令廢止《中蘇友好同盟條約》，並保留我國及人民對於蘇聯違背條約及其附件所受之損失，向蘇聯提出要求之權。《中蘇友好同盟條約》既明令廢止，依此條約而發生的外蒙古獨立遂失去法理依據，因而政府仍認定外蒙為中華民國領土。中共則承認外蒙的獨立國地位，外蒙且已加入聯合國，故外蒙問題仍被視為是懸而未決之問題。

　　蔣中正復職後對內的一項重要革新行動，是中國國民黨實行改造。早在三十八年七月，蔣氏即以中國國民黨總裁身分，向中央常會第二〇四次會議提出「中國國民黨改造案」，並經通過。七月十六日，成立中央非常委員會以代行中央政治委員會職權，又決定設立總裁辦公室於臺北，同月二十六日設立革命實踐研究院，均為黨務改造的初步實施。三十九年七月二十二日，中央常務委員會再度通過「中國國民黨改造案」，同月二十六日，蔣總裁發表十六位中央改造委員名單：陳誠、張其昀、張道藩、谷正綱、鄭彥棻、陳雪屏、胡健中、袁守謙、崔書琴、谷鳳翔、曾虛白、蔣經國、蕭自誠、沈昌煥、郭澄、連震東。八月五日，中央改造委員會正式成立。

　　此次國民黨的改造，其最顯著的特色，是確定中國國民黨的屬性為一「革命民主政黨」，其組織基礎亦予以擴大。明定「以青年知識分子及農、工生產者等廣大勞動民眾為社會基礎」。其奮鬥的目標則為：國家獨立、人民自由、政治民主、經濟平等、世界和平。其路線一方面堅持反共抗俄的鬥爭，一方面實施民生主義的建設，一方面要求黨員歸隊及登記，並加強黨的活動與紀律。改造工作於四十一年十月完成。同年十月十日，召開第七次全國代表大會於臺北，產生第七屆中央委員會，決心「以犧牲的精神重振革命的事業」，擔負起中興復國的艱鉅任務。

　　中央改造委員會於四十一年一月三十一日，決議籌組中國青年反共救國團，由蔣中正總統於三月二十九日青年節文告中正式提出號召。同年十月三十一日，中國青年反共救國團即在臺北正式成立。由蔣經國任主任。救國團是一個教育性、群眾性與戰鬥性的團體，配合教育政策推行愛國教育與戰鬥技能訓練，輔導青年學術進修並獎助研究發明，發動農村，社會及軍中服務，成就均極顯著。解嚴以後，順應政治情勢的轉變，救國團已改變其宗旨及組織形態，向內政部登記為人民團體，與中國國民黨已無關聯。

二、臺灣建設的推進

　　臺灣光復的初期，由於戰時日人的搜刮，以及遭受到盟國空軍的嚴重轟炸，生產事業均陷於停滯狀態，人民生活極為困苦。省政當局一時無力迅速恢復，中央政府又受困於中共的全面叛亂，無力顧及臺灣，因而造成了臺灣復員的遲緩。至三十八年一月，陳誠就任省府主席後經濟建設始行奠定初基。中央政府遷臺以後，於保衛臺灣之際，同時亦大力策劃建設「臺灣為三民主義的模範省」。

　　三十九年四月五日，行政院頒布《臺灣省各縣市實施地方自治綱要》，令臺灣省開始辦理地方自治，以促進民權的發展。為配合地方自治的實施，政府於三十九年八月重新調整了行政區劃，將原來的八縣九市，重加劃分為十六縣，五個市。四十年一月，各縣市首次選舉縣市議員，成立了縣市議會；四月，縣市長開始由民選產生。臺灣光復後，即依《省參議會組織條例》，設有省參議會。四十年十二月，省參議會改為臨時省議會；至四十八年六月，正式成立臺灣省議會。至是，臺灣之民意機構已完全建立，自鄉鎮縣轄市民代表至省議員，行政人員由村里長至縣市長，均由各縣市公民直接選舉產生。五十八年起，臺、閩自由地區開始辦理中央民意代表增補選，民權的行使已及於中央政府。

　　臺灣實施土地改革之成功，名聞國際。此一依據民生主義而實施的土

地改革政策，事實上分為兩個階段：三十八年政府實施耕地「三七五減租」，四十年開始實施的「公地放領」，與四十二年開始推行的「耕者有其田」，係屬第一階段的農地改革。四十三年開始實施都市平均地權政策，四十九年以後又實施農地重劃，可視作是第一階段土地改革的延長。第一階段的土地改革消滅了不公平的租佃制度，達成土地所有權的重新合理分配，使絕大多數的佃農變成自耕農──做到了「耕者有其田」，不但改善了農民的生活，而且帶動了農業建設和耕地的有效利用，使農村得以繁榮而進步，成為世界上開發中國家土地改革的楷模。日本民主社會黨的領袖西尾末廣，且認為臺灣的土地改革，比日本的土地改革更值得注意和讚揚。

民國六十八年開始，政府決定推行第二階段的土地改革。其主要措施，即「提供擴大農場經營之購地貸款」、「推行共同、委託及合作經營」、「加速辦理農地重劃」、「加強推行農業機械化」與「配合措施」，旨在使臺灣的家庭農場透過土地改革措施以擴大規模，並達成農業現代化經營的目的。此亦社會趨向工商業急劇發達之後，必須有的農業保護與配合措施，目前正在逐步實施中。

由於農業的發展和農技的進步，政府從四十八年起，開始農技援外：派遣農業技術團或農技隊到亞、非及南美各國，協助並教導其農民發展農業。參加此一工作的機構，有中國農村復興委員會──簡稱農復會，省農會及農業院校，技援的項目包括耕作技術、作物品種改良、水利運輸、農場制度、科學知識、畜類醫療等，成績極為良好。此項農技援外工作，至民國六十九年達到高潮。計先後派遣八十一個技術團隊，分赴五十五個國家工作。目前，尚有三十多個團隊，分別在二十二個國家中繼續工作，極受歡迎。

臺灣經濟發展的快速與繁榮，被認為是一項奇蹟。蓋臺灣為一海島，資源有限，政府於經濟發展上，一方面要有完整的計畫，循序以進；一方面不能不著重於對外貿易，以便資源與技術得到適當的配合和調節。四十

二年起，開始實施第一期經濟建設四年計畫。其後二十餘年內，連續執行了六期四年計畫，已使我國的經濟建設，由農業經濟社會進入工業經濟社會。目前，更以發展精密工業為重點，期使我國的經濟發展升級。

　　經濟發展的早期，美國的經濟援助自不失為一項助力。自民國三十九年至五十七年（1950～1968 年）止，各類經援款額為十五億四千六百八十萬美元，中華民國政府都予以有效的運用。五十七年美援停止後，我國經濟仍能維持高速度的成長，頗令外人刮目相視，認為是開發中國家最為成功的範例。

　　臺灣光復五十年來，教育的普及與進步，亦屬驚人。自五十七年起，國民義務教育延長為九年——國民小學六年，國民中學三年；目前國民小學的就學率已超過百分之九十九，國小畢業生的升學率亦逾百分之九十九，國民教育的普及，與世界任何進步國家比較，均不遜色。中等教育係以高中與高職為主，近年高職的發展遠較高中為速，民國七十年時，高中與高職已成三與七之比。全省各師範學校，均已改制為專科，師資的素質顯著提高。高等教育的快速發展，尤為顯著。三十九年政府遷臺時，僅有大專學校七所，學生六千餘人。至民國七十二學年度時，全國有大專學校一百零五所（大學十六所，獨立學院十二所，專科學校七十七所），在學學生三十九萬五千一百五十三人。其中研究所有二百六十所，研究生九千六百四十七人。外國在華留學生計有四千零八十七人，其國籍包括美、日、韓、法、沙烏地阿拉伯等六十三國。

　　民國四十年代，政府全力推行政治、經濟、文化、社會的改革。社會風氣方面，要求做到「新、速、實、簡」，社會制度與內容方面，則就勞工保險、就業輔導、福利服務、社區發展、社會救助、善良秩序、治安維護等方面，採取廣泛而有效的措施。中國國民黨歷次全國代表大會均制訂社會政策，立法院亦於七十三年通過《勞動基準法》，對勞工同胞的福利有了更多的保障。當前的政策是：經由經濟發展與社會政策的配合實施，逐漸

縮小貧富的差距，以實現全民樂利，富而好禮的民生主義社會。

國防建設的進步，較一般社會建設為快速而徹底。三十九年起，國軍從事全面整建工作，政治教育的加強與武器裝備的更新乃其重點。四十七年八月，中共發動臺海戰役，妄圖以猛烈之炮擊之後，登陸金門。但無論是陸上的炮戰，空中的空戰及海上的海戰，國軍的威力均足以壓制共軍，贏得臺海的勝利。國軍教育系統極為完備，三軍官校及政戰學校等專業學校，亦均採行新制，由教育部頒授學士與碩士學位。中山科學院的建立，於國防尖端科學及新式戰備的研究和製造，貢獻尤多。

安置退除役官兵的成功，更為我國堪以自豪的事。國軍建立退除役制度後，行政院設立國軍退除役官兵輔導委員會，進行就業、就學的輔導與安養、醫療的照顧。數字可觀的退除役人員獻身於國家建設，中部橫貫公路的闢建，退除役人員的貢獻為最大。四十五年五月，輔導會成立榮民工程處。目前已發展為國內規模最大的工程單位之一，不僅承擔國內的主要建設工程，且在印尼、沙烏地阿拉伯、南非及南美若干地區承包道路、港灣、機場、浚渫、電力及水利工程，績效優異，建立了良好的信譽和形象。

當然，中華民國的安定、進步與繁榮，有賴於執政黨即中國國民黨的決策與領導。執政黨於四十一年十月召開第七次全國代表大會，選舉陳誠、蔣經國等三十二人為中央委員，建立起堅強有力的領導中心。陳誠於四十三年當選為副總統，四十六年十月復經執政黨第八次全國代表大會選舉為副總裁，輔佐蔣中正總統兼總裁主持黨國大政，至為得力。臺灣中部的西螺大橋和北部的石門水庫，都是陳氏行政院長任內建成的。四十九年三月，第一屆國民大會第三次大會開會，陳氏當選連任副總統，並兼行政院長。五十二年十一月，執政黨舉行第九次全國代表大會於臺北，陳氏連任副總裁。惟以健康關係辭去行政院長職務，蔣中正總統特任嚴家淦為行政院長。五十四年三月，陳誠副總統逝世。五十五年三月，國民大會選舉蔣中正連任總統，嚴家淦為副總統。蔣經國則以國防部部長，輔弼嚴兼院長主持政

務。五十八年三月，執政黨第十次全國代表大會在臺北舉行。六月，蔣經國受任為行政院副院長，主持《財政經濟金融會報》，並兼經濟合作發展委員會主任委員，負推動經濟建設之主要領導責任。

三、外交的挫折與因應

儘管中華民國在臺灣的建設成就輝煌，卻也不斷的遭受到國際政治中逆流的衝擊。早在韓戰期間（1950～1953年），由美、英、印度等國的一部分政客即曾不斷的就所謂「臺灣地位問題」，進行祕密接觸，數度造成「震撼」。韓戰結束之後，國際情勢略趨穩定，但每年一次的聯合國大會，政府都為應付共黨與親共國家對我席位所發動的挑戰，煞費周章。且由於中共日趨強大，國際情勢發生變化，承認中共政權的國家增多，我國在國際關係方面的肆應，亦益為艱難。

民國五十三年（1964年）二月，法國承認中共，中華民國政府宣布與法國斷絕外交關係。這一事件，對我國發生了兩種不利的影響：一是在聯合國五常任理事國中，已有蘇、英、法三國承認中共，占五分之三的優勢，於我國代表權的表決將助長排我的力量；二是若干原屬法國殖民地的非洲新興國家，將步法國後塵，承認中共。所幸此際美國態度至為堅定，法國之承認中共雖對我構成傷害，但未造成嚴重之危機。

五十八年起，中日間發生了釣魚臺列嶼——日人稱為尖閣群島——主權問題的爭議。釣魚臺列嶼在臺灣本島北部海面中，含八個無人小島，東距琉球宮古島二百浬，南距臺灣基隆一百二十浬。在歷史上，該地自古即為中國冊封琉球專使之指路標，為中國與琉球之界山，在地理上，釣魚臺列嶼為中國大陸礁層之尖端，與琉球以「琉球海槽」相隔絕；無論就歷史紀錄或地理位置及地質聯結方面而言，中國均擁有主權。據調查，釣魚臺海底有石油礦藏，中國政府遂與美國海灣石油公司訂約予以探勘並開採。而日本則認為「尖閣群島」屬於琉球，擅在島上樹立石碑，認作是「沖繩

縣石垣市字登野城二三九二番地」，日本外相愛知揆一也聲稱此群島為日本所有，並向中華民國提出抗議。

釣魚臺列嶼之爭，為主權問題，政府據理力爭，態度嚴正，青年學生及海外留學生尤群情激憤，幾有不可控制之勢，形成「保衛釣魚臺運動」——簡稱「保釣運動」。爭論達三年之久，未得解決，美國國務院於民國六十年（1971年）六月將琉球主權交還日本，雖聲明釣魚臺主權事仍待中日兩國洽商解決，但我朝野極表不滿。我政府認美國無權將琉球主權交還日本，將對琉球問題保留發言權利，琉球暨釣魚臺主權問題乃成為中日間的一項重要懸案。

釣魚臺列嶼爭議聲中，加拿大、意大利於五十九年（1970年）十月承認中共，我國均宣布與之斷交。六十年一月，智利承認中共，開南美諸國承認中共之先例。我國除與智利斷交外，益加警惕。

外交上最大的困難，來自美國。尼克森 (Richard Nixon) 於 1968 年 2 月邀請中共記者採訪美國總統大選，次年 7 月放寬對中共貿易及旅行的限制，又次年宣布與中共恢復華沙會談，這都是尼克森蓄意要改變對華政策的明證。1971 年（民國六十年）2 月，尼克森發表的世局咨文明顯的要「以和談代對抗」，中華民國外交部即深表關切並堅決反對。3 月，美國政府取消前往中國大陸旅行的限制，4 月，美國的乒乓球隊即應中共之邀請往訪大陸，展開了所謂「乒乓外交」。美國拉攏中共計劃與之建交的意圖已極為明顯，此舉勢將造成對我國空前劇烈的震撼和打擊。6 月 15 日，蔣總統中正即發表〈我們國家的立場和國民的精神〉專文，激勉國人為應付即將到來的困境，必須「莊敬自強」、「處變不驚」、「慎謀能斷」。蔣總統提示國人：

「只要大家能夠莊敬自強，處變不驚，慎謀能斷，堅持國家及國民獨立不撓的精神，亦就是鬥志而不鬥氣，那就沒有經不起的考驗，衝不破的難關，也沒有打不倒的敵人！」

尼克森先派其國務卿季辛吉 (Henry Kissenger) 祕密訪問北京，與周恩來達成雙方建立關係的諒解。1971 年 7 月 15 日，尼克森即宣布將於次年（1972 年，民國六十一年） 5 月以前訪問中國大陸，形成當時國際間的「尼克森震撼」。

美國改變對華政策，直接受到影響的自然是中華民國在聯合國的席位問題——亦即「中國代表權」問題。美國國務院宣布，美國將贊成中共加入聯合國，但反對排除中華民國；但這種「兩個中國」的做法，事實上是不可能的事。六十年（1971 年）十月二十五日，第二十六屆聯合國大會通過接納中共入會並排除我國的決議前，我國出席聯大代表團團長周書楷即發表嚴正聲明，宣布中華民國決定退出聯合國。

民國六十一年（1972 年）二月二十一日，尼克森飛抵北京訪問。二十七日，尼克森與周恩來在上海發表《尼周公報》——通稱《上海公報》，承認臺灣是中國的一部分，其地位問題將由臺海兩岸的中國人自行商談解決。這一聲明，放棄了美國自 1949 年以來居於自由世界反共國家領袖的立場，也違背了中美間的傳統友誼、共同利益和條約義務，對中華民國形成了背信甚至出賣的行為。六十二年（1973 年）二月，美國與中共又宣布在華盛頓與北京互設「聯絡辦事處」，中美間的關係越來越灰暗、越悲觀了。

由於美國政策的改變，促成了聯合國的接受中共並排除中華民國；由於聯合國作了罔顧道義與是非的決議，致使原來與中華民國維持外交關係的西方國家，也先後改變了立場，如土耳其、伊朗、獅子山、比利時、秘魯、黎巴嫩、墨西哥、厄瓜多爾等國，都在六十年一年之間先後承認了中共，我國也於其承認中共的同時，宣布與其斷絕外交關係。

繼美國之後，對中華民國表現出背信行為且又變本加厲，搶先承認中共的國家，是日本。日本於四十一年與中華民國訂立了和約，但卻一直希望與中國大陸發展商業關係，日本政府堅持「政經分離」原則，因而兩國間的關係仍是暗礁重重。四十七年（1958 年）發生了長崎懸掛中共國旗事

1972 年 2 月尼克森與毛澤東會面　（來源：
©Bettmann/CORBIS）

件，五十二年（1963 年）發生了日本內閣通過以貸款方式出售一套維尼龍
工廠整廠設備事件，及同年發生的中共「油壓機械考察團」譯員周鴻慶投
奔自由，復被日本勸返大陸事件，都曾嚴重影響到中日兩國間的關係。及
田中角榮於六十一年（1972 年）七月出任日本首相，更一意獻媚中共，於
同年九月二十五日赴北京訪問，二十九日發表公報，與中共建交，中華民
國政府亦於同日宣布對日斷交，並警告日本應負斷交後的一切後果與責任。
同年十二月，外交部亦因澳大利亞和紐西蘭已承認中共，宣布與澳、紐兩
國斷絕外交關係。

　　中日斷交後，雙方商業、航空及文化關係仍繼續維持，由日本設交流
協會，中華民國設亞東關係協會，以民間機構形態主持之。六十三年
（1974 年）四月，日本與中共簽訂《民航協定》竟不承認我中華航空公司
飛機上之青天白日滿地紅國旗為國家標誌，中華民國政府遂宣布與日本斷
航，不允許日本航機飛越臺灣飛航情報區上空。一年又兩個月後——六十
四年（1975 年）六月，日本外務省聲明青天白日滿地紅國旗為中華民國國

家標誌之後，我國始同意恢復民航關係。此舉實使中日兩國均蒙其利。

四、蔣經國主政時代

　　民國六十一年（1972年）三月，國民大會在臺北召開第五次大會，選舉第五任總統、副總統，蔣中正、嚴家淦均當選連任。五月，蔣中正就職後，提名蔣經國為行政院院長，獲得立法院高票同意。蔣經國智慮深沉，勤政愛民，他受命於國步艱難之際，毅然擔起重任，以建設大有為政府，衝破國際陰霾與中共陰謀相期勉。

　　蔣經國院長於就職後，首先在政府高層人事上表現出民主革新的作風。他建議總統，任命謝東閔為臺灣省政府主席，張豐緒為臺北市市長，在中央各部會中，也擢任青年才俊之士。六十一年十二月，臺、澎、金、馬自由地區開始辦理中央民意代表增加名額選舉；次年一月，選舉增額監察委員；使國民大會、立法院、監察院可以增加新成員，以期發揮更大的功能。

　　六十二年（1973年）十二月，蔣院長經國決定推動十項重要建設——稱為「十大建設」，期於五年內次第完成。其項目是：一、興建縱貫臺灣的高速公路；二、縱貫鐵路電氣化；三、興建北迴鐵路——展築宜蘭鐵路至花蓮；四、修築世界一流標準的桃園國際機場——定名為中正國際機場（英文稱 Chiang Kai-shek Airport）；五、闢建臺中港；六、整修蘇澳港；七、興建一貫作業的大煉鋼廠——中國鋼鐵公司；八、興建大造船廠——中國造船公司高雄造船總廠；九、發展石油化學工業；十、興建核能發電廠。

蔣經國

　　這十項建設，是我國有史以來規模最大、投資最多、涵蓋範圍最廣的建設計畫，五年間所需資金為二十三萬九千四百二十

八億元。特別是在六十二年世界能源發生危機，世界經濟普遍呈現衰退現象之際，行政院推動此一大規模的投資建設計畫，其魄力之雄厚與眼光之遠大，誠為驚人。

政府原訂於六十二年開始第六期的四年計畫，但因能源危機及國際經濟情勢驟變，乃將原訂第六期四年計畫提前一年結束，改自六十五年起至七十年止，實行六年經濟建設計畫。十大建設如期完成後，政府又繼續十二項建設計畫——由六十六年開始規劃，並由行政院經濟建設委員會負責協調與管制。十二項建設的項目如下：

一、完成臺灣環島鐵路網；二、新建東西橫貫公路三條；三、改善高屏地區交通計畫；四、中鋼公司第一期第二

十大建設——縱貫高速公路

階段擴建工程；五、繼續興建核能發電二、三兩廠；六、完成臺中港二、三期工程；七、開發新市鎮，廣建國民住宅；八、加速改善重要農田排水系統；九、修建臺灣西岸海堤工程及全部重要河堤工程；十、拓建由屏東至鵝鑾鼻道路為四線高速公路；十一、設置農業機械化基金，促進農業全面機械化；十二、建立每一縣市文化中心，包括圖書館、博物館、音樂廳。

六十四年（1975 年）四月五日，蔣總統中正病逝臺北。次日，副總統嚴家淦依據《中華民國憲法》第四十九條之規定，繼任中華民國總統，並於四月十一日頒令全國，奉行蔣故總統遺囑：實踐三民主義，光復大陸國土，復興民族文化，堅守民主陣容。同月二十八日，中國國民黨第十屆中

央委員會舉行臨時全體會議，決議保留黨章中的「總裁」一章，同時推舉蔣經國為中央委員會主席並兼中央常務委員會主席，領導全黨。六十五年（1976 年）十一月，中國國民黨舉行第十一次全國代表大會於陽明山中山樓，決議修改黨章增設主席，一致公推蔣經國為全黨主席，領導全體黨員和全國同胞繼續推動反共復國的國策。

國際情勢越來越混亂，我國的處境也越來越艱難了。六十四年四月三十日，越南淪亡於越共之手，美國有被迫自亞洲撤退之勢。六月，菲律賓與中共建交；七月，泰國承認中共。我國亦斷然與菲、泰中止外交關係。所幸全國同胞在嚴總統與蔣院長的領導下，鎮定團結，銜哀奮勵，按照原訂建設計畫，全力進行，以增強國力，自立於不敗之地。同年十二月，自由地區並舉辦了第二次增額立法委員選舉，臺、閩地區共選出立法委員三十七人，總統復依法遴定僑選增額立法委員十五人，合為五十二人，立法院的職能更加增強。

六十七年（1978 年）三月，國民大會在臺北舉行第六次大會，選舉第六任總統、副總統。中國國民黨提名蔣經國、謝東閔為總統、副總統候選人，經國民大會於三月二十一、二十二兩日分別以高票選出，蔣經國、謝東閔遂於五月二十日就任中華民國第六任總統、副總統職。蔣經國總統經向立法院提名並獲得同意後，特任孫運璿為行政院院長。同月，並任命林洋港為臺灣省政府主席，李登輝為臺北市長。十二月九日，行政院核定高雄市改制為院轄市，先設籌劃小組，定於六十八年七月一日正式實施。

六十七年 （1978 年） 十二月，美國又一次給予中華民國以最大的打擊。卡特總統 (Jim Carter) 於十二月十六日（華盛頓時間為十二月十五日）宣布：美國已決定於 1979 年 1 月 1 日起承認「中華人民共和國」，同日起斷絕與中華民國的外交關係，《中美共同防禦條約》將於 1979 年 12 月 31 日終止。這顯示美國政府完全接受中共的「建交」三條件：斷交、廢約、撤軍，無異是對中共政治勒索的全面屈服。美國國務院要美國駐華大使安

克志 (Leonard Unger) 在華盛頓和北京同時公布「建交」前兩小時，始可告知蔣經國總統，尤屬荒謬無理，連安克志都感到憤怒。

　　蔣經國總統對卡特政府，自然感到失望。十二月十六日，蔣經國發表了中美關係史上最強硬的聲明，指出因美國與中共建交所引起的一切後果，均應由美國政府負完全責任。蔣經國面對此一橫逆情勢的發生，真正表現了「慎謀能斷」的智慧，他依據憲法臨時條款的授權，於十二月十六日發布了緊急處分令：

　　一、軍事單位採取全面加強戒備之必要措施。

　　二、行政院經濟建設委員會會同財政部、經濟部、交通部採取維持經
　　　　濟穩定及持續發展之必要措施。

　　三、正在進行中之增額中央民意代表選舉延期舉行，即日起停止一切
　　　　競選活動。

　　這一緊急處分措施，使中華民國社會與人民免於混亂與不安。全國同胞皆堅忍沉著，努力不懈。決心要把災難轉化成為「黃金般的機會」，貫徹反共復國的國策。中華民國的建設不僅未曾受挫，國力且急遽增強，對外貿易至七十三年時，已躍居世界的第十五位，蔚為經濟大國。中美關係亦由雙方在臺北及華盛頓進行談判後，決定中、美分別設立北美事務協調委員會、美國在臺協會 (American Institute in Taiwan)，負責處理兩國間的商務、文化及其他非官方的交流與合作。美國國會亦制訂《臺灣關係法》(*Taiwan Relation Act*) 一種，由卡特總統於 1979 年 4 月 1 日正式簽署，作為中美兩國保持實質關係的法理基礎。美國並以此法為依據，對中華民國出售防禦性的武器，以維持西太平洋的和平、安全與穩定。

　　隨著美國對華政策的轉變與中華民國國際處境的艱困，一部分反政府的臺籍人士，開始採取公開而激烈的抗爭路線。他們於民國六十八年（1979 年）八月創刊一份《美麗島》雜誌，總社設於臺北，在各縣市成立分社，係「以雜誌為掩護，作為反對人士的雛形政黨」。十二月十日，美麗

島雜誌社以慶祝世界人權日為名，在高雄舉行盛大遊行，與維持秩序之憲警衝突，憲警均未攜帶武器，致被毆傷至一百八十二人之多。警備總司令部以此項遊行為非法，以暴力毆打憲警更是犯法行動，乃決定依法偵辦，於同月十四日將美麗島雜誌社負責人亦即高雄遊行之策劃與指揮者黃信介、施明德等十餘人拘捕，依戒嚴法送由軍法審判，並經判刑。此即「高雄暴力事件」，亦稱「高雄事件」或「美麗島事件」。

六十九年五月，政府公布《動員戡亂時期公職人員選舉罷免法》，決定恢復並擴大辦理中央民意代表增額選舉。六十九年十二月之選舉，臺、閩地區共選出一百六十八人，僑選立委、監委三十七人，共為二百零五人。七十二年十二月之選舉，臺、閩地區選出立法委員七十一人，僑選立法委員二十七人，合計為九十八人。中央民意機構因此得以新陳代謝，保持活力。

民國七十三年三月，國民大會在臺北舉行第七次大會，選舉蔣經國連任總統，李登輝為副總統，是為中華民國第七任總統、副總統。蔣總統經國於就職後，提經立法院同意，特任俞國華為行政院院長，並任命邱創煥為臺灣省政府主席。俞國華院長就職後，一方面促進社會和諧發展，一方

美麗島事件（來源：中央社）

面擴大經濟建設功能，而以十四項重點建設計畫為目標：

中鋼公司第三階段擴建計畫、電力發展重要計畫、油氣能源重要計畫、電信現代化計畫、鐵路擴展重要計畫、公路擴展重要計畫、臺北市區鐵路地下化計畫、臺北都會區大眾捷運系統初步計畫、防洪排水重要計畫、水資源開發重要計畫、自然生態保護及國民旅遊重要計畫、都市垃圾處理計畫、醫療保健計畫、基層建設計畫。

蔣經國確定的政府基本施政綱領是要　「國家利益第一，民眾福祉為先」，而以弘揚民主憲政功能，屬行政治革新為政府努力的目標。此後四年內，經濟建設繼續有高度的成長，工業結構逐次升級。民國七十六年（1987 年），中華民國對外貿易總額已高達八百八十億美元以上，成為世界第十一位貿易大國；更由於外貿鉅額出超，外匯準備大量累積，中央銀行外匯存底增至七百五十億美元，引起世界各國的重視。

蔣經國要求政府革新，更要求執政的中國國民黨順應時代和潮流，追求改革和進步。民國七十五年十月十五日，蔣氏以黨主席身分，主持中國國民黨中央常務委員會議，於通過《動員戡亂時期國家安全法》及《動員戡亂時期民間社團組織法》兩項改革性法案送由從政同志完成法定程序外，他作了極為堅定而明確的提示：

時代在變，環境在變，潮流也在變；因應這些變遷，本黨必須以新的觀念，新的做法，在民主憲政體制的基礎上，推動革新措施。唯有如此，才能與時代潮流相結合，才能與民眾永遠在一起。

民國七十四年十二月至七十六年十二月之兩年間，蔣經國開始了一系列的政策性的大變革，為民主憲政體制下的政治改革開啟了新途程。這些重要的政策宣示是：

——民國七十四年十二月二十五日宣示：中華民國總統繼承是經由憲法選舉而產生，而他的家人不能也不會參加競選，憲法絕不變更，更不會實施軍政府統治。這一宣布，消除了某些人士對權力接班的疑慮，維護了

民主憲政的常軌。

——民國七十五年九月二十八日，反政府人士公然向戒嚴法挑戰，逕自組成民主進步黨。政府中不少人主張予以取締，蔣經國則予以有條件的默許。十月十二日，他表示：我以促進民主為職志，希望儘早解除戒嚴令。認同憲法，不作分離運動，若條件符合，允組反共新黨。此即時人所謂「開放黨禁」。

——民國七十五年十二月六日，實施增額中央民意代表選舉，計選出國民大會代表八十四人，立法委員七十三人。七十六年一月十日，實施增額監察委員選舉，選出監察委員二十二人。因而增強了中央民意機關的民意基礎與運作功能。

——民國七十六年七月七日，指示行政院：對於因戒嚴而受軍法審判所處刑期尚未執行完畢的非軍人受刑人，應酌予減刑與復權。

——民國七十六年七月十四日明令宣布：臺灣地區於七月十五日零時起解除戒嚴，國家安全法亦同時開始實施。此為時人所稱之「解嚴」，人民之自由權利遂獲得充分之保障。

——民國七十六年八月十二日，中國國民黨中央常務委員會議秉承蔣經國提示，決議取消田賦，以減輕農民的負擔。

——民國七十六年九月十六日，指派五位中國國民黨中央常務委員組成專案小組，研議開放國人赴大陸探親問題。專案小組作成建議案奉核定後，由內政部長吳伯雄於同年十月十五日正式宣布：國人依法申請赴大陸探親，於十一月二日起可向中華民國紅十字會登記。

——民國七十六年十二月一日，行政院新聞局宣布：自明年（1988年）元月一日起，開放報紙登記及增張；是為「開放報禁」。今日，中華民國臺灣地區人民言論自由之尺度較之西方民主國家，有過之而無不及。

蔣經國主導下系列的政治改革措施，贏得國際社會的高度讚揚。美國《華盛頓郵報》1987年12月26日發表的評論中，即認為中華民國「過去

一年所從事的政治改革，超過以往四十年的成就」。

　　然而，蔣經國於大力推動民主改革的同時，更堅持其不變的國是主張。民國七十六年六月二十四日曾鄭重宣布：「維護國家安全的決心不變，推動民主憲政的誠心不變，以三民主義統一中國的信心也不變。」七月十五日，並在中國國民黨中央常會宣示：「貫徹民主，厲行憲政，唯有恪遵憲法，反對共產主義與反對國土分裂。」他在最後的遺囑中，也寄望政府與民眾：「堅守反共復國決策，始終一貫積極推行民主憲政建設。」

五、李登輝路線及其轉折

　　民國七十七年（1988年）一月十三日，蔣經國總統病逝於臺北。副總統李登輝於當日依據《中華民國憲法》之規定，在總統府宣誓就任總統職務。一月二十七日，執政黨中國國民黨中央常務委員會議決議推請李登輝代理蔣經國遺留之主席職務；同年七月，該黨第十三次全國代表大會選舉李登輝為主席。集黨政全權於一身，李登輝成為具有實力且為第一位臺灣省籍之國家元首。

民國七十六年立法院通過解嚴案，出席立委歡呼鼓掌（來源：聯合報系）

李登輝繼蔣經國出任中華民國第七任總統,任期至民國七十九年五月屆滿。同年二月,第一屆國民大會第八次大會在臺北召開,選舉中國國民黨提名總統候選人李登輝、副總統候選人李元簇為中華民國第八任總統、副總統,於五月二十日就職。任期六年,至民國八十五年五月屆滿。其間,國民大會於民國八十年四月進行修憲,制訂《中華民國憲法增修要點》,將總統、副總統任期改為四年,選舉方式亦由原來的國民大會代表投票,改為由公民直接投票選舉。八十五年三月,李登輝與連戰以中國國民黨提名之總統、副總統候選人身分參加競選,以百分之五十四的高票當選,是為中華民國第九任總統,亦為行憲以來第一位經由公民直接選舉產生的國家元首,任期至民國八十九年(2000年)五月屆滿。

自民國七十七年至八十九年,李登輝主持國政的時間共達十三年,是為民國政治史上的「李登輝時代」;他的治國方針、政策及舉措,被稱之為「李登輝路線」。然而,李路線並非首尾一貫,以民國八十五年為界線,以前可稱之為「前李登輝時期」;以後則為「後李登輝時期」。李氏於前後兩期所展現的政治面貌,大不相同。

李登輝繼任第七任總統之初,明確表示自己係出自「蔣經國學校」,將繼續執行並貫徹蔣經國的決策與主張。就任第八任總統時,亦曾以「開創中華民族的新時代」自期,並作了數項重大的宣布:

一、於最短期間內,依法宣告終止動員戡亂時期。

二、依法定程序,就憲法中有關中央民意機構、地方制度及政府體制等問題,作前瞻與必要的修訂。

三、確立政黨政治——經由政黨的公平競爭,國是訴諸全民;但任何負責的政治主張,必須以認同中華民國為前提,以全體人民的福祉為依據。

四、秉持自由化與國際化的既定政策,以更大的格局與更遠的視野,推動經濟建設。

五、規劃全民福利的具體方案，期使人人安居樂業，老弱殘障同胞均能獲得妥善的照顧。

六、共謀以和平與民主的方式，達成國家統一的共同目標。

七、以主動務實的精神，拓展國際活動空間，策進國際合作，共謀國際社會的繁榮與和平。

李登輝於第八任總統任內，其政治布局確有開創性的改革精神。其犖犖大者：於七十九年六月召開國是會議，容納朝野各黨派之建言；七十九、八十兩年內完成憲法的增訂，結束了第一屆中央民意代表任期，並依《憲法增訂條文》進行了第二、三屆中央民意代表的選舉；七十九年十月，總統府設立國家統一委員會，並於八十年二月制訂《國家統一綱領》，明定推動統一的進程；同年五月宣告終止動員戡亂時期，恢復國家民主憲政的常規；八十四年提出「經營大臺灣，建立新中原」的號召，呼籲國人接受挑戰，邁向新世紀。

前李登輝時期，位居最高行政機關之行政院曾數度改組。李氏甫接任總統時的行政院院長為俞國華，未久俞辭職，李登輝提名李煥經立法院同意繼俞之任。李登輝就任第八任總統後，李煥辭職，提名郝柏村繼任，亦經立法院同意，惟民進黨強力反對。八十二年二月，郝以民進黨的杯葛及難獲李登輝支持，提出辭職，李登輝遂提名並經立法院同意任命連戰為行政院院長。

民國八十五年（1996年），李登輝就任第九任總統時發表的政見，強調「正式邁進『主權在民』的新時代」，提出今後的施政方向是：廣徵各方意見，延攬各界人才，以擴大參與，建立共識；健全政黨政治的發展，力求不同黨派共同為民眾福祉而攜手奮進；積極推動司法、教育等各項改革，加速經濟發展，期使臺灣發展為「亞太營運中心」；繼續推動務實外交。對大陸，李宣示要透過對談、溝通，以追求國家統一，延續民國八十一年（1992年）「辜（振甫）汪（道涵）會談」的既定方向。

　　李登輝總統就職講詞中的政策宣示，受到多數國內外輿論及民意的肯定，甚至譽之為「民主先生」。然而，事實卻證明他逐步脫離中華民國立國精神、憲政傳統、中國國民黨的政綱、黨綱和蔣經國的理念，向獨裁與臺獨方向傾斜。其明顯的行動有三：

　　其一，在「民主化」、「本土化」的外衣掩護下，祕密支助主張臺獨的民主進步黨，容納若干臺獨主張者的個人與團體，並採行「奶水論」，予以有形及無形的資助，結果引起國民黨內部分人士的懷疑，形成「主流派」、「非主流派」之對立，終至迫使部分黨員出走，另組新黨，國民黨為之分裂。

　　其二，在憲政改革名義下，不斷進行修憲，致使《中華民國憲法》支離破碎，憲政基礎有動搖之虞。《憲法增訂條文》固亦有若干積極的正面意義，然如廢除立法院對於行政院院長任命的同意權，使總統的權力擴張至「有權無責」的境地；又如名為「精省」實則廢省的決定，目的顯然是為臺獨鋪路。

　　其三，公開視中華民國政府為「外來政權」，並提出臺海兩岸為「特殊國與國關係」之「兩國論」主張，以致「辜汪會談」中斷，導致大陸當局「文攻武嚇」政策的加劇，臺灣族群裂痕日益加深。經濟商貿方面，實施「戒急用忍」政策，坐失臺商向大陸廣大市場發展的良機，影響臺灣整體經貿在國際間的競爭力。

六、首次政黨輪替

　　在李登輝與「民間民主運動」團體與個人的默契與配合下，臺灣的政情由安定趨向變動，傳統的道德觀與價值觀也瀕臨崩潰，以民進黨為核心的反對勢力日趨壯大。民進黨提出「地方包圍中央」的口號，以奪取中央執政權為直接目標。相對的，國民黨則陷於分裂與萎縮的危境。民國八十六年十一月，臺灣全省及金門馬祖地區縣市長改選，國民黨只贏得八個縣市，僅占當時二十三個縣市的三分之一略多。此乃國民黨在臺灣的首次慘

敗，正如歷史學者蔣永敬所言：「使得國民黨的中央政權，已成空中樓閣。」

　　民國八十九年（2000 年）三月，中華民國舉行行憲後第十任總統、副總統選舉。民主進步黨推出的候選人為陳水扁、呂秀蓮。中國國民黨出現分裂：黨中央推出連戰、蕭萬長；前臺灣省長宋楚瑜則與張昭雄搭擋，參與競選。結果，陳水扁、呂秀蓮以比較多數票當選，結束了國民黨在臺灣五十年的執政，中華民國政治史上首次出現了「政黨輪替」，律師出身曾任臺北市首任民選市長的陳水扁躍居為國家元首。宋楚瑜敗選後，另組親民黨，繼續其政治活動。

　　理論上，民主國家經由民主程序而出現「政黨輪替」現象，是正常的發展。然臺灣因有嚴重的國家認同與族群情結問題，中央政權的改變被認為具有「朝代興替」意義。因為政權落到了在「黨綱」中明定要「建立獨立自主的臺灣共和國」之民進黨手中，中華民國就有隨時被終結的可能。不僅國內認同中華民國的政黨與民眾憂心忡忡，主要友邦美國也表示嚴重關切；中共當局更直接、間接提出多次警告，並制頒《反分裂法》，明示臺灣如宣布獨立即訴諸武力。

　　民進黨建黨於民國七十五年（1986 年）九月，其內部雖也有不少優秀青年人才，然政治歷練不足，內部又有派系傾軋，一旦執政，自也面臨嚴厲考驗。所幸陳水扁思想靈活，面對國內外情勢與壓力，他於就任總統時，表示要做「全民總統」，走「中間路線」，並於就職演說詞中提出「四不一沒有」的主張，保證不宣布臺灣獨立，不改變中華民國的國號、國旗與國歌，不推動改變現狀的統獨公投，不將「兩國論」入憲，並謂沒有廢除「國統綱領」與國統會的問題。陳氏此等宣布合於當時的主流民意，曾獲得大多數民眾的同意與支持。只是陳氏性格多變，不久即有意擱置甚至否定了這些主張。

　　陳水扁第十任總統任期，至民國九十三年（2004 年）五月屆滿。是年

三月二十日，臺、澎、金、馬地區舉行中華民國第十一任總統、副總統選舉。陳水扁、呂秀蓮獲得民主進步黨提名，競選連任。中國國民黨、親民黨及新黨組成聯盟，推出連戰、宋楚瑜為正副總統候選人。選舉前一日即三月十九日，陳、呂在臺南乘車拜票時被槍擊，真相迄未查明。次日投票結果，陳、呂以不足三萬票之差距獲得勝選，是為中華民國第十一任總統、副總統。

陳水扁兩任總統，是他施展其政治抱負的大好機會，也是對民主進步黨執政能力的實際測試。八年下來，政績固非一無是處，如加入世界貿易組織 (WTO)、雪山隧道竣工、縱貫高速鐵路通車等，均為事實；然就整體國家建設而言，陳水扁政府則近於空轉、虛耗。事實證明陳氏政策變化無常，缺乏政治遠見與國際視野，其本人及家屬更涉嫌貪腐，終至於卸任後被審判羈押。依政治立場較為中立之澄社諸學者的觀察，陳氏執政前期，對教育改革、金融改革、媒體改革、憲政改革、社會福利、兩岸經貿、生態環保等七大改革，「都交了白卷」。對外關係亦無起色，所謂「烽火外交」及「金援外交」亦徒自毀形象，浪費公帑，無助於國際空間的拓展。

陳水扁於民國九十三年五月就任第十一任總統之後，政策明顯轉向臺獨，提出「正名制憲」主張，並推動所謂「去中國化」，顛覆已故總統蔣中正的政策，致使族群裂痕日益加深。進而破壞文官制度及軍中倫理，涉嫌貪瀆，於是先有前民進黨主席施明德於民國九十五年發動紅衫軍「反貪倒扁」之浪潮，繼有法院檢察官進行調查並對陳妻吳淑珍提起公訴之行動。由於陳水扁失德敗政，民進黨聲名每況愈下，因而於九十五年縣市長選舉及九十七年立法委員選舉，均告落敗。

淪為在野的中國國民黨，從橫逆中穩住腳步，逐步進行改革，形象亦見改進。蓋自八十九年總統大選失敗後，主席李登輝被迫辭職，其後並被撤銷黨籍，由連戰接任主席，懲前毖後，厲行改造。同年七月，召開第十六次全國代表大會，修訂新的黨章、黨綱與政綱，確定基本綱領：「本黨基

於三民主義的理念，建設臺灣為人本、安全、優質的社會，實現中華民國為自由、民主、均富和統一的國家。」同時確定內政外交政策的前提：「國家至上，人民第一，臺灣優先，永續發展。」在黨內實施民主：馬英九於九十四年七月，吳伯雄於九十六年七月之先後當選主席，均係由黨員直接投票選舉產生。一向為人詬病的黨產問題，亦逐步進行合法且務實的處理。

研究與討論

一、蔣中正如何保衛臺灣，對抗中共之入侵？

二、臺灣建設成功的經驗有那些？

三、蔣經國晚年實施政治改革的成效如何？

四、試研析李登輝執政的功過。

第三節　大陸中共政權的建立

一、中共建立中華人民共和國

　　毛澤東在我國對日抗戰尚未勝利之前，即公開聲言要建立一個「新國」。民國三十四年（1945 年）四月二十三日至六月十一日，中共在延安召開其七全大會時，毛澤東手訂中共「總政治任務」，即說：「放手發動群眾，壯大人民力量，在共黨領導下，打敗日本侵略者，解放全國人民，建立一個新民主主義的中國。」毛同時對前來延安訪問的國民參政會參政員左舜生等人說，他要「出兩個太陽」給蔣中正看看。這個「新民主主義的中國」，就是三十八年（1949 年）十月一日在北平成立的中共政權──中華人民共和國。

　　中共政權成立前，先於三十八年九月二十一日至三十日召開了「第一

屆政治協商會議」——中共稱之為「新政協」，以別於國民政府於三十五年一月十日在重慶召開的政治協商會議。「新政協」產生了「全國委員會」，「全國委員會」依據毛澤東「論人民民主專政」的理論，制訂中共政權的《共同綱領》。明定中華人民共和國的制度「是新民主主義的，也就是人民民主的，以工人階級為領導，以工農聯盟為基礎」。事實上，其政權的本質為中共一黨的獨裁專政。

「新政協」雖也包括了十一個所謂「民主黨派」的代表，實際上是由共產黨一手導演，也可以說是毛澤東等少數幾個人在耍把戲。曾經參與中共「新政協」並任職「人民政府」，其後卻逃出中共掌握到香港辦「時代批評」的周鯨文，就曾指證：

> 「新政協」內各黨派的代表名單，是在共產黨的指導之下，各黨派協商的，其他以各種名義，如人民團體、學術界、華僑等推出的代表也都以協商為名，實際是由共產黨指定。
>
> 在共產黨指導下的「民主機構」，這種代表成了不能自主的機器，例

毛澤東在天安門城樓上宣布中華人民共和國成立

外的，只有毛澤東、劉少奇、周恩來等共黨首腦，才有運用頭腦的必要。共同綱領由共黨提出，……選舉「政府」人選名單時，事先也由共黨擬定……就是在會上代表的發言，也是先擬好，然後交大會主席團看過批准，主持這件事，也是共產黨。

中共政權的國名為「人民共和國」，是蘇俄賦予各附庸政權的名詞，東歐的共黨政權無一不叫「人民共和國」，外蒙也是一樣。中共採用這一國名，表示甘心做蘇俄的附庸，這對中華民族來說，實在是一大屈辱。中共決定不用中國人自己的紀年方式，採用西元紀年，也是仿效蘇俄。將北平恢復北京的舊稱，定為國都。國旗定為紅地，左上角有五顆星，代表共產黨和四個階級，是為「五星旗」。

中華人民共和國的中央政府，係由五個部門組成：中央人民政府委員會、政務院、人民革命軍事委員會、最高人民法院和最高人民檢察署。另設全國人民代表大會，屬最高民意機構。中央人民政府的主席是毛澤東，政務院總理為周恩來。副主席有六位：宋慶齡、李濟琛、張瀾、朱德、劉少奇、高崗，其中朱、劉、高都是中共的超高級幹部，宋、李、張則是徒居虛名，無異為政治的裝飾品，高崗於五年之後被毛澤東以叛黨罪名整肅。

二、毛澤東的獨裁統治

毛澤東為中國共產黨的主席，也是中華人民共和國中央人民政府的主席，人民革命軍事委員會主席，及中國人民政治協商會議主席，居於個人獨裁的地位。他並不否認獨裁，但強調黨的獨裁，並曾以被指為獨裁而沾沾自喜，他說：「『你們獨裁』，可愛的先生們，你們講對了，我們正是這樣。」

毛澤東對內獨裁，對外則一面倒向蘇聯。中共政權成立之次日──十月二日，蘇聯即首先予以承認。五日，北京即成立了中蘇友好協會，並派

出了第一位駐蘇大使王稼祥，蘇聯則以原駐中華民國大使羅申為駐中華人民共和國的大使。十二月，毛澤東和周恩來前往莫斯科訪問，於三十九年一月十四日簽訂了《中蘇友好同盟互助條約》，在「互助」的名義下，大批的蘇聯人員和少數的機器進入了中國大陸。莫斯科代中共向聯合國大會要求席位，中共在外交事務上也無不仰承蘇聯的鼻息。三十九年（1950年）六月韓戰起後，中共發動「抗美援朝」，並在蘇聯的指使下，參加了韓戰，造成了重大的傷亡和損失。並被聯合國判定為侵略者，對中共實施禁運。四十七年（1958年）中共發動炮擊金門，卻未獲得蘇聯的支持。毛澤東也由於臺海戰役失敗，因此銜恨蘇聯，到五十年（1961年），中共與蘇聯就公然分裂，開始互相責罵了。

內政上，毛澤東首先以欺騙手段，於民國四十年（1951年）控制了西藏，並以「自治區」名義，籠絡了內蒙、寧夏及新疆。政治路線上，則劃分為四個時期：

一為「國民經濟恢復時期」──自民國三十八年（1949年）至四十一年（1952年）：先後發動了「五大運動」：土地改革運動、鎮壓反革命運動、抗美援朝運動、三反（反貪污、反浪費、反官僚主義）五反（反行賄、反偷稅漏稅、反盜竊國家資財、反偷工減料、反竊盜國家經濟情報）運動及思想改造運動。

二為「社會主義改造時期」──自民國四十二年（1953年）至四十六年（1957年）：放棄了「新民主主義的外衣」，提出「過渡時期的總路線」，進行對農業、手工業和私營工業的「社會主義改造」，目的在消滅私有財產，將全國農業、工業都控制在共黨手中。對知識分子，初則允許「大鳴、大放」，繼則轉變為「反右派鬥爭」，使無數一向左傾媚共知識分子，也受到迫害。

三為「三面紅旗時期」──自民國四十七年（1958年）至四十九年（1960年）：毛的三面紅旗是：「工農業生產大躍進運動」、「社會主義建設

總路線」和「人民公社化運動」。發出了「興修水利」、「全民煉鋼」的指示，叫出了「十五年內趕上英國」的口號，結果是人民叫苦連天，雞犬不寧，浪費了大量人力和物力，毫無所獲。毛不得不於四十八年（1959 年）辭去國家主席職務，由劉少奇接任。

四為調整時期——自民國五十年（1961 年）至五十四年（1965 年）：係在「三面紅旗」全面失敗後，不得不採取以「調整」為名的全面退卻路線。開始重視農業、減縮工業、恢復了「自留地」和「自由市場」、「自負盈虧企業」，並實行「包產到戶」——即所謂「三自一包」政策。

排除異己與權力鬥爭，是共產政權的特徵，中共政權與俄共政權，如出一轍。早年的張國燾，晚年的陳紹禹，都被毛澤東排出黨外。四十四年（1955 年），高崗和饒漱石在「高饒反黨聯盟」的罪名下受到整肅；四十八年（1959 年），彭德懷和黃克誠由於反對毛澤東的「三面紅旗」而被指為「彭黃反黨聯盟」，也被罷黜了一切職務。這些人的後果都是悲慘的。朱德在中共政權建立後解除軍權，成了個無足輕重的人。只有周恩來在中共政權中是個突出的人物，他一直擔任了二十六年中共「國務院總理」，而未受到毛的迫害。

三、文革十年——一場大浩劫

民國五十五年至六十五年（1966～1976 年）的十年間，中共政權在大陸上爆發了所謂「無產階級文化大革命」——簡稱「文革」。實際上，「文化大革命」不是文化革命問題，而是權力爭奪問題：先是毛澤東、江青結合林彪，向劉少奇、彭真等一夥奪權，並鬥垮了劉、彭；繼是毛、江與林彪權力衝突，林要造反，但計畫洩露，於逃亡時機毀人死。江青一幫暫時獲得了權力，但等毛澤東於六十五年（1976 年）九月九日死亡後，剛剛三十三天，以江青為首的「四人幫」便被華國鋒、葉劍英等人逮捕治罪。這是一幕中共權力鬥爭的醜劇，也是中國人民的一場大浩劫。

　　「文革」的遠因，是毛澤東在對劉少奇的權力鬥爭中失勢。劉少奇對毛澤東有意見，由來已久。他公然向毛澤東挑戰，則係在四十五年（1956年）九月，中共召開「八全大會」修改「黨章」時，堅持要將舊章中的「毛澤東思想」字樣刪除。四十七年（1958年）秋，毛一方面由於臺海戰役的失敗，一方面由於「大躍進」與「人民公社」造成的混亂，被迫把「中央人民政府主席」交出來，由劉少奇取而代之。毛以中共中央主席身分，退居「第二線」，心有未甘。而由彭真指使的北京市中共黨務人員鄧拓、吳晗、廖沫沙等發表《燕山夜話》、《三家村札記》等文字，借古諷今，直接影射毛澤東的「專橫暴戾」、「自作聰明」，以致「怨聲載道，人人咒罵當今」。毛忍不下去了，乃與江青共謀以上海為基地，借「無產階級文化大革命」為主題，向劉少奇、彭真集團發動反攻，並在各地共黨組織中開始奪權。毛、江指劉少奇一夥為「黨內走資本主義道路的當權派」。

　　民國五十四年（1965年）十一月十日，上海《文匯報》發表了姚文元的「評新編歷史劇『海瑞罷官』」一文，向劉、彭集團放出第一槍，也揭開了「文化大革命」的序幕。「海瑞罷官」是吳晗寫的歷史劇，內容是替彭德懷伸冤。江青自己到了上海，找到了中共上海市委書記處書記張春橋商量，在江、張的策劃下，由時任上海《解放日報》總編輯的姚文元首先撰文發難。又從上海「國營棉紡十七廠」找來青年工人王洪文，在上海建立起「工人造反總部」，開始奪權。江青、張春橋、姚文元、王洪文四個人，於六十五年（1976年）十月被捕後，被稱為「四人幫」。

　　毛澤東也曉得，要奪權造反，單靠幾個文人或工人是不成的。他開始注意到自四十八年（1959年）九月以後接替彭德懷為國防部長的林彪。林是投機分子，對劉少奇也心懷不滿，因而全力支持毛的奪權。毛因而大膽的在各地發動組織紅衛兵，利用衝動、無知而又心懷不滿的青年，作為向劉少奇一夥奪權造反的工具。毛澤東授予他們胡作非為之權，理由是「造反有理」。毛澤東由林彪陪同於五十五年（1966年）八月至十一月間，曾

準備出擊的紅衛兵

在北京天安門八次接見紅衛兵。

　　毛澤東也在中共中央設立了「文革小組」，由陳伯達任組長，江青以副組長兼軍隊文革小組顧問，張春橋亦為副組長。彼等據以叫囂造反的「經典」，是一紅色小冊《毛澤東語錄》。林彪叫得最響亮的口號是「活學活用毛思想」。等毛、林在各省的奪權行動獲得初步勝利，在大多數省區建立「革命委員會」之後，毛澤東即於五十七年（1968年）十一月召開中共八屆十二中全會，開除了劉少奇的黨籍，並撤銷其一切黨內外職務。把原有中共六個副主席撤除五個，使林彪成為惟一的副主席。五十八年（1969年）四月，毛澤東召開中共的「九全大會」，於「選舉」毛澤東、林彪為中共中央主席、副主席外，並在「黨章」中明文規定：「林彪同志是毛澤東同志的親密戰友和接班人。」林彪的妻子葉群也一躍而為「政治局」的委員。

　　由於林彪的竄升，中共內部卻又發生了軍與黨的矛盾問題：槍高於黨？還是黨指揮槍？這一情勢很快就演變為毛澤東和林彪間的矛盾，毛澤東開

始防林，也開始準備打林。因為毛澤東既要黨，也要槍。林彪也就老實不客氣，祕密準備發動政變。

五十九年（1970年）八月，中共在北京舉行九屆二中全會，林彪曾計劃於此時發動政變，但沒有實行。六十年（1971年）二月，林彪、葉群與其服役於中共空軍的兒子林立果在蘇州再策劃政變。林立果遂於三月間起草一份《五七一工程紀要》，計劃武裝起義。六月三日以後，林彪就不再公開露面了。林彪計劃於九月八日發動武裝政變並殺害毛澤東，但沒有成功。林彪夫婦及其子急急於九月十三日乘一三叉戟機想逃往蘇聯，卻在蒙古溫都爾汗上空墜機身亡。當時中共並沒有公開此一消息，卻取消了原定十月一日舉行的閱兵，並停止召開第四屆人民代表大會的籌備工作。直到六十二年（1973年）八月，中共的十全大會才開始批判「林彪反黨集團」罪行，說林彪是「資產階級野心家、陰謀家、反革命兩面派、叛徒、賣國賊」，決議永遠開除他的黨籍。這件事，史家稱之為「九月風暴」。林彪的同黨黃永勝、吳法憲、李作鵬、邱會作等，也同時被撤職查辦。

中共的「第九次全國代表大會」於五十八年（1969年）四月在北京召開時，「文化大革命」的浪潮達到頂點。一方面是江青集團的竄升──江青、張春橋、姚文元都是「中央委員」及「中央政治局委員」，工人出身的打手王洪文也當選「中委」，且為「副主席」，四人均在大會期間當選為「主席團」成員；一方面則是遍地無法無天的「紅衛兵」，到處打殺劫鬥，也到處是「牛鬼蛇神」，中國的文化古蹟受到了史無前例的破壞，知識分子受到了難以想像的凌辱，不少人被迫害至死，即中共政權的「煤炭工業部長」張霖之也不能倖免。這些為毛澤東奪權賣命的「革命小將」，最後的命運卻是被強迫返鄉從事勞動改造。

五十九年「九月風暴」之後，林彪一系文革人物或死或縛，只有江青一系人物高據要津。彼等高喊「清理階級隊伍」，大肆逮捕、屠殺反毛反共分子。但好景不常，毛澤東於六十五年（1976年）一月八日國務總理周恩

來死亡後，以華國鋒代理總理，已無法控制當時的情勢。四月五日，北京便發生了「天安門事件」，幾十人流了血，幾百人被捕。江青、華國鋒等人把肇事責任推到國務院副總理鄧小平身上，解除了鄧的一切職務，由華國鋒繼任總理。接著便是「批鄧」的聲浪，在各處擴散，鄧也不能不逃離北京南下廣州躲藏起來了。九月九日，毛澤東死亡。十月十二日，華國鋒在葉劍英、鄧小平等人的幕後壓迫下，下令逮捕了「四人幫」——江青、王洪文、張春橋、姚文元，華國鋒以毛澤東「你辦事，我放心」的「遺令」自行宣布為「中央委員會主席」及「中央軍委會主席」，清算江青的大規模示威行動也在各大都市展開了。「文革」的一幕到此結束，慘痛的創傷卻無法平復。事實上，毛澤東才是這場災難的罪魁，周恩來亦是預謀者和幫兇！

審判四人幫（左起為張春橋、王洪文、姚文元、江青）

四、外交政策的轉變

　　中共建黨之初是以馬、恩、列、史理論為教條，且在俄共直接間接培育下的一個勢力，名為中國共產黨，實際上卻不是中國文化的產物。

　　毛澤東和周恩來為了取得蘇俄的支持與援助，於三十九年二月十四日，由周恩來與蘇俄外長維辛斯基 (Vyshinsky) 簽訂了一項《中蘇友好同盟互助條約》。依據此約，蘇俄於五年內貸款美金三億元給中共以購置工業設備與鐵路器材，中共則以原料、茶葉、現金、美元付還。毛、周於同年三月間，與蘇俄簽訂《民用航空協定》、《新疆石油股份公司協定》、《新疆有色及稀有金屬礦產股份有限公司協定》等協定，不下五十項之多。通過這些協定，蘇聯的勢力無異控制了大陸，誠如沈雲龍所論斷者：「由於蘇俄給予中共上項種種援助，所謂蘇聯的軍事、政治、經濟、工程、文化、教育專家顧問，蠭湧而至，遍及於各部門、各階層、各地方，總數約在六萬人以上，協助中共從事各種開發建設，實際已成了蘇聯的附庸。」

　　然而，中共政權與蘇聯間的「合作」關係，並不太長。至民國五十年（1961 年），便發生了公開的分裂。赫魯雪夫 (N. S. Khrushchev) 一怒之下，撕毀了幾百個「合同」，撤走了幾千名顧問，中共也就開始大罵「蘇修」、「蘇修社會帝國主義」。周恩來承認與蘇聯的分裂，使中共「受到了損害，遇到了困難」。使中共的第二個「五年計畫」成為泡影。1964 年 10 月，赫魯雪夫垮臺，但中俄共之間的關係仍無法改善。民國五十八年（1969 年），中俄東北及西北邊境連續發生了珍寶島、八岔島、巴爾克魯山、鐵列克提等地的武裝衝突事件，蘇聯以重兵集結於西伯利亞以威脅中共，雙方關係就更為惡化了。

　　民國三十五年（1946 年）九月起，中共即瘋狂的反美。反對美國援助國民政府，反對美國扶植日本，韓戰發生後，反對美國「侵略」臺灣，並參加韓戰，高喊「抗美援朝」。劫奪了美國教會在中國大陸的一切教育、宗教和慈善事業，沒有一張報紙不在謾罵「美帝國主義」。五十年（1961 年）與蘇俄分裂後，仍然認為「美帝」、「蘇修」都是敵人，不過「美帝」已由「頭號」敵人降格為「次要」敵人，「蘇修」則升格為「最主要」的敵人。直到六十年（1971 年）五月，毛澤東耍出「乒乓外交」的絕招，美國尼克

森總統有心相助，宣布往訪大陸以後，中共對美國的叫囂謾罵才漸趨緩和了。在美國的支持下，中共於民國六十年十月進入聯合國，且為常任理事國的大國，認為這是毛澤東「革命外交路線的偉大勝利」。

要和「美帝」握手言歡，是毛澤東和周恩來決定的策略。毛、周死後不久，被指為是「走資派」的鄧小平攫得了中共政權的領導權，進一步的推動「聯美」政策。碰巧美國的卡特總統既無經驗，又乏遠見，他終於不顧一切的打出了「中國牌」，於民國六十七年（1978 年）十二月十五日宣布：翌年（1979 年）一月一日承認中華人民共和國為中國的「唯一合法政府」。鄧小平就在六十八年（1979 年）一月赴美訪問，並與卡特發表《聯合公報》，聲言「反對霸權」；也無異向世人宣布：中共政權已由一面倒向蘇聯，轉而開始與「美帝」靠攏了。

五、建設成就與民心向背

毛澤東統治中國大陸二十七年，不但未能解除大陸人民的窮困，反而由於實行「大躍進」政策下如「土法煉鋼」等愚妄政策，為人民帶來了更多的災難。而慫恿紅衛兵肆意破壞歷史文化及人性倫常，尤屬罪無可赦。然而在有形的物質建設方面，他也不是毫無作為。所謂「超英趕美」雖只是他的妄想，但他一意想國力強大，誇耀「中國人已經站起來了」的心態，卻也可以理解。

中共政府先後實施過四個「五年計畫」，建設成績也多有可觀。尤其是鐵路興建、油源開發、重工業建設、醫藥改進、以及科技研究的成果，都使大陸和海外的中國人深感振奮。民國五十三年（1964 年）十月，中共首次在新疆試爆原子彈成功，確曾使中外震驚，在臺灣的中華民國人士也不否認這是難得的一項成就。原子彈而後，繼之以氫彈試驗與人造衛星發射的成功，已成為世界主要核子國之一。民國七十二年（1983 年），大陸選手在洛杉磯世界奧運會中創造了史無前例的優異成績，中外人士無不為之

刮目相看。

　　然而，就人心向背而言，中共政權的嚴厲統治是失敗的。大陸人民一有機會，無不冒險逃脫中共的控制，投向自由世界。

　　第一批唾棄中共暴政，投歸中華民國的勇士，是韓國戰爭期間（1950～1953 年）一萬四千二百零九名中共戰俘。他們在聯軍俘虜營中受盡苦難，中共曾派遣政治人員進入戰俘營向他們反覆遊說──世人稱之為「洗腦」，結果他們仍然決定前來臺灣。五十一年（1962 年）五月間，香港發生了「五月難民潮」：大陸同胞甘冒生命的危險，像潮水般自邊界進入香港，香港警方發現後立即予以逮捕並遣返大陸，但仍無法戢止他們投奔自由的行動。這些逃港難民中，有些人原是中共地方政府的幹部和民兵。學者、專家、醫師、外交人員、留學生、體育人員、名伶、軍人及一般平民，唾棄暴政，投奔自由世界的事件，亦未間斷。

研究與討論

一、中共政權的本質如何？

二、毛澤東與「文化大革命」有何關係？

三、中共科技發展的情形如何？

第四節　開放與改革

一、鄧小平掌權

　　毛澤東死後，華國鋒竄任中共的主席和國務院總理。但華資歷淺，能力也不足，鄧小平自然不把他看到眼裏，華也確實不是鄧的敵手。當鄧寫信給華，假惺惺的表示「認錯」以後，華就同意讓鄧回到北京。並為鄧小

平平反，恢復他黨內外一切職務。

　　這只是鄧小平開始奪權的第一幕，他在一部分老幹部葉劍英、李先念等人的支持下，一步步的擴展他的權力。六十七年（1978年）二月，國務院的十三位副總理和三十七個部會首長，都安排由一些與鄧小平有歷史淵源的老幹部出任。同時也修改了「憲法」，以葉劍英為第五屆全國人民代表大會常務委員會的委員長。

　　六十七年（1978年）十二月，中共的「十一屆三中全會」，決定為彭德懷等反毛派分子平反，提升胡耀邦等人為黨中央副主席，並實施「現代化的建設」。六十八年（1979年）九月的「十一屆四中全會」中，鄧的兩員大將趙紫陽、彭真成了政治局委員。五個月後（六十九年二月）的「十一屆五中全會」中，趙紫陽、胡耀邦都成了政治局常委，胡耀邦並成為中共的中央總書記。同年八月的「五屆人大第三次會議」解除了華國鋒國務院總理，由趙紫陽接任。七十年（1981年）六月「十一屆六中全會」解除了華國鋒中共中央主席、中央軍委主席職務，分別由胡耀邦、鄧小平接任。七十一年（1982年）九月，由鄧小平、胡耀邦主持的中共「十二大」，通過中共中央設立「顧問委員會」，由鄧小平為主席。至是鄧小平的奪權行動遂告完全成功，中共政權亦成為鄧小平、趙紫陽、胡耀邦控制的局面。

　　鄧小平最得意也最大膽的舉動，是他一反毛澤東時代的「左傾冒進路線」，採行「右傾修正主義」。他說過一句話，「白貓黑貓，能捉老鼠就是好貓。」他要借助於資本主義國家的技術與財力，實施工業、農業、國防、科技的四個現代化──最初稱「四化」，七十一年（1982年）九月以後，改稱含義籠統的「現代化」，並採取對

鄧小平

外開放政策，高喊要「搞活經濟」。鄧小平不承認他的「改革」是修正主義，而美其名曰「有中國特色的社會主義」，他於七十一年（1982年）九月一日在中共「十二大」致開幕詞時說：「建設有中國特色的社會主義，這就是我們總結長期歷史經驗得出來的基本結論。」

　　鄧小平的「右傾修正主義」路線，當然會遭受中共內部的反對。鄧也瞭解這點，所以在進行「改革」的同時，也提出了「四個堅持」──「堅持社會主義道路、堅持無產階級專政、堅持共產黨領導、堅持馬列主義毛澤東思想」。這一來，仍然是自己縛住自己的腳步，「四個堅持」成為反鄧派用以反鄧的武器。

二、開放與「反自由化」

　　鄧小平掌權後，鑒於毛澤東時代的對內採「左傾冒進路線」，造成了工商凋敝，經濟瀕臨破產的悲慘境地，決定採行經濟改革政策：「對內搞活，對外開放」──名之曰「中國式的社會主義道路」。

　　鄧小平通過中共中央十一屆三中、四中兩次會議及第五屆人代會的第三次大會，成功的把胡耀邦推上了中共中央總書記的高位，趙紫陽（1916～2005年）則取代了華國鋒出任國務院總理。胡、趙乃成為鄧小平的左右手，成為執行改革開放政策的兩員大將。

　　就對內「搞活」經濟而言，中共確是有改轅易轍的態勢。首先廢除了強迫集體生活與勞動的「人民公社」制度，把土地分給一家一戶去耕種，實行「家庭聯產承包責任制」──土地所有權仍屬國有，農民有使用十五年的權利，農民生產所得，除按規定將其一部分繳納於政府外，其餘統歸自己所有。同時鼓勵農民發展副業、手工業、工業、建築業、交通運輸業、以及其他服務行業，以增加收入。於是農民生產的意願提高，產品增加，農民生活因而得到了普遍的改善。

　　就對外「開放」而言，就是不再敵視資本主義國家的經濟制度，並且

要學習臺灣經濟建設成功的經驗，因而採取開放大陸市場和土地資源的政策，以合作經營、合資經營、獨資經營、補償貿易等方法，企圖大量引進西方的資金和技術，以加速推進其現代化的建設。先是設立了東南沿海四個「經濟特區」──深圳、珠海、汕頭、廈門，並制訂了各種優待外資的法律。1984 年 3 月，進一步宣布開放十四個沿海港口城和海南島。1985 年 1 月，又將長江三角洲、珠江三角洲、閩南廈（門）漳（州）泉（州）三角地區，開放為「沿海經濟開發區」。於是沿海省區開始繁榮起來。鄧、胡、趙對他們掌權初期所獲得的改革成果，似乎感到滿意。

改革開放聲中，胡耀邦確是很真誠，也很勇敢的「走大步」。他鼓吹講真話，自己講真話，也要人家講真話，於是不少社會人士和知識分子支持他，呼應他，因而在八〇年代初期在學術界有人掀起了爭取思想解放的自由風──丁望甚至稱為「思想啟蒙運動」。影響所及，方勵之、王若望、劉賓雁等人，大力倡導「自由化」，強烈反對中共的教條和控制。中共中央的保守派畏懼起來了，鄧小平也認為胡耀邦的言論和行動，有助於「資產階級自由化」思想的蔓延，決定加以遏制。中共中央政治局於民國七十六年（1987 年）一月召開擴大會議，指責胡耀邦應對「自由化」思想激發的學潮負責，決定要胡辭去中共中央總書記職務，而由趙紫陽代理。中共也相繼發動了「反資產階級自由化」以及「消除資產階級精神污染」等運動。胡耀邦辭卸了總書記，雖仍保留政治局委員和常委職銜，但已無發言餘地，政治生命顯然已經結束了。

三、天安門事件

大陸上的「天安門事件」發生過兩次：

一次是民國六十五年（1976 年）以四月五日為中心，在北京天安門廣場發生的民眾運動，以紀念周恩來逝世為名，目的在反對當時的當權派「四人幫」，擾攘至一個多月，結果被鎮壓了。是為「四五事件」，亦稱「第一

次天安門事件」。

　　另一次發生於民國七十八年（1989 年）四月至六月，是一次以悼念胡耀邦為名，實際則是向中共當局要求自由民主的民眾運動，而以六月四日共軍開始以武力對付絕食靜坐之學生造成血案為高潮，故稱「六四事件」或「天安門血案」，亦稱「第二次天安門事件」或「六四天安門事件」。

　　事件之發生，導源於胡耀邦的逝世。

　　胡耀邦是 1989 年 3 月 15 日逝世的，訂於 4 月 22 日舉行喪禮。北京各大學一部分學生到天安門廣場去獻花圈，張掛追悼布標及各式標語，一方面為胡氏鳴不平，一方面對國務總理李鵬表示不滿。人數越集越多，除學生外，新聞記者及各界人士亦有不少人響應，對中共不滿的情緒愈加昂揚，因而發展為有組織的全面爭取民主自由的抗議運動，主要的口號是「打倒官倒、獨裁」，消息傳開，南京、上海、天津、武漢、合肥等地的學生起而響應，大有星火燎原之勢。至 4 月 21 日，聚集於天安門廣場的學生與市民增至二十餘萬人，有四十七位學者簽名聯署支持他們，一部分企業界人士也予以支援。學生成立了「北京高校學生自治聯合會」，由吾爾開希任主席，另設總指揮部，總指揮為女學生柴玲。他們向中共當局提出要求，但未被接受，與國務總理李鵬對話，又是針鋒相對，不得要領。學生悲憤填膺，決絕食抗議到底，於是與中共當局成對立之勢。

　　趙紫陽和李鵬對學運的態度，大相逕庭。趙主安撫，李主強硬。趙於 5 月 18 日凌晨親去廣場安慰學生，李則於次日宣布北京市部分地區實施戒嚴。最後中共中央政治局開會討論處理方針，李鵬的主張獲得鄧小平的支持，決定武力鎮壓。趙紫陽則被解除中共中央總書記的職務，從此退出了中共的政治舞臺。

　　6 月 4 日零時二十分，北京戒嚴部隊以坦克車開路，向天安門廣場上的學生採驅離行動。一時槍炮齊鳴，悽屬慘痛之哀叫聲充滿廣場。經四個小時之「清場」，六四血案就這樣在歷史上標定了中共的野蠻和殘暴。六月

五日，中共中央和國務院發表了《告全體共產黨員和全國人民書》，宣布已成功的平息了一場「駭人聽聞的反革命暴亂」。6 月 13 日，中共下令封鎖邊境，緝捕學運領袖吾爾開希、王丹、柴玲等二十一人，所幸除王丹被捕外，他人均先後逃出中國大陸，去了美國，繼續進行對大陸的「民主運動」。

中共以武力鎮壓了大陸青年的民主運動，贏得政治社會一段時間的安定，其政權得以維持並繼續推行其經濟改革，然卻因此而暴露了暴力政權的本質，不獨使海外的中國人為之痛心疾首，且招致了國際間普遍的責難，美、日等國均曾延緩經濟間的合作關係，世界人權團體更對中共的摧殘人權大加撻伐。更有一些原為中共文化幹部的學術人士，如嚴家其、千家駒、趙復三、許家屯等，由於不滿中共對天安門事件的處置而遠走國外，不再返回大陸。

一名男子以肉身阻擋坦克車前進

四、江李體制與臺海危機

民國七十八年（1989 年）六月二十三、四兩日，中共召開其第十三屆四中全會，其主要議題為改組政治局及常委會，更換總書記的人選。國務院總理李鵬扮演打手角色，提出「關於趙紫陽同志在反黨反社會主義的動亂中所犯錯誤的報告」，說趙「犯了支持動亂和分裂黨的錯誤」。趙紫陽雖也提出了冗長的答辯，然已無能為力，全會決議正式免除趙紫陽的總書記職務，由具有「上海經驗」的江澤民繼其任。江、李都是中央政治局常委，江澤民則又於十一月從鄧小平手中接下了中共中央軍事委員會主席的職位，顯已居於主要決策者的地位。八十二年（1993 年）三月，江澤民又繼楊尚昆之後出任國家主席，與國務院總理李鵬共掌統治權，被認為「江李體制」。

江、李的聲望雖非隆盛，但由於天安門事件過後出現的安定環境，其表現頗有穩健進步之風。其最明顯的成就表現在幾個方面：

第一，繼續推動對外開放的經濟建設，為中共帶來了世界各國成長率最高的美譽。以對外貿易，1994 年的成長為例：全年進出口總值已達到二千三百六十億美元，比上年增加百分之二十，上年的逆差為一百二十二億美元，本年則變為順差五十三億美元。

第二，現代化建設的進展，甚為順利，科技、交通與都市發展至為快速。飛彈等新武器系統的發展已顯著增強了軍力，更加一批新擢升的高級將領挑戰的意志甚強，儼然成為世界上的新軍事強權。主要城市間的鐵路網已接近完成，幾條戰略性縱、橫幹線的增建為複軌及新線的設計 [如（北）京九（龍）線]，以及中、西亞國際聯絡線的接軌等，都將有利於中外關係的增進及地域利用的調和。航空事業的發展、機場的闢建與國際航線的拓展，使中國大陸與歐美聯為一體，徹底消除了封閉孤立的形象。而長江三峽水壩的決定興建，其利弊雖仍有不少爭議，卻真正表現江李體

制下中共政府的氣魄與實力。

第三，香港、澳門分別定期於 1997 年及 1999 年收回，有助於民族的尊嚴、信心的加強，與全面統一的實現。

中共的「十五大」於 1997 年 9 月舉行，對政策和人事都有新的規畫。次年（1998 年）3 月，第九屆「人大」及「政協」相繼開會，確定了政府人事的局部更動。江澤民繼續擔任國家主席及中共軍委會主席，李鵬轉任「人大」常務委員會委員長，所遺國務院總理一職，則由「上海幫」的朱鎔基接任。朱氏以耿直苦幹著稱，於 1999 年首倡「科技救國」之論，並把「國家科委」改組為科技部，建立了上百個科技工業園區，據稱科技人才已達二百五十萬人。2000 年 10 月，中共的「十五屆五中全會」決定「制訂國民經濟和社會發展第十個五年計畫」（簡稱「十五計畫」），是為中共進入二十一世紀後的第一個中長程計畫，對未來大陸的發展有重大影響。

對中共的領導者而言，最重要的歷史任務還是臺灣問題；最棘手、最困難、最有急迫感卻也最無把握的，也是臺灣問題。他們都認為：臺灣問題不解決，國家的統一就沒有完成，對歷史就沒有交代。毛澤東野心勃勃，一心想武力攻占臺灣，但在民國四十七年（1958 年）以「八二三炮戰」為標誌之臺海戰役失敗了，從此喪失了武力犯臺的機會。鄧小平掌權後，也有心「要完成前人沒有完成的事業」，然發現主客觀條件已不允許中共興兵動武。鄧改採和平路線，提出「一國兩制，和平統一」的策略，希望不戰而屈人之兵，但為臺灣當局拒絕。鄧已於 1997 年 2 月逝世，江澤民繼續推動鄧的謀略，卻仍然無法打破兩岸對立的僵局。

研究與討論

一、鄧小平何以要一反毛澤東路線，實行改革開放政策？

二、何謂「六四天安門事件」？對中共政權有何影響？

三、中共「一國兩制」的本義是什麼？何以不能被臺灣接受？

第十三章

由「和平統一」到「和平發展」

第一節　中共「和平統一」策略

一、「鄧六條」

　　1978 年中共與美國祕密進行建交談判之際，鄧小平於是年 11 月 27 日接見美國《華盛頓郵報》(*Washington Post*) 記者，說：「和平統一實現後，臺灣可以保持非共產主義的經濟和社會制度。」此為鄧「一國兩制」謀略的始源，當然是一份「政治誘餌」。

　　1979 年 1 月 1 日，美國與中共建交，臺灣當然受到極大的震撼和傷害，社會呈現激憤不安景象。中共利用此一機會對臺灣發動心理攻勢，由「全國人民代表大會常務委員會」發表一份《告臺灣同胞書》，希望「雙方盡快實現通航通郵，以利雙方同胞直接接觸，互通訊息，探親訪友，旅遊參觀，進行學術文化體育工藝觀摩」。同年 8、9 月間，中共召開為期十八天的「全國統戰工作會議」，決定對海外華人社會及臺灣島內推動全面性的「革命的愛國的統一戰線」。

　　中共對臺灣的和平統一統戰，以中國國民黨人為首要目標，希望實現「第三次國共合作」。1981 年 5 月 29 日，孫中山遺孀宋慶齡病逝北京，大陸國家當局暨「中國國民黨革命委員會」人士廣泛邀請包括國民黨若干人士在內的親友前去奔喪。1981 年為辛亥革命七十年，大陸當局決定擴大紀

念，先後在武漢及日本東京舉辦國際學術討論會，並出版了《中華民國史》第一編第一卷。這年 9 月 30 日，葉劍英發表其針對臺灣的九點建議，呼籲國、共兩黨「舉行對等談判，實行第三次合作」。1982 年 7 月，廖承志致函蔣經國，勸蔣「毅然和談」，使兩黨「長期共存」。9 月，鄧小平聲言中國解決香港、臺灣問題的政策是「一個國家，兩種制度」。次年（1983 年）6 月，鄧又向華裔美籍學者楊力宇說出他的「實現中國大陸和臺灣和平統一的一些設想」，計有六條，其要義：

一、和平統一「不是我吃掉你，也不是你吃掉我」。

二、臺灣不能「完全自治」，只是「特別行政區」，「我們承認臺灣地方政府對內政策上可以搞自己的一套」。

三、臺灣「可以有自己的獨立性」，「司法獨立」，「可以有自己的軍隊」。

四、所謂「三民主義統一中國」，「這不現實」。

五、建議「舉行兩黨平等會議，實行第三次合作」，但「萬萬不可讓外國插手」。

六、「要多接觸，增進瞭解。我們隨時可以派人去臺灣，可以只看不談。也歡迎他們派人來，保證安全、保密」。

大陸當局為促成經由「兩黨合作」以實現「和平統一」，開始「尋找兩黨歷史上的共同點」，而且自詡「做了許多卓有成效的工作」，例如「紀念謳歌孫中山」、「肯定蔣介石、宋美齡等在國共合作中的一些進步作用」、「對抗日戰爭中國國民黨正面戰場及愛國抗日將領的肯定」等是。1984 年（民國七十三年）為中國國民黨召開第一次全國代表大會六十週年，中共曾召開紀念大會，出版專書，強調所謂「聯俄、聯共、工農三大政策」。實際上，此等舉措政治統戰的色彩濃厚，又有若干歪曲史實之失誤，對臺灣社會的影響力甚為微弱。

二、「江八點」

1995 年（民國八十四年）1 月 30 日，中共總書記同時又是國家主席的江澤民在當日舉行的農曆除夕茶會中，以「為促進祖國統一大業的完成而繼續奮鬥」為題發表談話，提出八項主張，是為「江八點」。其要點是：

一、堅持一個中國原則，是實現和平統一的基礎與前提。

二、對臺灣對外發展民間經濟與文化關係，不持異議；但反對以「兩個中國」「一中一臺」為目的的活動。

三、建議雙方就「正式結束敵對狀態，逐步實現和平統一」進行談判。

四、中國人不打中國人，但不承諾放棄使用武力，反對外國干涉及臺獨。

五、大力發展兩岸經濟交流與合作，主張不以政治分歧去影響、干擾兩岸經濟合作。

六、五千年文化是實現和平統一的重要基礎，兩岸要共同繼承和發揚中華文化的優秀傳統。

七、充分尊重臺灣同胞的生活方式和當家做主的願望，保護臺灣同胞一切正當權益。

八、歡迎臺灣當局的領導人以適當身分前往訪問，也願意接受臺灣方面的邀請，前往臺灣。

「江八點」的言詞，無論在字面上及內涵上，均較「鄧六條」活潑而有彈性，視野亦較廣闊。然兩者均堅持「一個中國」暨「不承諾放棄使用武力」，卻無法為臺灣朝野所接受，反而成為試圖進行和平統一談判的障礙。

研究與討論

一、鄧小平何以要改變毛澤東的武力政策，提出「和平統一」策略？

二、臺灣何以要拒絕鄧、江的提議？

第二節　中華民國政府立場

一、「以三民主義統一中國」

中國國民黨一向主張「一個中國」，執政期間亦從未放棄「光復大陸」的理念，只是國民黨認定的中國是中華民國。蔣經國總統在世之日，對中共的「和平統一」政治攻勢，持冷靜鎮定態度，並適時予以防制與反擊。

民國六十八年（1979 年）一月十一日，行政院長孫運璿針對中共《告臺灣同胞書》，發表談話，認為大陸的「和平統一」係「一派胡言」，目的在迷惑並欺騙美國人民、國會和輿論界。七十年（1981 年）三月二十九日，中國國民黨在臺北陽明山中山樓召開第十二次全國代表大會，於四月二日通過「貫徹以三民主義統一中國案」，指明：

> 統一中國唯一的道路，是在全中國實行三民主義。

原案列舉「對中國大陸積極策進之號召與行動」一十八項，其中第四項要求大陸當局：

> 廢除已為人民唾棄而中共仍繼續堅持的「社會主義道路」、「無產階級專政」、「共產黨領導」、「馬列主義、毛澤東思想」等「四項基本原則」，徹底清除共產主義流毒。

此一政策，實質上乃為對中共「和平統一」謀略的一項逆向政治攻勢。同年九月三十日，葉劍英發表其促進「和平統一」的「九項建議」，蔣經國認為是「戰爭的另一方式」，是「政治詐術」，他並於十月七日重申對大陸

的基本政策：反共復國，絕不改變；中華民國政府和人民亦渴望國家統一，但「必須認同在三民主義的憲政體制之下，統一在中華民國的國號與國旗之下」。在此前提之下，政府延續六十八年一月以來對中共「不接觸、不談判、不妥協」的政策，即媒體所稱的「三不政策」。民間團體參加國際活動的態度，則是：「不迴避、不退讓」。

蔣經國的大陸政策有理性的堅持，也有感性的措施。他於民國七十六年（1987 年）七月，宣布解除戒嚴，使臺灣社會恢復平時正常狀態；十一月，再宣布開放臺灣地區民眾赴大陸探親，為兩岸關係邁出了重要的一步。由於探親與觀光的來往，大陸也對臺胞給予接待與禮遇，因而開啟了民間交流的道路。

二、國統會與《國統綱領》

蔣經國於民國七十七年（1988 年）一月逝世後，副總統李登輝繼任為中華民國總統。李氏主政的前數年，大抵沿襲蔣經國的決策，對國家統一問題有進一步的表現：於七十九年（1990 年）十月設立了國家統一委員會（簡稱國統會），其任務為「研究並諮詢有關國家統一之大政方針」。

國統會的主任委員由總統兼任，委員三十一人，包括國民黨、民進黨及無黨籍之中央民意代表、學者專家及有關政府官員在內。另設研究委員十二人，來自社會各界，均為學養豐厚且洞悉時勢之士。研究委員之主要任務，為起草一份《國家統一綱領》（簡稱《國統綱領》）。此項國統綱領草案擬定後，提出於國統會委員會議進行廣泛討論及修正，最後於民國八十年（1991 年）二月二十三日國統會第三次委員會議通過，呈奉總統核定，於同年三月五日公布。三月十四日，行政院院會決議，以《國統綱領》作為今後大陸政策的最高指導原則。

《國統綱領》，含前言、目標、原則、進程四部分，其前言首先指出：「中國的統一，在謀求國家的富強與民族長遠的發展，也是海內外中國人

共同的願望。」認為:「海峽兩岸,應在理性、和平、對等、互惠的前提
下,經過適當時期的坦誠交流、合作、協商,建立民主、自由、均富的共
識,共同重建一個統一的中國。」強調:這個「統一的中國」是一個「民
主、自由、均富的中國」。其進行的原則,則有四項:

一、大陸與臺灣均是中國的領土,促成國家的統一,應是中國人共同
　　的責任。

二、中國的統一,應以全民的福祉為依歸,而不是黨派之爭。

三、中國的統一,應以發揚中華文化,維護人性尊嚴,保障基本人權,
　　實踐民主法治為宗旨。

四、中國的統一,其時機與方式,首應尊重臺灣地區人民的權益並維
　　護其安全與福祉,在理性、和平、對等、互惠的原則下,分階段
　　逐步達成。

「分階段逐步達成」的程度,「國統綱領」第四項「進程」規定為三個
階段:

一、近程——交流互惠階段。

二、中程——互信合作階段。

三、遠程——協商統一階段。

此一文件,應屬合情合理,然不為大陸當局及臺獨主張者所接受。

中華民國政府則於民國八十年一年內,採取了一系列促進海峽兩岸關
係的行動。一月,行政院成立大陸委員會,統一管理大陸事務。二月,民
間團體財團法人海峽交流基金會(簡稱海基會)成立,開始接受大陸委員
會的委託與授權,處理涉及公權力的兩岸事務性工作。五月一日,動員戡
亂時期宣告結束,不再以敵體對待大陸政權,承認兩岸正處於分裂分治的
局面。七月,立法院通過《臺灣地區與大陸地區人民關係條例》,並於九月
十八日施行,為兩岸人民往來提供了法理規範。大陸也作了正面回應,於
同年十二月成立了海峽兩岸關係協會(簡稱海協會),為海基會對口單位,

相互就有關事務進行查詢與協商。

三、「李六條」

民國八十四年（1995 年）四月，李登輝總統回應江澤民於一月三十日提出的「八點建議」，宣布了六點意見，被稱為「李六條」。其要點是：

一、在兩岸分治的現實上追求中國統一。

二、以中華文化為基礎，加強兩岸交流。

三、增進兩岸經貿往來，發展互利互補關係。

四、兩岸平等參與國際組織，雙方領導人藉此自然見面。

五、兩岸均應堅持以和平方式解決一切爭端。

六、兩岸共同維護港澳繁榮，促進港澳民主。

大陸當局對李登輝的六項意見，未作回應。蓋中共一向漠視中華民國依然存在於臺灣的事實，亦不願承認兩岸分治的實況，更不能容忍臺灣以平等地位在國際社會中出現。對李登輝的誠意及其若干反中媚日言論，大陸領導人亦表示高度懷疑與厭惡。兩岸關係至此已瀕臨無法突破現實的困境。

研究與討論

一、蔣經國晚年的政治理念為何？

二、《國統綱領》顯示的目標與進程，其可行性如何？

三、大陸當局何以不信任李登輝？

第三節　低潮期內之交流活動

一、低沉十三年

自民國八十四年（1995 年）六月至九十七年（2008 年）五月之十三年，為兩岸關係陷入低潮時期，雙方尖銳對立，處處可以體察到或隱或顯的危機。

危機的開端，始自民國八十四年六月間李登輝總統之赴美訪問。李氏係應其母校康乃爾大學 (Cornell University) 邀請，前往訪問並發表演講，難免牽涉到政治觀點。大陸當局認為李氏係進行臺獨活動，提出嚴重警告。李氏且進一步對日人司馬遼太郎發表「國民黨政府為外來政權」的言論，其臺獨主張已甚明顯，大陸遂開始「文攻武嚇」。八十五年（1996 年）三月總統選舉期間，大陸對臺灣附近海域發射飛彈，引致美國太平洋艦隊之關切，兩岸關係出現空前緊張狀態。

李登輝總統於其第九任總統就職典禮講話中否認主張臺獨，說：「我們根本沒有必要，也不可能採行所謂『臺獨』的路線。」事實的發展，卻證明李氏逐步採行為臺獨鋪路的措施。如：八十六年七月，李通過國民大會的決議，名為精簡實則廢除了臺灣省建置；八十七年十一月，發表「新臺灣人」之言論，被認為「含有自主及分離的傾向」；八十七年七月，提出「兩岸關係是特殊的國與國關係」之「兩國論」，導致海基會董事長辜振甫與海協會會長汪道涵之間為時已達六年之「辜汪會談」，宣告無限期延期；經貿方面，又主張「戒急用忍」，增加了大陸臺商暨兩岸經貿交流的困難。

民國八十九年（2000 年）之總統選舉，民進黨總統、副總統候選人陳水扁、呂秀蓮獲得勝選，政情因之大變。陳水扁兩任總統，歷時八年。他就職之初，雖曾提出「四不一沒有」的保證，然由於民進黨主張臺獨，陳

又狡詐善變，對大陸持敵對態度。任期之最後三年，更倡言「一邊一國」，
實施「去中國化」及「正名制憲」，致使兩岸關係出現空前低迷且險象環生
之惡劣狀態。

二、胡錦濤與大陸「和平崛起」

　　當臺灣在民進黨執政年代，政治虛耗，經濟萎縮，社會動亂，被媒體
稱之為「十年撕裂」時期，大陸卻出現建設與國力均呈現「大躍進」的興
盛景象，崛起為世界強權；其經濟實力已「超英」、「超德」、「超日」，正在
「趕美」。此項成就，導源於鄧小平早年「改革開放」決策，承續其路線而
卓著成效者，為前任國家主席江澤民及國務總理朱鎔基；以開闊胸襟與務
實作風大力開展者，則為中共中央總書記暨國家主席、軍委會主席胡錦濤
與國務總理溫家寶。

　　胡錦濤，被視為是中共第四代領導人，長年任職於地方及中央，經驗
豐富，亦具冷靜之觀察力與決斷力。他於 2003 年（民國九十二年），接任
國家主席，於內政外交均展示其高度智慧與靈活手腕；於國家建設更銳意
經營，進步快速。如長江三峽大壩的完成、青藏高原鐵路的興築、開發大
西部龐大計劃的推動、舉辦奧林匹克運動大
會的成功，以及太空人成功完成空中漫步等
大端，均足證明其遠見與魄力。國際政治領
域中，中國對東南亞、中亞、中東、非洲的
影響力與日俱增，已是非洲最大的投資國與
美國的最大債權國，外交、經濟觸角且已伸
展至拉丁美洲。在國際事務中，中國已居於
舉足輕重的地位，乃是無可爭議的事實。

　　在胡錦濤主導下，大陸對臺政策之釐定
與推動，更出於主動、務實與彈性。如

胡錦濤（來源：美國國防部網
站）

2005 年 4 月邀請中國國民黨主席連戰訪問大陸 ， 2008 年 4 月歡迎副總統當選人蕭萬長出席「博鰲論壇」並予以接洽、會談，均為胡氏對臺灣之善意表示。近年來，胡氏言必強調兩岸「和平發展」，不汲汲於「和平統一」，足證其有新思維，試圖找出解決兩岸問題合情合理的新門徑。

三、國共兩黨平臺的建立

　　國民黨於民國八十九年（2000 年）總統大選敗選之後，淪為在野黨，忠貞黨員為之震撼憤慨，皆遷怒於李登輝。李迫於情勢，乃辭主席職，由連戰接任。連氏任職期間，一改李登輝背離國民黨傳統的路線，堅持擁護中華民國以及反對臺獨的方針，積極「改造」國民黨，並計劃以理性對等立場，繼續拓展與大陸間的溝通與交流。

　　國民黨的「改造」行動，首見於民國八十九年七月召開之第十六次全國代表大會。大會的重大決定有三：一、修訂「黨章」，確定黨的屬性及奮鬥方向：「本黨基於三民主義的理念，建設臺灣為人本、安全、優質的社會，實現中華民國為自由、民主、均富和統一的國家。」二、確定基本政綱：「復興中華文化，實行民主憲政，反對共產主義，反對分裂國土，共同為中華民族的整體利益而奮鬥。」三、施政以臺灣優先為方針：「國家至上，人民第一，臺灣優先，永續發展。」國民黨亦決定貫徹「黨內民主」，黨主席由全體黨員直接投票選出。

　　於大陸政策，國民黨亦宣示：在「九二共識」的基礎上，「追求兩岸和平穩定關係」，「擱置政治爭議」，「積極恢復兩岸制度化協商，加強全方位交流，推動城市交流、政黨交流、高層互訪。」基於「政黨交流」政策，連戰以中國國民黨主席身分，接受中國共產黨總書記胡錦濤邀請，於民國九十四年（2005 年）四月組團赴大陸訪問。四月二十九日，連戰與胡錦濤在北京舉行會談，被認為是「六十年來國共兩黨主要領導人首次會談，具有重大的歷史和現實意義」。會談結果，由連、胡共同發布一項《兩岸和平

發展共同願景》，內含三項「共同體認」與「五項工作」。三項「共同體認」
是：

一、堅持「九二共識」，反對「臺獨」，謀求臺海和平穩定，促進兩岸
關係發展，維護兩岸同胞利益。

二、促進兩岸同胞的交流與往來，共同發揚中華文化，有助於消弭隔
閡，增進互信，累積共識。

三、和平與發展是二十一世紀的潮流，兩岸關係和平發展符合兩岸同
胞的共同利益，也符合亞太地區和世界的利益。

「五項工作」亦即五項「共同願景」，是：

一、促進儘速恢復兩岸談判，共謀兩岸人民福祉。

二、促進終止敵對狀態，達成和平協議。

三、促進兩岸經濟全面交流，建立兩岸經濟合作機制。

四、促進協商臺灣民眾關心的參與國際活動的問題。

五、建立黨對黨定期溝通平臺。

　　此項文件中提出「兩岸和平發展」的概念，象徵兩岸關係進入一個新
時代。儘管國民黨當時尚是在野黨，此等兩岸協議對民進黨政府並無約束
力，然由於國民黨仍是臺灣最大政黨，且在立法院中仍為多數黨，其影響
力不容忽視。擬議中的兩黨「定期溝通平臺」，九十六年四月即見諸實行，
邀請各界人士參加，聲勢不弱。

　　民國九十四年七月，中國國民黨首次以黨員直選方式選舉黨主席，馬
英九當選。連戰轉任榮譽主席。九十六年（2007 年）二月，馬英九辭職，
由副主席吳伯雄代理主席職務。七月，吳伯雄正式當選黨主席。次年
（2008 年）五月，吳伯雄以黨主席身分率領中國國民黨大陸訪問團再訪南
京、北京、上海，受到熱烈歡迎；在北京與中共中央總書記胡錦濤會談時，
說：「國民黨已經將 2005 年 4 月國共兩黨領導人共同發布的《兩岸和平發
展共同願景》正式列入黨的政綱，這不僅是對臺灣民眾而且是對兩岸同胞

作出的承諾。」「國民黨將一如往昔，繼續加以推動落實。」

研究與討論

一、民進黨執政時期，何以對大陸實施「鎖國政策」？其利弊如何？

二、評論《兩岸和平發展共同願景》對臺灣的利弊得失。

第四節　出現歷史新機遇

一、臺灣再度政黨輪替

　　民國九十七年（2008 年），在中華民國憲政史上是另一個關鍵性年代。這年有兩次重要的選舉：一是一月十二日舉行的第七屆立法委員選舉；一是三月二十二日舉行的第十二任總統副總統選舉。兩次選舉，中國國民黨都獲得壓倒性勝利，重獲政權，使中華民國憲政史上出現第二次政黨輪替，象徵民意高於一切，臺灣民主政治基礎已完全確立且臻於成熟。

　　一月立法委員選舉時，總額為一百一十三席，國民黨獲得八十一席，超過三分之二，加上泛藍友黨席次，已超過四分之三的絕對多數，完全可以掌握修憲權及總統、副總統罷免權。三月總統、副總統選舉，國民黨的候選人馬英九、蕭萬長，得票率創造了歷史的新高：以七百六十五萬八千七百二十四票，對民進黨候選人謝長廷、蘇貞昌的五百四十四萬五千二百三十九票，獲得光榮勝利，這是新的民意趨向，證明臺灣的主流民意認同國民黨的內政與外交主張。

　　國民黨重新執政，鐵定對兩岸關係會有積極的正面影響。因此，兩岸領導人都認定此時乃「難得的歷史機遇」，應當「共同把握」並「善加運用」，以「開創兩岸關係和平發展新局面，為兩岸同胞謀福祉，為臺海地區

謀和平，不辜負兩岸同胞的期待」。

二、馬英九的大陸政策

　　馬英九於競選總統期間，即曾提出對兩岸關係的主張：「不統、不獨、不武。」當選之後，於四月上旬副總統當選人蕭萬長去海南出席「博鰲論壇」之際，向中共中央總書記也是國家主席胡錦濤提出他的願望：「希望能正視現實，開創未來；擱置爭議，追求雙贏，為兩岸關係開創互信、互諒、互助、互利的新時代。」五月二十日馬於就職總統慶祝大會講詞中，更明確而帶感性的說明他的「兩岸關係論述」，其要點：

> ……追求兩岸和平與維持區域穩定，是我們不變的目標。臺灣未來一定要成為和平的締造者，讓國際社會刮目相看。
>
> 英九由衷的盼望，海峽兩岸能抓住當前難得的歷史機遇，從今天開始，共同開啟和平共榮的歷史新頁。我們將以最符合臺灣主流民意的「不統、不獨、不武」的理念，在中華民國憲法架構下，維持臺灣海峽的現狀。1992 年，兩岸曾經達成「一中各表」的共識，隨後並完成多次協商，促成兩岸關係順利的發展。英九在此重申，我們今後將繼續在「九二共識」的基礎上，盡早恢復協商，並秉持四月十二日在博鰲論壇中提出的「正視現實，開創未來；擱置爭議，追求雙贏」，尋求共同利益的平衡點。兩岸走向雙贏的起點，是經貿往來與文化交流的全面正常化，我們已經做好協商的準備。希望七月即將開始的週末包機直航與大陸觀光客來臺，能讓兩岸關係跨入一個嶄新的時代。
>
> 未來我們也將與大陸就臺灣國際空間與兩岸和平協議進行協商。臺灣要安全、要繁榮、更要尊嚴！唯有臺灣在國際上不被孤立，兩岸關係才能夠向前發展。我們注意到胡錦濤先生最近三次有關兩岸關

係的談話，分別是三月二十六日與美國布希總統談到「九二共識」、
四月十二日在博鰲論壇提出「四個繼續」、以及四月二十九日主張兩
岸要「建立互信、擱置爭議、求同存異、共創雙贏」，這些觀點都與
我方的理念相當的一致。因此，英九願意在此誠懇的呼籲：兩岸不
論在臺灣海峽或國際社會，都應該和解休兵，並在國際組織和活動
中相互協助、彼此尊重。兩岸人民同屬中華民族，本應各盡所能，
齊頭並進，共同貢獻國際社會，而非惡性競爭、虛耗資源。我深信，
以世界之大、中華民族智慧之高，臺灣與大陸一定可以找到和平共
榮之道。

　　馬英九此項兩岸關係論述，獲得大陸政府正面的實質回應。海基會與
海協會之間的協商隨之恢復，新任兩會主持人江丙坤、陳雲林間的定期會
談，順利進行。兩岸直航及開放大陸人民來臺觀光，亦次第實現。外交領
域中兩岸各自收兵，不再「互挖牆角」。北京奧林匹克運動會中，大陸接受
臺灣以「中華臺北」名號參加，不再堅持「中國臺北」舊思維。進入民國
九十八年 （2009 年） 度，臺灣之能夠以觀察員名義參加世界衛生大會
(WHA)，馬英九以中華民國總統身分宣布高雄世界運動會開幕，以及前副
總統連戰代表馬英九出席新加坡亞太經濟合作會議 (APEC) 之 「領袖會
談」，也「確實是出自對岸的善意」。同年七月，馬英九二度當選中國國民黨
主席，胡錦濤立即電賀。十月，中國國民黨召開第十八次全國代表大會，將
2005 年連戰、胡錦濤在北京達成之 「五項願景」 再度列入政綱。預見在國
民黨執政期間，兩岸關係將會有更廣闊、更務實、更積極、更深化的開展。

三、前景與困難

　　民國九十七年（2008 年）十二月三十一日，胡錦濤在北京人民大會堂
舉行之《告臺灣同胞書》三十週年座談會中，發表他的「推動兩岸關係和

平發展六點主張」，說明大陸當局對臺政策的新內涵，也透視出兩岸關係的前景。「胡六點」的內容是：

一、恪守一個中國，增進政治互信：世界上只有一個中國，中國主權和領土完整不容分割。

二、兩岸簽訂綜合性經濟合作協議，探討兩岸經濟共同發展與亞太區域經濟合作機制相銜接的可行途徑。

三、臺灣文化豐富了中華文化的內涵，臺灣同胞愛鄉愛土的臺灣意識，不等於臺獨意識。

四、希望民進黨停止臺獨分裂活動；只要民進黨改變臺獨分裂立場，大陸願正面回應。

五、對於臺灣參與國際組織活動問題，在不造成兩個中國、一中一臺的前提下，可以通過兩岸務實協商，作出合情合理安排。

六、兩岸可以適時就軍事問題接觸交流，探討建立軍事安全互信機制；在「一中」原則的基礎上，協商正式結束兩岸敵對狀態。

這六點主張，明顯的擴大了兩岸交流的範圍，由經貿、文化、體育、觀光擴及於外交、政治、軍事領域。對臺灣主體意識的詮釋，直接對民進黨喊話，提議協商結束兩岸敵對狀態等，也說明對臺政策增加了更積極的元素。雖然仍帶有「一中」框架，然大陸領導人對臺灣的認識畢竟更為務實。這也是臺灣領導人與人民所期望的「正視現實」。因此，馬英九總統表示「樂觀其成」的態度，只是強調「以臺灣為主，對人民有利」的基本立場。

民國九十八年這一年，兩岸關係確實是在有計畫、有步驟的順利開展；經貿方面的成果尤為顯著：十一月十七日，兩岸簽署了《兩岸金融監理備忘錄》(MOU)；同月，江蘇省一個千人採購團採購物資價值高達臺幣一千三百四十二億元，有媒體稱之為「江蘇來的聖誕老人」；十二月間在臺中舉行的第四次「江（丙坤）陳（雲林）會談」，討論關鍵性議題「兩岸經濟合作架構協議」(ECFA)，並於民國九十九年六月二十九日簽署。

　　影響兩岸關係的一項主要國際因素，是美國態度。美國新任總統歐巴馬 (Barack Obama) 於十一月中旬赴北京訪問，與胡錦濤發表聯合聲明，公開歡迎兩岸關係和平發展的展開：「美方歡迎臺灣海峽兩岸關係和平發展，期待兩岸加強經濟、政治及其他領域的對話與互動，建立更加積極、穩定的關係。」

　　表象如此，並不代表兩岸關係的發展，從此一往平順。相對的，障礙尚不在少。首先遇到的難題，是「一個中國」問題。歷史上，兩岸從未放棄一個中國的主張，只是各以自身所屬的中國為主體，並未認真考慮對方合法存在的事實。隨著時勢的演變，臺灣方面已採取彈性態度，認定「九二共識」為「一個中國，各自表述」；大陸則認定一個中國即是中華人民共和國，始終不接受「各自表述」，迄未同意並尊重中華民國存在於臺、澎、金、馬的現實。馬英九提出「正視現實」的建議，胡錦濤則以「建立互信」代之，兩者的意涵並無交集。九十八年十一月十三、十四兩日，由太平洋文化基金會舉辦的「兩岸一甲子」學術研討會在臺北舉行，有兩岸學者及退休軍、政、外交人員百餘人參加，被認為是「啟動外交、軍事二軌對話」的盛會。會中談及「一中框架」，兩岸學者間的歧見，即暴露無遺。大陸學者認為，「兩岸同屬一中」是兩岸建立政治互信的基礎，「九二共識」不是「一中各表」；臺灣學者則直言：「一國兩制不適合臺灣」，「談兩岸統一，無法繞過中華民國」。「如果大陸把『一中』原則當成談判前提，臺灣不會接受，也很難接受」。

　　另一項障礙，是以臺灣民進黨為主體的分裂勢力。民進黨一向以「本土黨」自許，以「愛臺灣」相號召，從未放棄其「獨立建國」的主張與活動。在臺灣島內，有三至四成的票源，在海外的臺人僑社中亦有不容漠視的影響力。自民國八十九年至九十七年，曾執政八年。由於陳水扁的貪腐及內外政策的倒行逆施，而失去政權，但基礎並未動搖，其反中國、反國民黨的言論與行動，反變本加厲。其勢力雖不足以動搖國本，然其阻撓及

破壞兩岸關係和平發展的言論與行動，為害程度亦不可以低估。

更明顯的一項差異：大陸以兩岸統一為和平發展不可爭議的目標，時間上表現出急迫感；臺灣則力主維持現狀，先經濟而後談政治，並以大陸撤除對準臺灣的千餘飛彈為前提。大陸已崛起為實力雄厚的世界強權，其在國際間的影響力足以掌控臺灣的國際活動空間，臺灣人民不能不心懷恐懼。此等情勢，兩岸目前均主張「擱置爭議」以緩和之，然問題仍然存在，遲早都要面對。

以歷史發展的長遠規律言之，臺灣與大陸基於血緣與文化淵源，必能統一；但統一的道路必將是漫長而崎嶇。「求同存異」、「爭取雙贏」的路向完全正確，進程中有賴兩岸領導人的智慧與遠見，來排除已存在或將要出現的許多障礙；更寄望於兩岸人民民族意識的覺醒與發揚，建立並鞏固血濃於水的同胞愛，來消融長年分治所形成的疏離感。

時序進入二十一世紀初葉，兩岸情勢已隨時代與潮流的演進出現樂觀局面，相信符合絕大多數中國人的共同期待。著者相信：本世紀將是中國人經由和平發展達成自然統一，為人類文化與國際和平作出重大貢獻的年代。臺海兩岸以及居住世界各地的中國人，都應當以真誠、無私、寬容、開創的胸襟，迎接屬於中華民族的光輝燦爛新世紀。

研究與討論

一、如何克服兩岸和平發展的一些障礙？

二、兩岸必將達成統一的理由是什麼？

明清史（三版） 陳捷先 / 著

當過和尚的朱元璋如何擊敗群雄、一統天下？明朝士大夫們各立門戶、互相攻訐，他們在爭論什麼？何以神宗皇帝二十多年不肯上朝理政？順治帝有沒有出家五台山？雍正有沒有改詔奪位？乾隆皇究竟是不是漢人？本書作者憑藉著豐富的學養和深厚的語文造詣，爬梳大量的中外文及滿文史料，澄清不少野史及戲曲中的繆誤傳說。中國歷史悠久綿長，明清兩代是上承帝制下啟共和的重要關鍵時期。作者以深入淺出的筆法，清晰地介紹明清兩朝的建國歷程和典章制度；並以獨到的見解，臧否歷任帝王治績、析論兩朝盛衰之因，值得關心明清史事的人一讀。

以史為鑑—漫談明清史事 陳捷先 / 著

歷史上的人與事，既多又複雜，我們只有深入探究，才能洞悉人的美醜、事的因果。本書借鏡明清歷史掌故，討論「明亡清興」到「明清衰微」的重大史事與原因探討，諸如：明朝非亡於滿族與流民，而是制度與人事上的敗壞；康熙皇帝膽識過人，在降伏鄭氏政權、準噶爾汗國扮演關鍵角色；晚清七十年，慈禧即掌政五十年，她是清朝覆滅的關鍵嗎？
作者發揮史家春秋筆法，評析明清歷史事件與人物，從而認識忠奸、辨別善惡，進一步分析事件發生時的前因後果，裨助後世「以史為鑑」。

滿清之晨：探看皇朝興起前後 陳捷先 / 著

努爾哈齊是滿清的奠基者，皇太極是滿清的創造者。他們的豐功偉業在官私檔案中皆有可觀的紀錄，卻也留下不少史事啟人疑竇：究竟《三國演義》與滿族的建國大業有無關係？皇太極為何愛哭？皇太極真的會解夢、預言嗎？本書即以史料為憑據，解答上述疑問，同時引領讀者一窺努爾哈齊、皇太極的智慧與權謀。由於努爾哈齊與皇太極在滿洲文字的發明、改良與推廣上著力甚深，因而產生大量的滿文書檔。本書亦就部分滿文書檔進行剖析，使讀者能了解滿文資料的內容與價值，並且認識舊時滿族的生活文化。

民族主義與近代中國思想（三版）　　　羅志田 / 著

本書作者羅志田教授從思想史與社會學的角度切入，用流暢富邏輯性的敘事筆法，深入淺出地追溯民族主義在中國的發展過程、著眼於民族主義與近代中國思想的互動，梳理夷夏之辨這一近代中國民族主義的本土思想資源，論證中西文化競爭造成的思想與社會權勢轉移，分析中外民族主義的異同，揭示近代中國民族主義以激烈反傳統和嚮往「超人超國」為特徵的一些特殊表現形式，特別是中國民族主義與世界主義和社會主義之間複雜曲折的關聯。

古代中國文化講義（二版）　　　葛兆光 / 著

這是一本關於古代中國文化的入門書。首先討論古代中國的天下觀，看看中國是如何理解自身在世界的位置。接著來認識古代的婚禮和喪禮，要通過它看看古代中國的家族生活與倫理，孔子和儒家又是怎樣從這種倫理基礎上，拓展並形成政治學說。本書也關注古代中國民眾的知識、行為和信仰，包括佛教和道教，同時討論深刻反映古代中國思維的風水知識。由於古代中國的歷史與傳統延續性相當強，因此，我們也希望讀者透過古代中國文化傳統在現代中國的延續，理解當下中國的文化世界。

國家圖書館出版品預行編目資料

中國近代史(簡史)／李雲漢著.——六版一刷.——臺
北市：三民，2020
面；　公分

ISBN 978-957-14-6822-8　(平裝)
1. 近代史 2. 中國史

627.6　　　　　　　　　　　　　109006575

中國近代史 (簡史)

作　　　者	李雲漢
發 行 人	劉振強
出 版 者	三民書局股份有限公司
地　　　址	臺北市復興北路 386 號 (復北門市)
	臺北市重慶南路一段 61 號 (重南門市)
電　　　話	(02)25006600
網　　　址	三民網路書店 https://www.sanmin.com.tw
出版日期	初版一刷 1986 年 3 月
	六版一刷 2020 年 5 月
書籍編號	S620150
I S B N	978-957-14-6822-8

三民書局